高科技时代社会发展理论探索

GAOKEJI SHIDAI SHEHUI FAZHAN LILUN TANSUO

孙维鑫　孙　路　著

中国出版集团公司
世界图书出版公司
广州·上海·西安·北京

图书在版编目（CIP）数据

高科技时代社会发展理论探索 / 孙维鑫，孙路著. — 广州：世界图书出版广东有限公司，2016.12（2025.1重印）
ISBN 978-7-5192-2266-6

Ⅰ. ①高… Ⅱ. ①孙… ②孙… Ⅲ. ①社会发展－发展理论 Ⅳ. ① K02

中国版本图书馆 CIP 数据核字（2016）第 303723 号

书　　名　高科技时代社会发展理论探索
　　　　　GAOKEJI SHIDAI SHEHUI FAZHAN LILUN TANSUO
著　　者　孙维鑫　孙　路
责任编辑　冯彦庄
装帧设计　黑眼圈工作室
出版发行　世界图书出版广东有限公司
地　　址　广州市新港西路大江冲 25 号
邮　　编　510300
电　　话　020-84460408
网　　址　http:// www.gdst.com.cn
邮　　箱　sjxscb@163.com
经　　销　新华书店
印　　刷　悦读天下（山东）印务有限公司
开　　本　710mm × 1000mm　1/16
印　　张　20
字　　数　346 千字
版　　次　2016 年 12 月第 1 版　　2025 年 1 月第 3 次印刷
国际书号　ISBN　978-7-5192-2266-6
定　　价　98.00 元

内容提要

本书针对高科技时代既是创新的时代也是“高危险时代”，指出由于高科技的不当应用造成的环境污染、生态破坏、资源匮乏，以及大量存在的核武器，**这些事关人类生存的重大矛盾，已经不能再单纯依靠发展科技和提高生产力的方式来解决，而是需要依靠社会治理和管理机制的规范协调功能来进行化解，这是其他时代所不具有的特点**。然而，指导建立治理和管理等社会机制的思想理论属于“社会科学”的范畴，可见，在高科技时代“自然科学”的发展和成果应用，尤其离不开“社会科学”的理论指导。**从这种意义来讲，进入高科技时代“社会科学”的发展状况将决定人类的前途命运**。但是，目前“社会科学”的发展已显滞后，表现为以上那些重大矛盾未能得到有效控制。“社会科学”相对滞后的原因，主要是跨入高科技时代不久，还处在面对新情况的探索之中，但是这种状况不能延续太久，否则后果会十分严重。所以，“社会科学”探索高科技时代社会发展新理论的任务显得尤为紧迫。

本书在认真反思的基础上，以宏观的思路和不同于常态的眼光，通过研究生物及其进化的寓意和各种社会表现的真谛，原创性地提出并论证了“利益运动”、“物种生命”等自然真相。并以此为基础，展开了一系列符合高科技时代特点的、新的社会发展理论的探索。这些理论从引导树立正确的生存观入手，对于环境污染、资源匮乏、就业困难、战争威胁等这些重大社会矛盾具有化解的针对性。

理论探索难免出现新概念，例如“利益运动”、“物种生命”。但这里并不是标新立异，而是需要对新认识做出的界定。为此书中从多方面多角度对“利益运动”和“物种生命”进行了详实的解读，意在证实“利益运动”、“物种生命”是客观事物而不是主观臆断。本书将认识和解读“利益运动”、“物种生命”，作为探索高科技时代社会发展理论的基础，围绕“如何消除危险实现人类长久生存”的主题，指出只有通过认识“利益运动”，才能明确人类社会的未来发展方向；只有通过认识“物种生命”，才能寻求到消除战争的理论依据，并最终实现全面杜绝战争。由此说明认识“利益运动”、“物种生命”的重要性。

面对未来的社会发展，书中还分析了高科技时代社会基本矛盾的变化，并就如何建立和谐社会，如何提高利益分配水平来解决各种社会矛盾，研究提出了一系列的思路和看法。

书中语言大众化，具有专著和大众读物的双重特色。鉴于经验和水平有限，书中难免有错误和欠妥之处，文责自负，并热忱希望读者批评指正。

自　序

众所周知高科技是一柄双刃剑，由此决定了高科技时代既是创新的时代，又属于“高危险时代”。进入高科技时代特别要注意防止由于科技研发失控或者科技成果应用不当造成无可挽回的后果，甚至是毁灭文明的灭顶之灾（例如核战争），这是其他时代所不具有的特点。

对科技研发的控制和对科技成果应用的规范，要依靠社会治理和管理来实现，而指导建立治理和管理等社会机制的思想理论，则是“社会科学”的范畴。由此可见，**进入高科技时代以后，“自然科学”的发展及其成果的应用，尤其离不开以“社会学”为代表的“社会科学”的理论指导。从某种意义上讲，进入高科技时代“社会科学”的发展状况将决定人类的前途命运**。

经过几百万年的生存努力，自然科学的进步终于将人类带入了高科技时代。相对而言，目前“社会科学”的发展则稍显滞后，表现为资源危机、生态危机、环境污染等这些不能再单纯依靠发展科技和提高生产力的方式来解决，而是需要依靠社会治理和管理机制的规范协调功能进行化解的矛盾，未能得到有效控制。面对这种状况，特别是面对高科技时代的高危险特性，“社会科学”探索社会发展新理论的任务显得尤为紧迫。社会科学相对滞后的原因，主要是跨入高科技时代不久，社会学处在面对新情况的研究探索之中，但是这种情况不能延续太久，否则后果会十分严重。

人类社会当前的现实状况是，自然科学和生产力的发展及其应用，在很多时候都缺乏规范和控制，由此造成的局面除了资源危机、生态危机、环境污染等重大生

存矛盾以外，对人类生存安全构成重大威胁的，是核武器的大量存在和随时可能发生的核大战，这使得地球上的文明大厦随时面临崩塌、人类随时面临生存环境被彻底颠覆而遭灭绝的灾难。

这些重大的生存矛盾和生存危险都是人为的结果，不存在无可抗拒的自然原因，责任完全在于人类自身。由于这是不应该发生的状况，所以属于毁灭性的重大生存错误。这是令人感到叹息、沉重，但同时也应该是能够防止发生的错误。然而特别令人担忧的是，高科技时代的“高危险特性”，往往被掩饰在繁华的社会景象和优裕的物质生活之中。纸醉金迷、物欲横流、追逐利益、追逐享乐麻痹着人们本该警觉的神经，那些与人人都息息相关的危险，逐渐被淡化得似乎完全与己无关。说到底，这是缺乏正确生存意识的表现。

本书在认真反思的基础上，以宏观的思路和不同于常态的眼光，通过研究各种客观现象，终于解读了“利益运动”、“物种生命”、“物质运动的趋向定理”等自然真相，并以此为基础，展开了一系列符合高科技时代特点的、新的社会发展理论的探索。这些理论从引导树立正确的生存观入手，对于环境污染、资源匮乏、就业矛盾、战争威胁等高科技时代的重大社会问题，具有化解的针对性。

对“利益运动”和“物种生命”的认识，解释了生物对于宇宙变迁的作用，说明了争取长久生存是生命活动的目的和方向，概括了利益分配矛盾是社会生活和社会发展的中心问题。特别是进入高科技时代，要想实现长久生存和消除战争，就必须完善利益分配理论和提高利益分配水平。所以，书中的思想观念与人们的现实生活、与人类能否长久生存密切相关，有助于丰富社会学理论，有益于提高社会治理和管理水平。

本书的目的，是试图对人类的“高危险”处境发出警示以及敦促采取有效措施，防止发生无可挽回的毁灭性生存错误。作者期望本书传导的信息，能够帮助人们正确看待社会和关心社会的发展，关心人类的长久生存。同时也期望有识之士对书中观念进行批评指正，通过集思广益的辨析，来共同促进社会科学理论的发展。

孙维鑫　孙　路

2016 年 8 月 10 日

目　　录

第一部分：基础理论

第二部分：应用理论

第三部分：拓展理论

第一部分：基础理论

篇章 1：关于利益运动

所谓“利益运动”，就是包含利益性质的物质运动。为什么要首先介绍这样一个内容呢？这是因为，“利益运动”是由于生物的出现，而能够通过主观因素导致宇宙发生变迁的一种自然运动形态。“利益运动”的基础是生命活动。从“利益运动”的层面能够深入了解生命现象及其作用；了解生存的方向；了解劳动文化和高科技不仅是“利益运动”的重要发展表现，而且当高科技出现以后特别需要防止发生毁灭性的生存错误；了解“利益运动”和生命活动的核心是利益分配，生命活动的主要矛盾是利益分配矛盾，生活的主题就是要通过利益分配处理好各种利益关系等。所以，认识“利益运动”对于理解生命活动，对于正确指导生存及社会发展具有重要作用。

一、“利益运动”的起源

要了解利益运动的起源，首先要了解利益的起源。

什么是利益？利益指的是好处。那么根据什么来说明哪些事物是好处，哪些事

物是坏处呢？仔细思考会发现，所谓好处或者坏处是在主观需求的基础上才会生成的感受、体会以及辨识现象，即好处或者坏处是只有通过主观需求才会出现的体会意识。只有感受、体会到对满足需求是有益有利的事物才属于好处，反之，对于满足需求有阻碍有危害的事物则为坏处。

如果没有从满足需求的角度形成的感受和体会，就辨识不了好处或者坏处，也就没有所谓“利益”可言了。**即好处或者坏处一定要通过具有主观需求的物质才能体现**。或者说，必须要有能够感受、体会、反映好处的物质，才会显现和认识好处或者坏处。所以，**好处或坏处的利益含义是由需求赋予的，有需求才呈现利益，有需求才导致利益现象**。而且根据需求的不同，体现好处或者坏处的事物对象也会不同。

由于生物是具有生长、发育、繁衍等活质机能的碳氢化合物，只有生物具有求生本能和生存需求，生物要通过摄取、吸收、排泄等新陈代谢的方式与环境进行物质转换，并以这种转换运动通过满足必要的生理需要，来维持自身的生存与繁衍，否则就会因为生理机能衰变而出现“死亡”，非生命物质没有维持生存的需求。所以，**唯有存在求生本能的生物，是具有主观意识和主观需求的物质，是通过感受和体会有益于或者有害于主观需求的状况，而能够认知和反映好处与坏处等利益表现的物质。可见，生物既是需求的起源，同时也是导致利益现象的起源。**

当生物出现以后，由于生物摄取的对象既有生物也有非生物，而且不同物种的需求也不相同，因而摄取的物质对象也不相同，再加上物种的多样性，这样一来整个生存环境中的所有物质，于是都与生物生存的利益需求有了直接或者间接的联系，都成为了利益对象。因此，**随着生物的出现，整个宇宙世界就自然转变成为具有了利益属性的物质世界，所有的物质运动也都成为了利益性质的物质运动，这便是“利益运动”的起源。**

比如，当地球上没有生物时，气候、气温、旱涝等环境状况，由于没有生物从需求角度形成的有益或是有害的反应，所以都不具有利益的性质，因此，这些环境变化都是非利益性的。但是，当出现了生物以后，不仅生命活动的本身充满了利益性，而且环境的各种运动变化，也对生物的生存状况产生着是否有利的利益影响，所以，这些环境变化运动便转化成为了利益性的运动。

还有，当地球出现生物以后，像月球引力引起的潮汐变化、太阳黑子运动引起的磁暴对地球的影响、小行星撞击地球等等这些运动，由于都会对地球生物的生存状况产生影响，因而也都开始具有了利益的属性。至于那些遥远的天体，虽然它们对地球生物的生存影响看似可以忽略不计，但是却可以通过观察它们来得知宇宙的许多信息，对于了解宇宙能提供帮助，能够形成科学知识，这些知识将为人类的生存发展和未来在宇宙中的迁徙服务，所以它们也具有了利益的内涵。

以上情况表明，**即使宇宙中唯一只有地球环境出现了生物，整个宇宙也会因此而由非利益性质的物质运动状态，自然转变成为利益性质的物质运动状态。**

非生命物质没有维持生存的需求，也没有争取生存的主观反应，因此，在生物尚未出现的世界里，不存在好处或者坏处的利益表现。**由于利益是有了生物的出现和存在才得以出现和存在，有了生命物质才会生成利益现象，所以从这个意义上讲，生物是确立“利益运动”的前提。**像“病毒”这类介于生物与非生物之间的物质，这里认为可以将它们看作是酝酿“利益运动”的过渡性物质。

有关“利益运动”的介绍形成了从利益角度看待宇宙变迁的视野，那么这与深入了解生命现象及其作用有什么关系呢？

其实，**对于“利益运动”的了解，不能只是作为看待宇宙变迁的一种视角，关键是要清楚“利益运动”给宇宙带来了怎样的变化？出现了怎样的变化方式？生命活动在其中起到了什么作用？认识“利益运动”会对生命活动有什么用处？等等。**

二、“利益运动”带来的宇宙变化

为了说明“利益运动”给宇宙带来了怎样的变化，这里先提出一个问题：以往我们对文明的高级智慧生命不同于其他物种的种种表现，例如对生存意义的思考、各种发明创造和对各种自然奥秘的探索等等，往往会看成是似乎高于自然现象的表现。比如，像“人定胜天”这类的说法就有这种意思。然而严格地讲，每一物质都是宇宙的成分，大自然中的每一种现象都属于自然现象，因此，高级智慧生命的所有行为也属于自然现象的范畴。

有人也许会疑惑：有许多事物并非能够自然形成，比如人类创造的各种高科技产品，各种复杂的工具等。将这些表现一概视为自然现象似乎不妥，如果说成“源于自然而又高于自然”是不是显得更为恰当呢？

实际上，宇宙中并没有超自然的现象，也不会有所谓高于自然的现象，因为我们面对的自然世界只有一个，不会还有一个超自然的世界。在只有一个自然世界的环境里，所谓的超自然现象或者说高于自然的现象，实际上只是相对于一般的自然现象所出现的一些特殊自然现象，或者说高级自然现象。比如刚刚提到的，由人类创造的各种高科技产品和各种复杂的工具等，就属于地球环境中由人类形成的一些特殊或者说高级的自然现象。

这也就是说，所谓源于自然而又高于自然，或者源于自然而又升华于自然的这些惯常说法，应该是指源于一般而又高于一般自然现象的特殊自然现象，或者说高级自然现象。

提出以上问题是为了引起一项注意，那就是：**几乎所有能够称得上源于一般而又高于一般的特殊或者说高级自然现象，都是由我们人类这样的高级智慧生命所创造。随着社会的发展，科技水平的提高，这类高级的自然现象还在呈不断拓展的趋势。这种表现不能不看成是宇宙在它的演化过程中所形成的一种值得关注的发展形式。**这些创造表现充分说明，出现生物的宇宙与没有出现生物的宇宙相比，并不是宇宙中多了或是少了某种物质的一般性区别，而是形成了巨大变化的根本区别。也就是说，非利益运动与利益运动的宇宙存在着根本区别。

（一）非利益运动宇宙与利益运动宇宙的区别

宇宙在混沌初开以后的很长时期里，由于还没有诞生生物，所以这是一个非利益运动的宇宙。非利益运动的宇宙，是没有意识的非生命形态的物质运动状态。纵观这种运动，宇宙似乎是在进行一场漫无边际的大试验。这场试验从何开始？如何发展？要历经怎样的发展过程？在这些过程中会出现什么情况？会产生怎样的结果等，所有的这些都是未知的，一切都属于纯粹“无意识”的自然表现。尽管这些物质运动及其演变都有自身的内在原理和规律，但是这些运动和演变都没有意识作支配。这种情况下的宇宙，由于没有意识也就没有主观世界，因而那时的物质运动都不具有“主观操控”的性质。

当宇宙经过无数必然和偶然的运动过程，终于演变产生了生命物质以后，宇宙转变成为了利益运动的状态。在利益运动的宇宙中，**由于生命物质要通过满足主观需求的摄取来维系生存，所以就出现了由主观意识作支配的、具有“主观操控”特性的物质运动。生命活动的本身即是“主观操控式运动”的基本形式。此外，生物的意识表现还意味着宇宙开始具有了意识的成分。意识的主观性，使宇宙转变成为了具有主观和客观表现的二元世界。**

植物、微生物都有意识。**形成满足主观需求的意向，这种机能是意识的关键特性，这一特性的重要作用，是能够形成反射或决策来支配行为。**意识表现由低级到高级分为不同层次的许多形式，像感知、反射、代谢等本能表现属于低级形式；思维、智慧、逻辑、精神等表现属于高级形式。植物、微生物只有本能的低级意识形式。

微生物和植物能够去适应生存环境的种种表现，例如趋光性、逐水性等，都能够说明植物和微生物是有意识的。人类的研究也已经证明，植物具有由钙离子通道组成的神经系统。人类制造和操控的机器人则属于人工意识或人工智能的形式，但严格地讲，人工意识与意识、人工智能与智能不能混为一谈，因为机器人并不是生物。**在生物的操控作用下，非生命物质可以发生按照生物意愿进行运动的情况，于是在生命活动的基础上，又出现了由生物对自身以外的物质，起到操纵作用的拓展性“主观操控”运动，由此形成了宇宙物质运动状况的巨大变化。**

生物是能够进化发展的物质，这其中包括意识水平由低级向高级的进化演变。当生物在进化演变中诞生了高级智慧生命以后，智慧生命开创了“劳动文化”形式的全新生存方式。这种生存方式形成了揭示各种自然奥秘、探索各种自然规律、开发应用各种自然资源的生命活动，使得具有主观操控特性的物质运动从此有了飞跃发展，开始大量出现源于一般而又高于一般自然现象的高级自然现象。

像火箭、航空航天器这些高科技的主观操控式物质运动的出现，哪怕这些现象仅仅只是存在于少数的天体上，也足以证明世界的面貌已经因此发生了深刻的变化。这不仅意味着宇宙世界由过去没有感知已经转变为具有了感知，而且通过智慧生命的高级意识和创造表现，使宇宙开始具有了了解自身各种奥秘以及开发利用自身各种资源的活动。这其中包括了解宇宙如何诞生、如何发展、要历经怎样的发展过程、在这些过程中会出现什么情况、会产生怎样的结果等，当然也包括对“利益运动”的认识和了解。智慧生命的这些作用，恰似充当着宇宙的“灵魂”。

在高级智慧生命的作用下，越来越多的物质开始发生由高级智慧生命进行操控的运动。随着科技的发展提高，这种操控式的物质运动具有朝向广阔宇宙空间拓展的趋势。这种趋势将可能对宇宙世界的未来发生难以预计的深远影响。

人类改造世界的发展状况说明，“利益运动”是由低级朝向高级状态发展的运动。由于人类的诞生是生物进化的产物，所以，地球环境中“利益运动”由低级朝向高级状态的发展，并不是从出现人类为开始，而是以地球出现生物的那一刻为起点。从宏观的宇宙来看，由高级智慧生命创造的众多特殊或高级自然现象，从酝酿到形成的时间上也不是以出现高级智慧生命为开始，而应该是以生物的出现为起点。可见，“利益运动”是一个庞大的系统工程，生物进化、劳动文化和高科技现象，都是“利益运动”发展进步的重要表现。

上述情况可以说明，**有生物与没有生物的宇宙世界存在根本差别。没有生物的宇宙世界是没有灵性、没有灵感、没有知觉、没有意向、没有认知、没有情感、没有主观成分、没有主观操控式物质运动的世界。有了生物的宇宙世界，特别是当出现了高级智慧生命的宇宙世界，则是有了灵魂、有了洞察、有了情感、有了意向、有了主观成分、有了高科技操控式物质运动的世界。毫不夸张地讲，生物的出现使得宇宙世界具有了意识的特质，在这种近似童话般描述的意境中，高级智慧生命可以算作不折不扣的精灵。**

可见，有无生物的世界真是性质完全不同的两种世界。

这两种不同世界的区别，就在于是否属于利益运动状态。**有生物存在的宇宙世界，总体上呈现为“利益运动”状态；反之，没有生物存在的宇宙世界，则总体上呈现为“非利益运动”的状态。这两种不同的总体状态以是否存在生物为分水岭，生命活动既是“主观操控式”物质运动的基本形式，也是利益运动的主体和集中表现。**

为什么一定要采用“利益运动”与“非利益运动”的说法来进行定义呢？

这是因为曾经尝试用“意识运动与无意识运动”、“主观运动与非主观运动”等概念对宇宙的这种变化来进行区别和定义时，由于有生物存在的世界里同时存在着非生命物质的运动，以上的说法不能将有生物与没有生物的世界，从不同的性质上完全区别开来。这也说明以上定义都不够准确，不能客观反映事物的本质。最后依据只有生物存在需求，需求生成利益并导致利益分配运动的表现，采用“利益运动”与“非利益运动”的概念，才能将有生物与没有生物的世界从不同的性质上完全区别开来，也说明这样的定义能够客观反映事物的本质。

有人也许会问：“利益运动”与“非利益运动”的区别主要在于是否具有生命活动，特别在于是否具有高级智慧生命改造世界的创造表现，体现了生命活动给宇宙带来的人文变迁，也由此反映了生命现象的作用。既然“生命活动”是“利益运动”的核心，那么将“利益运动”直接称为“生命运动”不是更好吗？

然而实际上，“生命活动”只是形成“利益运动”的前提和主体但不是核心，所以将“利益运动”直接称为“生命运动”的说法不正确。“生命活动”给宇宙带来的变化，是生命物质在“利益运动”中发生的作用，但这并不是生命活动的目的。**“生命活动”的目的是求取生存，并通过持续不断的求取生存，反映出“争取长久生存”是生命活动的方向。**满足生存需要的物质获取和物质供给都属于分配表现，具有了利益属性的所有物质运动和资源分布也属于利益分配表现，生物能否生存以及生存状态的好坏，取决于物质获取和物质供给的分配状态，所以，**“利益运动”的核心是利益分配运动**。

比如地球上各种自然资源，像矿藏、河流、各种动植物，这些都属于利益对象或者是利益内容，它们的分布实际就是利益分配表现，包括雨雪和干旱的气候等也都属于利益分配现象。植物对营养物质的摄取、动物的采食和狩猎、人类的生产活动、商品交易、劳动交换、所有制形式等，这些既是利益行为又都是利益分配表现。

高级智慧生命改造世界的创造表现，是提高利益分配能力和掌握生存主动权的反映，而不是为改造世界而改造世界。尽管生命活动的中心是从事利益分配，但是“生命活动”不能概括非生命物质运动的利益属性和分配表现，**也就是说，“利益运动”的概念能够涵盖“生命活动”的内容，而“生命活动”的概念则涵盖不了“利益运动”涉及的全部内容，即涵盖不了由非生命物质运动形成的那部分利益表现**。另外，如果用“生命活动”与“非生命活动”来定义有无生物的世界，由于有生命活动的世界里同时存在着非生命物质的活动，所以这种定义并不能将有生物与没有生物的世界，从不同的性质上完全区别开来。因此，“生命活动”取代不了“利益运动”的概念。

认识“利益运动”除了了解高级智慧生命以劳动文化方式和采用高科技手段、创造性改变宇宙世界的作用以外，还可以通过“利益运动”发展的进程状态，来了解可能发生高科技滥用的高危险状况，以便高级智慧生命形成危机意识并正确把握好生存前景。下面就讲讲利益运动的发展进程。

（二）“利益运动”的发展进程

“利益运动”既是一个庞大的系统工程，也是一个不断发展的运动，真可谓生命不息进步不止。仅以地球环境中利益运动的发展状况和趋势为依据，可以将“利益运动”的发展进程大致分为初级、高级、超高级的三种状态。

初级状态“利益运动”的特征，是有生物存在但没有形成文化表现，也就是文明的高级智慧生命尚未进化形成。在初级状态的“利益运动”中虽然存在生命物质的感知，但由于没有出现劳动的开拓表现，所以这种感知对于世界的了解非常有限，世界仍然充满未知。

高级状态“利益运动”的特征，是出现了高级智慧生命，同时形成了劳动文化表现，但高级智慧生命还没有具备向外太空进行生存迁徙的技能，即高级智慧生命还没有具备成为“宇宙公民”的能力。在高级状态的“利益运动”中，科技探索使众多未知逐渐转化为理性的已知，劳动文化构成了“文化性质的利益运动”。“利益运动”

在高级状态的发展中最终会形成高科技的文化表现，文明物种将进入高科技时代。**这意味着宇宙在经过了漫长的发展演变以后，终于通过智慧生命开始形成对自身的深入了解，文明物种也由此成为了宇宙的精灵**。但高科技是一柄双刃剑，由此决定了高科技时代既是创新的时代，同时又属于“高危险时代”。高科技某些项目的研发及其成果的应用，需要针对存在的风险进行评估和有效的控制管理，防止出现由于研发或者应用不当而造成巨大灾难，甚至是毁灭文明的灭顶之灾，这是高科技时代需要引起高度重视的重要特征。由于这种灾难不是来自不可抗拒的自然原因，而是由文明物种自身造成的，所以这属于毁灭性生存错误的表现。因此，**采取有效措施防止发生毁灭性生存错误，应该始终伴随高科技的发展及应用**。

随着人类及其劳动文化的出现，地球环境中的利益运动进入了高级状态，随着高科技的出现，高级状态的利益运动开始存在高危险因素。在这样的状况下，人类如果做到将“安全生存”放在第一位，能够防范包括高科技滥用而造成“毁灭性生存错误”在内的各种生存危机，能够合理解决各种利益分配矛盾，那么，随着高科技在安全前提下的发展，“利益运动”将有希望进入超高级状态。否则，“利益运动”会徘徊于高级状态，或者由于文明物种出现“毁灭性生存错误”而倒退到初级状态，甚至地球生物可能因为人类的毁灭性生存错误而完全灭绝，使地球环境转变为只有非生命物质的状态。所以，**对于人类而言，进入高科技时代的初期，这是一个决定生存命运的关键时期，如果把握不好，例如发生核大战，人类及其文明将毁于一旦，地球环境中的利益运动将出现严重倒退，反之，“利益运动”将有望进入超高级状态**。

超高级状态“利益运动”的特征是，在始终坚持和保障安全生存、坚持和保障安全发展和安全应用高科技的前提下，高级智慧生命逐渐具备了遨游太空和向外太空进行生存迁徙的技能，即高级智慧生命具备了成为“宇宙公民”的能力。在超高级状态的“利益运动”中，随着高科技的安全发展和合理应用，被文明物种开发的太空资源不断增加，文明物种更加充分地掌握着生存主动权，生存的空间不断扩大，宇宙空间的文明成分也随之不断增多，而且不同星球的文明能够和谐相处。超高级状态的“利益运动”在文明物种争取长久生存的努力中，也许还会形成改造天体、创造天体、甚至控制宇宙天体运动的发展前景。

综上所述，对利益运动可以做出如下归纳。

三、对“利益运动”的归纳

“利益运动”是“利益性物质运动”的简称。利益运动是由于生物的出现，而能够通过主观因素导致宇宙发生变迁的一种自然运动形态。生物是通过满足自身生存需要的状况而能够感知好处或坏处等利益表现的物质，当生物出现以后，宇宙中的各种物质运动由于都与生命物质的生存需求，具有了直接或间接的利与害的利益关联，于是整个宇宙由此自然转变成为了具有利益属性的运动状态。

利益运动的基础是生物的存在和生命活动。

利益运动的特点是出现了生命的意识表现和主观操控式物质运动。意识的出现使宇宙成为了具有“主观”与“客观”成分的“二元世界”。由生命的意识和主观操控式物质运动所创造的文明，能够通过揭示宇宙奥秘形成对宇宙自身的解读，能够认识、了解、开发、利用各种自然资源，因此，利益运动具有促使宇宙发生主观变迁的特征及其广阔前景。文明的高级智慧生命在发挥主观因素的作用方面，是推动利益运动向前发展的中坚力量。

利益运动的目的和发展方向是争取生物的长久生存，因此，“利益运动”将是展示生命物质伟大征程的运动！

利益运动的核心是利益分配，所以，利益分配矛盾始终是“利益运动”的基本矛盾。“利益运动”的进步，集中表现为各种主观操控式利益分配水平的提高。

通过“利益运动”的视角，对于宇宙中存在生物的时空给予了定性的解释，对于生物、特别是高级智慧生命在自然界的作用给予了客观评价，加深了对于生命现象的了解。除此以外，认识“利益运动”应该还有更多的意义和作用。

从总体上讲，认识“利益运动”主要能够起到正确指导生命活动的作用，否则认识“利益运动”的意义将大打折扣。这方面的内容很多，可以这么说，此后篇章的内容，基本上都涉及了认识“利益运动”的意义和作用。这里接下来要讲的，是围绕本次讨论的内容对认识利益运动的意义和作用做些梳理性的概括。

四、认识“利益运动”的意义和作用

第一，利益运动是在宇宙的演变发展中，由于生物的出现而能够导致宇宙发生主观变迁的一种自然运动形态，因此，利益运动是反映宇宙发展状况的重要组成部分。**利益运动告诉我们，宇宙的演变发展似乎就是为了形成生命物质，生命物质的进化**

发展就是为了产生“文明物种”，“文明物种”及其劳动文化式生存方式的发展进步，就是为了揭示、了解和合理开发应用世界，并在争取生命物质长久生存的同时，使宇宙具有越来越多文化色彩和文明气息的活力。所以，认识利益运动具有加深了解宇宙世界的意义。由于利益运动主要属于社会科学研究的对象，这改变了了解宇宙发展是自然科学专属领域的状况。通过认识和研究利益运动，必将促进社会科学的发展。

第二，“利益运动”展现了“主观”与“客观”成分的二元世界，并反映了“主观”成分的重要作用。宇宙在没有出现生物时，由非生命物质及其运动所形成的，只是具有“客观”成分的一元世界，一元世界的物质运动充满盲目性，没有目的性。当宇宙出现生物而转变为“利益运动”状态以后，由生物的内在意识所支配的行为都带有主观特性，于是，宇宙中的“生命运动”与“非生命物质运动”，便组成了具有“主观”与“客观”特色的二元世界。二元世界中具有“主观”成分的物质运动，使得宇宙中的物质运动不再完全是盲目的，而是具有了维护生存的主观目的性，并会形成劳动文化以及高科技的表现。

第三，利益运动反映了生物对宇宙世界的重要作用。**以人类的生命活动为依据，可以证实生物并非宇宙世界的匆匆过客，而是会对宇宙构成深远影响的重要物质。大自然利用天然存在的 95 种元素 [1] 组成了世间的一切，包括生物、行星、恒星乃至遥远的星系，但这其中，唯生命物质能够进化生成揭示大自然自身奥秘的灵性，唯生命活动是具有“主观操控特征”的运动形式。生物的灵性和主观操控运动，会让宇宙世界围绕满足生物的生存需要，出现越来越多由主观努力所创造的伟大奇迹。**

第四，利益运动反映了文明智慧生命长久生存的自然价值。以人类为例，人类意识灵性的智慧表现就好似宇宙自身的灵魂所在，宇宙将依靠这一灵魂及其智慧来揭示自身的无穷奥秘，所以人类的存在弥足珍贵和值得倍加珍惜。如何倍加珍惜？莫过于在保障和发展文明成果的基础上努力争取人类的长久生存。人类生存得越长久，揭示宇宙奥秘和创造性开发宇宙世界的价值作用就发挥得越充分。所以，**人类的生命活动并非只是狭隘的为自身生存而生存，而是推动“利益运动”发展和促成宇宙发生主观操控式演变的中坚力量，并由此奠定人类生存的巨大自然价值。人类的长久生存及其创造表现，对于展现生命物质的存在意义具有重大作用。**

---

[1] 参见《辞海》（缩印本），上海辞书出版社 1989 年版，第 2426 页元素周期表。

第五，利益运动的发展方向表明，自身的生命活动如果影响自身物种的长久生存，那一定是不正确的行为。**利益运动通过生物求取生存的本能，反映了求取生存是生命活动的动力，求取生存的持续表现又说明争取长久生存是每个物种的奋斗目标，并由此决定了争取生物长久生存是利益运动的发展方向**。自身的生命活动如果影响自身物种的长久生存，比如说战争，这明显属于偏离了利益运动的发展方向，所以是错误的行为。

第六，通过认识利益运动发展进程的状况和特点，能使文明物种懂得，在高科技时代要强化防止滥用高科技的安全意识，并通过加强治理和管理来保障“生存安全”。当利益运动进入高级状态并出现高科技以后，由于错误应用某些高科技成果会造成严重后果，因此，高科技的安全发展和应用，是高级智慧生命保障生存安全的重点，否则将会偏离争取长久生存的目标。如何通过强化社会治理和管理来消除这些安全隐患，这是进入高科技时代以后“社会学”需要研究解决的重大课题。此外，人类作为强势物种不仅要顾及自身的生存安全，而且有责任关注整个生物圈的生存状态，成为维护自然生态的守护者，不能将这种强势用以威胁其他物种的生存。

第七，利益运动反映了要从生存利益的角度去看待所有的物质运动。在利益运动中，万事万物都与生物的生存具有利益关联，生物只有通过处理好各种利益关系才能获得良好的生存状态，无论是生命个体还是每个物种的活动，无论对待微观事物还是宏观事物，都应该如此。所以，必须从生存利益的角度，去分析对待整个宇宙世界中的所有物质运动。

第八，利益运动反映了利益关系的实质是分配关系，所以，研究和正确处理各种利益分配关系是生活的核心，也是利益运动的核心表现。**生物摄取生活资料这是“获取式分配”，生存环境提供生活资料这是“供给式分配”，“供给”是“获取”的保障，一味提高获取能力就会破坏供给状态，供给如果出现困难就会直接影响生活，这就是为什么要维护生态平衡和合理应用生产力的道理**。分配还分为异类之间的利益分配与同类之间的利益分配，这两类分配有各自的特点，弄清楚这些特点，才能分清利益关系并搞好分配。**在同类之间的分配中还存在利益再分配的情况，利益再分配是复杂的分配，充分体现了治理和管理的作用，反映了治理和管理是非常重要的分配形式，所以，利益再分配不仅是分配能力的重要表现，而且从治理和管理层面体现了物种的进化程度。利益再分配的层次越多，说明治理和管理结构以及治理和管理机制越先进，物种进化和进步的程度也越高，物种的生存能力也越强**。在以后的篇章中对这些内容将会有详细的论述。

第九，**利益运动反映了生命活动的根本矛盾是利益分配矛盾**。由于对需求的满足全都依靠分配来实现，因此，由需求引起的各种利益矛盾最后都会归属于分配矛盾，所以，利益分配矛盾既是“利益运动”的基本矛盾，也是生命活动中的主要矛盾。**需求的内容不仅多样而且是消费表现，所以需求不仅会不断变化，而且会周而复始反复出现，因此，满足需求的分配矛盾不仅会表现为多样性、复杂性，而且会表现为反复性和恒久性**。由此可知，**凡生命活动必然涉及利益，凡利益必然涉及分配，利益斗争的实质是利益分配斗争**。**社会矛盾归根到底是利益分配矛盾，不合理的现象均属于分配的不合理**。不断解决分配矛盾，不断研究合适的分配方式，形成和保持合理的利益分配，这些既是生活的主要内容，也是认识和把握生活的主要途径。**生命活动是由需求与分配这二者的相互作用构成的运动，分配状况决定了对需求的满足状况**。利益矛盾不仅要依靠分配来解决，而且解决矛盾的状况，取决于分配方式是否正确合理，同样的矛盾，分配方式不同往往结果截然不同。

从利益分配的层面总体概括人类社会的进步状况，一方面体现为通过生产力的发展，形成从自然环境中得到生活资料的“获取式利益分配能力”的不断提高；另一方面则体现为通过民主与法制的进步，促进社会治理和管理形成渐趋合理的“管理式利益分配水平”的不断提高。所以，从分析研究社会的分配状况着手，这是研究和推动人类社会进步的途径。

随着人口发展带来的需求膨胀，以及对先进生产力不恰当的应用，会形成过度开发而引起资源匮乏，这种供给矛盾已经不能再单纯依靠提高生产力的方式来消除。面对人口扩张和高科技条件下出现的这些新问题，如果想要形成良性的可持续循环发展，人类只有通过应用和提高治理和管理式的分配水平来协调解决这些矛盾。这其中包括合理控制全球人口，合理控制资源开发，规范和指导科技的正确研发以及生产力的合理应用，杜绝错误的利益行为，消除那些威胁人类生存安全的物质基础，只有这样才能保障人类有光明的发展前景。

面对始终存在的利益分配矛盾，无论在怎样的生存环境里，都要注重建立科学的利益分配机制，都要形成和保持和谐的利益分配秩序，都要以科学的态度在尊重各种客观规律的基础上，使社会生活环境和自然生态环境中的利益分配，形成和保持良性运动的可持续循环状态。因为，**无论是在目前生活的星球上，还是在未来可能生活的其他星球上，我们都需要生活在能够和平解决各种利益矛盾、没有战争、**

和谐美好的生存环境之中。

第十，**认识利益运动将促成对生命形式的研究探索**。在利益运动中，通过生物求取生存的本能以及努力生存的持续奋斗表现，说明争取长久生存是每个物种的奋斗目标。然而，任何个体生命的生存寿命都十分有限，那么，对于长久生存的实现，就应该存在着有别于个体生命的生命形式，这就形成了一个应该探索的方向。对生命形式的探索属于其后讨论中的一个重要内容。

结合本篇章的内容，下一篇章将专门谈谈关于“预防毁灭性生存错误”的问题，因为，从人类目前的现实状况来讲，这应该是认识“利益运动”的首要意义和作用。

篇章 2：预防毁灭性生存错误是认识利益运动的首要意义

结合上一篇章的论述，本篇专门谈谈关于预防毁灭性生存错误的问题，因为对于人类当前存在的巨大危险而言，这是认识“利益运动”的首要意义！

什么是毁灭性的生存错误？

对于生物而言，“利益运动”既是充满希望的运动，又是充满危机和险恶的运动。例如，非生命物质既可以通过形成良好的环境来有助于生物的生存，也可以形成恶劣的生存环境使生物遭受灭顶之灾，曾经就有小行星撞击地球使许多物种灭绝的事情。再比如，太阳终究有一天会因为衰老膨胀而吞噬地球，那时人类如果不能实现太空转移，就会连同地球上其他的物种一起走向完全灭绝。如果宇宙中所有的生物都像这样遭到灭绝，就意味着“利益运动”的消失，整个宇宙又会回到“非利益运动”的状态。面临这样的灭顶之灾，**如果高级智慧生命在宇宙中能够形成星际间的迁徙转移，能够具备成为宇宙公民的能力，那么“利益运动”便可以发展到超高级的状态**。

这些由非生命物质对生物造成的生存影响，甚至导致生物死亡或者物种灭绝的情况，都不是生物的错误而是天灾。**错误是由于生物自身违背客观规律、违背常理而对自身生存造成的不利影响**。在生命活动中错误的表现有很多种，这里将错误分为“生活性错误”和“生存性错误”两大类型。在“生存性错误”中，又分为“一般性生存错误”和“毁灭性生存错误”。

一、生活性错误、一般性生存错误和毁灭性生存错误

生活性错误，是指由于生物自身的错误，但没有导致自身或者同类死亡的表现。生活性错误的情况很常见，每个人几乎都会有这样的经历。

生存性错误属于导致死亡的错误，这是生存性错误与生活性错误的区别。所谓一般性生存错误，是指由于生物自身的错误而导致自身或者同类死亡，但不会危及自身物种灭绝。在生命活动中，一般性生存错误的现象比比皆是。例如某只角马由于错误的脱离群体而被鬣狗捕杀；某只狮子由于错误的进攻，被斑马踢伤内脏而丢命；还有人类因为自己的错误造成的各种事故而导致自身或他人死亡等。

所谓"毁灭性生存错误"，是指由于生物自身的错误行为，会导致自身整个物种灭绝的重大错误。到目前为止，地球上还没有发现哪个物种出现过毁灭性生存错误，这是因为，**毁灭性生存错误的发生必须要有相应的物质条件和技术条件。具体讲，只有当高级智慧生命掌握了某些高科技手段，并且错误应用这些高科技手段才可能导致这种恶果**。

也就是说当掌握某些高科技以后，就开始具备出现毁灭性生存错误的条件了。有些高科技成果一旦应用不当，或者在应用中一旦失去控制，便极易酿成毁灭性的生存错误。比如人类研制的核武器，目前从数量上已经发展到可以毁灭地球几十次的极端危险程度，而且核武器还有发生扩散的可能。**核武器已经首当其冲，成为了人类可能导致毁灭性生存错误最为严重、最为突出的隐患**。不难想象，如果这种状况不能及时得到有效遏制，一旦发生核大战，结果只会是地球的毁灭和包括人类在内的地球生物的灭绝。如果通过对利益运动的认识能够避免这种毁灭性生存错误的发生，对于人类而言这的确应该算是认识利益运动的首要意义。

就当前人类的情况而言，国家对立，战争持续不断，核武器"虎视眈眈"。**尽管谁都困惑"自我毁灭"不应该是文明发展的最终结果，但是自然界中弱肉强食、适者生存的客观现象，似乎证明对利益的争夺不可能消失，战争不可能消除。于是由争夺利益和守护利益促成的身不由己的军备发展，逐渐要将"自我毁灭"迷茫地推向不以主观意愿为转移的凶险境地。这样的状况如果继续下去，其结果让人不寒而栗。**

通过认识"利益运动"以后，"利益运动"的进程及其特点，"利益运动"对生存方向和生命作用的展示，从宏观上说明"自我毁灭"是违背生存规律的错误表现。尽管这些宏观认识作为完全消除对立的依据还显得不够充分，但是却足以说明应该

首先防止发生毁灭性的生存错误，以便为寻求正确的生存发展思想和发展途径赢得时间和空间。

人类当前已经具备造成“毁灭性生存错误”的物质条件，而且没有形成消除这种重大隐患的共识，所以这是一个万分危急的时期。因此，形成消除这种重大隐患的思想共识，立即共同将核武器的数量削减到不足以颠覆生存环境的程度，消除可能导致自我毁灭的物质基础，切实保障人类的生存安全。相对于其他的利益争端或危机而言，这应该是最为紧迫的第一要务。

只要可能导致“毁灭性生存错误”的物质基础存在，人类就随时面临消亡的危险。这绝非危言耸听，而是人人切实面临的生存威胁。各国的政治领袖们应该本着对人类安全和人类前途负责的高瞻意识，责无旁贷地担当起消除这类危险隐患的重任。这样的政治领袖将是人类的英雄，将是值得全人类永远纪念的伟人！人类需要一批这样的政要伟人，也相信一定会有一批这样的伟人。

为了防止出现毁灭性生存错误这种无法挽回的重大灾难，各国首脑们应该认真磋商，首先要将核武器的总量共同削减到不会颠覆生存环境、不会造成自身物种灭绝、不会断送文明的程度，消除可能导致毁灭性生存错误的物质基础。只有这样，才能够为生存安全提供基本保障，为寻求消除国家对立赢得时间和空间。这种进步表现，还会促使大家以谈判、交流、沟通、协商的方式，通过达成谅解和寻求彼此可以接受的方案去解决各种利益矛盾，避免以战争的暴力方式解决利益争端，这又将为最终消除战争创造条件。

消除可能导致毁灭性生存错误的物质基础，这是艰巨复杂的系统工程。国家安全的传统意识是阻碍这项工程的瓶颈，所以完成这项工程不能够仅凭单纯的愿望，而是必须要有坚实正确的理论做支持来形成统一的思想共识。下面将结合对利益运动的认识，谈谈关于避免毁灭性生存错误的理由，这是形成思想共识的基础。这些理由其实都包含在上一篇章交流的内容中，这里只是具体再归纳一下。

二、需要避免毁灭性生存错误的理由

（一）利益运动是自然天成与生物自身把握命运相结合的运动

生物的出现以及由单细胞的简单生命体发展为多细胞的复杂生命体，由单一物种演变为多样性物种，由本能意识逐步进化出现逻辑意识，所有这些变化都有自然天成的因素。**自然天成的因素，是指使物质发生变化的那些几乎不可重现和不可复**

制的自然条件。这些条件虽然表现得神秘莫测但却又绝不是神话。这种自然天成的因素，说明了每一个物种的诞生都十分难得十分侥幸，都具有几乎不可再造的珍奇性，所以特别值得珍视。

除了自然天成的因素，生物的生存与发展还离不开自身的努力，离不开对命运的自我把握。生物要吐故纳新、要吸收养分、要寻觅食物、要躲避灾害、要抵抗疾病、要繁衍延续、要适应生存环境等，这些都是生物自身努力的表现。此外，生物还需要对生存环境中的各种情况进行了解和判断，对自己的行为做出选择，对生活中的经验教训加以总结，还需要在生存中不断进化。这些都属于生物把握自身生存命运的表现，如果把握得好则有利于生存，否则就可能出现导致死亡的生存错误。

生物没有把握好命运而导致生存错误那是十分可惜和可悲的，因为，大自然只有规律没有情感，大自然不会对生物的死亡表示同情，也不会去挽救生物的生存错误，生物只有自己"趋利避害"才能保障生存与发展。如果高级智慧生命不能好好把握自己的生存命运，如果错误地应用某些高科技成果而导致毁灭性的生存错误，大自然也绝不会因此表示同情和遗憾，不会感到有什么损失，损失最大的只会是高级智慧生命自身。**总的来说，意识是生物的特质，决策和支配功能又是意识的特质，争取生存和把握命运属于决策的反映，因此，争取生存和把握命运属于生物自己的事情。如果意识不到这一点，不能主动而有效地预防毁灭性的生存错误，那么谁也帮不了我们。**

（二）利益运动从发展上是可能出现反复和需要预防反复的运动

利益运动存在出现反复的可能，这是由生存危机导致的现象。以地球环境中"利益运动"的状况为例，能够引起"利益运动"出现反复的原因主要来自三个方面：

第一，是由非生命物质运动造成的巨大天灾。例如由于大量火山爆发、小行星撞击地球等原因引起生存环境颠覆性的改变，从而造成大量生物灭绝而使"利益运动"出现反复。

第二，是由于生物之间的相互伤害。例如由微生物形成的重大疾病引起的物种灭绝。还有人类的过度捕杀、砍伐、环境污染，也会造成许多物种灭绝，从而使"利益运动"出现生态失衡的倒退。

第三，是由于生物自身的错误而可能造成的灭绝。这主要是指由于高级智慧生命可能发生毁灭性生存错误而使"利益运动"出现反复。

对于第一方面的原因，从根本上讲只有通过提高科技水平才可能形成应对能力。

对于第二方面的原因，应对的方法除了要提高科技水平，同时必须注意做到合理应用科技成果和生产力。对于第三方面的原因，应对的方法是对可能造成人类毁灭的科技项目要限制研发及其应用，要消除可能导致毁灭性生存错误的物质基础，确保不会出现由于科技发展而导致人类毁灭的后果。

第二方面和第三方面的原因说明，**必须意识到高科技既能够提供巨大的生存力量，也能够成为毁灭生存的高危险因素，所以进入高科技时代以后，控制研发和防止高科技成果的滥用，预防发生毁灭性的生存错误，这应该始终伴随着科技的发展**。

如果出现毁灭性的生存错误，在生存环境有可能慢慢恢复的前提下，生物将经历新一轮的进化演变，再度的演变中也许会出现新的高级智慧生命。如果新的智慧生命在掌握高科技以后仍然不能合理控制，就可能再度发生毁灭性的生存错误而让“利益运动”出现新的轮回。值得注意的是，地球环境中如果不幸发生这种轮回，再度演变出现的高级智慧生命也许不是现代人类的后代，甚至不一定是与人类生理特征完全一样的生物。那么，人类避免因此一去永不复返的唯一正确做法，就只有完全杜绝发生毁灭性的生存错误。**所以，纵然有一万种理由，也不能采用毁灭自身整个物种的方式来解决利益矛盾和利益争端，因为，毁灭并不是争取生存，而是背离“利益运动”，是反对生存和背弃生存的罪行。**

（三）发生毁灭性生存错误与高级智慧生命在利益运动中的角色地位极不相称

没有生物也就没有利益运动，利益运动不仅以存在生物为前提，而且随着生物的进化还会不断趋向于高级，其中高级智慧生命的存在对于推动“利益运动”发展具有重大作用。

高级智慧生命属于生命物质中的佼佼者，是否存在高级智慧生命以及他们是否形成高科技的生活方式，这是“利益运动”最为生动、最为精彩、最为重要的体现。确切地讲，如果没有这种生动和精彩，也就没有必要去辨识“利益运动”了。因为，**如果没有高级智慧生命通过高科技形成对宇宙的影响，如果生物始终只是没有重大开创行为的低等生命形态，宇宙也就不会出现文化状态的巨大发展变化，“利益运动”对于宇宙变迁的作用也就无足轻重，那么是否认识“利益运动”也都无关紧要了。**

所以，在“利益运动”中有没有高级智慧生命的存在，其情形会有天壤之别。只有高级智慧生命能够认识宇宙的奥秘，能够创造超越一般表现的高级自然现象，能够形成宇宙的灵魂表现。智慧生命理应维护这种地位，要争取将宇宙灵魂的角色扮演得更加精彩。如果发生毁灭性的生存错误，这与高级智慧生命在利益运动中的角色地位将极不相称。

（四）利益运动是所有物种相互作用、相互支持、相互协作、共同努力所推动的运动

尽管高级智慧生命在“利益运动”中扮演着精彩角色，但“利益运动”是一个绚丽的大舞台，在这个舞台上绝不仅仅是高级智慧生命唱着独角戏，而是所有物种都充当不同的角色，并各自发挥不同的角色作用。

只要稍稍观察一下生态情形就能看到，每一个物种都在为自身物种的长久存在而努力地生活着繁衍着。这是因为，**每个物种都把自身物种的生存表现，当作是“利益运动”中的精彩内容，每个物种都有争当精彩角色的潜意识。大自然巧妙地将这种潜意识，以生理需要的本能形式赋予了每一个物种。**

每个物种为满足各自的生理需要而忙碌着，并由此形成与生存环境的沟通以及与其他物种的关联。通过彼此的关联，在各个物种之间构成了对立统一的“生存竞争”。在这种竞争中，**不同物种之间食与被食的相互利用关系是对立的反映，而通过食与被食的相互利用关系所形成的生存支持和生态平衡，则表现为对立中的统一。**这种相互竞争、相互促进、相互支持、相互制约的对立统一运动，发挥着共同推动“利益运动”向前发展的作用。

尽管各个物种在生存上的相互促进和支持并不都是心甘情愿的，但是从生态平衡对于每个物种都有好处的结果上，却体现着彼此的互利协作关系。这正是大自然的奥妙所在，是自然策略的奇妙反映。比如说，从表面上看食物链是你死我活的对立关系，但是其中却潜在着在供养上的生存支持和协作关系，并且从宏观的生态链关系上，起着维持生态平衡的调节作用。

对于人类种植和养殖的那些物种，在把它们当成生活和生产资料时，彼此属于对立关系，但是种植和养殖行为又构成了使这些物种能够延续的帮助关系。这些物种养活了人类，人类又培育了它们，由此构成了对立统一的互利关系，并通过这种互利关系实现了共同生存和共同发展，共同成为了“利益运动”中的鲜活成分。**“利益运动”通过这些生命现象，揭示了生命之间的内在利益关系是互利协作。**所以，“利益运动”的发展成就绝不是高级智慧生命的单独作用，高级智慧生命一旦发生毁灭性的生存错误，不仅对于自身是一种辜负，而且对于众多物种也是一种辜负，辜负了它们在生存发展上给予的支持和帮助。

（五）利益运动是生物前赴后继的发展运动

生物从诞生之初，就通过不断的进化形成了“利益运动”的不断进步。生物在物种上的增多，形成了“利益运动”的丰富色彩，由生物进化诞生的高级智慧生命则形成了“利益运动”巨变的拐点，所以，“利益运动”是会逐步向着高级状态升华的发展运动。由于这种升华发展是以生物的进化为基础，而生物进化又是逐渐由单细胞转变为多细胞、由简单生命体转变为复杂生命体、由单一物种转变为多样性物种、由低等的本能意识转变为高级逻辑意识的渐变运动，因此，**“利益运动”随着生物进化演变形成的发展，是一种有承接特性和相互联系的系统工程。**

高级智慧生命的诞生并不是孤立的事情，它具有以生物进化为基础的历史渊源，是在很多特定条件下经过了物种多次变异才导致的结果。**不仅自身物种一代又一代的繁衍延续是前赴后继的承接式协作形式，而且由进化变异形成的不同物种，也是一种前赴后继的承接式协作形式。就人类的发展而言，现代文明的形成绝不是一蹴而就的事情，也绝不是哪一代人的成就，而是无数人的智慧承接、智慧积累、智慧叠加的结果。**

生物这种前赴后继、相互协作、共同推动“利益运动”向前发展的目的，就是都想生活得好一些，生存得长久一些，生活得精彩一些。尽管从形式上，每个物种都只是在为自身物种的长久生存而奋斗，但是各个物种之间为满足各自生理需要所必须形成的相互联系，则必然构成相辅相成、既对立又统一的互利协作关系。因此，由生物的进化发展所提升的“利益运动”，以及由一代又一代智慧生命的创造积累所形成的文明成果，都需要珍惜和爱护，后人只有推动其向前发展的责任而没有断送的权力，为此，高级智慧生命应该切实防止发生毁灭性的生存错误。

（六）主观操控式的物质运动离不开正确的操控

意识因素和主观操控式物质运动是利益运动的重要特点。生物摄取营养物质需要去寻觅，植物的根系会朝着有水的方向生长，枝叶会朝着阳光充沛的方向伸展，这属于按照自己的主观意向操控自身肢体发生运动的表现。水和养分被植物吸收、动物进食，这是按照自己的主观意愿，操控物质朝向需求对象发生运动的表现。蚂蚁筑巢、鸟类做窝，这是层次上更加进了一步的操控运动。随着高级智慧生命的出现，他们制造工具的最初尝试闪耀出了第一缕文明的光辉，劳动文化式的生存方式开创了“利益运动”的崭新局面，逐渐让世界变得可认识、可开发、可利用和可改造。他们开创性的生命活动，使得主观操控式物质运动呈现了无比广阔的发展前景。农业生产、工业生产、高科技的形成、航空航天器的制造和应用，将操控式的物质运动提升到了前所未有的高级状态。不断发展操控式的物质运动，这不仅是高级智慧生命任重道远的使命，而且是十分荣耀的生存意义。

很明显，主观操控式的物质运动只有正确的操控才有益于生存，错误的控制则会不利于生存。进入高科技时代以后，正确的操控特别要表现于防止发生毁灭性生存错误。就人类而言，首先将核武器的数量共同削减到不会颠覆生存环境的程度，是目前迫切需要采取的正确操控表现，这是为了防止万一出现使用核武器的情况，也不至于让人类遭受毁灭。当然，核武器最终应该逐步被完全销毁，应用核武器来摧毁撞击地球的小行星也不是少量保留核武器的理由，因为，采用航天器来推动小行星改变运行轨道，是消除小行星撞击地球更加安全有效的方式。即使遇上太阳衰老膨胀或者“中子星”巨大引力等肢解吞噬地球的情况，人类需要以“小型核弹”作为动力推动“星舰城”进行星际间生存转移，这也不能作为保留核武器的理由，因为，到那个时候再制作所需要的“小型核弹”也来得及。[1]试验制作这种运载工具所需要的“小型核弹”时，不仅要严格控制核材料和成品的数量，而且要建立安全保管和安全使用的严密机制。

（七）利益运动的发展方向不是自我毁灭

“利益运动”的发展方向，是生物通过对生存环境的不断适应和改造，通过互利协作来实现长久的生存，这是上一篇章交流的重要观点。无数轰轰烈烈奋力生存的生命壮举，都证明了生命活动的真谛是争取长久生存而不是自我毁灭。高科技的文明是为了更加有利于生存，是为了有效推动利益运动的发展而不是为了毁灭文明，所以，进入高科技时期的“利益运动”必须防止发生毁灭性的生存错误。**人类不仅要杜绝核战争，而且最终要完全消除战争，因为，只要存在战争，在高科技条件下就必然形成高科技的军备竞赛，人类就始终摆脱不了高科技战争可能导致毁灭的危险**。

（八）利益运动的方向决定了要坚持可持续发展战略

尽管利益运动具有宇宙范围的联系，但由于生物是形成利益运动的基础，所以那些适宜生物生存的星球属于集中反映利益运动的地方。由于星球再大体积也会有限，构成的生存空间和所能提供的生存资源也会有限，生态平衡的调节能力也有限，即使高级智慧生命具备了成为宇宙公民的能力，由于生命活动需要依托可供生物栖息的天体，因此，生命活动的领域通常都是处在很有限的空间范围中。

随着高级智慧生命对高科技的掌握和生产力水平的飞速提高，种群的规模也随

---

[1] 美国科教纪录片“撤离地球”中描述的情景。

之不断扩大，所需的生活资料也不断增加，加上对提高物质生活水平的不断追求，这些原因会促成生产力的不当应用，会造成资源的无序开发和环境污染的加重，虽然这不会像核大战那样立即导致生存环境的彻底颠覆，但是在有限的生存空间里，会以累积的方式从量变到质变最终危及生存。因此，**应该意识到高级智慧生命在掌握高科技的生存手段以后，社会生活的矛盾会由以往生产力落后导致的物资获取能力有限，逐步转变为生产力水平提高而导致生存环境的物资供给能力有限。面对这种新情况，以往的许多生活观念都应该随之进行调整和转变，要争取长久生存就必须坚持可持续发展战略。**

比如，随着生活条件的改善，目前人类总人口已经达到72亿多[1]，而且还在继续增加。在地球这个有限的环境中，总人口不可能无限增长，人口如果太多会造成资源紧缺，这既影响生活质量又影响长久生存，但是人口也不能太少，否则会降低对生存风险的抵御能力，所以，合理控制人口是坚持可持续发展战略的重要体现之一。此外，由于资源的有限，生活水平不可能无限提高，所以要控制对物质享受无限制的追求。**生活水平不应该单纯用物质享受的标准来衡量，应该结合身体和心理健康的状况综合评价**。当物质生活达到一定水平以后，生活环境对于有利身体健康的环境质量状况，文明的素质状况和心理健康状况，会日益成为衡量生活质量和生活状态的重要标准。所以，人类在掌握高科技以后，预防毁灭性生存错误，除了首先要将核武器的数量削减到保障生存安全的程度以外，还要坚持可持续发展战略，对先进的生产力进行合理的控制应用，对资源进行合理的开发，要治理沙漠、保护湿地和热带雨林、杜绝滥砍滥伐乱捕乱杀，要形成有利于长久生存发展的呈良性循环的生态环境。

这里要再次提醒：**在核大战中没有胜利者只有不幸者，受害的是每一个人，损失最大的是整个人类。所以，每个人应该在关心生存安全、关注人类前途的基础上再去关心个人的其他利益，否则，覆巢之下焉有完卵**。其实谁都没有权力危害整个人类，任何利益都不可能超越争取人类长久生存的这一最高利益。因此，每个人都有权利、有义务成为削减和销毁核武器的倡导者、敦促者！

这里相信人类的智慧和理性，相信现代传媒会推动民众对以上观点展开广泛深

[1] 根据世界银行发布的测算数据：截至2014年年底，全球总人口数量达到72.07亿人。另据美国人口普查局报告称，2016年1月1日地球人口已达到73亿。

入的讨论，只要是有利于人类生存的正确思想，就一定会形成社会共识。所以，相信人类会由此行动起来，为营造一个保障生存安全的环境而付诸努力。

篇章3：关于物种生命

在篇章1中讲到，利益运动将促成对生命形式的研究探讨，这是认识“利益运动”的重要意义之一。下面就来探讨关于生命形式的问题。弄清这个问题对于了解生命现象非常重要。**这是反映生命现象不可缺少的内容，而且高级智慧生命将通过这个途径找到能够消除对立、消除战争的依据。**

这里虽然不是从物质与精神、生与死、蛋白质与非蛋白质等角度来探讨生命形式，但是内容也很新奇。

一、“物种”是能够实现长久生存的生命形式

前两个篇章中都曾讲到，利益运动反映了“争取长久生存”是生命活动的最高利益目标，是生命活动的真谛，是生物恒久的生存方向，所以也是利益运动的发展方向。但是通常认为生物的寿命都十分有限，那么生物怎样来实现长久生存呢？

稍加思考可以知道，生物依靠繁衍来实现长久生存。但仔细想想会发觉，繁衍只不过是实现长久生存的手段而不是实现形式，那么生物实现长久生存的形式是什么呢？

再稍加思考会发现，实现长久生存的形式是“物种”。即由繁衍产生的可育后代形成同类，由同类通过繁衍的纽带构成生命链接的网络组成物种，由物种实现这种链接式的长久生存与发展。**这种链接的生存表现虽然源于个体生命，但是却又超出了任何个体生命的生存延续能力，所以，对于这种能够实现长久生存的表现，已经不能简单地只是从个体生命的组合层面来进行认识和理解了。**

由于“生存”一定是生命的体现，物种既然是能够“长久生存”的实现形式，这说明了什么呢？答案已经十分清楚，这说明“物种”是一种生命形式。简要地讲，“物种”是由繁衍形成的生命链接，从而具有组合式生存能力，能够实现长久生存延续，

具有“群”的特征的生命形式。

人们之所以通常认为生物的寿命都十分有限，其实这是局限于“个体生命”形成的看法。造成这种局限的原因，是没有从“长久生存”的角度去关注生命形式。**如果从“个体生命”和“长久生存”这两个角度去探讨生命形式，就会发现生物的生命形式有两种：一种是短时期的个体形式的生存延续，可以称为“个体生命形式”，简称“个体生命”；一种是长久的物种形式的生存延续，可以称为“物种生命形式”，简称“物种生命”。**

“个体生命”以生长发育的形式形成生存延续，由于生长发育会逐渐出现机体衰老，所以这是生存寿命十分有限的生命形式，如果生物只有这样一种生命形式，那就不可能长久存在。“物种生命”通过“个体生命”的繁殖机能和发育机能，以同类个体生命的链接，形成组合式的生存能力，从而使某种生命形态能够实现长久生存延续。虽然不能用无限的概念来表示“物种生命”的寿命，但是只要物种的繁衍存在，其生存寿命就可以不断延续。所以，“物种生命”的寿命能够长久维持，是能够克服机体衰老局限，可以通过繁衍与生存努力来争取实现长久生存的生命形式。

从“个体生命”和“长久生存”这两个角度探讨生命形式，就形成了“二元论”的生命观。“二元论”的生命观表明：每个物种都是由“个体生命”和“物种生命”共同构成的“二元生命”结构。这两种生命形式相辅相成、相互作用，共同争取和实现物种的生存、延续、进化和发展。

对于“二元论”的生命观，起初不免会有人感到，总觉得由生理结构、生理功能构成的，具有形体特征的机体才被看成是生命形式。物种由个体生命组成，其中繁衍式的生命链接只是体现了生命的延续关系，每个个体生命在形体上的独立，使得物种没有自身具体的形体特征，所以在意识上似乎难以将物种与生命形式联系起来。

其实，认为生命形式必须有一个完整生理结构的形体，这种看法仍然是局限于观察“个体生命”形成的观点。局限于这种眼光，自然会觉得“物种生命”不可思议且不易接受。这种情况表明，必须通过对“物种生命”展开细致的研究和深入的了解，才能对生命形式形成全面的认识。

“个体生命”与“物种生命”既然是两种生命形式，就会有不同之处，所以不能用完全相同的眼光去分析看待。但生命形式也会有共同之处，有不可缺少的共同特征，例如生命形式必然会有生命结构、生命功能、生命形象。所以，“物种生命”也应该有这些特征，对“物种生命”的研究和了解，也应该从这几个方面展开。通过这些研究和了解，还能够进一步证实“物种生命”是客观存在的，是有别于“个体生命”的另一生命形式。

二、关于“物种生命”的整体性、生命结构、生命功能、生命形象

（一）关于“物种生命”的整体性

“物种生命”不仅有自身的整体性，而且这种整体表现通过繁衍以及个体生命的消亡，在生存延续中其活性现状的规模还会不断发生变化。“物种生命”的整体性不像“个体生命”完全属于生理结构的性质，而是以渊源性质的繁衍联系结构为基础，所以，“繁衍”是透视这一渊源式整体的窗口。**透过繁衍可以了解到，任何一个物种由繁衍这根纽带编织形成的血脉网络，会将物种中的所有同类联系成为一个渊源性质的整体。所以，“物种生命”是具有“群”的“生理特征”和“社会特征”，以及渊源性繁衍联系结构的生命形式。如果从现状上看，任何物种的“物种生命”的活性整体状态，始终是包含了该物种现存所有活性个体在内的，由繁衍联系的渊源性网络构成的最大群体。**

尽管“物种生命”由繁衍的渊源网络构成的、具有“群”的特征的身躯，远比“个体生命”的形体庞大，但是繁衍扩张运动会使同类之间逐渐出现疏远，“物种生命”内在的血脉关系在这种疏远中会逐渐变得模糊。如果同类之间脱离生活联系，那么彼此就只会存在血缘式的渊源关系。在现实生活中，随着时间流逝被历史淹没的渊源关系，往往会疏远模糊到似乎是没有关系，“物种生命”的整体性身躯在这种疏远中会变得抽象。整体形态变得抽象的“物种生命”不易被注意，往往身处其中却“不识庐山真面目”。这也是“物种生命”容易被忽略的原因之一。

（二）关于“物种生命”的生命结构

在本能的繁衍中，就已经存在“物种生命”的生命结构，这种结构属于生理式的。例如在无性繁殖中，由生理的衍生机能产生的新生命，在新生个体与亲体之间，存在着以繁衍为纽带的生理式组织结构。**这种生理特征的“群”的形式，是“物种生命”生理式的基本生命结构**。在异体有性繁殖中，从两性之间的结合到后代的诞生，繁衍的纽带至少形成了三个生命个体之间不可分割的“群”的联系结构。即使是克隆，由于克隆也需要亲体的细胞组织进行繁殖培育，所以克隆仍然存在以繁衍为纽带的“群”的联系结构。

繁衍的纽带既是“物种生命”生理性质的基本生命结构，又是形成和体现“个体生命”和“物种生命”这两种生命形式的基础，“孕育”既是“个体生命”也是“物种生命”的生理式生命结构。所以，“物种生命”并非没有生理式的结构。

有些物种在分娩以后，母子便各奔前程不再往来，在这种情况中，母子之间由繁衍为纽带构成的联系结构，主要体现在“孕育”中的“脐带”形式上。作为社会特征的“群”，则反映在“分娩”的形式之中。植物一般就属于这种情况。（这里将植物的种子与亲体的分离也比喻为分娩。将所有物种的新生个体与亲体之间生理性的“孕育”关系，都比喻为“脐带”联系。）

有些物种比如哺乳动物，在“孕育”的基础上，又增添了“哺乳”形式的社会结构。还有一些物种在“哺乳”的基础上，又增添了“双亲家庭式”的社会结构。另有一些物种还形成了“种群式大家庭”的社会结构。例如人类，在“孕育”的生理式组织结构、“哺乳”式社会组织结构、“家庭”式社会组织结构的基础上，还拓展形成了家族、氏族、民族、国家等群体规模更大、生活联系与组织关系更为复杂的社会结构。

以上情况说明，**“孕育”中生理性质的“群”，这种生理式组织结构是物种生命生理性质的基本生命结构。“分娩”则表现为初始的社会形态。任何物种的物种生命都有“孕育”式的基本生命结构和“分娩”式的初始社会形态。在此基础上，有些物种在生活联系中还进化形成了各种社会形态的“群”，这是物种生命通过进化形成的社会形态的生命结构。也就是说，各种社会结构都属于物种生命的生命结构。**

在地球环境中，作为分娩以后母子便各奔前程不再往来的、那些无性繁殖或自体有性繁殖的低等物种，它们的“物种生命”一般只有“孕育”的生理式组织结构和“分娩”式的初始社会形态，没有进化形成生活联系式社会性质的生命结构。

凡是异体有性繁殖的物种，它们的“物种生命”都具有进化形成的生活联系式社会结构。但是其中有些物种“物种生命”的社会结构很简单，例如植物的“授粉”形式，就是十分简单的繁衍联系式社会结构。

人类不仅进化形成了复杂多样的社会组织结构，而且这些社会组织结构还是反映“物种生命”及其功能的主体生命结构。可见，进化形成的各种生活联系式社会结构，是更为高级的物种生命结构。

“物种生命”在进化形成的生活联系式社会群体结构中，还分为“组织式群体结构”和“组合式群体结构”。**“组织式群体结构”和“组合式群体结构”的区别是：**

在“组合式群体结构”中没有领导、管理、指导等成分；“组织式群体结构”则有领导、管理、指导等成分及其作用表现。例如，在“哺乳”和“双亲家庭”式社会群体结构中，由于存在长辈对后代的领导、管理和生活指导，所以属于组织式结构。再例如，没有领导、管理、指导成分的鱼群，是社会形式的“组合式群体结构”；迁徙中没有领导和管理成分的大群角马，也是社会形式的“组合式群体结构”，但是其中由母角马和哺乳中的小角马组成的“哺乳”结构（或者说单亲家庭结构），由于母角马会对小角马进行领导、管理、教导，所以又属于“组织式”的社会小群体。

一般而言，有社会群体形式的物种比没有社会群体形式的物种要高级，而“组织式群体”比“组合式群体”从对生存的作用上又要显得更为高级。

对于刚刚讲到“孕育”属于生理式组织结构，也许有人会问：难道这其中也存在领导、管理、指导成分吗？这个问题在以后交流群体形成要素的篇章里将会涉及，这里就不作详述了。

下面通过对“物种生命”生命功能的了解还会认识到，组织式社会群体的结构越复杂，“物种生命”的生命功能会发挥得越充分，物种的生存能力会提升得越高，物种的进化程度也越高。

（三）关于“物种生命”的生命功能

下面仍然先通过繁衍来了解“物种生命”的生命功能。在繁衍的“孕育”联系中，既形成了“物种生命”的生理式生命结构，又同时形成了“物种生命”的生命功能，只不过这时的生命功能局限于内在的生理表现方面。在“孕育”联系中，亲体要为后代提供大量营养，作为亲体而言孕育是一种帮助后代成长的利他表现，但是在这种利他中，同时包含着延续亲体自身基因的自利成分。由于后代对于亲体的生命基因具有传承作用，所以，从亲体孕育后代的利他，到后代实现对亲体生命基因的传承延续，这二者之间构成的是“互利协作”关系。这种互利协作的共同目的，则是争取自身“物种生命”的长久生存，所以，**“互利协作”是“物种生命”重要的生命功能**。

在分娩以后，对于“脐带”关系一断母子便各奔前程不再往来的、这种仅仅只有“孕育”式生命结构的物种而言，由于互利协作的功能没有得到进一步延展，所以互利协作对于物种生存的积极作用发挥得十分有限。为了弥补这种不足，这类物种普遍采取增加繁殖数量或增加繁殖频率的方式，以个体生命的数量优势，来应对严酷生存环境对个体生命的自然淘汰，通过“广种薄收”的策略来保障自身物种的生存延续。

这类物种最大的不足，就是对于生存主动权的掌握十分有限。

相对于仅仅只有“孕育”结构的物种而言，具有“哺乳”结构的物种明显是进化了一步。“哺乳”过程使得互利协作的功能得到延展。这种延展能使后代的生活更有保障，使后代的成活率更高，使后代的生存能力更强，所以“哺乳”式社会结构使得物种的生存主动权得到增强。从这里可以看到，社会结构具有延展和提升互利协作功能的作用。

再看“双亲家庭”形式的社会组织结构，相比只有单亲的“哺乳”结构而言，抚育后代的力量通过双亲的共同努力得到增强，互利协作的功能拓展到了更多的社会对象。“双亲家庭”是比单亲“哺乳”结构更加复杂的社会组织结构，这种社会结构进一步提升了互利协作的生命功能，能将后代养育到具有很强的独立生活能力。所以，由双亲家庭体现和提升的互利协作关系及功能，使生存的主动权得到进一步增强。因此，相对于单亲“哺乳”式的社会结构而言，“双亲家庭”式的社会结构明显又进化了一步。

还有一些物种具有“种群式大家庭”形式的社会组织结构，比如地球上的狮群、狼群。在这种群式大家庭中，成年母兽之间能够相互照料后代，取得食物的方式是共同围猎。狼群还会携带食物回家，分给幼狼和留在家中照料后代的母狼以及受伤不能外出参加围猎的成年狼，互利协作的功能拓展到了更多的社会对象和更大的社会范围。“种群式大家庭”结构是比“双亲家庭”结构更为复杂的社会结构，社会结构的这种进化，进一步提升了互利协作的功能，大大提高了整个种群的生存能力，即提高了物种的生命力，生存的主动权得到更大程度的增强。

以上这些不同社会结构的物种及其生活状况，过去认为只是各个物种不同生活方式和习性的表现。现在看来，这其实是生物通过进化形成不同社会结构的物种生命，从而形成互利协作功能的提升，由此获得不同生存能力的体现。不同的社会结构能够不同程度提升互利协作的功能，从这种表现可以认识到，这是从“物种生命”的生命结构上所反映的各个物种进化程度的不同。哪个物种在适应生存环境的进化发展中，形成的组织式社会结构越多、越复杂，“互利协作”功能的作用也会相应提升得越高，生活方式中的社会性也会展现得越充分，“物种”的进化程度也越高，“物种生命”的生命力也会越强。由此说明，**生物的进化既可以由“个体生命”来实现，也可以由“物种生命”来实现。由“物种生命”从社会联系结构上实现和反映的这些进化，也证实了，“物种生命”是客观存在的生命形式。**

例如人类的“物种生命”，除了“孕育”的生理式组织结构，以及“哺乳”、“双亲家庭”、“氏族式大家庭”等等这些由自然进化形成的组织式社会结构以外，还通过文明进步形成了国家、国际组织等等，这些社会范围更大、社会成员更多、社会结构更复杂的“大家庭生活群体”。这种进步形成了人口的拓展、生存领地的拓展、社会联系与组织方式的拓展、社会分工的拓展、贸易的拓展、社会保障体系的拓展。在这些拓展中，不同的社会分工和贸易合作，不断完善的社会保障体系，大大提升了人类物种生命互利协作的生命功能。

特别是不断完善的社会保障体系，通过对社会成员构成的生存保障，让互利协作的生命功能转换为巨大的生命力。这样的拓展表现，无疑比那些只有家庭或种群结构的物种又不知先进了多少。由此充分证明，**社会结构趋于复杂的进步，实质是提升“互利协作”功能的进步**。组织式社会结构的发展进步，让人类更加充分地掌握了生存主动权，这种发展进步的目的，仍是为了争取人类这一物种的长久存在。

由以上情况可知，社会功能是以表现“互利协作”为主导的“物种生命”的生命功能。这同时说明，“物种生命”的生命结构与生命功能是相辅相成的关系。“物种生命”的组织式社会结构越复杂，“物种生命”互利协作的生命功能，会在更多的生活层面和生活内容上发挥得更加充分，物种内部成员的生活会因此更有保障，物种的生命力也越强，进化程度也越高。

所以，“物种生命”生命结构与生命功能的状况，既是反映物种进化程度的重要标志，也是综合评价物种进化程度的重要标准。或者说，社会结构的发展状况和“互利协作”作用的发挥状况，是物种进化程度的综合体现。就人类而言，从社会结构和“互利协作”的社会功能上，所体现的“物种生命”的生命结构与生命功能状况，既是反映人类社会进步程度的重要标志，也是评价人类“物种生命”进化和进步程度的重要标准。人类的组织式社会结构越复杂，社会的文明进步程度就越高，社会的互利协作功能也发挥得越充分，社会群体也会越大。随着人类社会的这种进步，最终将会实现全人类的团结统一。

可见，“个体生命”和“物种生命”的进化会有不同的表现，“个体生命”的进化主要为生理性质的，“物种生命”的进化主要为社会结构和社会功能性质的。

归纳以上内容：脐带孕育结构及其功能、哺乳结构及其功能、家庭结构及其功能、氏族乃至国家结构及其功能，这些都是“物种生命”的不同生命结构和生命功能的不同表现，这些结构由生理到社会、由简单到复杂，综合反映出物种在进化程度和社会进步程度上的不同。

这些进化表现可以说明，社会群体起源于繁衍，拓展于生活联系。**对于社会的认识，可以溯源到由同类的两个生命个体所组成的最小群体。对于社会关系的认识，可以溯源到繁衍中的“分娩”关系**。

仍以人类为例，具有“互利协作”作用的社会关系、社会组织、社会领导和管理机构等，既是人类“物种生命”生命结构及其生命功能的具体表现，也是感受和理解“物种生命”的途径和方式。特别是社会的领导和管理机构，由于对“互利协作”功能的发挥起着组织、贯彻、规范、指导、促进的决定性作用，因此，属于“物种生命”在一定范围上的（即社会行政管理所辖范围内的），生命结构和功能的集中代表。那些违背“互利协作”表现的社会现象，比如损人利己、暴力争斗等，则是破坏“物种生命”结构和功能的反映。

物种生命除了“互利协作”这个突出的生命功能以外，凡是通过物种形成的有利于自身物种长久生存发展的表现，都属于“物种生命”生命功能的体现。形成有利于自身物种生存发展的功能，这既是生物进化遵循的规则，也是认识“物种生命”生命功能的方式。例如，生物的“进化”既由“个体生命”也由“物种生命”来实现，“进化”是有利于自身物种生存发展的表现，所以“进化”既是“个体生命”也是“物种生命”的生命功能反映。

此外，由于繁衍是形成和体现“个体生命”和“物种生命”这两种生命形式的共同源点，所以凡是通过繁衍反映的有利于自身物种生存发展的表现，既是“个体生命”也是“物种生命”生命功能的体现。就繁衍的本身而言，繁衍既形成了“个体生命”链接式的生命延续，同时形成并延续着“物种生命”，所以“繁衍”既是“个体生命”的本能，也是“个体生命”和“物种生命”生命功能的体现。许多物种“个体生命”的寿命十分短暂，在这短暂的生命周期中最为重要的一项任务就是繁衍，如果同类中的每一个生命个体都没有完成这一任务，等待这个物种的只会是消亡。如果每个物种都是如此，生物也就难以存在了。无论是低等物种还是高等物种，繁衍功能都是物种生命力的集中体现。

还有繁殖隔离，也是“个体生命”和“物种生命”生命功能的表现。“物种生命”在繁殖隔离的作用下，通过只有同类结合才会产生可育后代的方式，来保障物种自身的优良基因得到保存和延续，并由此形成相对稳定的生命序列来保证自身物种的生存发展。没有繁殖隔离就不会形成物种，也不能保证物种的正常延续。

这里需要特别说明：繁殖中的杂交变异是形成新物种的一种途径，由于每个新物种在诞生的最初时期，它截然不同于其他物种的原始边界有时会很模糊，导致这种模糊的原因是物种随机变异中的渐变过程。在这种渐变过程中的生命形式不能称为"物种生命"。这是因为，处在这种渐变过程中的生命形式，由于还没有成为独立而稳定的物种，所以也就不能够称为"物种生命"，只能称为"过渡式物种"和"过渡式物种生命"。"过渡式物种生命"可能由于"过渡式物种"的最终定型，而演化为稳定的物种生命，也可能由于"过渡式物种"被生存环境淘汰而随之消亡。在生物的发展历程中，也许曾经有一个存在众多"过渡式物种"的历史时期。

（四）关于"物种生命"的生命形象

关于"物种生命"生命形象的介绍，由于这个内容不仅复杂而且也很重要，所以为了慎重起见，决定专门将它作为下一个篇章的内容，这里就不赘述了。

为了便于理解以上的论述，下面对"物种生命"做出进一步的说明。

三、对"物种生命"的进一步说明

这里依据每个物种都是由同类组成的独立生命序列，并由此区别于其他物种，由此推断每个物种的生命序列必然形成于一个最初的繁衍结构。形成某个物种的最初繁衍结构，就是这个物种最初的原始"物种生命"形式。通过繁殖，物种的个体数量会增多，形成"物种生命"在规模上的扩张，因而从渊源的角度来讲，每个物种的"物种生命"包含着这个物种的全部"个体生命"，**每个物种的"物种生命"则只有一个，始终是每个物种的整体。某个物种"物种生命"活性的整体状态，则始终是包含了该物种现存所有活性个体在内的，由繁衍的渊源式联系网络构成的最大群体。**

每个物种的"物种生命"，都具有孕育的生理式基本生命结构和"分娩"式初始社会形态，有些物种在这个基础上，进化形成了组合式和组织式社会形态的生命结构，这些生命结构的作用，是通过提升"互利协作"的功能而服务于物种的生存发展。**繁衍中的"分娩"结构，可以视为社会结构的"源点"**。

"个体生命"只能在生命延续的链接中，充当一个个的链接环节并成为物种生命的组成部分。"物种生命"从包含所有同类个体生命，并能够实现长久生存的层面来讲，是源于个体生命而又高于个体生命的生命形式。任何"个体生命"要想使其基因遗传下去，都必须通过形成和发展"物种生命"的形式才能实现。

综上所述，关于“物种生命”可以做出如下归纳：

“物种生命”即“物种式生命形式”。

“物种生命”是通过“个体生命”的繁殖机能和发育机能，由繁衍的生命链接形成的，具有组合式生存能力，能从“个体生命”的数量上构成一定规模，存在“孕育”的生理式基本生命结构和“分娩”式的初始社会形态，具有“群”的生理特征和社会特征，并在此基础上通过生活联系能够进化形成各种组合式和组织式社会结构，从而能够争取实现长久生存延续的生命形式。

由繁衍的纽带编织形成的血脉网络，将“物种生命”中所有的同类“个体生命”，联系成为一个渊源性的整体。渊源性质的“物种生命”，是通过繁衍的纽带由所有同类“个体生命”所共同构成的，具有渊源性整体内涵的生命形态。某个物种“物种生命”活性的整体状态，则是由该物种所有现存的活性个体所组成的，由繁衍的渊源性血脉网络构成的最大群体。活性状态的“物种生命”是渊源性“物种生命”的有机组成部分。（这里需要特别说明：为了表述简洁，交流中除了专门指出的情况以外，所说的“物种生命”一般都是指潜在着渊源关系的活性整体，而不是指包括死亡个体在内的渊源性整体。）

“互利协作”是“物种生命”主要的生命功能，此外还有其他的生命功能。“物种生命”通过社会结构的进化和进步，能够提升和强化“互利协作”功能，并由此提高物种的生存能力。任何一个物种，都是由“个体生命”和“物种生命”共同构成的“二元生命”结构。“个体生命”和“物种生命”这两种生命形式相辅相成相互作用，共同争取和实现物种的生存、延续、进化和发展。

物种既是生物为了使自身的优良基因得到保存和延续、在繁衍中通过繁殖隔离方式形成的相对稳定的生命序列，同时又是能够争取实现长久生存的“物种生命”形式。所以，“物种”具有两个含义，一个含义是指区别于异类的生命序列；一个含义是指“物种生命”。

同类之间凡是具有“互利协作”作用的社会生活结构，都是“物种生命”的生命结构以及生命功能的具体表现，这是认识、体会和解读“物种生命”的一般方式。文明物种社会生活的领导和管理机构，由于对社会生活中“互利协作”作用的发挥状况起着决定性作用，因此，是社会行政所辖范围内的“物种生命”结构和功能的集中代表。

同类之间那些违背“互利协作”表现的社会现象，则是损害“物种生命”利益

和破坏"物种生命"结构及功能的反映。

"物种生命"的生命结构，除了"孕育"是生理性质的以外，主要是由各种社会组合、社会组织、社会联系形成的社会性质的结构。（为了简洁起见，这里将异体有性繁殖中的异性结合，这种具有生理和社会联系的综合形式，都归于社会结构。）

人类的"物种生命"除了"孕育"式生理结构以外，还有由血缘关系、亲缘关系、地缘关系、婚姻关系、工作关系、贸易关系、朋友关系等形成的社会结构。反映这些关系的形式有自然形式、相互认可形式、管理形式等。尽管这些关系有文本的具体性、交往的接触性、血缘的渊源性，但是这些社会结构不同于工程式的刚性结构那样易于观察和了解，所以对于"物种生命"生命结构、生命功能、生命形象的理解，往往需要抽象思维的方式。

由于社会功能即是"物种生命"的生命功能，社会结构即是"物种生命"的生命结构，所以，如果不考虑物种生命"孕育"形式的生理结构，那么从狭义上，"物种生命"可以看作是社会形态的生命形式。即"物种生命"可以狭义地称为"社会式生命"，简称"社会生命"。所以，社会越是进步，"互利协作"的功能就越能够得到充分发挥，就越是能够感受到社会的温暖。例如，人类社会生产力的水平越高，社会的文明程度越高，广泛的生活联系会形成更为复杂的社会结构，"互利协作"的社会功能作用就会越突出，社会管理机构的服务职能就会发挥得越充分，社会成员的生活就越是离不开社会。特别是社会保障体系的建立和完善，使得社会越来越显示出生命形式的作用。

在生产力相对落后的历史阶段，有限的生活联系使社会结构相对简单，社会的功能作用也体现得不够充分，所以较难联想到社会对人们生活所起到的作用，实际上是"物种生命"生命功能的表现。因此，由生产力发展推动的社会进步，也就是人类"物种生命"生命结构及其功能的发展进步。可见，不同物种社会结构的差别，则反映了物种进化程度的不同。

"物种生命"还展示了物种内部一个重要的生态属性：由于所有同类属于同一个"物种生命"，所以，自身物种的长久生存是同类每一个生命个体和群体必然的共同利益目标，因此，任何损害同类利益的行为都会危害这一共同利益。这一生态属性决定了同类相残的暴力争斗是错误的。

但是，为什么同类间的暴力争斗在自然界普遍存在呢？这种自然现象，能否被认为生物天性具有自私和使用暴力的本能，并以此作为战争不可能被消除的客观依据呢？这是特别需要弄清楚的问题！

对以上问题的回答是：**由于暴力争斗是异类之间生存竞争的必要手段，因而造就了生物应用暴力的习性。而同类间的暴力争斗除了这一原因以外，另一原因则是“物种生命”处于松散状态的结果**。对于这个“另一原因”的详细解答，则是下一篇章交流“物种生命”生命形象时的重要内容，这里就不详述了。

看过以上对物种生命的认识，也许有人会认为：自人类诞生以来，虽然一直没有以“二元论”的眼光看待生命形式，但日子还不是照样过吗？并没有对生活造成多大的影响啊，所以，认识“物种生命”有什么实际意义呢？！

对这种想法的回答是：在生产力落后的时期没有认识“物种生命”，这对于生活的影响相对有限；但是进入高科技时代以后，如果没有认识“物种生命”，就难以建立全局和长远的利益观，就难以杜绝滥用高科技成果的现象，仅此就将产生严重后果。所以，这种想法是一种可以理解但却不宜坚持的思想。

通过认识物种生命，从事社会管理的行政机构将明确，它是所辖范围内自身物种生命发挥互利协作功能的组织和领导中枢，是所辖范围内自身物种生命结构及其功能的集中代表，是所辖范围内社会民众的依靠，搞好社会公共服务是其职责。由正确的领导、优良的公共服务、良好的社会管理和社会保障体系共同形成的社会凝聚力，将体现物种生命的温暖并赢得民众对社会的热爱。在这个基础上，家庭和社会教育体系通过注重互信、互爱、互帮、互谅、互利协作的思想教育，将个人利益与社会利益联系在一起，形成大家共同营造和谐社会的生活氛围，那么，只关心自身利益的现象就将大为减少。这也应该是认识“物种生命”的重要意义。

没有认识物种生命时，国家利益是最高利益；认识物种生命以后，首先从理论上会明确，争取人类的长久生存将是最高利益，这一理论会推动人们思想观念的进步。这同时说明，国家利益至上的观念只是一定历史阶段的表现。这方面的内容在以后的讨论中会有进一步说明，这里就不作详述了。

认识“物种生命”的意义其实很多，因为，“物种生命”为许多问题的正确分析提供了依据。如果没有这个依据，有些生命现象的本质就很难看清楚，有些现象的原因就难以说明白，这其中包括前面提到的，高级智慧生命将通过认识“物种生命”找到能够消除对立、消除战争的依据。

在以后的讨论中将会逐一介绍这些内容，所以，**“物种生命”就像一扇门，仅仅发现这扇门并不是最重要的，真正的价值蕴藏在这扇门的背后**。因此，是否同意关于“生命形式二元论”的看法，这并不是问题的关键。对“物种生命”的探讨，首先是确定了同类之间具有争取自身物种长久生存的共同利益目标，并且由此决定“互利协作”是同类之间应该遵循的正确的生命关系。这对于处理同类之间的利益关系，乃至分析看待异类之间的利益关系，都具有至关重要的指导作用。

篇章 4：“物种生命”形象的三种存在状态

这一篇章专门介绍“物种生命”的生命形象。上一篇章曾经提到可能有人认为，人类长久以来虽然没有认识“物种生命”但也并没有因此影响生活。其实不然，人类内部之所以战乱不断就与没有认识“物种生命”密切相关，要消除战争必须从认识“物种生命”开始。换句话说，如果没有认识“物种生命”，由于没有消除战争的依据和理论基础，战争就不会被彻底消除。

上一篇章提示过，对“物种生命”的理解要应用一些抽象思维。由于人们在概念上习惯只有“个体生命”，所以刚听说“物种生命”时，确实会有陌生、朦胧、惊奇、疑惑的感觉，但是随着理解的加深就会逐渐感到释然了。相信以后，“生命形式二元论”将会成为一般的常识，那时人们对“物种生命”就不会再有陌生感。

上篇说过，造成“物种生命”形象抽象的原因，首先，是“物种生命”在繁殖扩张的作用下会形成广延的、分布形式的整体形象，多数时候这种整体形象会扩张到远远超出直观视野，形成隐形的渊源性血缘生命结构，因此，对“物种生命”的形象在认识时就需要借助一些想象。

其次，**“物种生命”的生命结构，除了繁殖中的“孕育”是生理结构的形式以外，其他的结构形式都是由血缘关系、亲缘关系、生活联系、社会管理形成的社会性质的结构**。比如人类“物种生命”的生命结构，是以“孕育”的生理结构为基础，以血缘、亲缘、行政、贸易、合同、友谊、交流、管理等社会性质的结构为主体。学习、指导、交换、约定、信息、沟通、文本、处罚等具有一定规范和互利协作功能的关系，是社会结构的共性。这种关系好似一张无形却又实际存在的网，这张网的作用尽管丰富而具体，但是却不像“刚性结构”具有易于观察和了解的外形特征，所以理解时有必要借助“意会”形成对“物种生命”形象的构想。

人类对于“物种生命”长期以来并不是没有感知。例如，“人是自然人，更是社会人”的说法，就反映了对“物种生命”的感性认识。“人是自然人”可以理解为“个体生命”；“更是社会人”这是强调人离不开社会，说明了社会的重要。**为什么社会这么重要？因为人类“物种生命”结构的主体是社会结构，“物种生命”互利协作的生命功能，要通过社会结构得到提升和发挥，所以人们才感到离不开社会。**

本篇章介绍“物种生命”形象的三种存在状态，可以进一步勾勒出“物种生命”的轮廓，让“物种生命”具有理论上的具体性。由于物种内部的生态状况与“物种生命”形象的存在状态有关，要了解物种的内部生态，特别是同类之间暴力争斗的原因，就必须了解“物种生命”形象的存在状态。

根据不同物种“物种生命”的自然表现，还有文明物种的“物种生命”由社会进步形成的发展表现，**“物种生命”的形象可以归纳为“原始状态”、“松散状态”和“团结统一状态”。下面逐一叙述：**

一、原始状态的物种生命形象

“原始状态的物种生命形象”简称“原始物种生命”，这是“物种生命”的第一种存在形象。

每一个物种的“物种生命”都是渊源性的整体。任何一个物种现在活着的所有生命个体，无论它的数量多么巨大（即“物种生命”现有的活性规模无论有多么庞大），历史性的繁殖网络无论多么错综复杂，无论有多少支脉，它一定都是由这个物种最初的繁衍结构通过逐渐的繁殖扩张形成的。对于这种渊源关系进行溯源分析可以得知，“物种生命”的整体形象并不全都是庞大的。例如，每个物种最初的繁衍结构，即每个物种最初的、最原始的“物种生命”，由于它刚刚诞生，所以其形象在规模上是最小的。

这种规模会小到什么程度呢？会小到呈一个最基本的繁衍结构，或者说一个最基本的繁衍单元。

什么是一个最基本的繁衍结构或者说繁衍单元呢？

对于无性繁殖的物种，最基本的繁衍单元，是由母体和后代共同形成的妊娠体。对于异体有性繁殖的物种而言，最基本的繁衍单元，是由具有繁殖能力的一对雌雄亲体的结合形成的妊娠繁殖群体。**植物的花粉应该看成是其亲体的化身**。例如，人类最基本的一个繁衍单元，是由具有生殖能力的一对配偶通过怀孕所构成的妊娠繁殖群体。

也就是说，人类最初的繁衍结构，或者说人类最原始的“物种生命”，从逻辑上讲就是由一对怀孕夫妻所形成的种群。但这只是一种最简捷的逻辑理解和表述，实际情况也许更加奇妙。

从逻辑上讲，**每个物种都存在自身的这种“原始状态的物种生命”**。由于“原始物种生命”的规模不大，所以最初应该处在直观的范围之内，并不是很抽象的。尽管不抽象，但是由于不容易捕捉到，所以一般还是很难直接观察到“原始状态的物种生命”。但借助一种现象可以看到相似性质的“原始物种生命”。那就是当物种处于濒危状态时，会相似地呈现为“原始状态的物种生命”。

比如说，如果某种鸟在自然界中仅仅存活具有繁殖能力的一对，由于这对鸟可以通过繁殖来延续物种，所以由这对鸟所形成的基本繁衍单元，便与这个物种最初的基本繁衍结构几乎相同，即与这个物种“原始状态的物种生命”极其相似。

如果这对鸟通过繁殖，能够使这个物种得到延续，并且最终使这个物种的“物种生命”从规模上能够扩大到走出濒危的境地，那么，这对鸟所具有的功能和所处的角色地位，也就与这个物种“原始物种生命”的功能和地位几乎相同了。（注：这个例子没有涉及近亲繁殖的相关问题。）

某种鸟如果在自然界中仅存一只了，显然它已经不能通过自然繁殖来延续物种。由于它是“物种生命”的一部分，所以这只鸟只能算是一种部分式的物种生命，而不能算一个完整健全的物种生命。这只鸟只能代表一个即将消亡的不完整物种。

如果某个物种在自然界中虽然还保存着一定的数量，却不具有繁殖能力了，那么这个物种的“物种生命”虽然具有一定的活性规模，但是“物种生命”却不健全，属于存在繁衍缺陷的“物种生命”。因而这个物种仅存的个体和群体，也只是代表一个即将消逝的物种。也就是说，**健全的“物种生命”一定具有繁衍功能**。

其实对于“原始物种生命”的了解，也不必非得借助濒危物种，因为，任何物种中的一个基本繁衍结构，都相似于该物种的“原始物种生命”。**这种情况说明了一个特别重要的公理，那就是：每个物种的每一个基本繁衍结构，都潜在着与这个物种“原始物种生命”完全相同的生命形象和生命功能。**

也就是说，当某个物种处于濒危状态时，这个物种所剩的每一个基本繁衍结构，都可以像这个物种最初的基本繁衍结构一样，具有扩张和延续自身物种的功能作用。即使在物种没有处于濒危状态时，每个繁衍结构都有扩张和延续自身物种的功能，都会通过繁殖来发挥扩张和延续自身物种的功能作用。只不过平常的繁殖表现，它的地位和重要性没有在物种处于濒危状态时显得那样的突出罢了。

接下来介绍第二种状态的“物种生命”形象，它叫“松散状态的物种生命形象”，简称“松散式物种生命”。

二、松散状态的物种生命形象

每个物种“原始物种生命”的存在时间一般都不会很长。随着继续繁衍，每个物种的“原始物种生命”便会在扩张中，随之逐渐转变为“松散式物种生命”。随着这种转变，每个物种的“原始物种生命”便永远成为了历史。

例如，那些无性繁殖的低等物种，“原始状态的物种生命”仅仅只是存在于物种最初繁殖时的孕育和分娩的时候，随着这个原始的、最初的“脐带”关系一断，“原始状态的物种生命”便永远成为了历史。

为什么要叫“松散状态的物种生命”呢？这主要是依据“物种生命”的性状表现来定义的。

通过繁衍，当生命个体不断增多，“物种生命”的整体规模不断扩大以后，每个物种都会在自然环境中通过扩大分布范围来形成生存扩张。随着这种扩张和时间的推移，物种内部“生命个体”之间的联系，往往会逐渐呈现出历史性的疏远，于是整个物种便形成了分布性的分散。分散使得“物种生命”随之表现为“松散式的整体状态”，使得渊源性的血脉关系转变为隐形。以现代人类的任意一个家庭为例，当某个家庭在发展了若干代人以后，由于生活的流动和变迁，随着彼此联系的逐渐疏远，后代人往往就互不相识，成为了只有渊源式血缘关系的松散状态。

在地球上，**除了刚刚诞生的物种和即将消亡的物种以外，其他现有物种“物种生命”的状态，基本上都是“松散式的整体状态”，因此，“松散状态的物种生命”是最为普遍的物种生命的整体形象**。

生物形成和采用“松散状态的物种生命”主要有以下原因及优点。

第一，繁衍扩张形成的“松散状态的物种生命”，能够扩大物种的生存空间，能够寻觅到更多的生存资源，能够寻求到更多的生存机会，这有利于物种的生存与发展。

第二，“松散状态的物种生命”使同类的“个体生命”能聚能散，能使整个物种化整为零地分散保存。比如繁殖季节聚拢，非繁殖季节分散，这样能够发挥每个“个体生命”或者种群的生存能力，通过各显其能的生存努力，形成各自为阵、整体发展的生存战略。

第三，“松散状态的物种生命”在遭遇严重的天灾时，可能使部分个体得到幸存，使物种不至于因为集中在一起而容易遭受灭绝，由此可以提高抗御生存风险的能力。

第四，“松散状态的物种生命”能使物种接触到多样性的生存环境，通过形成对这些环境状况的适应能力，使物种的整体生存能力得到进化提高。

第五，“松散式物种生命”的分散分布，能够避免同类之间产生利益冲突，减少同类在利益争斗中的相互伤害。这有利于自身物种的生存与发展。

第六，“松散状态的物种生命”能够扩大不同物种之间的接触，在生物处于低级发展阶段时，繁殖隔离还不稳定，这种接触会促成物种的杂交式随机变异，会导致新物种的形成，并使物种多样化。多样化物种能形成多样化的生存技能，生物通过这种形式的进化发展，能使生物的整体生存能力得到巩固和加强。

“松散状态物种生命”的优点不只以上这些，这里不再多述。正因为具有这些优点，每个物种才能够以“松散状态的物种生命”形象进行长久的繁衍生息。

尽管“松散式物种生命”具有这些优点，但“松散”也导致了不容忽视的缺点，所以“松散式物种生命”并不是物种生命的完美状态和形象。

首先，**“物种生命”的生命力从根本上讲体现于团结、合作、互助、互利，以及体现于群体的智慧和力量**。这种生命力主要依靠相应的社会结构来形成，而“松散状态的物种生命”主要就是社会结构松散。松散的社会结构，会影响“物种生命”发挥集思广益、团结互助、互利合作、统一意志的生命优势。因此，“松散状态的物种生命”，是从形象上还需要继续发展的“物种生命”。

其次，“松散状态的物种生命”使“物种生命”的整体形象变得抽象，这种抽象的屏蔽作用使得“物种生命”难以直观，妨碍了生物形成“物种生命”的意识。**客观地讲，只有在文明发展到很高水平的条件下，理性的思维才可能认识“物种生命”。**也就是说，**即使是文明物种，也要发展到一定的历史阶段，才可能通过认识利益运动揭示的长久生存是最高利益目标，从而启发对物种生命的探讨，并通过研究和了解物种生命来指导生命活动。所以，除了文明物种以外，其他物种不可能形成“物种生命”的意识**。

在文明物种认识物种生命以前的生存环境中，都是对“物种生命”带有意识缺憾的生态表现，其中最为突出的，就是普遍存在的同类之间你死我活的暴力争斗现象。

也就是说，**物种内部同类之间的暴力争斗，同类之间的弱肉强食，都属于对“物种生命”没有认识，是具有认识缺憾造成的生态状况**。

由于造成同类之间暴力争斗的原因出自于“物种生命”的松散状态，所以“松散式物种生命”的本身没有办法改变这种状况。

为什么说“松散式物种生命”的本身改变不了这种状况？这是因为在自然的生存环境中，由于暴力是异类之间进行利益分配的主要方式，是异类之间进行生存竞争的必要手段。又由于“物种生命”长久生存发展的整体利益，是蕴含在每个个体生命或种群的生存利益之中，在这两种因素的作用下，使得在异类之间的生存竞争中，不同物种的个体和种群会将自身的利益，当成是自身物种的整体利益来加以捍卫。很明显，在异类之间的生存竞争中，这种表现是正确的也是必要的，否则将无法生存；这同时使生物具有了采用暴力方式进行利益分配的习性。不可否定，这种习性是同类之间出现暴力争斗的原因之一但不是唯一原因。同类之间出现暴力争斗的另一个原因，就是物种生命处于松散状态。

处于松散状态的物种生命，在整个物种的内部没有形成统一的领导和管理，物种生命没有统一的组织管理式社会结构，整个物种生命不属于统一的组织式群体，没有统一的生活秩序和行为规范，没有形成整个物种范围的互利协作，这使得同类的个体和群体必须各自进行生存打拼。加上“松散式物种生命”中的个体和种群没有物种生命整体利益的意识，都会将自身的利益当成是物种的整体利益来加以捍卫，所以，在没有统一的社会管理对暴力的应用进行约束的情况下，当同类之间出现利益矛盾，又没有办法采用非暴力的手段进行协调解决时，为了捍卫各自的利益，就只有采用暴力手段解决利益争端了。由“物种生命”的松散状态造成的这种状况，其自身没法消除这种现象，否则早就消除了。这就是自然界中，为什么同类之间普遍存在暴力争斗的原因所在，也是人类始终战争不断的深层次原因。

以上情况还说明，**只要人类的物种生命处于松散状态，战争就不可能消除**。但同时也表明，要想消除战争，只有在整个物种的内部形成统一的领导和管理机制，让物种生命具有统一的组织管理式社会结构，使整个物种团结一致成为一个统一的组织式群体，即形成“团结统一状态的物种生命”。

“团结统一状态的物种生命”可以通过社会治理和管理机制，在整个物种内部方方面面形成多样的互利协作，实行以民主协商为基础的利益分配制度，以非暴力的方式解决各种利益矛盾，同类之间随意的暴力行为将依法受到制止和惩治，其中包括依法杜绝战争。所以，形成“团结统一状态的物种生命”不仅是完全消除战争的唯一途径和方法，而且展示了“松散式物种生命”的正确发展方向。

因此，通过认识“物种生命”：第一，可以明白同类之间的暴力争斗无论谁胜谁负都是伤害自己的物种生命，都会给自身物种的生存发展造成危害，都会影响自身物种的生命力，所以战争必须杜绝。

第二，可以明白物种生命只要处于松散状态，同类之间的暴力争斗就不可避免，战争就不可能消除。

第三，可以明白消除战争的途径，是将“松散状态的物种生命”发展成为“团结统一状态的物种生命”。

在明白以上道理之前，虽然通过战争的种种罪恶、战争带来的巨大破坏、战争造成的种种灾难等表现显示了战争应该消除，但是却又不知道怎样才能消除。所以，人类战乱不断的原因与没有认识“物种生命”密切相关，要消除战争必须从认识“物种生命”开始。

还有，**在生产力水平落后的历史时期，处于松散状态的人类物种生命，其优点能够充分发挥作用，也就是利大于弊，所以即使没有认识物种生命，对于生活不会造成不可逆转的重大负面影响。但是进入高科技时代以后，如果不能认识物种生命，大家仍然坚持把自身的利益看得最高最重要，不能改变狭隘和自私的利益观，松散状态的物种生命的缺点，将发挥突出的消极作用，同类之间暴力争斗的缺点会形成大规模的战争，从而对生活造成重大的负面影响，甚至会引发高科技的核大战而使人类灭绝。因此，进入高科技时代以后，人类的物种生命不能再处于松散状态，必须争取尽早实现团结统一式的物种生命。**

要将分布于广阔地域上的“松散式物种生命”，以民主和法制的方式，在整个物种的内部通过形成统一的领导和管理机制，使整个物种成为组织式群体的“团结统一式物种生命”，可想而知，如果没有相应的理论指导以及便捷的通讯和交通，这将是不可能实现的。**仅从这一点看，也只有进入高科技的历史阶段，才具备形成“团结统一式物种生命”的思想、技术和物质条件。也就是说，只有当“利益运动”发展到具有高科技的高级阶段，才可能出现由文明物种创造的“团结统一状态的物种生命”，所以，“团结统一状态的物种生命”只能是高度文明的产物。**

三、团结统一状态的物种生命形象

“团结统一状态的物种生命形象”，简称“团结统一式物种生命”。了解“团结统一式物种生命”要特别注意到，其核心和关键是“团结统一”，而不是“缺乏团结的形式上的统一”，所以“团结统一式物种生命”不能简称为“统一式物种生命”。

完善社会结构、实现“团结统一式物种生命”，这是“松散式物种生命”继续发展的方向。在地球环境中，唯一的文明物种是人类，虽然人类目前还没有形成“团结统一式的物种生命”，而且还面临可能发生核战争而导致毁灭性生存错误的危险，但客观地讲，人类已经具备了创建“团结统一式物种生命”的基础。随着对“物种生命”的认识，通过共同消除可能导致毁灭性生存错误的物质基础，这种进步将成为创建“团结统一式物种生命”的巨大推动力。

在上一篇章中曾经讲到，“物种生命”的进化程度越高，社会结构会越复杂，形成有领导和管理成分的组织式社会生活群体也会越大。有领导和管理成分的组织式社会生活群体属于统一式群体，至于是否属于“团结统一式的群体”，则看群体的形成或保持是否依靠充分民主建立的法制作为管理基础。

如果将分布于广阔地域的“松散式物种生命”，转变为“团结统一式的物种生命”并且要长久保持下去，一定离不开正确的理论作指导，离不开以广泛和充分的社会民主为基础形成的社会法制，离不开以社会法制为基础形成的社会管理机制，离不开以民主与法制为基础的社会监督。所以，人类要创建“团结统一式的物种生命”，必须以形成以上这些条件为创建的实践步骤。

在自然界中，尽管非文明物种实现不了“团结统一式的物种生命”，但是从这些物种以不断扩大有管理成分的生活群体来看，说明“物种生命”具有朝着实现“团结统一”这一方向发展的进化趋势。就人类而言，也一直没有停止实现“团结统一式物种生命”的步伐，人类的社会发展状况能够充分证明这一点。

人类的“物种生命”，由原始社会为众多种群各自生活的高度松散状态，经过几百万年的发展，尽管达到了70多亿人口且分布于全球各地的庞大规模，但却只是由200多个主权独立的国家式群体构成的松散状态，松散程度显著缩小。这说明，人类在实现“团结统一式物种生命”的进程中已经取得了巨大成就。这些主权独立的国家式组织群体，一般各自都是统一的群体，其中有些属于团结统一式的群体，这是目前人类规模最大的团结统一式社会群体。**国家式的团结统一式群体，已经具有了“团结统一式物种生命”的许多特征和特质，所以，它会为人类最终形成“团**

结统一式的物种生命”积累宝贵经验、提供必要条件和奠定坚实的基础。人类的社会变迁史，不仅直接证明物种具有朝向“团结统一式物种生命”发展的趋势，而且还展现了这种发展演变的过程、形式和特点。

但这并不是说，只要将整个人类统一为一个国家的形式，那么人类的物种生命也就转变成为统一的状态了。

刚才讲到，**“团结统一式物种生命”的核心是团结，有团结才会有协作。这种团结统一不是强制和屈从的产物，而是在正确理论指导下通过形成思想共识，通过民主和法律形式而使整个物种凝聚成的团结统一，是为了消除战争和争取长久生存所需要形成的团结统一，是具有完整社会组织结构的团结统一，是有社会管理制度和管理条件作保障的团结统一。在高度文明和充分民主条件下形成的这种团结统一，会表现出必然的、顺理成章的、恒久保持的特征。**

以上所说的理论指导，包括对“利益运动”和“物种生命”的认识。

以上所说的管理条件，包括要有快捷的交通和通讯等基础条件。

以上所说的社会管理制度，主要包括社会管理机器（即类似于现在所说的“国家机器”或“政府”）的组织结构和运作方式，以及社会的经济体制、利益分配制度等。其中分配制度特别重要，因为，利益分配矛盾始终是利益运动的主要矛盾，分配运动则是利益运动的主导运动，研究和认识利益运动的目的之一，就是要意识到利益分配的重要性和解决好利益分配问题。所以，**“团结统一式物种生命”不是一种形式上的统一状态，而是在正确理论指导下，由合理的社会组织结构、科学的社会管理机制、先进公正的社会分配制度所共同形成的，有利于“物种生命”长久生存发展的团结统一社会**。

由于有利于人类长久生存发展的社会组织结构、科学的社会管理机制、先进公正的社会分配制度，只能以充分而科学的民主与法制为基础，因此，**人类争取实现“团结统一式物种生命”的发展过程，一定也是社会民主与法制发展进步的过程**。

如果没有民主而又科学的利益分配，即使“物种生命”组合成统一，那也只会是一种形式上的统一，这样的统一不稳定也不会持久，随着利益分配矛盾的激化，最终还会分裂为“松散状态的物种生命”。在人类的社会发展中，屡屡出现久分必合、久合必分的现象，就是这种不稳定的表现。所以，如果形成不了民主而又科学的利益分配方式，“物种生命”则只能处于“松散的状态”。因此，**人类争取实现“团结统一式物种生命”的发展过程，一定也是社会分配方式发展进步的过程**。

由于“团结统一式的物种生命”，会通过管理来制约同类之间随意的暴力争斗，所以属于内耗最少的生命形态。因此，致力于减少暴力争斗式的生命内耗，这是实现“团结统一式物种生命”的一种突出表现。比如说，战争和军备竞赛是人类的巨大内耗，杜绝战争便是减少这种内耗的途径。随着这种内耗的减少，取而代之的将是相互的信任和团结与合作。随着相互信任和团结合作的逐渐增强，“物种生命”必然凝聚成为团结统一的整体。因此，**人类争取实现“团结统一式物种生命”的发展过程，一定也是逐渐杜绝战争的发展进步过程**。

有人可能会问：前面的例子中，那个仅存一对鸟的濒危物种，不就是“统一状态的物种生命”吗？

其实，那个仅存一对鸟的濒危物种，只是属于暂时的统一状态。这与“原始状态的物种生命”一样，都属于暂时性质的统一，所谓暂时，是指这种统一不稳定不长久。造成不稳定的根本原因，是没有先进合理的分配方法解决逐渐复杂的内部利益分配。也就是说，这种由特殊因素造成的统一，一旦物种繁殖扩张到一定程度，就会由于解决不了分配矛盾而失去统一，“物种生命”就会随之转化为“松散状态”。所以这一对鸟经过繁殖扩张，暂时统一的“物种生命”便会通过分群而转变为“松散式物种生命”。

比如蚂蚁和蜜蜂，虽然它们具有非常和谐、非常团结、密切合作、没有内部利益争斗的团结统一式群体，这在自然界中已经是非常先进的了。但是这种群体内部的分工合作是生理性的，本能的，利益分配和群体管理靠化学方式控制，而且这种团结统一式的组织群体规模有限，并不能将整个物种联系成为一个整体，当这种家庭式种群的规模扩大到一定的程度以后，便也会以分群方式来解决利益分配问题。

如果“团结统一式物种生命”属于一般的自然形态，能够很容易形成和保持，那么在自然界中应该早就有了。形成“团结统一式物种生命”的困难在于，要让庞大的整个物种成为能够保持广泛互利合作、能够协调利益纷争、能杜绝暴力式利益分配的团结统一式组织群体，必须历经一个文化的历史打造过程，所以，**“团结统一式物种生命”只会是由文明物种创造的高级自然现象**。由于这种创造没有现成的经验，也没有可供直接借鉴的模式，所以这是一个艰难曲折和充满教训的探索过程。

人类的“松散式物种生命”在充满曲折和教训的探索中，已经经历了原始家庭式组织群体、氏族式组织群体、国家式组织群体、国际性组织群体等群体形式的演变。从这种发展演变中可以看到：首先，人类“物种生命”的松散程度逐渐缩小。松散程度的不断缩小，体现了人类的“物种生命”是在朝着实现团结统一的方向发展。

其次，人类“物种生命”的社会结构及其功能，是向着不断扩大合作范围、不断提升合作方式的方向发展。随着各国“社会保障体系”的建立和完善，人类“物种生命”的生命功能在不断提升。

再次，社会管理制度的民主基础被不断夯实，社会民主逐渐进入了法制化和科学化的发展轨道。民主的法制化和科学化，使得社会民主体现得愈加平等、愈加充分、愈加有保障、愈加有效率；使得包括各种权力分配在内的社会利益分配不断趋于合理。

最后，生产力水平不断提高，科技水平不断跃升，形成了快捷的交通网络和通讯网络。快捷的交通网络和通讯网络，不仅拉近了大家的距离，还创造了能够实现远程管理的条件。

人类已经提出了地球村的理念，这个理念具有创建“团结统一式物种生命”的含义。促使人类做出这种努力的内在动因，是人类一直都在追求提高自身物种的生存能力。通过生物的进化可以说明，自然界中的每一个物种，都在不断追求提高自身物种的生存能力。不断追求生存能力的提高，这是每个物种的共性，这种追求不会以任何人的意志为转移。由于“团结统一式物种生命”能够形成最强的物种生存能力，因此，只要不出现毁灭性的生存错误，人类创建“团结统一式物种生命”的潮流谁也阻挡不了。

这里也许有人会问：既然地球上除了人类以外，其他物种都不可能实现“团结统一的物种生命”，那么其他物种能不能够通过社会结构的改造来提高生存能力呢？

回答是不能。因为，尽管通过改善社会结构可以提升物种互利协作的生命功能，并通过提升互利协作功能而使物种的生存能力得到提高，但是各个物种的社会结构并不可能轻易接受人为的改造。这是因为在自然环境中，各个物种社会结构的形成是由各自的进化路径所造就。各个物种通过各自几乎是唯一的进化路径所形成的社会结构，往往与自身物种的意识水平最为匹配，与它们所处的生存环境最为适应，因而社会结构已经成为了生活方式的组成部分，不那么可能轻易被改变。

由于各个物种的进化路径都具有自身的特点和唯一性，并且不可能逆转，所以不仅形成的社会结构不容易改变，而且如果牵强地人为改造社会结构，往往不仅不会增强生存能力，相反还会因为不能适应改造而削弱生存能力。

高级智慧生命通过自身的进化路径，最终有幸形成劳动文化的生存方式，其社会结构的形成和发展与社会生产力的发展密切相关。人类社会结构和意识水平的发展提高，是与生产力发展提高相互作用的结果。这也是人类与其他物种形成本质差别的地方。

“团结统一式的物种生命”的形成，这其中的许多转变是观念的转变，这些转变属于意识形态的范畴，必须有一个不能强加的转变过程。这是形成新认识的过程，是一个通过实践检验新认识的过程，是一个从意识形态上逐渐消除隔阂的过程，是一个从社会管理机制上逐渐建立和培养相互信任的过程。

关于“团结统一式的物种生命”的形成，这涉及政治、经济的诸多方面，特别是实践的过程中会有难以预计的情况，所以不可能事先做到全面的说明。尽管如此，对于“团结统一式物种生命”的具体形态，却可以做出一些概念式的简要描述，否则，“团结统一式物种生命”将没有一幅构建的蓝图。

四、关于“团结统一式物种生命”的简要描述

“团结统一式物种生命”的核心是团结；具有高度文明、健全的法制和民主、良好的自然生态及和谐的社会生态、完善且规范的互利协作等社会条件；所要达到的目的是所有社会成员共同受益，实现人类健康的长久生存与发展。因此，当“团结统一式物种生命”形成以后，首先，社会的形态和性质，总体上应该属于“公益社会”。“公益社会”是一个和平的大同社会，公益思想的主导是共同受益，这不仅是指利益行为应该对自己和对大家都有益有利，而且还应该对现在和将来都有益有利。公益的本身包含了不能损人利己的道德基准，在这个基准上社会倡导和赞颂奉献精神。“公益思想”作为一种人生观、世界观，受到社会法律的维护。

其次，“公益社会”管理机构的形制应该是联合式民主共和制。在这方面人类已经具有了相当成熟的经验，共和制的核心就是实行民主。民主至上，少数服从多数是基本的决策准则。这样的决策虽然未必总是正确的，但民主能够及时发现问题和修正错误。这是因为，民主能让集体智慧得到彰显。以民主为基础的法制将是最适用的法制。以法律支持的民主监督将是最有力度的监督。

“公益社会”主张民主与科学的有机结合，这种结合包括通过科学的方法、使民主在得到充分发挥和保障的前提下实现有效率的民主。

再次，“公益社会”的经济格局，其主体是实行以“社会公有资产”为基础、以“私有经营”为运作方式的股份制，由此形成多种经济形式并存的联合经济体制（这个内容在以后篇章的讨论中会有专门介绍）。**“公益社会”分配制度的基本原则，是**

每位社会成员的基本生存所需以社会保障的形式实行“按需”的平均式分配，在此基础之上随着生活水平的进一步提高，则实行“按劳”的差异式分配，由此形成按需分配与按劳分配、平均分配与差异分配的科学结合。“公益社会”制止“生存竞争”，提倡合理的“生活竞争”。

最后，“公益社会”不是没有矛盾的社会，在利益运动中，利益和利益分配矛盾是伴随生命活动会不断循环出现的现象。尽管在“公益社会”也会存在利益矛盾、利益冲突、利益纷争，但能够本着维护和有利于共同生存的原则，采用和平协商和仲裁的方式，抱着互谅、互让、互信、互相理解的态度、本着均衡利益的基本做法来进行协调解决。

当然，以上做法并非要等到实现了国际性的“团结统一式物种生命”以后才进行，而是可以在国家式的组织群体中先行展开。这样既可以为人类全面创建“团结统一式物种生命”积累宝贵经验，也是大家共同创建“团结统一式物种生命”的具体形式。

只有实现了“团结统一式物种生命”以后的社会最高管理机构，才是整个物种生命发挥互利协作功能的组织和领导中枢，才是自身整个物种生命的生命形象、生命结构、生命功能的集中代表。当文明物种处于松散状态时，国家内部社会管理的最高行政机构，只是一种局部物种生命发挥互利协作功能的组织和领导中枢，只是所辖范围内的物种生命结构及其功能的集中代表，而不是整个物种生命的集中代表。

这次讨论的内容很多，但重点是通过了解“松散式物种生命”的优点和缺点可以知道，当“利益运动”发展到高科技的高级阶段，文明物种的物种生命如果不改变松散的状态，就不能消除战争，就一定会出现高科技战争的毁灭性生存错误，几百万年发展形成的文明成果就将毁于一旦，文明物种会因此灭绝，“利益运动”将因此出现倒退。避免发生这种重大灾难的唯一方式，是将文明物种处于“松散状态”的物种生命，转变为“团结统一状态”。所以，**能够了解形成战争的根本原因，以及了解最终消除战争的方式，这是认识“物种生命”的重要意义**。

其实在篇章3和篇章4叙述的内容中，还包含着认识“物种生命”的许多其他意义，在接下来的探讨中，将对这些意义逐一地展开介绍。

篇章5："物种生命"具有确认"同类是一家"的意义

从上一篇章的交流可以得知，文明物种发展到高科技的历史阶段以后，要应用高科技形成的有利条件尽快形成"团结统一式的物种生命"，只有这样才能消除对立、消除战争，否则将会因为高科技的战争而导致毁灭性的生存错误，这是认识"物种生命"的重大意义。接下来结合前面的交流，将逐一介绍认识"物种生命"的其他意义，这对于形成正确的生命活动具有指导作用。

本篇交流认识"物种生命"具有确认"同类是一家"的意义。这个意义在前面的讨论中已有间接体现，这里展开来讲是要起到强调的作用。

一、为什么认识"物种生命"可以确认"同类是一家"？

这种确认的依据主要有两个：第一，任何物种的"物种生命"都起源于最初的一个繁衍结构或者说繁衍单元，这是每个新物种形成的最初形态，每个物种的扩张发展，都是由这种最初的繁衍结构产生的后代逐渐形成。因此，**任何物种的"物种生命"通过繁衍的纽带，都构成了一个渊源性的整体，所以同类的每一个"生命个体"都属于同一个"物种生命"**。

第二，同类有共同的利益目标。通过"物种生命"可以认识到，生命的延续形式可以归纳为两种，一种是由"个体生命"的生长发育形成的"存活式生命延续"；一种是通过"物种生命"形成"链接式生命延续"。这两种生命延续形式相辅相成，形成物种的长久生存与发展。以任何一个物种为例，无论是链接式的生命延续，还是任何一个"生命个体"的存活式生命延续，这些延续的目的，最终都是为了自身物种的长久生存。可见，**同类都有争取和维护自身物种长久生存的共同利益目标，这一共性不会因为极少数不同的主观意愿而改变**。

那么应该怎样看待异类之间也有杂交繁殖后代的现象呢？还有，异类杂交繁殖的后代与亲体之间算不算同类呢？

在地球环境中，生物既有简单的生命体也有复杂的生命体；既有低等物种也有高等物种；既有由同类形成的繁衍，也有异类之间的杂交生殖现象；还有通过化石所证明的进化变异情况。依据这些事实进行综合分析，能够证实生物是由简单衍变到复杂，由单一物种拓展为多样性物种，由低等物种进化为高等物种的。这既是生命适应生存环境的表现，也是生存环境促进生物发生进化的反映。

从这些情况中还可以发现，越是高等复杂的生命体越是不容易再发生变异；越是低等简单的生命体越容易发生变异。由变异形成对生存环境的适应，这应该是低等生命的一种重要生存能力。变异使低等生命体的各种生理结构和生理机能，逐渐发生趋于复杂和高级的改变，并同时形成各种相应的生存技能。

生物在由低等生命体逐步趋向高级生命体的进化中，除了同类之间可以发生杂交的繁殖变异以外，在异类之间的杂交现象中，也会出现随机变异的情况。如果在异类之间的杂交变异中，产生了更有生活能力的可育后代，那就意味着诞生了一个新的物种。

为什么说同类之间的繁殖也有杂交现象呢？

严格地讲，只要不是低等的同体无性繁殖而是高等的异体有性繁殖，那么无论是同类还是异类的异性结合，都应该属于杂交繁殖的形式。例如，同类异体有性繁殖的形式也可以称为雌雄杂交繁殖的形式。人类采用的便是男女杂交繁殖的形式。

生物为什么会形成杂交繁殖形式？是因为这种繁殖形式具有相互取长补短、能够通过继承和形成优质基因来提高生存能力的特点。实际上，最能够发挥和应用这一特点的，就是同类异性之间的杂交繁殖。所以，**生物由低等的同体无性繁殖、到同体有性繁殖、再到高等的同类异体有性杂交繁殖，这都是生物在进化中通过“改进繁殖”方式来提高生存能力**。

在异体有性杂交繁殖中，如果没有繁殖隔离现象、能够产生可育后代的，这便属于同类，即属于同一物种。其实一般所说的同类杂交现象并不是指同类中的雌雄杂交，而是指同类中不同种之间的杂交。比如说，人类不同人种之间的杂交。

生命体的生理结构和生理机能在进化中逐渐趋向于复杂和高级，这同时伴随着生活技能也会相应趋于高级。例如人类的大脑通过进化使脑量增加，使人的智力水平得到提高，生活技能也随之得到发展和提升。当这些生理状态和生活技能与生存环境能够长期处于十分融洽、十分适应的状态时，生物便会以基因的形式将这些生存优势固定下来，并会在繁殖中以基因遗传的形式进行传承，以便于长时期保持这些生存优势。

为了让这些优势能够稳固下来，不会由于杂交繁殖而改变，于是生物产生了繁殖隔离现象，使这些优势不会再出现杂交变异的情况。可见，通过繁殖隔离能使这些优势得到保护和保留，于是，越是高级复杂的生命体便越是不容易再变异，因而也就形成了高级物种的相对稳定。

高级物种的不易变异，这也是生物生存能力的一种表现。因此，在高级物种所采用的异性杂交繁殖的形式中，既有相互取长补短、能够形成和传承优质基因、提高生存能力的特点，同时还有通过繁殖隔离，使优秀基因能够得到保护，能够得到稳定传承的特点。

比如说，驴和马都属于高级物种，驴和马进行杂交虽然能繁殖出骡子，但骡子却不具有繁殖能力。骡子不属于驴和马的可育后代。（“可育后代”是指生下的后代具有繁殖能力，可以继续生育后代。）因此，骡子只能属于“种间杂种”，而不是一个单独的物种，它既不能算是驴的同类，也不能算是马的同类。还有“狮虎兽”，它与骡子的性质一样，属于狮子和老虎杂交产生的“种间杂种”。

这里作个假设，如果驴和马还是很低等的物种，驴和马杂交后生育的骡子，在骡子与骡子之间也能够再繁殖后代，而且后代继续具有稳定的繁殖能力，并且生理结构和生理机能更加优于驴子和马，那么骡子就成为了一个新的物种。那个形成这一新物种的最初的繁衍结构，便属于这个新物种“原始形态的物种生命”了。这个新物种与驴与马之间，属于近亲物种的关系。这种新物种可能更具有生存优势，会更有效地占有环境中的生活资料，驴子和马在这种优势的挤压下，也许会因为缺乏生活资料而最终被淘汰，这也是自然生态环境中优胜劣汰的一种形式。

那么应该怎样看待异类之间繁殖后代的现象？归纳地讲，异类之间即使出现了繁殖后代的现象，后代与亲体之间一般也不能算是同类。地球上现在的实际情况则是：一方面绝大多数异类物种不会出现杂交；另一方面，绝大多数异类物种即使杂交，也不会出现繁殖现象。只有驴和马、狮和虎等这样的近亲物种，才较为容易出现异类杂交繁殖的情况，但也不会产生可育后代。这是因为地球环境中的生物，在经过了一个长时期的进化变异历程以后，许多物种经过进化都形成了自身稳定的遗传基因程序、染色体组的结构和染色体数目。正是由于遗传基因程序、染色体组的结构，特别是染色体数目的不同而导致了生殖隔离[1]；正是由于生殖隔离才形成了一个个不

[1] 参见《搜狗百科》词条“生殖隔离”。

同的物种。

物种能够形成由众多同类构成的体系，是因为每个物种的“物种生命”都是能够不断繁殖出“同类生命个体”的体系，因此，所有的同类都是同一生命体系的有机组成部分，即同类都是一家。

人类早有“同类是一家”的提法，例如“四海之内皆兄弟”和建立地球村的构想，其中都包含了“人类是一家”的意思。人类展开的一些研究，也能够证实人类是一家。比方说通过研究大量的海洋沉积物以后，证明在距今 75 000 多年左右，地球上位于苏门答腊的多巴超级火山曾经大爆发。当时爆发的强度是地球上现代火山的数千倍，大量喷入大气层的火山灰、岩屑、二氧化硫遮天蔽日，地球气温因此骤降，造成将近 10 年的冰冻期。同时，覆盖大地的大量火山灰和高浓度的硫酸雨，使得地球上大量的植被被毁，大量的动物灭绝。

人类当时正处于智人阶段，巨大的天灾造成人类大量死亡，人类“物种生命”的规模由百万人口缩减到仅有 2 万人左右，已经接近了濒危状态。正是由于当时的人类，发挥了相互学习借鉴生存经验和互利协作的、这种由“物种生命”所形成的生命功能，最后通过集体的智慧和力量才终于克服了重重困难，最终在极端严酷的环境中生存了下来。[1]

人类的“物种生命”目前达到 70 多亿人口的规模，就是逐渐由那时的 2 万多人繁衍扩张而来。尽管人类更加远古的祖先已经不易溯源，但是这 2 万人则可以看成是当今人类能够溯源的、年代最近的共同祖先，这是应用 DNA 技术进行过验证的。

二、确认“同类是一家”的重要作用

确认“同类是一家”具有非常重要的作用。针对人类目前的情况而言，这种作用主要包括三个方面：

第一，“同类是一家”确立了“人类是一家”。这种确立可以成为人类早日实现“团结统一式物种生命”的依据。“一家”是个至亲的、充满情意的、应该同甘苦共命运的概念。这些概念，是人类实现“团结统一式物种生命”不可缺少的思想基础和情感基础。

第二，在人类“物种生命”当前尚处在“松散状态”的历史时期里，确立“人

[1] 参见《搜狗搜索》词条“多巴火山爆发”。转引自《环球人文地理》2012 第 2 期“多巴火山”。

类是一家”的理念，有助于消除人类内部的敌对情绪，有助于减少战争式的自相残杀，有助于广泛采用和平协商的方式解决利益争端，有助于采用互利共赢的方式促进广泛的合作与交流。

第三，确立“人类是一家”的理念，使得“人类是一家”不再只是一种表达愿望的口号，而应该作为指导形成人与人之间互利、互敬、互帮、互助、互谅、互爱、和谐共处等实质性行动的理论基础！

篇章6：“物种生命”具有确立最高利益原则的意义

交流了认识“物种生命”具有确认“同类是一家”的意义之后，接下来本篇讲讲认识“物种生命”具有确立最高利益原则的意义。

一、生命活动是具有利益原则的运动

在自然环境中，生命活动始终关联着生存，稍有不慎出现错误，轻则影响生活质量，重则危及生命，所以，生命活动一直面临是否有利于生存与发展的判断和选择。判断和选择必须依据或参照相应的标准、原则，这就决定了生命活动是具有利益原则的运动。

人类是高级智慧生命，人类的生命活动离不开思想指导和精神理念，在日常的生活中往往会由各种理论、信仰、规程、法纪或者是经验形成的各种原则和标准用来指导人们的利益行为。如果遇到不知道原则和标准的新问题、新情况时，往往会犹豫徘徊、甚至迷茫，但同时也会去研究探求新的原则和标准。可见事事离不开原则和标准，有了原则和标准做事才有方向。**如果处事的原则和标准正确，则行为正确；处事的原则和标准错误，则行为必然错误，可见原则和标准的重要。**

除了各种具体的行为原则和标准以外，生命活动还存在最高的利益原则。这个最高的利益原则起到总领、统辖和指导各种具体行为原则或标准的作用；具体的原则和标准则要服从和服务于最高的利益原则。

什么是最高利益原则呢？

这个最高利益原则在前面的交流中曾多次提到过，对它进行专门的说明，就是因为它有总领、统辖和指导各种具体行为原则或标准的重要作用。

二、什么是生命活动的最高利益原则

从前面交流的有关内容可知，繁衍是生命力的集中体现，生物通过繁衍在实现生存延续的同时，还通过繁衍形成生物的进化，并通过繁衍中的变异形成生物的多样性。在多样性的物种之间又形成了食物链的生存协作关系，并以这种关系构成了各个物种之间被动式的生存支持和生存保障。多样性的物种又形成了多样的生存技能和适应能力，这些都是大自然赋予生物的各种生存策略。

这些生存策略的目的和作用只有一个，就是争取生命物质的长久存在。所以，**在利益运动中，争取长久生存是生物一贯的利益目标，也是每个物种共同的利益目标以及利益运动的方向。由于所有求取生存的生命活动，以及生活中各种具体的利益目标，始终都围绕或关联着这一目标，所以，争取“长久生存”属于最高的利益目标。**

尽管争取生物的长久生存是每个物种共同的最高利益目标，但是却没有一种办法能够统一所有物种的意志，让它们能够主动地团结起来，去齐心协力地为实现这一最高利益目标而共同奋斗。只有通过各个物种各显其能，以各自努力争取自身物种长久生存的方式来实现生物的长久生存。

这样一来，生物争取长久生存的总体最高利益目标，就分解成为由每个物种争取自身长久生存的实现形式，每个物种都成为了实现生物长久生存的载体。生物只能通过这种自然方式来争取实现长久生存，这一方式将争取生物长久生存的重任实质性地赋予了每一个物种。

在物种生命处于松散状态时，每个物种只能以同样的方式，将自身物种长久生存的最高利益目标，转化为每个同类生命个体和种群的利益目标，通过每个同类生命个体和种群的生存努力与繁衍，链接组成物种生命来实现这一最高利益目标，因此，物种生命是能够具体反映和直接体现这一最高利益目标的生命形式。

如果不认识物种生命，任何一个“个体生命”或种群的顽强生存以及不顾艰险的繁殖，似乎只是为了自己，是受本能的驱使、是为了满足自己的生理需求，这就会形成狭隘的利益观和生存观。通过认识物种生命，可知“个体生命”和种群是“物种生命”的组成部分，“个体生命”和种群的所有活动，与争取和实现自身“物种

生命”长久生存的利益目标都有联系。个体或群体的活动如果有利于自身“物种生命”的长久生存，则是正确的行为表现，反之则是错误的行为表现。

如果检查自己的行为是否有利于自身物种长久生存的这一最高利益目标，在检查对照中，这个最高利益目标就转换成为了可以衡量行为正确与否的原则或标准。所以，争取自身物种的长久存在，这既是最高的利益目标，同时也是最高的利益标准和最高的利益原则。尽管最高的利益目标、利益标准和利益原则是客观存在的，并且是形成整体利益观的基础，但是由于物种生命是实现长久生存的载体，如果不认识物种生命，这一最高利益目标、利益标准和利益原则就是抽象的、感性的，就不能转变为规范利益行为的理性，物种的整体利益就只能是空中楼阁，片面和狭隘的利益思想就会占主导地位。

如果没有理性的整体利益观，文明物种就难以形成实现“团结统一式物种生命”的思想共识。因此，**只有通过认识物种生命并形成“团结统一式的物种生命”，才能改变将自身物种长久生存的最高利益目标分解为每个同类生命个体或群体利益的，这种会形成狭隘利益观的自然方式，而以有效的社会管理方式，将自身物种长久生存的最高利益目标，作为规范同类生命个体或群体行为的最高利益标准和原则，从而树立自身物种的整体利益观，所以，“物种生命”具有确立最高利益原则的意义。**

由于每个物种都存在争取自身物种长久生存的最高利益目标，并且会本能地为自身物种的长久存在而奋发努力，所以，在不同的物种之间就必然会形成各自捍卫自身利益的“生存性竞争”。于是，**以“生存竞争”为前提构成的生存协作，只会以对立为基础形成“被动式的协作关系”**。在“生存竞争”中，形成的是弱肉强食、优胜劣汰、适者生存的残酷景象。

为什么称为“生存性竞争”？还有，什么是“被动式的协作关系”？

弄清楚这两个问题很关键。**竞争会形成活力，因此生命活动需要竞争。但是从性质上讲，竞争却分为两大类型：一类是你死我活具有剥夺生命的性质，这类性质的竞争因为事关生存，所以是“生存性竞争”。另一类是，竞争虽然激烈但相互不使用暴力、不具有置对方于死地、不具有剥夺生命、不属于你死我活性质的竞争，凡是这类性质的竞争因为只是事关生活，所以属于“生活性竞争”**。

三、不应该混淆的“生存竞争”与“生活竞争”

“生存竞争”和“生活竞争”是性质截然不同、不应该混淆的两类竞争。**从根**

本上讲，“生存竞争”适用于异类之间，也就是只应该发生在不同的物种之间。“生活竞争”适用于同类之间，也就是只应该发生或应用于物种内部。

如果将“生存竞争”应用于同类之间，也就是应用于物种内部，那么竞争各方不管谁死谁伤，都会对自身物种的整体利益造成损害。所以，分不清两类不同性质的竞争及其适用范围，主张在同类之间也展开“生存竞争”的观念显然是完全错误的。

四、异类之间只存在被动式的协作关系

所谓异类之间的“被动式的协作”，是指并非主动、并非心甘情愿的协作，是在维护自身物种生存利益的基础上附带形成的协作关系，产生的协作效果在很多时候是间接的。当然也有表现出直接协作效果的情况，例如蜜蜂与植物花蜜花粉之间的关系。

食物链多数时候反映的是被动式的协作关系，因为，没有哪个物种会心甘情愿作为其他物种的食物。尽管作为食物的物种在养活其他物种时，客观上支持了其他物种的生存，是为“生物”的生存延续做了贡献，但是作为被食的物种而言，这种以付出生命为代价的协作并非是心甘情愿的、主动的。而取食方所采用的取食方法即使再温柔，也必然是强制的、暴力的、侵吞的。

食与被食在绝大多数时候是你死我活的关系，许多物种如果不以其他的物种作为食物，自身便会死亡，因而食与被食中的角逐是“生存竞争”的范畴。只有在极端恶劣的情况下，才可能出现以同类为食的异常现象，只要生存条件有所改善，同类相食的现象就会非常罕见。

反过来讲，有些物种如果不作为其他物种的食物，常会因为自身难以控制的无序繁殖而影响生存。比如说野草，如果没有食草动物的采食，则会由于自身“物种生命”的无序扩张，最后会因为生存空间的过度拥挤和营养物质的匮乏，而造成部分“生命个体”的死亡。所以，尽管野草在被食时是被动的、无奈的，但野草在被食的同时，其“物种生命”却会从规模上借此得到一定的控制。由于这种控制有利于野草的健康繁衍，因而食草动物与野草之间通过食与被食，就形成了一种被动性质的生存协作关系。

以上分析说明，竞争的性质确实存在本质区别，细想起来，人类目前很多有关竞争的说法都有失妥当。

刚才讲到确立最高利益原则有树立物种整体利益观的重要作用，除此以外确立

最高利益原则还有其他的重要作用。

五、确立最高利益原则的重要作用

除了树立整体利益观的作用以外，确立最高利益原则还有以下重要作用：

第一，**争取自身物种长久生存的这一最高利益原则，并不是由谁专门制定的。由于违背这一原则，自身物种的生存利益必将受损，所以，这个原则是一条自然的法则**。确立最高利益原则具有展示和明确这一法则的重要作用。利益行为一定要遵从和自觉维护这一法则，如果肆意妄为，必将遭受惩罚。以人类为例，如果人类有谁故意违反这一原则，**故意采取反对和危害人类长久生存的行为，那么毋庸置疑，这些行为一定属于反生存、反人类的反动行为，一定要予以坚决制止。比如发动核战争的行为就属这类行为**。

第二，在做出重大决策时，这个最高利益原则可以成为检查和考量决策正确与否的最重要依据。对于各种利益行为，这个最高利益原则将是分析其正确与否的关键标准。对于利益行为的正面成效或负面作用，这个最高利益原则将是最为确切的评判尺度。利益行为凡符合这个最高利益原则就是正确的，否则就是错误的。利益决策凡符合这一最高利益原则的就应该拥护，否则就应该反对。

第三，**最高利益原则确定了，物种内部任何一个群体的利益都高不过自身物种长久生存的这一最高利益，都不可凌驾于这一最高利益**。比如说，**人类任何一个国家的利益都高不过整个人类的长久生存利益，也不可凌驾于这一最高利益。因此应该清楚，任何以国家利益受到威胁，来作为发动核大战的理由的做法，这都是说不过去的，都是完全站不住脚的**。

第四，对于人类而言，按照这个最高利益原则行事，将有益于全球资源的统筹开发合理利用，有益于制止热带雨林的滥砍滥伐，有益于保护森林和湿地，有益于防止土地沙漠化，有益于限制有毒有害化学用品的大量使用，有益于全球人口数量的合理控制，有益于确立和贯彻以人为本的可持续发展战略。

篇章 7："物种生命"具有区别同类与异类之间利益矛盾关系的意义

交流了"物种生命"具有确立最高利益原则的意义以后，借助以上交流的内容还可以说明，认识"物种生命"具有从本质上区别不同物种之间利益矛盾关系的意义。

一、异类之间的生存利益关系具有你死我活的对立性质

上篇交流的内容中讲到，大自然将生物争取长久生存的这个所有物种共同的最高利益目标，分解为每一个物种争取自身长久生存的形式，这样一来只要有一个物种存在也就代表着生物存在。于是，各个物种争取自身"物种生命"的长久生存，就成为了每个物种的最高利益目标，**所以在自然的生态环境中，一般没有哪个物种做出的生存努力，会是主动为了其他物种的生存利益。**

正因为每个物种都会把自身的生存利益放在第一位，这样一来，每个物种之间的利益关系不管表面是怎样的现象，从本质上讲，都一定是相互对立的。虽然不是在每个物种之间都会出现生死相搏的现象，但是一旦遇到这样的情况，各个物种之间一定是你死我活的对立关系，食物链最能够说明这个问题。

几乎所有的动物都要以其他的物种作为食物，否则就不能生存，于是就形成了一条食与被食的食物链关系。**食与被食显然是你死我活的对立关系，然而，从共同争取生物的长久生存来看，被食又有以献出生命的形式对摄食者形成生存支持的协作关系。但是不难看出，这种支持性的协作关系，是以你死我活的对立关系为基础。**

食物链中的天敌是你死我活的对立关系，然而，天敌能控制被食物种的过度繁殖，在天敌的控制作用下形成了生存环境的生态平衡，因此，食物链也是生态链的表现。生态平衡对于环境中每一个物种的生存都有十分重要的影响，如果生态遭到破坏而失衡，环境中的每一个物种都会遭殃。因此，从有利于大家共同生存的角度来看，生态链关系也是一种相互支持的协作关系，但是这种相互支持的协作关系，是以你死我活的对立关系作为基础。

所以从根本上讲，异类之间的生存利益关系具有你死我活的对立性质。异类之间的生存协作，是建立在对立基础之上的被动式协作，因此，异类之间的竞争是生存性的竞争，在这种生存竞争中没有相互的谦让可言。

人与饲养的家畜，例如与牛、马之间；还有人与饲养的宠物，例如与狗之间，好像不是这种根本对立的关系，其实这只是没有利益冲突时的表面现象。

首先，不能够将异类的某些“个体生命”之间，在某些特殊条件下形成的和谐关系，以偏概全地用来代表物种与物种之间的生存关系。

其次，应该意识到人类对于所饲养的家畜和宠物有生杀大权，这种生杀大权体现着你死我活的对立性质。

再次，在一旦出现严重利益冲突或者出现生存威胁时，就不会将异类的生存利益看得高于自身物种的利益。比如家畜不能干活了，宠物乱咬人危及了自家或者邻居家小孩的人身安全。在这种情况下，有些家畜可能会被卖给屠宰场，宠物则会被清除掉。当发生狂犬病疫情时，疫情区周边一定范围内的犬都要被捕杀。由此可以看清，异类之间从根本上讲是你死我活性质的对立关系。

此外，人类的食物和生活资料，几乎全都来自于人类种植和养殖的其他物种，如果从性质上不是你死我活的关系，怎样来解释这种食与被食、使用与被使用的现象呢？

人类与家畜和宠物所形成的关系，是在对立基础上建立的由人类所掌控的互利协作关系。在这种关系中，家畜和宠物的活动自由要受到约束限制。家畜和宠物在驯养和调教过程中、由刺激反射作用所培养形成的意识，人为因素起着很大的作用。这种驯养形成的意识，使它们有可能将人类误认为是同类，有的甚至会将驯养者视为父母。比如狗会对驯养者产生依恋的情感、产生信任及忠诚，所以狗往往不会主动抛弃主人，但这只是与主人的关系，并不能代表物种与物种之间的根本利益关系。

从生态平衡和生存支持的角度上讲，人类虽然需要与众多物种共存，但是这种共存，是以不会危及人类的生存安全为前提的。如果哪个物种会危及到人类的生存安全，人类肯定会给予坚决的消除，或者是采取最严密的控制措施。

当然，尽管各个物种之间的利益关系从本质上属于对立的性质，但人类并不能因此与每个物种都生死相搏，只要对人类没有产生生存威胁，那么人类就应该与这些物种保持合理的关系。即使出于人类的生活需要，也不能滥杀滥捕、滥砍滥伐。对那些不会威胁人类生存安全的濒危物种，人类作为强势物种，则有责任对它们加以保护。这些保护资源和合理开发资源的做法，只会有利于人类的长久生存利益。

比如说，对于应该保护的野生动、植物，要尽量建立起有隔离设施的自然保护区，尽量避免或减少与野生动、植物发生利益冲突。人类生活区要与保护区隔离，人不可擅自进入保护区，野生动物也不能自行走出保护区。没有隔离设施，一些野生动物会经常跑出保护区来大量糟蹋农作物，尽管政府有补偿，但种植者仍然是苦不堪言的。当然，修建隔离设施会遇到许多具体困难，这应该是一项有计划有步骤的长期工程。

下面再来看看同类之间的利益关系。

二、同类之间的生存利益关系具有团结互利和谐统一的性质

我们现在已经知道所有的同类都隶属于同一个“物种生命”，都是同一个“物种生命”的组成部分，所有同类都具有维护和争取自身物种长久生存的这一共同最高利益目标，所以同类是一家，同类之间的利益矛盾是在统一基础上的对立。因此，同类之间的生存利益关系具有团结互利和谐统一的性质。**同类之间的竞争是生活性质的竞争，否则，就有悖于共同的最高利益目标**。由于同类之间存在着共同的最高利益目标，所以从本质上讲，同类之间不应该具有你死我活性质的利益矛盾，同类之间不应该自相残杀。

经过比较可以看到，同类之间的利益关系与异类相比具有本质的不同。**同类之间的利益矛盾属于内部矛盾，异类之间的利益矛盾属于外部矛盾**。由于“物种生命”的生命形式，是体现长久生存这一最高利益的载体，反映了每个物种自身的整体利益，并且会以自身物种整体的生存利益为主导。这是区别同类之间和异类之间存在不同性质利益关系的根本，所以认识“物种生命”具有区别这种利益矛盾关系的意义。

不能区分同类与异类这两类不同性质的矛盾，是导致同类之间发生暴力争斗的原因之一。当然，混淆这两类不同性质的矛盾仍然是“物种生命”处于松散状态的结果。**松散状态掩饰了“物种生命”的整体性，造成了同一物种自然的分裂格局，在这种状况下，每个生命个体或者种群，会潜意识地将自己当成是自身物种的代表，会把自己的利益或者自身种群的利益，看得高于同类其他个体或者种群的利益，并全力去争取、去维护、去捍卫。所以，当同类相互发生利益矛盾，又没有双方都能满意的分配方式来解决利益冲突时，便会采用“暴力手段”来解决矛盾，于是很容易将本属于同类内部矛盾的利益关系，转变成为你死我活好似异类的外部矛盾。**

由于同类之间的各种利益需求相同，所以很容易因为相同的需求而发生利益争端。又由于同类的生理构造相同、体能相近、生活技能接近，所以一旦相互发生势均力敌的暴力之争时，其惨烈的程度往往会远远超过异类之间的争斗。例如人类的战争就是如此。

前面的交流中曾经讲到，同类之间发生暴力争斗的原因，还与在生存竞争中形成应用暴力的习性有关，当对这种习性没有条件形成管理制约时，就会出现随意使用暴力的情况。

其实，除了以上原因以外，**同类之间发生暴力争斗还与暴力争斗具有两面性的特征有关，这是认识同类之间暴力争斗现象不能忽视的因素。**

什么是暴力争斗的两面性特征呢？在同类之间的暴力争斗中，只要争斗的双方没有出现同归于尽的结果，争斗便会存在"有利于"和"不利于"自身物种整体利益的双重效果，这就是同类之间暴力争斗的两面性特征。

比如说，当有足够的生存空间可供"物种生命"扩张时，如果同类之间因为利益争端发生暴力冲突，强势的一方便会迫使弱势的一方通过迁徙去寻求生存出路。这种迁徙也许会造成部分个体死亡，但也不乏生存的机会。弱势一方的幸存者，通过迁徙可能会开辟出新的生存领地；强势一方的幸存者，可以得到更充沛的生活资料和宽松的生存空间，这些都属于有利于自身物种生存发展的表现。

如果不是存在这种有利的一面，许多物种都会在自相残杀中灭绝。正是由于同类间的暴力争斗具有两面性的特征，所以在自然环境中，还没有哪个物种会因为内部的争斗而消亡灭绝。许多动物在后代长大以后，会出现暴力驱赶分群的情况，这也是利用了暴力争斗中有利的一面。

但是这种有利并不意味着同类之间的自相残杀，或者说同类之间的暴力争斗是正确的生存之道和生存法则，这是因为"松散式物种生命"消除不了这种现象，所以属于"松散式物种生命"的无奈之举，是没有办法的办法。同类之间的自相残杀和暴力争斗，必然会造成物种内部巨大的利益内耗，会严重危害自身物种的整体利益。如果没有这种内耗，会更加有利于自身物种的生存与发展。特别是同类之间高科技的暴力争斗会导致毁灭性的生存错误，更是充分说明了同类之间的暴力争斗存在巨大危害、是需要杜绝的错误表现。

许多动物会暴力争夺配偶，有观点认为这是物竞天择、优胜劣汰的筛选表现，是为了将优秀的基因遗传下去，这种观点只是看到了其中有利的一面。其实采用这种繁殖方式的弊端很明显，首先，取胜方的频频繁殖，这种繁殖方式容易造成后代的近亲结合，容易导致遗传疾病。

其次，暴力争斗充满凶险，会造成同类的相互伤害而削弱物种的生命力，况且这种剥夺了部分“个体生命”繁衍权的表现，是有失公正的配偶分配方式。这种制造不安定和有失公正的配偶分配，直接反映了分配方式的落后，也属于进化落后的表现。或者说，正是由于缺乏良好的分配方法，而不得已才采用暴力的分配方式。

自然界中，有些动物寻求配偶的表现就很和平。例如许多鸟类的求偶近乎自由恋爱。这样的寻偶方式，不仅避免了暴力争斗的伤害，而且不易造成近亲繁殖，于是更加有利于基因遗传。经过比较可以看出，这些鸟类在配偶的分配上，是采用了公平竞争、互不干涉、双方自愿、自由选择、好好商量、各有所得的民主公正的分配方法。相对于野蛮的暴力分配方式而言这显然要进步得多。可见，以暴力方式争夺配偶的现象是分配机制落后的表现。

再看人类的寻偶表现。人类的婚姻形式五花八门，一夫多妻、暴力争夺、战争掳掠、父母之命、媒酌之言、自由恋爱、走婚等。可以说，自然界中存在的配偶分配方式和占有形式人类几乎都有，但是，最终还是以婚姻自主的一夫一妻制成为了主流的婚姻形制。从人类婚姻方式和婚姻制度的变革中可以看到，这是一个从配偶的分配机制上不断趋于进步、趋于公平、趋于文明、趋于科学的历史演变过程。

有观点认为，人类婚姻制度变革的重要因素是社会经济发展的结果，其实，**经济变革的深层表现，归根到底仍然属于利益分配方式的变革**。之所以一夫一妻制会成为人类主流的婚姻形式，就是因为相对于其他的形式而言，它更加公正、平等、合理。为什么人类要形成这样的婚姻变革，就是因为这些变革更加有利于人类“物种生命”的生存与发展。

通过了解同类之间暴力争斗的两面性特征可以知道，**自然界中的许多物种为什么没有因为同类相残而遭灭绝，其原因并不是这种现象的合理，而是在于这种先天不足的落后分配中，存在着有利和不利的双重效果**。如果能够消除同类相残的现象，肯定会更加有利于生存与发展，但是这个看似简单的问题要想得到解决却并不容易。事实上，除了高级智慧生命通过提高理性认识和应用管理手段，最终可能做到这一点之外，**其他物种不但不可能自然改变内部的暴力争斗，而且还需要利用暴力分配方式中存在的有利因素，来刺激自身“物种生命”的发展和扩张**。

在人类社会的发展中，同类相残的巨大弊端是引起社会变革的重要原因。比如说人类最黑暗的社会是奴隶社会。奴隶社会为什么最黑暗最残酷，就是因为没有把奴隶当人看待，把奴隶当成了异类。用经济学的观点分析，奴隶制消亡的原因是奴隶制严重制约了生产力的发展，是解放生产力的潮流荡涤了奴隶制。如果用“物种生命”的眼光来看，奴隶制消亡的原因，是奴隶制对人类的“物种生命”构成了严重的危害，对“物种生命”的发展形成了严重制约。是“物种生命”为了寻求解放，通过反抗的形式最终摧毁了野蛮落后的奴隶制度，形成了人类“物种生命”的革命性发展。

人类社会的历史进步证实了一个真理，凡是不利于人类“物种生命”健康发展的生命活动，都属于反动的势力，最终都会被变革；凡是有利于人类“物种生命”健康发展的生命活动，都会得到发扬、得到肯定、得到完善、得到提高、得到传承。因此，是否有利于人类“物种生命”的健康发展，是否符合有利于人类“物种生命”长久生存的这一最高利益原则，是检验人类生命活动正确与否的唯一标准。在这个真理的指导下，相信人类最终一定可以做到销毁核武器和消除战争。

下面有一个问题特别需要弄清楚。既然同类相残会对自身物种的“物种生命”造成危害，并因此损害自身物种长久生存的这一共同利益，那么人类惩治犯罪分子甚至实施死刑，这不也是同类相残吗？然而很明显，这样的惩治不仅没有损害人类的整体利益，相反有利于人类的整体利益。这怎么解释呢？

下面应用异类之间存在性质不同的利益矛盾关系，可以给予解答。

三、侵害同类是将自己置身于异类立场的错误表现

由于只有不同的物种之间才存在性质完全不同的利益矛盾，所以，只有异类之间才适用你死我活的暴力争斗。因此，一般而言只有异类之间才会置对方于死地，**如果置同类于死地，也就是将同类视为了异类。那么反过来讲，如果把同类视为了异类，特别是具有了危害自身物种整体或长远利益这类性质的错误行为，这也就意味着是将自己排斥到了同类之外，站在了自身物种的对立面。**

以人类严重的故意伤害罪为例，犯罪分子以残暴方式去侵害受害人的生命财产，这种举动显然是以对待异类的方式对待同类，通过危害社会安全而严重危害了人类的整体利益。**由于犯罪分子的犯罪行为，是将自己排斥到了人类之外，所以对于这些犯罪分子的惩治，包括实施死刑，都是针对他们的犯罪行为具有异类的性质，出**

于维护物种内部社会安定和民众安全的这一整体利益，所以将他们像异类一样来进行处置。这叫以其人之道还治其人之身。因而，这种惩治不仅没有损害人类利益，相反有利于人类“物种生命”的整体利益，因此是十分必要的。

以上内容说明，**在同类之间会发生好似异类一样的利益损害行为，这种错误表现的特点，是行为者将自己置身到了异类的利益立场。尽管行为者自身的利益也属于自身物种利益的一部分，但是由于这种错误行为的恶劣后果，对自身物种利益的损害要远远超出对自身物种利益的维护，出于捍卫自身物种整体利益的需要，所以对这样的行为必须给予惩治**。

以上内容还说明，**人类之间本不应该有敌人，但是由于会出现如同异类一样的侵害行为，因而才会产生敌人。人类之间的敌人并不是天生的，而是产生于如同异类一样的错误意识形态、错误的利益观和世界观、错误的价值观和生命观，以及由这些错误观念指导形成的侵害行为。因此，应该就此理性呼吁：同类之间没有天生的敌人，消灭敌人的方式首先不是战争，而是要纠正如同异类的错误利益立场、错误的利益观念和行为！没有了错误的敌对观念，没有敌对观念指导形成的敌对势力，也就没有了敌人和战争！这是客观理性的和平论**。

这段内容不是空话，这是平实且实用的和平理论，它需要大多数人依此形成共识，最终将这种理论转化为人类的主流意识。

归纳这次交流的内容，中心就是：**由于同类具有统一的最高利益目标，所以同类之间的利益矛盾关系，从根本上讲是以利益统一为基础的对立，不应该存在你死我活的根本矛盾，也不应该展开你死我活的生存竞争。异类之间的利益矛盾关系则是对立基础上的统一。尽管在同类之间存在着利益矛盾、利益冲突、利益纷争，但应该本着维护和有利于共同生存的原则，采用和平协商的方式，抱着互谅、互让、互信、互相理解的态度，依据“均衡利益”的做法来进行协调解决。而不应该采用一味只顾自己、互不相让、争执不下、相互不顾死活的、抢夺的、强占的、暴力争斗的方式来解决**。

总之，弄清楚同类与异类之间的利益矛盾关系具有本质区别，应该对人类的生活有以下作用：

第一，这是反对在人类内部进行生存竞争的重要依据。

第二，这是人类消除战争的重要依据。

第三，这是惩治和预防各种刑事犯罪的重要依据。

第四，它有益于形成正确的生存理论。

第五，它有益于促进人类实现“团结统一式物种生命”。

篇章8：“物种生命”具有明辨物种内部生命关系的意义

对于任何一个物种而言，生命活动的主体是“物种生命”还是“个体生命”？哪个地位为主哪个地位为次？这个问题涉及应该首先维护哪方面的利益，所以明辨这种生命关系很重要。

在介绍关于最高利益原则的内容时，强调争取自身“物种生命”的长久存在，是每个物种在生命活动中应该遵循的最高利益原则。如果依据这种最高的利益原则，很明显，是“物种生命”的利益更为重要，所以，应该是“物种生命”的利益地位为主，“物种生命”是生命活动的主体。但是，在我们的视野里，比比皆是“个体生命”的活动表现，似乎“个体生命”才是生命活动的主体，这应该怎样解释呢？

对于这种疑惑其实丝毫不奇怪，因为，“物种生命”作为生命活动的主体，这主要是由“个体生命”与“物种生命”的内在关系决定的。只有先认识“物种生命”才能再认识这种内在关系，所以说，认识“物种生命”具有明辨物种内部生命关系的意义。

上一篇章的交流中，讲到导致同类发生生存竞争、导致战争、导致混淆同类与异类之间不同性质矛盾的重要原因，第一是“物种生命”的“松散状态”；第二是由异类之间的生存竞争形成的暴力习性；第三是暴力争斗具有的两面性特征。除此以外，其实不能明辨物种内部的生命关系也是重要原因之一。因为，如果不能明辨这种关系，谁都可能认为自身的利益最为重要，就容易导致各执己见互不相让的情况，那么在同类间彼此发生利益矛盾时，就很容易产生暴力争斗，形成以武力夺取利益的情况，可见明辨物种内部的生命关系很重要。

一、“个体生命”与“物种生命”的内在关系

“个体生命”与“物种生命”的内在关系是什么呢？上文在介绍“物种生命”

时曾经反复证明和强调，“物种生命”是一种整体性质的生命形态。即任意一个物种的“物种生命”只有一个，它是包括了该物种所有“个体生命”在内的渊源性整体生命形式。由于“物种生命”的整体是由同类的所有“生命个体”组成，因此，每个“生命个体”都是“物种生命”的有机组成部分。也就是说，相对于“物种生命”这个整体而言，每个“生命个体”都是这个整体的一部分。所以，**“个体生命”与“物种生命”的内在关系，是部分与整体的关系。所谓“个体生命”，实际上是“个体形态的部分式物种生命”**。

“个体生命”作为“个体形态的部分式物种生命”，这种称呼还原了“个体生命”的真实身份。可以说，“个体生命”只是一种依据表象形成的称谓，实际上能够反映真实身份的称谓，应该叫作“个体形态的部分式物种生命”。所以，**由“生命个体”形成的生命活动，实际上都是“个体形态的部分式物种生命”形成的生命表现，因此，生命活动的主体实际上是“物种生命”**。

由此看来，**从理论上讲，生命可以看作只有“物种生命”这样一种形象，只不过从形态上可以分为个体形态、种群或群体形态、物种整体形态等，所以，物种内部的各个群体与整个“物种生命”之间，都是部分与整体的关系。存在于“物种生命”内部的各个群体，都属于“群体形态的部分式物种生命”**。以人类为例，人类具有家庭、氏族、民族、种族、社团、企业、国家等多种形式的群体。这些群体分别应该是：家庭属于“家庭形态的群体性部分式物种生命”；民族属于“民族形态的群体性部分式物种生命”；种族属于“种族形态的群体性部分式物种生命”；社团属于“社团形态的群体性部分式物种生命”；企业属于“企业形态的群体性部分式物种生命”；国家属于“国家形态的群体性部分式物种生命”等。这些群体的活动，都是“群体形态的部分式物种生命”的活动表现。**物种内部的这种生命关系能够充分证明，“物种生命”是客观存在的生命形式**。

将部分与整体相比较，部分再大也大不过整体，从利益的角度上看，也是整体利益在包含局部利益的基础上要高于局部利益，长远利益在包含当前利益的基础上要高于当前利益。

上一篇章的交流中，对于侵害他人的刑事犯罪分子，讲到这些犯罪分子是站在了异类的立场上，因而，也相当于是以异类间你死我活的矛盾关系来对待和惩治这些犯罪分子。那么以本篇章交流的观点来看，这些犯罪分子算是怎样的部分式物种生命呢？

这是个很有意思的问题。上一篇章讲到，既然犯罪分子以对待异类的方式伤害同类，也就只能将其视为异类一样予以惩治，其实就回答了这个问题。由于已经将犯罪分子视同了异类，因此，也就没有将其看作是人类的“部分式物种生命”了。但这并不是说从生理的性质上犯罪分子也属于异类，而是指这些犯罪行为的性质如同异类。**所谓将罪犯视同异类一样惩处，这也只是指矛盾的性质，是从矛盾的性质上来予以看待和划分处理的。**

这种将同类视为异类的现象，说明了两个重要情况：第一，除开外部特征、生理结构、生理机能等方面可以形成同类与异类的区别以外，还有利益行为可以从不同的性质上，构成属于同类关系还是异类关系的差别。

第二，任何一个物种“物种生命”的活性整体都在不断地运动变化，这种变化除了生老病死引起的规模变动以外，还表现为“生命个体”以及群体的利益行为，在性质上所发生的变化。**无论个体还是群体的利益行为，只要与自身物种的最高利益发生对立，就具有了将自已置身于异类的性质，也就是从利益关系的性质上将自己排斥到了自身的物种之外。**

比如，通常斥责犯罪分子的行径“如同禽兽”，这就是指责他们站在了异类的利益立场上。当然，有许多的错误行为是可以改正的，改正了，利益立场就去除了如同异类的性质，又回归到了自身物种的利益立场。因此，注意分析、考量和把握利益行为的性质是非常必要的。

其实，**在异类之间尽管存在着生存竞争的根本对立，但并不是因为存在这种对立就必须相互置对方于死地，相反，在异类之间也会出现有益于对方的利益行为，这是能够形成异类之间互利协作的基础。**比如说，牛和马一直以来都为人类的生产和生活提供着服务。另外，**在生命活动中并不是有利于同类的利益行为，就必然伤害异类，也不是有利于异类的利益行为，就一定要伤害到同类，而是存在着既有益于同类同时也有利于异类的利益行为，这是应该积极寻求和倡导的行为。**

二、明辨物种内部生命关系所具有的作用

以人类为例，明辨物种内部这种部分与整体的生命关系，对于指导人类的生命活动具有如下作用：

第一，它进一步肯定了，“物种生命”的整体利益和长远利益占据着首要的利益地位。这一点已经不用再多作解释。

第二，它是确立物种内部个体与个体之间以及相同层次的群体与群体之间，是否为平等关系的依据。由于物种内部所有的“生命个体”都属于“个体形象的部分式物种生命”，在这一点上任何“生命个体”都没有差异和特殊可言，所以，**所有“个体形态的部分式物种生命”，它们在整个“物种生命”中所占据的生存地位都是相同的、平等的。这是守法公民人人都具有平等的社会民主地位的依据。**

同样道理，**物种内部相同层次的群体，都属于同一层次中“群体形态的部分式物种生命”。相同层次的各个群体，它们在整个“物种生命”中所占有的地位是相同的、平等的。**比如说按照现有的行政管理层次划分，在国际社会每个国家的国际地位都是平等的。

第三，它说明，**利益共识具有反映“物种生命”整体利益的性质。**由于整体是由部分所组成，在整体性质的利益中包含着部分性质的利益，因此一般而言，**由若干的“部分式物种生命”通过利益协商而能够达成的利益共识，只要这种共识不危害其他同类的利益和“物种生命”的长远利益，那么这种利益共识便具有反映“物种生命”整体利益的性质。**

所以，**人类应该主张在利益交往中，通过各种沟通和协商来形成具有利益共识的、平等互利的、共赢的利益合作关系。在发生利益矛盾时，应该主张矛盾的各方通过谈判协商的方式，尽量寻求、争取和维护利益共识，在利益共识的基础上加深相互的理解和信任，本着“均衡利益”的做法，本着互谅、互让、顾全大局的态度来协调解决利益争端。**

第四，它是确立可持续发展战略的依据。由于整体包含着部分，部分涉及整体；长远包含着当前，当前关联着长远，所以在整体与部分之间、长远与当前之间，它们是互相联系、相辅相成的关系。整体利益由于包含众多的局部利益，因而才会高于某个局部利益，所以，维护整体利益要合理兼顾局部利益，而不是不顾局部利益。长远利益由于包含众多阶段性的当前利益，因而才会高于某个阶段的当前利益，所以维护长远利益要合理兼顾当前利益，而不是完全不顾当前利益。**正确的生存发展战略，是要以人为本，实现整体利益与各部分利益的合理兼顾；实现长远利益与当前利益的科学协调；实现社会生态与自然生态的和谐平衡；形成和保持良性循环的可持续生存发展状态。**

第五，它可以指导各个国家，携手实现人类的“团结统一式物种生命”。在地球环境中，国家是人类自己开创形成的，唯人类所特有的一种组织式群体。国家是人类在劳动文化的生存方式下发展形成的产物。国家诞生于人类的暴力式领地之争、发展成长于暴力式的领地之争。**国家，是人类在采用战争式暴力手段相互进行兼并发展的历史进程中，为了便于管理不断扩大的社会群体，于是借鉴了许多战时推行的强制管理方式，进而逐步形成的统治式管理模式的大规模组织式社会生活群体**。

领土疆域是国家的实体范围；主权和统治管理是国家的特征；军事机构、货币发行及货币管理机构、立法司法机构、行政管理等组织机构是国家的标志性结构；对外抵御侵略，对内建立和维持一定的社会生活秩序是国家的职能。

统治管理模式虽然是对战时管理模式的借鉴，但是由于它适用于对大规模生活群体的管理，能建立和保持必要的社会生活秩序，具有强大而有效的组织和协调功能，所以统治管理模式的形成是人类文明的一个重大进步。这个重大进步的关键之处就在于，它强化了组织管理式的“物种生命结构”，其管理功能对群体能够起到凝聚作用。这种强化不仅能够适应“物种生命”在规模上的不断扩大，而且能够通过组织和管理，将这种规模转化成为“物种生命”的强大生命力。人类最终所形成的“先进的统治性社会管理”，是以科学的民主为基础，剔除阶级压迫、种族歧视等落后成分的统治性社会管理模式。

所以说，**国家是人类实现“团结统一式物种生命”所必须经历，或者说必须形成的一种群体形式。由“国家形态的部分式物种生命”不断形成、丰富、完善和发展提高的社会组织结构及其管理经验，将成为人类实现“团结统一式物种生命”可供借鉴的管理模式**。

国家的诞生以及它的发展演变过程，体现着实现“团结统一式物种生命”的发展方向和进程，只是如何最后实现“团结统一式的物种生命”，人类还处于探索之中。这是一个不断创造必备条件，不断总结经验教训和提高理性认识的历史过程。在这个过程中出现最多的误区，是想通过暴力手段，以征服的方式形成“统一式的物种生命”。

以暴力手段实现征服性的统一，这在古代社会曾是引起国家变迁的主要因素。但是以暴力征服的方式取得世界统一，不仅难以实现而且难以持久维持，这其中的重要原因，就是因为国家是“国家式群体形象的部分性物种生命”。如果想让某个国家凌驾于其他国家之上，形成凌驾式的征服性统一，实质上这是以某个“部分式物种生命”的专权统治，来冒充“整体性物种生命”的民主统治。这种专权式的统治由于具有形成专制、歧视、不平等、压迫、非民主的基础，因此，是其他“国家

形象的部分式物种生命”所不能够接受的，所以必定会遭到抵制和反抗。这种抵制和反抗最终会促进反对压迫、反对专制、反对歧视、反对侵略的这些国际共识的形成。

由此说明了两个道理。**第一，“统一式的物种生命”不是“团结统一式的物种生命”**。采用专权的模式，即使执政的动机再好，但由于只有充分民主形成的共识才具有表示“物种生命”整体利益的内涵，专权模式的民主只能是有限民主，所以不仅替代不了体现“整体性物种生命”的充分民主，而且还会成为特权和滋生腐败的温床。

第二，国家利益至上的观念具有历史局限。将国家利益视为最高利益，在相当长的历史阶段里这是一种不可动摇的信念，这种信念长期以来都是推动社会变迁和社会政治发展的巨大力量。这是“松散状态的物种生命”在分散扩张时难以避免的情况。因为在分散扩张的发展中，每个生命个体和群体都会潜在地将自己视为自身物种的代表，会将争取和捍卫自身利益以及自身群体的利益，看作是争取和捍卫自身整个物种的利益。这种具有局限的潜意识，促成了人类几千年创造国家的运动。如果是针对异类，这种表现无疑对于自身物种的扩张发展具有积极意义，是生存发展的必需，但这种表现如果是针对同类，那就必然会导致同类之间残酷的自相残杀。

在创造国家的历史运动中，国家随着生产力的发展而不断演变。受科技水平和文明程度的限制，古代的国家充满着兼并与被兼并、征服与被征服的变数。创造国家的运动形成了不同文化、不同习俗的相互渗透和融合，这种融合促进着人类文明的发展。

随着人类文明的提高，现代的国家已经通过变迁具有了由历史沿袭形成的相对稳定性，已经不再像过去那样充满兼并和征服的变数，现代国家几乎不可能以征服和兼并的方式进行同化。

这意味着几千年创造国家的历史即将结束，人类将进入实现“团结统一式物种生命”的发展时期。**通过认识物种内部的生命关系可以看到，国家再大也没有人类整体的“物种生命”大，国家利益再高也高不过人类“物种生命”的整体利益。所以，将国家利益视为最高利益具有历史的局限性，是一定历史阶段的思想反映。**

三、实现“团结统一式物种生命”的方式

各个国家要携手实现人类“团结统一的物种生命”，就必须逐步转变国家利益至上的思想，这种转变是一种伴随社会发展进步的过程。实现这种转变主要有这样几种方式：

第一，要通过社会科学的理论发展来促进人们思想观念的转变。

第二，要以国际公约为载体，通过国际公约一方面将人类“物种生命”的整体利益具体化，另一方面将这些具体化的整体利益转化为大家的共同行动。例如对生态的保护，对资源的合理开发等。

第三，要以最高利益原则为标准，按照民主的方式逐步建立和完善国际法，逐步完善国际司法程序，提高国际司法效率，依法调解和处置利益争端，将国际事务纳入法制化的轨道，逐步将人类“物种生命”的整体利益法制化。

第四，通过日益广泛的贸易往来、文化交流、技术交流、经济交流、人才交流，以及在这些交流中形成的人口流动，形成各种生活方式和社会文化的相互影响。通过这些影响和发达的交通、通讯，逐步使人们的生活日趋国际化。

日趋国际化的生活状态，会将人们的生活方式朝着国际化的方向转移。随着这种转移，社会的统治管理也将逐渐走向国际化。随着社会管理实现国际化的统一，国家之间的各种壁垒亦将解除，国家将转化成为国际社会管理结构中的一级行政管理机构，国家的名称可以作为地域名称给予保留。那时的国家与传统意义上的国家已经不同，虽然国家在人们的祖籍上仍然属于寄托故土乡情的重要载体，但传统意义上的独立国家已经不再存在，人类世界实现了大同。只到那时，国家利益至上的传统观念，才会自然被人类整体利益至上的观念所取代。

篇章 9：“物种生命”具有解释战争的意义

介绍了“个体生命”与“物种生命”是部分与整体的关系以后，接下来要交流认识“物种生命”还具有解释战争的意义。

战争是文明物种内部使用武器装备进行大规模暴力争斗的现象。由于“松散式物种生命”是导致战争的重要原因，而且只有实现“团结统一式物种生命”才能最终消除战争，所以认识“物种生命”有助于解释战争。

这个话题很重要，因为战争不仅一直消耗着人类，而且高科技战争会威胁到整个人类的生存安全，很多人对这个话题都会有兴趣。

对于战争，应该从战争的历史表现和现代表现这两大方面进行分析，这样才可以构成对战争现象的客观看法。

关于战争威胁到整个人类生存安全的看法，关于销毁核武器的看法，都是针对“非常规战争”而言的。“非常规战争”具有的毁灭作用，表明战争已经发展到必须加以杜绝的历史阶段。这同时说明，战争是一定历史条件下的产物，战争的出现有它必然的形成原因。

一、关于战争的形成原因

形成战争的第一个原因，是“物种生命”处于松散状态。

由于“松散式物种生命”呈现为抽象状态，这种抽象会使个体和群体意识不到自己属于“部分性质的物种生命”。在这种情况下，个体和群体会潜意识地将自己看成是自身物种生存与发展的代表，于是就会将维护自己的生存利益，视为对自身整个物种生存利益的维护。这种现象已经被多次讲到。

其实，在维护自己的生存利益时，如果没有损害其他同类的生存利益和自身物种的长远生存利益，这就具有维护自身物种生存利益的意义。但如果是在损害其他同类生存利益的基础上，或者损害自身物种长远生存利益的基础上取得自己的生存利益，那就要另当别论了。

在处理与异类之间的生存性利益关系时，努力维护自己的生存利益，这同时属于维护自身物种生命利益的积极表现。但是在同类之间如果区分不了物种内部和外部矛盾的不同性质，就可能将同类间的利益矛盾当作异类矛盾一样展开殊死争斗。由于只要物种生命处于松散状态，这种混淆矛盾性质的现象就必然存在，所以在人类的物种生命处于松散状态的漫长时期里，战争现象不可避免。

形成战争的第二个原因是，**自然界中暴力属于被生物广泛采用的一种简单而又有效的利益分配方式，所以在异类间的生存竞争中生物养成了应用暴力的习性。**

在利益运动中，利益分配的方式方法有多种，其中暴力手段是一种最常见、最普遍、最简单、最有效，但又是最残酷、最原始、最落后的利益分配方式。

当异类之间发生利益矛盾时，由于没有沟通协商的可能性，加上各自都会将自身物种的生存利益放在第一位，所以，异类之间几乎都是采用暴力强制、暴力侵占、暴力抢夺的分配方式。自然界中，在异类之间以力量夺取利益是天经地义的事情，只要有力量，对于想要的东西就会去强抢强夺。在同类之间，如果没有形成合理的分配方式来解决利益矛盾，往往也只有采用暴力方式来进行利益分配。所以，在人类不能将利益分配广泛建立于民主协商基础之上的漫长历史时期里，很容易采用暴力的、战争的方式来解决利益争端。

形成战争的第三个原因，是伴随生产力发展形成的群体扩张运动。

战争一般是指上升为一定规模、持续一定时期、相互以专门的武装组织形式展开的群体暴力行为。远古人类小规模的群体械斗属于战争的萌芽。人类在渔猎时期由于使用的工具落后，获取生活资料的能力有限，有限的生活资料影响着人口的增长，所以群体的规模都很有限，那时尽管存在群体间的领地等利益之争，但争斗的规模有限，所以这种争斗还算不上真正意义的战争。

随着生产力的发展，当人类进入农耕时期，由于生活资料已经不完全依赖自然供给，生活的保障大大促进了人口的增长。随着群体规模的逐渐扩大，对土地、水源等自然资源的需求也不断增长，出于争夺资源的利益需要，于是出现了一定规模的，由配备专门战斗装备的战斗人员形成的暴力争斗，真正意义上的战争从此开始。

由于需求矛盾永恒存在，在没有合理分配方式来不断解决需求矛盾的历史时期里，战争的暴力式利益分配方式不仅会长期存在，而且随着生产力水平的发展提高，随着武器装备的不断改进，还会促使战争不断升级发展，战争的危害也越来越大，最终导致战争发生质变而开始出现杜绝战争的需要。

形成战争的第四个原因是，**发生于同类之间的暴力争斗，只要没有形成双方同归于尽的结果，暴力争斗就始终存在着有利于和不利于自身物种生存的两面性**。在同类间的争斗中，出现的损伤是不利于自身物种生存的成分，但争斗中的获胜者得到的利益，则属于有利于自身物种生存的成分，这种有利成分往往是促成自身物种生存发展的重要因素。常规战争一般都存在有利于和不利于人类生存发展的两面性。这是因为，**发生在物种内部“各部分式物种生命”之间的暴力争斗，只要争斗没有导致这个物种灭绝，那么存活下来的“部分式物种生命”，将会从争斗得到的好处中形成受益**。正是由于战争存在着两面性，才使得人类在战争中能够得到生存。由于战争的胜利方终究会有利可图，所以这是有人热衷于战争的重要原因。

但要指出的是，如果同类之间暴力争斗的双方同归于尽，没有了幸存者也就没有了受益者，那么暴力争斗中有利的一面便会消失殆尽，那就只存在不利的一面了。换句话说，如果战争发展到会导致人类灭绝的地步，战争中的有利成分便会荡然无存，剩下的只会是不利，这样的战争意味着它的性质已经开始发生了根本的变化。

二、关于战争的两面性特征

从战争的成因可知，战争是人类物种生命处于松散状态下的必然产物。事实上，一部人类至今的发展史，就是一部充斥战争内容的历史。所以，已经没有必要去假想一部没有战争影响的人类历史，只有以战争的两面性特征去分析看待人类历史才是切合实际的思想。

战争到底有多大的不利，这无法以具体的数据来说明。只能说，战争使无数的人遭受屈辱，使无数的人遭受压迫，使无数的家庭毁灭，使无数的人颠沛流离，使无数的人死于战乱，使无数的人做出了无故的牺牲，使无数的人扭曲灵魂泯灭了良心，使无数的人偏离了原有的生活轨道。如果没有战争，这些人一定会有完全不同的生活方式和人生。

战争造成了难以计数的人力、财力以及资源的巨大消耗，如果没有战争，这些人力、财力和资源都将用于发展文明和改善生活。以上这些不利是战争给人类造成的巨大不幸。

关于战争的有利性可以主要归纳为以下方面：

第一，战争能加速群体规模的扩张。战争造成的兼并和联合促成了群体的扩大，在这种扩大中会形成不同文明的碰撞和交流，碰撞中落后的文明会被先进的文明同化，这种同化可以起到推动人类文明发展的作用。

第二，战争催生了国家。不断扩大的社会生活群体对社会经济、社会秩序、社会管理提出了更高的要求，于是促成了以暴力强制为基础的统治管理的形成，而统治式的管理则催生了国家式生活群体。

国家是目前人类通过统治管理，能够形成稳定生活秩序，能够聚集起最大社会力量（即能发挥出最大的“部分式物种生命”的生命力），能够形成相对独立的生活环境，能够形成自身文化特色的最大的组织性生活群体。

国家诞生以后，由战争形成的创造国家的运动继续推动着国家的演变，这种演变发展到现代，使人类呈松散状态的整体“物种生命”，仅由200多个“国家形态的部分式物种生命”所构成。这无疑为人类最终实现“团结统一式的物种生命”创造了条件、奠定了基础。

第三，战争推动了民主政治的发展。每一次重大的社会变革都伴随着战争，从奴隶社会到封建社会、再到现代社会，由君主制到君主立宪制、再到共和制以及共和制的不断改进和完善，纵观这种发展，其核心就是使社会政治不断趋于民主。

由于只有通过充分民主形成的共识，才是“物种生命”整体意识的体现，因此，只有由民主共识形成的利益观念才代表着“物种生命”的整体利益。所以，实现民主的社会进步，属于维护人类整体利益的进步。

第四，战争推动了生存空间的扩展。在战争中，弱势群体为了躲避战乱求取生存，只得被迫放弃原有的家园，向着自然环境条件恶劣的蛮荒地域迁徙转移。于是那些蛮荒之地得到开发、得到改良，从而使得人类的生存空间得到拓展。

第五，战争刺激着科学技术的发展。由于先进的武器会形成战争优势，所以从古至今，为制造先进武器，为打造先进的战争机器，人们投入了大量的人力、物力、财力来展开专门的研究。什么刺激都比不上战争的刺激，生死存亡的威胁刺激着人们的创造潜能，这种创造力推动着科技水平的提高，加速了科学技术的发展进程，反之，最先进的科学技术往往也是首先应用于战争。

第六，战争促进着和平思想的形成。任何一次大的战争，无论对于胜利方还是失败方的民众来讲都是灾难性的。战争造成的死亡、失去生存安全的威胁、战争的残酷和血腥、战争的巨大破坏力、战争对灵魂的扭曲都会给人们的心理造成巨大阴影，使得人们对战争的憎恶越来越强烈。因此，人们向往和平、祈求和平，进而转化为用行动去争取和平，所以，战争的本身会造就主张杜绝战争的和平思想。

第七，战争培养了正义的力量。**战争分为正义与非正义，因而暴力也分为正义与非正义**。任何侵略性质的战争属于非正义的，反之，任何反侵略性质的战争则为正义的，这种正义的力量推动了民族解放运动的发展。

此外，任何镇压民主的暴力属于非正义的，反之，任何抗击镇压民主和争取民主的暴力，以及为建立和维护正常社会生活秩序所必需的暴力基础则为正义的。所以，**尽管我们很多时候在指责暴力，但是却不能因此而简单地认为，凡是带有暴力的统治管理方式都是反动的、错误的。先进的统治管理，是以民主共识为基础所打造的法治社会，它虽然也离不开暴力式的管理手段，但这种暴力式管理手段的应用，是为了维护“物种生命”的大众利益，而且必须要依法行事**。

第八，战争促进了国际联合以及国际管理机构的形成。在这方面表现得最为充分的，当属人类的第二次世界大战。第二次世界大战最终成为了轴心国与同盟国这两个国家联盟之间的争斗，最后以同盟国的胜利而告终。通过总结“二战”的教训，“二战”结束后为了加强对国际社会的管理，为了调解国家间的利益纷争，人类诞生了“联合国”这个具有划时代意义的国际事务管理机构。应该看到，“联合国”的成立是人类争取实现“团结统一式物种生命”的实践性重大步骤。这不仅预示着人类社会的发展方向，而且会为人类实现“团结统一式物种生命”积累和提供直接的经验。

这里需要说明的是，战争的这些有利性都是以不利为前提所换取的，都是通过付出沉重代价才形成的来之不易的。

三、关于战争发生性质变化的情况分析

这里所说的战争性质，不是指战争的正义和非正义，而是指对人类是否具有毁灭的性质。根据这种性质，武器被分为常规武器和能够产生巨大杀伤力的“非常规武器”。比如说核武器和生化武器就属于非常规武器。因而，**根据使用不同性质的武器，战争的性质具有了常规战争和非常规战争的区别，所谓“非常规战争”是对人类具有毁灭性质的战争**。

前面对战争具有两面性特征的分析，都是针对常规战争而言。关于战争性质变化的分析，则是针对进入高科技状态的战争表现。

尽管非常规的核武器只是在人类的第二次世界大战中小规模地使用过，但它的毁灭性力量却显露无疑，同时，非常规武器会使战争发生性质改变的危险性也显现无疑。如果看不到高科技的战争存在着性质改变的巨大危险，就很可能导致发生毁灭人类的重大生存错误，人类文明就会葬送于由人类自己创造的高科技。

除了第二次世界大战中使用的核武器以外，人类从古至今的战争都是使用常规武器的常规战争。常规战争会有幸存者，不会造成人类的灭绝，也正是因为这一点，战争才会具有有利和不利的两面性特征。如果发生灭绝人类的毁灭性战争，就不会再有幸存者，因此，这种非常规性质的战争只有不利的一面。战争性质的变化会促进人类思想观念的转变，人类因此会理智地认识到，文明的归宿是要为人类造福而非毁灭人类断送文明。所以，应该以削减并最终全面销毁非常规武器的方式，去消除可能毁灭人类的物质基础，并同时开始全面消除战争的努力。

四、关于如何消除战争

当战争发展到可能毁灭人类的极端状态时，这意味着人类的战争历史也行将结束。应该看到，现代社会已经完全不需要战争来刺激科技发展，不需要战争来催动文明，因此，在战争有利的一面不断缩小，不利的一面不断扩大的时候，这就决定了战争终究要被杜绝。

首先，消除战争需要观念的转变，这种转变包括对战争性质发生变化的认识，对利益运动发展方向的认识，还有对人类实现“团结统一式物种生命”的认识等。将这些认识归纳起来，就是要通过“社会科学”的进步，以新的思想观念指导人类的生存与发展。

如果观念不转变，消除战争就会缺乏思想基础。**这说明，“社会科学”的进步对于人类的生存发展具有重大作用，特别是进入高科技时代以后，“社会科学”要主张争取人类长久生存的最高利益原则，通过推动和完善社会治理和管理，来规范指导自然科学的研究及其成果的合理应用，严防发生毁灭性的生存错误。“社会科学”和“自然科学”是承载人类文明向前发展的一对车轮，它们相辅相成、相互联系、相互作用、相互促进。这两只车轮无论哪一只出现阻滞现象，人类文明的发展就会出现曲行，就会走弯路。**

其次，消除战争需要分几个步骤。第一个重大步骤，就是削减和最终完全销毁以核武器为主要对象的非常规武器，从物质基础上消除发生非常规战争的条件，并且通过这个步骤来逐步化解敌对情绪，逐步建立起相互的信任。

消除战争的第二个重大步骤，就是借鉴销毁非常规武器的经验和方式进行军队裁减。在裁减军队的同时，逐步实现军事工业转向生产民用产品的调整。

消除战争的第三个步骤，是逐步组建国际安全部队，同时各国实现只保留准军事组织的社会治安力量。国际安全部队将属于过渡性保留的军事组织，它的任务是应对可能发生的国际安全危机等特别情况，以及对重大自然灾害的紧急救援，包括消除小行星撞击地球的危险等。

消除战争的第四个步骤，是最终建立国际警务总部，负责总领各国的治安力量，不再存在军队。由警务机构全面负责人类的社会安全和空间环境安全。

再次，消除战争是与人类实现“团结统一式物种生命”相同步的过程，只有实现了“团结统一式物种生命”，战争的隐患才可能从根本上得到消除。只有实现了“团结统一式物种生命”，国际社会才能形成统一的法制，各种重大或疑难的利益矛盾，才可以通过法律渠道予以协调解决，不合理的分配方式才可以通过法律手段得到纠正，这样就能够避免以战争的极端方式去解决利益纷争。

从现在开始，人类就应该尝试以法律的方式来解决国家之间的利益矛盾，逐渐形成一套完备的仲裁调解制度，这是化解国际纷争唯一正确的方式，也是实现长久和平的正确途径。历史的事实证明，以军事力量相互制约来形成均势的局面是行不通的，这种军事对峙式的和平是极不稳定的虚假和平。这种相互制约的军事对峙，只会导致军备竞赛不断升级的恶性循环。在军备竞赛中，平衡是相对的，不平衡则是绝对的，因此，这种虚假的和平局面危若垒卵。更严重的是，军备竞赛会导致出现大量的非常规武器，会诱发非常规战争，并可能最终导致人类灭绝，所以不能让这样的竞赛继续发展下去。出于对人类负责，各国的政治领袖们应该坐下来好好磋商，不要偏袒国家利益，要以维护人类利益为己任，这也是转变观念的表现。

消除战争尽管实践起来困难重重，过程很长，但是路虽然长，只要按照正确方向行动起来，路就会由长变短。困难虽然多，但只要提上议事日程，发挥众人的智慧，就一定会有办法得到解决。这里所讲的消除战争的步骤仅仅只是一种参考，如果民众都来关注这个问题，专家学者和政治家们能就此展开专门研究，一定会产生更多、更好、更加行之有效的方法来。

实现人类“团结统一式物种生命”和消除战争，以及争取人类长久生存，这都需要有信仰。**人类的信仰虽然很多，但是最朴素、最基本、最重要的信仰，除了信奉劳动，还应该信奉对人类“物种生命”的热爱和忠诚，信奉对努力争取人类长久生存的这一追求**。这是热爱和忠诚于祖国的拓展和升华，因为维护全人类的整体利益不是对国家利益的完全舍弃，而是要兼顾国家式的群体利益，否则，所谓人类的整体利益就失去了意义。

人类的核心价值观，应该是以争取人类的长久生存为最高利益目标、最高利益原则和最高利益标准的价值观，这种价值观是国家利益至上的传统价值观的升华。

在篇章 4 中提到的所谓**“公益思想”，也就是以人为本、大众受益、共同受益的利益思想；就是既有益于“自然生态”又有益于人类“社会生态”的利益思想；就是整体利益与各局部利益协调统一的利益思想；就是当前利益与长远利益协调统一的利益思想；就是有益于人类长久生存与发展的利益思想**。

有了正确的信仰，就有了正确的方向和坚定的意志，就会形成巨大社会力量，有了这种力量就没有实现不了的目标。随着人类“团结统一式物种生命”的实现，国家随之转变成为国际社会的一级行政管理机构，传统意义上的国家也就不存在了。**人们对于祖国的热爱，将转变为对整个人类社会的热爱，即对人类“物种生命”的热爱，这将是脱离了狭隘利益思想的大爱！**

篇章 10：“物种生命”具有揭示自身纠错功能的意义

一、“物种生命”的自身纠错现象

任何一个物种能够生存发展，除了“物种生命”的结构进步可以形成和提升互利协作的生命功能以外，“物种生命”还有纠正自身错误的能力。这也是“物种生命”的重要生命功能之一，如果没有这种能力，生物将很难实现生存与发展。

如果依据生命活动的主体是“物种生命”，“个体生命”是“个体形态的部分式物种生命”，关于“物种生命”的自身纠错现象就很好理解。**由“个体生命”对自身错误的认识、对自身错误的纠正、对经验教训的总结和意识水平的发展提高，都可以看作是“物种生命”的表现。**甚至“个体生命”对各种疾病的抵御，也可以视为“物种生命”的能力表现。

但是这样的理解还不全面，除了以上由“个体生命”表现的纠错情况以外，下面要介绍由同类的个体与个体、个体与群体、群体与群体之间所形成的，表现为“物种生命”的自身纠错反应。

二、物种内部的反抗斗争是“物种生命”纠正自身错误的重要方式

在物种内部个体与个体、个体与群体、群体与群体之间所形成的，表现为“物种生命”的自身纠错反应，在自然界最为普遍的一种形式就是“反抗斗争”。

比如说，在某个物种的内部，某个强悍的个体或者群体，以暴力方式去强占其他个体或群体的领地，这种侵占方式，无疑会通过损害其他个体或群体的生存利益，从而损害到这个物种的整体利益。从“物种生命”的角度来看，这是行为者将自己置身于异类立场的举动，所以属于错误的利益行为。此时被侵害的个体或群体，如果通过奋起反抗而抵御了这种侵害，实质上就是对那些错误行为实行了纠正。可见，**在同类之间由错误行为所引起的“反抗斗争”，是“物种生命”纠正自身错误的一种重要方式。**

如果不认识“物种生命”，就只会站在个体或群体的狭隘角度片面看待以上表现，

就难以揭示物种自身的这种纠错功能，所以，认识“物种生命”具有揭示这种生命功能的意义。

生物为什么会有这种纠正自身错误的表现？原因仍与物种生命的松散状态有关。当某个物种的“物种生命”处于松散状态时，就形成不了能够凌驾于这个物种所有个体和群体之上的控制力量，因此，对于物种内部发生于个体与个体、个体与群体、群体与群体之间的错误行为，就没有由凌驾力量形成管理的作用来予以制约和纠正，于是由针锋相对的反应形成了这种反抗式的纠错方式。

这里以灵长类的猕猴为例，来进一步说明这种反抗式的自身纠错现象。

为了争夺配偶和猴群控制权，猕猴的猴群内部每年都会在成年雄猴之间发生激烈的争斗，胜出者为猴王。只有猴王拥有雄性繁衍权，这是典型的以暴力作为分配手段进行配偶分配的现象。对于斗败的成年雄猴而言，它们的繁衍权被剥夺，这其实是很不公平的，所以这种不公平的分配显然是一种错误。还有，如果仅由猴王进行繁殖，长期下去近亲繁殖的几率就会增加，这种会影响种群生存与发展的因素，无疑也属于一种错误的表现。由于猴王是这些错误的制造者，所以猴王自己纠正不了这些错误，对于这些错误的纠正，只有通过其他雄猴的反抗斗争来实现。

每年由生理需要催动的争夺猴王职位的暴力争斗，便是其他成年雄猴对旧猴王统治的反抗斗争。如果反抗失败了，旧猴王的统治将继续维持。但猴王总会衰老，所以一届猴王往往统治不了多少年，就会在这种反抗斗争中被推翻。一旦这种反抗斗争取得成功，也就意味着原来存在的不公平以及增加近亲繁殖几率的这些错误会得到一定程度的纠正。试想一下，如果猴群没有这样的反抗斗争，那么猴群就会因为这些错误的长久存在而得不到健康发展。

随着新猴王的诞生，虽然旧的错误被纠正了，但是在纠正旧错的同时，同样性质的新错误却又形成了。对于新的错误，又只能依靠新的反抗斗争来得到纠正。这就形成了一种不断纠正旧错、同时又不断形成新错的，周而复始的纠错循环。猕猴这个物种的“物种生命”则依靠这种纠错循环，才能得以形成健康的生存延续，于是这种循环的纠错表现，成为了猕猴十分重要的一种生活方式。

无论哪个雄猴做猴王，猴王都有带领猴群寻觅食物，安排猴群栖息，维持猴群内部生活秩序的职责。而且，当猴群遇到危险时，猴王要负责掩护猴群的安全；当领地受到其他猴群侵犯时，猴王在抗击入侵中要一马当先冲在最前面。猴王的这些行为，则属于有利于猴群生活的正确行为，或者说是正义的行为。正是因为猴王还具有这些正确和正义的行为，所以猴王除了会有消极作用的一面以外，还有积极作用的一面。猴王的这些积极作用，对于猴群的正常生活具有十分重要的意义。

有些观念认为，雄猴的争斗是物竞天择优胜劣汰的反映，通过争斗的筛选，可以使健康的强悍者脱颖而出，所以争夺王位是为了能够通过产生健康强悍的新猴王，能使优秀健康的基因得到传承。这是在没有认识"物种生命"的情况下形成的看法。对照上面的介绍可以看出，这种观念存在一定的片面性，没有看出猴群争斗具有纠错功能的这一实质。

通过观察分析许多物种的这种反抗式自身纠错表现，还可以发现这样的特点：那些侵害同类利益的非正义行为，不一定会因为这种行为的非正义而立即遭到失败。这种现象说明，**一时一事的成败，与行为的正义与否无关，只与对抗双方的力量因素有关**。力量因素包括体力、智力、毅力、数量、技能、装备水平、环境条件、机遇因素等，力量因素占优势者多会取胜。**但是用发展的眼光看，终究是正义的行为或者说正确的行为，会对生命的生存发展起着主导作用**。**正义终将取得历史性的胜利，否则生物将无法长期生存延续**。例如，在猴王的争斗中，由于存在着反抗不平等的正义性质，因而反抗斗争最终会战胜旧猴王。

人类社会的发展状况同样反映着以上特点。人类的"物种生命"通过反抗式的自身纠错，推翻了奴隶制而形成了封建制，进而又推翻了封建制而形成了共和制。落后的统治制度虽然会存在一定的时期，但它终究会被具有进步意义的先进统治制度所替代。

在人类的历史上，曾经多次出现妄图通过战争式的暴力手段征服世界的情况，这些非正义的征战凭借强盛的武力往往得逞一时，但是却不可能长期得逞。这是由于非正义的征战造成的利益危害，要远远超出对人类"物种生命"的利益维护，所以这些错误表现最终都会通过正义的反抗而被得到纠正。

例如，挑起第二次世界大战的法西斯国家也曾经得逞一时，但是最终还是被同盟国的正义反抗所击败。退一步讲，即使这些法西斯国家取得胜利，由于法西斯统治存在的民族欺压和种种弊端，所以必然导致法西斯的统治不会长久，最终会被正义的反抗所改变。

这里不妨假设法西斯国家赢得了"二战"，野蛮而血腥的种族灭绝政策被得到实施，世界上因此只留下了所谓的优秀人种。即便如此，也绝不要以为天下就会从此平安无事。战争造成的巨大伤亡，会使人类"物种生命"的规模大大缩小。从表面上看，法西斯是依靠战争征服统一了世界，人类的“物种生命”似乎由法西斯统治形成了统一的格局，人类的延续自然也由胜利者的所谓优秀人种来承担了。在前面介绍“物种生命”形象的三种存在状态时曾经交流过，**真正“团结统一式物种生命”不是形式上的统一，而是在正确的理论指导下，由有利于“物种生命”长久生存发展的合理的社会组织结构、科学的社会管理机制、先进公正的社会分配制度所形成的、受到绝大多数社会成员热爱和拥护的、体现着社会团结的统一，这才是能够真正长久的团结统一**。但是这些都只会产生于充分的社会民主之上，而不可能形成于法西斯式的统治之下。随着人类“物种生命”的规模在繁衍中再度扩大，此时即使人类这一物种完全由所谓的优秀人种组成，但这并不意味着就能够形成高度的团结。由于缺乏社会民主的法西斯独裁统治形成不了先进的社会分配制度，这就必然导致各种利益分配矛盾的不断激化，最终“物种生命”一定会出现纠正错误的反抗斗争，并会通过纠错斗争来改变法西斯统治。**人类不会因为只由一个种族组成，就不会产生利益矛盾和矛盾斗争。**

任何试图以杀戮、征服、强权、压迫的暴力方式实现人类统一，以及用强权、压迫的暴力方式长久统治人类的想法和做法，由于它存在着有害于“物种生命”健康发展的错误，所以终究会通过“物种生命”的自身纠错而遭变革。

另外，由于各种刑事犯罪的行为都属于错误表现的范畴，所以，对于各种刑事犯罪分子的依法惩治，是一种暴力强制性的纠错反应。只有通过对各种刑事犯罪现象的惩治性纠正，社会才会安宁和谐，生活才有秩序，安全才有保障。

值得提示的是，法律是由高级智慧生命创造的一种实践性的重要凌驾形式，具有凌驾的管理和协调功能。特别是“民主式法制”的凌驾形式，对于统一社会思想、指导社会行为、纠正错误表现具有巨大作用，因此，民主与法制的进步是重大的社会进步之一。

三、在文明进步中值得倡导的非暴力式纠错表现

除了反抗式和惩治式的纠错表现以外，人类的“物种生命”还有反对、争论、抗议、谈判、批判、教训、检讨、探讨、总结、讨论、仲裁、修正、改良等非暴力形式的自身纠错表现。而且随着人类文明的发展进步，随着战争被逐渐杜绝，这些非暴力形式的自身纠错手段，将随着社会法制的进步而逐渐成为主流的纠错形式。

如果“物种生命”没有自身的纠错机能，可想而知生命就难以获得健康发展。所以，

生命的发展延续少不得自身的纠错机能，这些纠错机能属于生命力的表现。

但是，纠错机能是在错误能够被纠正的前提下才会有作用，如果一旦出现了毁灭性生存错误的状况，就会完全丧失纠错的可能，错误将不可逆转。所以，人类一定要清楚意识到这一点，要充分发挥自身的纠错机能，应用谈判、修正、改良等文明的非暴力纠错方式，来共同削减以核武器为代表的各种大规模杀伤性武器，直至最终完全销毁这些大规模杀伤性武器。通过消除可能造成毁灭性生存错误的物质基础，来消除可能铸成大错的危险隐患。

如果通过探讨“物种生命”的自身纠错表现，人类能够通过发挥和提升这种纠错机能，做到早日消除可能导致毁灭性生存错误的物质基础，做到防患于未然，这将是本书最大的收益。这里相信，个别的人有时难免犯糊涂，但是整个人类却绝不会犯糊涂，所以本篇的内容一定会激发人们的思考，会促进人们逐渐转变那些存在狭隘成分的传统意识。

篇章 11：“物种生命”具有“拓展界定同类标准”的意义

我们人类在宇宙中是不是孤独的？外星智慧生命是否存在？这是我们非常关心并且一直致力于探讨，但是至今却又未果的事情。

然而，依据对“利益运动”的认识，依据对“利益运动”三大发展阶段的分析，依据对“物种生命”的了解，我们需要假定存在着外星智慧生命，并且需要研究与他们如何共处的问题。因为，如果缺少这方面的认识，那将存在高科技时代社会发展理论的不完整，那么，人类一旦具备成为宇宙公民的能力，如果探测和遭遇到外星人，或者哪天出现外星人造访地球的情况，人类将缺少如何与他们相处的理论依据和指导思想。

一、为什么要探寻“拓展界定同类的标准”？

人类如何与外星智慧生命相处？或者说，宇宙中不同天体上的高级智慧生命能否共同相处？要想回答这个问题，首先要弄清楚人类与外星智慧生命是否属于同类？

然而这又会涉及对同类的界定问题。

通过对同类与异类间利益矛盾具有本质区别的认识，我们首先要假定，人类与外星人必须是同类，因为宇宙中不同天体上的高级智慧生命如果不是同类，这就意味着他们难以共生共存，也就意味着利益运动在超高级阶段的深化发展会遇到巨大障碍。但是常识告诉我们，确定外星人与人类是同类，或者说宇宙中所有高级智慧生命都属于同类，如果依据生理因素进行界定，这其中明显可能存在划分的障碍，即可能存在不能够以生理条件作为界定同类依据的问题。换句话说，就是涉及需要探讨寻求生理因素以外的界定依据的问题。

如果没有认识“物种生命”，就只能以“个体生命”的生理条件来作为界定同类的依据，那将难以跨越“生理条件”的障碍，去思考和寻求生理因素以外的界定标准，所以，认识“物种生命”具有“拓展界定同类标准”的意义。

生物求取生存的大量事实和利益运动的发展状况证明，生物进化发展的归宿不是为了灭绝自身，利益运动发展的归宿不是为了最终毁灭这一运动，而是要通过高级智慧生命所创造和掌握的高科技生存能力，使利益运动实现可持续的、长久的、良性的可循环发展。因此，不仅人类几百万年的文明发展，最终目的不是为了断送地球文明，而且宇宙中任何文明的发展，目的除了不是毁灭自身以外，还包括不应该毁灭宇宙中的其他文明。

由于同类与异类之间不仅只是存在不同种属的差别，而是在利益矛盾上存在性质不同的根本差别。异类之间的利益关系是以对立为基础的统一，存在你死我活的生存竞争，假如外星人和地球人不属于同类，那么相互之间的利益关系将是以对立作为前提。如果真是这样，彼此相遇将不可避免地会发生你死我活的生存竞争。假如外星文明光顾地球，说明其科技已经达到了极高水平，就人类当前的科技水平而言，如果外星人和地球人之间发生暴力争斗，无疑将是高科技手段的“非常规战争”。

在解释关于战争的问题中已经讲到，非常规性质的战争会导致生存环境的毁灭，会导致生物的灭绝。这种战争，是高级智慧生命创造和掌握了高科技以后所形成的一种极其险恶的现象，是利益运动发展到以高科技为代表的高级阶段，所面临的一个需要认真对待和需要彻底防范的重大危险。

如果外星人与人类之间发生非常规的战争，结果也会导致地球环境的毁灭和人类的灭绝。**除了无法抗拒的自然因素以外，无论哪种自身原因导致自我毁灭，都违背了生物争取长久生存的这一宗旨，都背离了利益运动的正确发展方向**。为了杜绝出现这种不可挽救的错误，外星人与地球人之间就必须杜绝战争，但要彻底杜绝战争，必不可少的基本条件就是外星人与地球人必须属于同类，并且要共同形成联合的“团结统一式物种生命”。

也就是说，**如果文明发展的目的不是为了毁灭文明，那么外星人与地球人必须是同类，否则，外星人与地球人之间就必将展开战争式的暴力争斗，而高科技的非常规战争则必将毁灭文明，利益运动就将因此发生倒退**。

依据高级智慧生命形成的原因可以知道，**如果存在外星智慧生命，那么哪怕相距无比遥远的文明世界，作为文明的发展表现在很多方面都应该相仿相通，发展的经历也会有很多相似之处。这是因为，文明的特点相同，一定都是以劳动创造为其内核。虽然文明发展的路径和进程会有差异，但是在发展中所遇到的主要矛盾却都类似，一定都是与生存有关的利益分配问题**。这些情况似乎能够预示，外星智慧生命与我们人类应该属于同类。

从生物争取长久生存的这一发展方向，也预示应该存在界定外星人与地球人属于同类的客观标准，否则就将意味着，利益运动发展到超高级阶段难免会发生倒退。

二、什么是“拓展性界定同类的标准”？

“生理结构和生理机能相同，外貌特征相似，能进行深入的沟通交流，通过性结合能够繁衍可育后代。”这是界定“有性异体繁殖”的生物是否为同类的生物学一般标准。由同类之间形成的健康繁殖，一般都会产生“可育后代”。（“可育后代”是指由亲体繁衍产生后代以后，后代能够再继续繁殖产生后代。）

驴和马通过性结合虽然能够产生骡子，但是骡子没有繁殖能力，不能继续产生后代，所以骡子不属于“可育后代”，因此，驴和马不属于同类，骡子与驴和马也不属于同类。**所以，能够繁衍“可育后代”，是界定同类的重要生理标准之一，是构成和反映“物种生命”的基础，是保障某一物种能够自然延续的根本**。

但是，在外星人与地球人之间，并不一定能够通过繁衍产生“可育后代”，因为，由遥远的太空距离形成的差异，使得外星人与地球人彼此之间的生理结构和生理机能，乃至外貌特征都可能有差别。这些差别更可能导致繁殖隔离，因此，通常用来界定同类的生物学一般标准，显然不一定能够适用于外星人和地球人之间，所以，必须探求有别于生物学一般标准的拓展标准。

通过对各种动物的观察会发现一种现象，在同类之间似乎存在着先天的沟通基础。几乎每一种动物在复杂的自然环境中，都能够很容易地识别同类，都有与同类进行交流的神奇方式。比如，如果将一只生活在欧洲的狗带到亚洲，它几乎立即可以与亚洲的狗形成交流，并马上能够熟悉起来生活在一起。然而在异类之间，要么不能形成沟通，要么只能进行十分有限的沟通。

这种现象启示我们，能够形成深入沟通的因素，是揭示拓展界定同类标准的突破口。也就是说，在高级智慧生命之间由于有了文化的共同点和共通之处，有了相同的抽象（逻辑）思维，那么，即便由于语言暂时不通，也不会成为不可逾越的交流障碍。地球上不同地域之间能够形成文化交流的实际情况，是对这一原理的实证。

地球上文明发展有参差不齐的情况，不同地域的语言和文字也会有很大差别。比如一些民族或地区的文明程度会相对落后，虽然如此，但是在具有抽象（逻辑）思维的基础上，却可以通过各种物品和肢体语言，让不同的文明之间迅速形成沟通与交流，形成相互的了解，进而形成对先进文明的接受。这些了解又为相互的语言翻译奠定了基础。

这些事实说明，**抽象思维的理性功能，是高级智慧生命共同的生理和心理特征。文化是所有文明生命的根本标志和共同属性。这种共同属性，能够建立文明生命彼此的思想沟通与交流。抽象思维的生理条件和理性的心理条件，能够形成外星人和地球人对真理的共同理解和遵从**。

有了这样的基础，就能够通过交流和探讨来形成思想共识。有了思想共识，在彼此的利益关系上就能够本着相互支持、相互协作、互利互惠、有益于共同发展的原则，以文明协商的方式来解决各种可能出现的利益矛盾；就能够形成和睦相处、共同建设和管理生存环境、争取共同长久生存的社会生活氛围。

从现象上看，人类不同国家、地域、不同语系间的相互交流，可以借助语言翻译，但这并不是形成交流的决定性因素；**真正能够使大家彼此展开沟通交流的决定因素，是逻辑意识，是文化，是文明！**所以，即使没有语言翻译，不同国家、地域、不同语系间的人，也能够借助各种形式的物质文明，通过一定的肢体语言来逐步形成相互的认识和了解。

再比如，由于自然规律的相同或者相似，宇宙中高级智慧生命掌握和应用的物理、化学原理都应该是相同的，虽然表示这些原理的公式符号可能会有不同，但是却可以通过功能和用途，来形成学术交流和技术沟通。还有各种工具的原理及功能，有很多方面应该是相通的，这是因为文明都源自于劳动，文明的发展路径因此大同小异，所以文化表现具有共同点和共通之处。

综上所述可以确定：“个体生命”抽象（逻辑）思维的生理特性和“物种生命”的社会文化特征，这是界定所有文明生命属于同类的拓展式标准。这超越了以生理结构和生理机能相同、外貌特征相似、能够繁衍可育后代作为界定同类的生物学一般标准，形成了界定同类的生物学拓展性标准，即具有抽象（逻辑）思维的生理特性和社会文化特征的标准。

也就是说，除了可以用“繁衍”等重要生理特性作为界定生物同类的标准以外，具有抽象（逻辑）思维的生理和心理特性以及社会文化特征，这是将文明生命界定为同类的拓展标准。

或者说，凡是具有抽象（逻辑）思维特性和社会文化特征的高级智慧生命，他们都是同类。依据这个拓展标准，宇宙中的所有高级智慧生命全都属于一家，可以统称为“文明同类”、“文明物种”或者“文明生命”。

以上主要是从“社会科学”角度探寻的、划分同类的拓展性界定标准。

三、确立拓展性界定同类标准的必要性

确立拓展性界定同类的标准，这是宇宙中所有文明生命和睦相处的依据；是外星人与地球人不应该形成生存性竞争、不应该彼此展开暴力争斗、不应该发生战争的依据；是外星人与地球人可以构建联合的“团结统一式物种生命”的依据。这些都反映了确立拓展性界定同类标准的必要性。

人类在探讨外星人对待地球人的态度时，有些观点认为，外星人已经处于高度文明状态，因而不会以不文明的粗暴态度对待人类，因此，外星人是友善的。应该说这样的看法与文明物种为同类的拓展性界定标准较为符合。但是除了这样的看法以外，有些观点正好相反，认为外星人造访地球的方式是入侵、占有和掠夺式的，是以暴力征服的方式对待人类，因此，外星人与地球人会刀兵相见。

比如说，在人类众多的影视作品中，充斥着大量的外星智慧生物入侵地球、地球人与各种外星智慧生物进行殊死战斗、以各种高科技武器进行相互攻击的内容。产生这些看法的基础，是人类内部目前还存在着相互敌视和战争的现状。坦率地讲，这类影视作品的负面影响极大，且不说它会扭曲外星人与地球人的关系，仅是这种推崇暴力的宣传，就很容易诱导年轻人对暴力的崇尚。因此，这种宣传不仅会影响社会的安宁，还会影响到人类削减和销毁以核武器为代表的，大规模杀伤性武器的进程。

还需要指出的是，由于文明源自于劳动，复杂劳动的形成必须具备相应的生理条件，这些条件除了大脑机能以外还有四肢的活动功能。例如，能够满足各种复杂劳动的肢体结构，必须要有抓握的功能和灵活的回旋功能等。因此，文明物种在肢体结构上也应该具有某些共性，并不是随便什么物种都能够形成复杂的劳动表现，也并不是随便什么物种都能够进化成为文明物种。所以许多科幻影视作品中，将高级智慧的外星生物描绘成随意的、奇特的生理外形和肢体，这种张冠李戴的臆造会对人们产生误导。

凡是文明程度已经达到能够实现宇宙空间转移的“文明物种”，他们应该对“利益运动”和“物种生命”已经形成了理性认识，应该已经知道只有异类之间才适用你死我活的生存竞争，在文明物种的内部只能展开生活竞争。如果不是这样，他们就极有可能因为发生毁灭性的生存错误而自行灭绝。因此，他们也肯定已经知道了界定同类的拓展标准，会将宇宙中的“文明生命”都视为同类，并会友善地加以对待，这是确立“拓展性界定同类标准”的实际作用。

这里还需要指出的是，由于文明程度不同造成的意识形态的差异，宇宙中不同天体的智慧生命的思想水平将会有差异。比如说，如果人类具备了宇宙公民的能力，在造访其他天体时，如果那里存在智慧生命但文明程度并不很高，那么他们并不一定会将我们人类视为同类，所以要想形成地外文明与地球文明的融合，还需要有一个过程。正因为思想观念从普遍的认识上可能存在差异，为了防止可能出现的排斥和不愉快的事情，因此，不同天体间智慧生命的接触不能冒失，应该保持以尊重为基础的谨慎，以免干扰了已有的正常生活秩序。

但是应该相信，通过尝试友好的接触，通过交流对“利益运动”和“物种生命”的认识，必然会逐渐形成共同的理论基础，形成意识形态的统一并可以构成“团结统一的物种生命”。

有关界定同类的拓展标准，这一理论未必会付诸实践，因为无论是外星人造访地球或者是人类造访地外文明世界，彼此为了避免造成生存资源紧张的矛盾，并不一定会在彼此的生存环境中共处式地共同长期生活。但是这并不意味着不需要展开对“拓展界定同类标准”的探讨，因为纵观利益运动的发展前景，不能够排除会出现不同天体智慧生命发生相遇相处的情况，因此，这样的理论研究不是多余的。

篇章 12：对“生存意义”的诠释

在对“利益运动”和“物种生命”经过较为系统的交流以后，这一篇章将介绍对“生存意义”的看法。

如果不是为了将认识“利益运动”和“物种生命”放在最突出的位置，关于“生存意义”本应该是首先讨论的内容。这是因为，**所谓“生存意义”也就是“生存的理由”，这是生存理论中最基本的内容，是生存思想的基础。这个最基本的问题如果不首先弄清楚，其他的生存理念就都将是空中楼阁。**

在自然界，包括高级智慧生命在内的所有物种都在努力争取生存，这种普遍现象必然有它的道理。绝大多数物种只是自然遵循这种道理，但是高级智慧生命不同，我们有精神表现和精神需求，有逻辑意识并且需要用逻辑道理来指导生活，因此需要了解生存的意义。这也是高级智慧生命与其他物种的差别。

如果不清楚“生存的理由”，不仅没有支持长久生存的信念，而且会影响人们的精神追求。什么是精神？通俗地讲，有理由的追求思想就是精神。如果没有“生存的理由”，也就失去了追求的目标，精神就会随之消沉，所以，应该非常看重对这个问题的解答。

曾经有人将“生存的理由”称为“不需要解答的千古之谜”。人在碰到事业受挫、高考失利、失恋、婚姻失败、重大疾病、失业、亲人去世等情况时，往往会思考人生的意义，思考我们活在这个世上到底意义何在？喜好思维和有价值观的人，也会或多或少考虑过这个问题。

但是，目前所知道的回答却是多样的，这些回答归纳起来大致可以分为“没有意义”和“有意义”的两大类。在“没有意义”的一类中包括：

1）生存的意义就是为了活着而活着，没有太多高深的意义。

2）活着既不是有意义，也不是没有意义，活着就是活着本身，已经不需要太多对活着意义的思考。

3）活着尽管没有什么意义，但生存是我们的权利。

4）很多哲学家都认为人活着是没有意义的。

在“有意义”的一类中包括：

1）活着的意义是完善自我，利益众生。

2）生存的意义就是为爱而活，活着就是为了爱，爱是活着的全部意义。

3）认识世界和改造世界是活着的意义。

4）生存的意义就是为自己而活着，为梦想而活着，为功利而活着，为过自己想过的生活而活着。

5）生存的意义就是为了信念。为了实现理想是活着的意义。

6）佛家认为活着是为了四大皆空、解脱烦恼；道家认为活着是为了无为不争、不妄求；柏拉图[1]认为活着是为了建立理想国。

7）活着是为了希望，活着是为了创造价值，创造价值则是为了体现人生的成功与辉煌。

8）生存的意义是为了感受活着而活着，所以生存的意义应该是相对的。

9）生命是因为存在而有意义。

10）生存的意义在于，活着是一种修行。

11）活着就是为了将来。

12）活着是为了感恩，感恩父母家人，感恩老师朋友，感恩社会，感恩大自然，感恩自我。感恩让我来到这个世上和赋予我所有经历的一切，无论顺境逆境，是这些让我成为了我。

13）活着是为了责任，活着是为了做贡献，这一直是人类社会的主流意识。

14）在交流“利益运动”时提到，高级智慧生命作为利益运动的中坚力量，作为宇宙灵魂，这些也应该是智慧生命重要的生存意义和生存理由。

以上这些多样性的看法，是否已经答复了“什么是生存的意义”呢？看来不是，因为以上答复是各执己见的表现，这种状态可以形成坚持己见、反对他人意见的情况，这种情况又会导致哪一种回答都不算真正表达了“生存的意义”。也就是说，关于“生存的意义”，它应该存在一种带共识性质的答案。寻求这一答案正是本篇章要探讨的内容。

在寻求共识性质的答案中，经过各种比对和多方探讨后才逐渐意识到，关于“生

[1] 柏拉图（约公元前427年—公元前347年），古希腊哲学家，也是全部西方哲学乃至整个西方文化中最伟大的哲学家和思想家之一。他和老师苏格拉底，学生亚里士多德并称为古希腊三大哲学家。参见《辞海》（缩印本），上海辞书出版社1989年版，第1452页。

存意义”虽然已经部分包含在了以上那些认为生存有意义的看法之中，但是，“生存意义”却又不是能用以上那些简单的方式说得明白，而是需要通过“对比”的迂回方式才可以解释清楚。

一、应该以对比的迂回方式走出寻求生存终极意义的误区

大家也许尝试过，关于“生存意义”或者说“活着的意义”是什么？对回答出的任何具体意义，如果再作“这个意义又有什么意义？”的追问，并以这种探究的方式不断地追问下去，那么最终得到的答案都只能是没有意义。包括刚才提到的，高级智慧生命具有作为利益运动中坚力量的意义，以及作为宇宙灵魂的意义，如果对这种回答再作“这个意义又有什么意义？”的追问，并以这种探究的方式不断地对新的回答追问下去，那么最终得到的答案都只能是没有意义。

为什么会是这样呢？这是因为，**生存现象的本身属于“无终极目的”的物质运动，这是宇宙运动的本来特性**。

“无终极目的”意味着没有终极意义。没有终极意义即没有绝对意义而只有相对意义。对于“无终极目的”的物质运动，如果要寻求它的绝对意义，得出的结论只会是无意义，或者说，“无终极目的”的终极意义便是无意义。比如，谁能够说明宇宙存在的终极目的是什么？物质存在的终极目的是什么？宇宙存在有什么终极意义？物质存在有什么终极意义？追索下去，得到的答案只能是“没有意义”。这是因为，**宇宙并不是为了什么特定的理由和目的而存在。所以，宇宙的存在没有终极意义。同样道理，生存也没有终极意义即没有绝对意义，或者说生存的终极意义是无意义**。

有人会说宇宙最终可能出现毁灭，难道这不算目的吗？

严格地讲，并不存在这样的目的，因为物质不灭，所以宇宙不灭。

宇宙的“存在”虽然没有“终极意义”，但是却具有“现象（或者说表现）的自然意义”，这里将它简称为具有“自然意义”。

什么是“存在及其现象的自然意义”呢？这里举例说明。比如说：已知我们的生存没有终极意义，试想一下，如果没有生存这又有什么意义呢？很明显，也谈不上有什么意义。“生存”和“没有生存”既然都谈不上有意义，那么如果将二者做一个比较，不难发现“没有生存”是什么都没有，而“生存”却具有由“存在”形成的各种“现象（或表现）”。**对于生物而言，这些“现象”具有实在性、客观性，**

以及具有可追求、可探索、可感知、可处置的特性，同时具有充实自己、丰富大自然的作用。这些特性和作用便是“存在”具有的自然意义。

所以，对于“生存意义”的认识，如果从寻求终极意义的路径来求解，那会进入一种误区，最终只会得出“无意义”的答案，这种答案会误导我们的生存思想，会导致沮丧和消极的情绪。

正确认识“生存的意义”，应该首先采用以上的对比方式，经过迂回的路径走出寻求生存终极意义的误区。例如拿生存与死亡进行对比，虽然生存与死亡都无终极意义，但死亡意味着什么都没有了，特别是没有了感知、感受。相对于死亡而言，“生存”除了具有充实自己、丰富自然的作用和意义以外，还具有由“鲜活”所形成的实在性、客观性、感知性等自然意义。

以上的迂回方式，也就是通过“存在”与“不存在”的相互比较，进而反映“存在”必然具有实在、客观、鲜活、点缀自然、丰富自然、形成气象万千的物质世界等自然意义，这种由“存在”所固有的“自然意义”，是认识“生存意义”的哲学基础。

此外，要认识到生存是生命的运动过程，在这种过程中会形成各式各样丰富多彩的生活形态，在这些形态中会有我们认为值得去感知、去体味、去尝试的各种生活经历、生活内容；有各种值得去探索、去认识、去揭示、去发现的自然奥秘；有各种值得去追求、去奋斗的生活目标。由这些探索、揭示、感知、尝试、经历等人生目标所反映的意义，则都属于“人为性质的生存意义”。

由生存的“自然意义”与“人为意义”的组合，便成为了完整体现的生存意义。

二、对生存意义的归纳

由以上分析可知，世上万事万物的存在都没有绝对的终极意义，寻求终极意义的结果是“无意义”。然而通过以“存在”与“不存在”进行对比，可以显示世上所有的存在都有组成客观世界的“自然意义”。这是“存在”与“不存在”相比较形成的相对意义，这种“自然意义”不以任何人的主观意志为转移。所以，关于生存的意义可以归纳为：“生存意义”是由“生存”具有的“自然意义”，与“人为意义”合成的二元结构。由生存中的种种客观现象所形成的“自然意义”为基础，与各种生活目标所形成的“人为意义”的结合，共同组成完整的生存意义。

简单地讲，生存意义是生存的“自然意义”与“人为意义”的结合。

“自然意义”和“人为意义”是相辅相成的关系：“自然意义”是形成“人为意义”

的基础；“人为意义”起着保持、维护、巩固、延续“自然意义”的作用。

“存在及其表现”对客观世界起到的构成作用，这便是“存在”的“自然意义”。**这种自然意义是客观的，不能够人为否定。由于宇宙的客观存在谁也无法否定，所以，生存的自然意义谁也否定不了。如果主观上一味坚持否定生存的自然意义，这种偏激的思想和做法，最终只会导致否定自我的偏激表现，然而，这种偏激也没有终极意义。**

生活目标都是“人为的生存意义”。由于生活目标会有正确与错误之分，所以“人为的生存意义”会分为正确与错误、一般与伟大的不同性质。

正确的“人为意义”可以总体归纳为：以正当方式争取自身生存，以健康的繁衍和抚育方式争取“物种生命”的延续，以创造方式为“物种生命”的生存做贡献。

因此，关于人为什么活着？可以简要回答：活着就是在具有“自然意义”的基础上，去为了追求和实现各种正确的生活目标。

在前面列举的那些看法中，之所以说已经部分包含了生存的意义，就是因为这些看法都属于“人为性质的生存意义”，包括“高级智慧生命作为利益运动的中坚力量”和“宇宙灵魂”这类的生存意义，也都属于人为性质的生存意义。前面列举的第9条：“生命是因为存在而有意义。”这种看法已经具有“自然意义”的成分了。

自然界中的其他物种，它们虽然没有从逻辑上思考生存的意义，但始终都在积极追求自身物种的长久生存，这是对生存中“自然意义”的自然遵循。在没有诠释“生存意义”的情况下，人们仍然会努力争取生存，这样的表现除了“人为的生存意义”在起到激励和指导作用以外，同样也是对生存中“自然意义”的自然遵循。

三、认识生存意义是要培养积极向上的生活态度

生存意义的主导是“生”而不是“死”，生存意义体现的是求生。在大多数情况中，求死的表现都不属于“个体生命”生存意义的范畴。生存意义体现的是积极向上的精神，认识生存意义的目的是要形成积极向上的生活态度。

在现实生活中，那些“个体生命”追求死亡的表现属于主动退出生存的举动，这种举动的发生一定都有特殊原因（例如被迫的因素）。由这些特殊原因所决定，这种否定自我生命的现象不会在社会生活中占据主导地位。为了减少这种举动，社会从管理角度有责任尽量消除那些特殊的原因。由此可以得知，**任何鼓吹以死亡的形式去追求所谓幸福的主张都一定是荒谬的、反生命的、反动的，都应该坚决予以**

批判和抵制。

生活中，“个体生命”除了不应该将否定自我和他人的生命作为生活目标以外，还应该倡导将社会责任和社会贡献作为生活目标的这种主流意识。**一般而言，有价值的意义都出自付出、出自奉献、出自作为、出自善良、出自美德，无论对社会还是对家人都是如此。**人要想活得有意义，就要有正确的生活目标，有目标才会形成有信心、有朝气、有情趣、有价值、有充实感的生活。缺乏目标的生活，一定是消沉、厌倦、抑郁、毫无生气、索然无味的。

有生即有死，死亡一般是求生不能的被迫。求生是本能，求死是无奈。由于活着的生动、美好以及拥有，因而惧怕死亡往往很正常。**对死亡的恐惧在于理解到这是永远的失去，是一去不复返，是永别。永别的感受会生出无限的伤感和恐惧，这是由逻辑思维形成的心理反映。所以，如果没有逻辑思维，对死亡将不会有这种由理解生成的恐惧和伤感，最多只会由死亡的痛苦现象，生成惊恐不安的情绪。因此，地球上除了人类以外，其他物种不会懂得死亡的含义。**

由于正常的死亡不会因恐惧和伤感而避免，所以坦然对待死亡的最好办法，就是要尽量争取活得有意义有价值一些，因为留存的社会价值说明自己并没有完全的消失。**其实自然的正常死亡是有生态理由的，一个“个体生命”当繁衍抚育后代的任务已经完成，当对资源的消耗要远大于创造性的贡献，那么死亡则是为后代的生存保留所需的资源和空间。只不过这种有生态理由的正常死亡，其方式应该来自于自然的强制而非人为的剥夺。懂得正常死亡的生态理由，对于克服死亡的恐惧也会有所裨益。**

现实生活中还有这种情况，生存的“自然意义”虽然是基本意义，但是，人们往往会觉得“人为意义”对生活的激励作用更为直接和巨大，因此，显得似乎更为重要。其实，这种认识只是一种一般的感觉。刚才讲过，“活着就是在具有自然意义的基础上，去为了实现和追求各种正确的生活目标。”这意味着“自然意义”和“人为意义”都重要。尽管日常的生活内容会让我们感觉到，好像是“人为意义”对生活具有重要的激励作用，这是因为只要人活着，就已经实现着“自然意义”，所以往往不那么引人注意。但是当患了重大疾病时，人的“自然意义”受到威胁，对死亡的恐惧会形成对生的渴望，这种恐惧和渴望在很大程度上体现着“自然意义”的重要。试想一下，如果没有“自然意义”就意味着生命的不存在，很明显，人的生命既然不存在了，哪还能体现“人为意义”？！

但是，人活着如果缺乏“人为意义”，或者不满足现有的“人为意义”，或者难以明确生活目标，感到前途模糊、渺茫，长期处在这种情况下，往往容易出现生活没有意思的悲观心理。会表现出乏味、无聊、厌世、茫然、自暴自弃、空虚等抑郁情绪，严重的甚至导致轻生。可见，“自然意义”与“人为意义”都重要，二者之间是相互支持、相互作用、相互影响、相辅相成的关系。

当然，生活中也有极端现象，例如有的轻生者会感叹“看破红尘”，感觉活着完全没有意思，认为“自然意义”不算意义，以偏激的态度否定活着的一切意义，自认为这是大彻大悟的表现。这类人中不乏事业有成者，但他们认为成功的事业也没有意义。这就是陷入了试图寻求终极意义，最终却只能得出无意义的结论，但又走不出这种思想误区。这种纠结让他们感到“生”完全是一种无趣，由此滋生的空虚让他们认为，只有否定“生”，否定自我才是解脱。其实这种解脱并非大彻大悟，只是出于逃避纠结，是思维方式的错误导致不健康心态的表现。

从活着需要有所追求来讲，活着才需要坚强，需要敢于面对和承受世俗的勇气，需要不畏艰难的毅力，需要与命运抗争的精神。只有懂得活着才是勇者，才会鞭策自己敢于挑战活着的所有困难（包括孤独），才会感到每天都是新的开始，才会鼓励自己抖擞精神、乐观而认真地面对每天的生活。像前面列举的有人认为“活着是一种修行”，这其中的哲理就很值得欣赏。

但是，这里无意轻视所有的轻生行为，例如因疾病形成巨大生理痛苦、因疾病害怕拖累别人，对于这些情况下发生的无奈之举，应该给予同情和理解。对于逝去确系解脱的特殊情况，其实应当给予他们最后的尊严。至于正义的牺牲，则是为了他人的生存和幸福而做出的可歌可泣的英勇献身，但这绝非是追求死亡。

这里还十分赞成“活着是为了感恩”的看法，这不单纯只是朴素的情感，而是一种文明素质的反映，不知感恩就不懂什么是“文明生活”的真谛。还有，感恩那些“让我成为了我”的所有一切，这是将人生所有的经历，皆理性而乐观地看成“善缘”，是以健康向上的心态面对生活。

刚才尽管讲到无意轻视所有的轻生行为，但这只是针对特殊情况而言。死亡虽然人人不可避免，但是对于这一自然规律，不能理解为生存的一种目的，所以，不能错误地将生存看成是等待死亡，更不能看成是争取死亡。

“争取生存”这是大自然赋予生物的一种属性，并以个体生命的生长发育和物种生命的链接式延续为具体表现形式。这种属性虽然看似可以人为地去违背，但是殊不知，如果不是出于自然的强制或者对违法犯罪行为的惩治，那么这种违背只会有损于自己，无论对于个人或是人类而言都是如此。

比如说，**如果人类无视自己的生存而发动核大战，这无疑将造成人类的灭绝，然而大自然不会在意人类的灭绝，所以真正损失最大的是人类自身。因此，随着“生存意义”的解答，清楚了活着的理由，那么“争取长久生存”不仅应该作为恒久的精神，而且需要以审慎、认真的态度和科学的方法去把握好生存。总之，活着的目的是为了有所奋斗，奋斗的目的则是为了好好活着！活着是为了了解、应用、丰富这个世界，而了解、应用、丰富这个世界则是为了更好地活着！**

第二部分：应用理论

篇章 13：联合式经济制和联合式所有制形式

所有制形式是人类社会经济的制度规定，公有制与私有制曾经是不同意识形态的代表性观念，并对社会管理制度产生了重大影响。

本篇章探讨这个问题的目的，是人类如果实现“团结统一的物种生命”，就必须首先取得思想的统一和意识形态的基本一致。这其中包括对所有制形式形成共识。

前面篇章 4 关于“团结统一式物种生命”的简要描述里曾经讲到，**“公益社会”的经济格局，是实行以“社会公有资产”为基础、以“私有经营”为运作方式的股份制，由此形成多种经济形式并存的联合经济体制**。当时讲到后面会有专门介绍这个内容的篇章，指的就是本章交流的话题。

高级智慧生命采用的是劳动文化式的生存方式，**“劳动文化式生存方式”是高级智慧生命独有的生存方式，是以制作工具和使用工具为代表的劳动生产活动，并以此作为获取生活资料主要手段，其特点是充满了创新与创造。劳动是文化的源泉，劳动本身就是文化表现**。随着劳动文化式生存方式的发展，出于利益分配的需要，高级智慧生命的生活必然会用经济的形式来运作和体现。这是随着生产力水平的提高，当出现剩余劳动产品和市场交换以后必然会形成的生活形态。这也必然会涉及财产的拥有和支配问题，所以也就必然要涉及所有制及其形式。至于对不同所有制的看法，这是由于人类社会发展没有任何先例的经验可以借鉴，所以属于探索发展中必然会出现的客观现象，因此，形成对所有制形式的统一看法，这必须要经历一个历史的认识过程。实践是检验真理的唯一标准，只有被历史的实践证明是适宜的所有制形式才是正确的制度。

如果用“利益运动”的眼光来看，人类社会的经济运作都属于利益运动中的利益分配表现。其实除开人类以外，在“利益运动”的“自然分配”中同样存在不同的拥有形式。分析这些拥有形式，对于研究和认识人类社会的所有制形式很有帮助。

一、关于自然的公有与自有

所有的物质都是宇宙的组成部分，从拥有的角度来讲，大自然由各种物质组成，各种物质相互作用相互拥有，大自然不可能被某种物质单独拥有，只会是大家共同拥有大自然，共同拥有便是公有形式。因此，**整个物质世界在宏观上呈现的所属状况，首先就是自然的公有形态。**

此外，生物对自我的拥有，这是自然界中最一般的自有形式。这种自有形成了生物的自我意识，通过这种自我意识，生物产生了对自我生存的维护。为了维护自我生存，生物必须设法摄取生存所需的各种物质，这种摄取是最基本的占有现象，由此可以逐渐拓展形成多样的自有形态。

例如地球环境中的阳光、空气乃至整个地球环境，首先都是公有性质的。生命活动中每一个生物对于生活资料的获取性占有，则是自有表现。动物对领地的占有，这种自有建立在领地资源自然公有的基础之上。当占有某个领地的个体因衰老或其他原因而死亡以后，相对于同类中的其他个体而言，这个领地又转变成为了自然公有的形式，并产生新的获取性分配，进而形成新的拥有者。**这里所说的“自有”便是俗称的“私有”。**

二、自然公有与自有是相辅相成、相互作用、相互制约的关系

从自然环境中物资的供给状况可以看到，自有的形成以自然的公有为基础，自有必须依靠公有的供给才能形成。如果没有各种物资的公有性存在，在生命活动中就难以形成各种占有现象。在这种自然供给的分配关系中，公有作为形成各种自有

的基础，对于形成自有发挥着“稳定供给”的作用。只有具备了稳定的公有并形成稳定的供给，才有利于形成稳定的自有。

生命活动中的摄取式占有往往十分活跃，这种活跃不仅形成了生机盎然的生态，而且还对公有在供给上的稳定状况发生着影响。如果公有对自有的供给不稳定、缺乏保障，就会造成对自有的限制从而影响生物的生存发展，这便是生态是否平衡的反映。对于生态平衡，自然的公有与自有形成了相辅相成、相互作用又相互制约的关系。如果二者的关系协调，对于生物的生存发展则有积极作用，否则，便会有消极的影响。又由于这二者的关系是动态的，所以这二者的关系状况又是不断调整变化的。

例如，气候的适宜会形成植物的繁茂，这对食草动物构成了充沛的公有性食物来源，在这个稳定的公有基础上，会使食草动物摄食式的自有得以顺利形成，并促进着食草动物的繁衍扩张。繁衍扩张使食草动物增多，于是扩大了食草动物的自有式摄食规模。随着摄食规模的扩大，这会使公有性的食物供给逐渐出现匮乏，使供给由稳定而逐渐变化为不稳定。这种不稳定会使食草动物的某些个体因食物不足而死亡，由此形成对食草动物摄食规模的抑制，同时使植被能得到相应的恢复。

换一个角度看，如果没有食草动物的摄取，植物则会由于过度的繁衍扩张造成生存空间拥挤，使得供其生存的公有性土地及养分，由稳定而逐渐变化为不稳定。这种不稳定也会因为养分供给不足而使植物的部分个体死亡，从而使植物摄取养分的规模受到抑制。在食物链中，由众多物种和非生物形成的生存条件，就是按照以上的方式相互作用，交织形成复杂的利益分配运动，并通过分配运动具有的调整作用形成相对的生态平衡。

在形成生态平衡的调整运动中，公有与自有间的关系状况，除开气候和地质运动的影响以外，首先是由各个物种的摄取状况起着调整作用。这种摄取会使公有的供给状况发生变化，供给变化反过来又会影响到摄取式自有的形成，进而对各个物种的生存状况发生影响。这种影响通过促进繁衍生息或者是造成死亡的方式，总是在积极和消极的这两种作用状态之间往复，从而构成动态的和相对的生态平衡。

所谓公有和自有这都是相对于生物的生存需要而言的，如果没有生物的生存需要，也就没有什么公有和自有可言了。因此，研究和分析公有与自有的相互作用表现，不能脱离了生存需要这个核心。

生活资料的公有性供给状况和摄取式的自有状况，对于生物的生存来说，二者的作用地位都同等重要。有供给而不能摄取则生物不能生存，反之，有摄取能力而没有供给，生物同样不能生存。所以，公有与自有这二者的相互作用越是有利于生物的生存，就说明二者的关系越是协调。

人类与大自然的关系和其他物种与大自然的关系一样，人类的自有也必须从自然的公有中去获取。与其他物种相比，人类由于采用了劳动文化的生存方式，这种生存方式具有传承、积累、发展劳动文化知识的特点，因此，人类的生存能力，会通过历史的积累而不断提高。人类应用这种不断提高的生存能力，将自然公有的物资大规模地转移为人类所有，并形成社会经济活动的物质基础。

这种大规模的转移，如果对自然公有的稳定产生影响，生态失衡同样会反过来抑制人类的生存与发展。这样的例子很多，这里不去一一列举。有幸的是，人类对这种掠夺性开发所造成的严重后果，已经开始认识并提出了可持续发展的战略思考，已经认识到合理开发利用自然资源和保持生态平衡的重要性。

人类内部的公有制和私有制，这二者之间的关系以及对人类生活的作用，与自然公有与自有之间的关系和作用是基本相同的。

三、公有制的特点及作用

所有制是高级智慧生命针对物资占有及支配的权属关系制定的法规，在社会经济运作中，一般以公有制与私有制为主要代表形式。由于劳动文化式生存方式的特性是劳动生产，作为劳动对象的生产资料是生活资料的源泉，所以，生产资料是社会经济的物质基础，因而所有制形式主要是指对生产资料的占有和支配制度。

公有制与自然公有的特点一样，具有从供给上稳定社会分配的作用。由于公有制凸显着社会管理的作用，所以公有制具有代表物种生命的特征，以及具有维护物种生命整体利益的作用。

必须通过社会管理方式才能够建立的公有制形式，如果作为社会经济运作的主导方式，则必然要采用统筹的安排；在经济的具体运作上，则必然形成计划经济模式；在体现劳动报酬及消费的社会分配上，则必然形成与之相适应的计划供给模式，或者说是配给模式。

如果在物资的供给数量和品种都有限的情况下，采用配给模式的分配是最具稳定特性的供给方式，因此，公有制经济具有稳定供给、稳定分配、稳定秩序、稳定社会生活，以及从稳定上体现社会效益的突出作用。

除此以外，公有制经济还能够充分聚集公共积累，能高度集中各方面的社会力量来进行重点的社会发展，所以即使在社会经济实力整体较为薄弱的状况下，也能够在某些方面取得显著的发展成果。

公有经济从社会管理的职能上，适宜应对突发性的非常情况。

正因为公有经济具有以上优点，所以就现代人类社会而言，几乎任何一个国家都存在来自于税收等公共积累的公有资产，即俗称的国家资产。这些国家储备属于公有资产，这种公有资产不一定是公有制的性质，但是其作用，则是预备应对各种非常情况、宏观调控社会经济、维持国家机器正常运行、建设公共设施、对关键领域进行投资等，核心是稳定社会经济和稳定社会生活。这些作用都是公有形成的作用。

以人类的第二次世界大战为例，当时许多国家实行的战时经济，在运作方面均应用了公有经济的计划统筹模式，在分配上则采用了配给模式，正因为应用了这样的模式，才缓解了物资匮乏与需求之间的巨大矛盾，才使得社会秩序能够保持相对稳定。

再例如，社会福利、社会保障体系的建立和运作，也属于公有资产的运作体现。所以，公有资产的存在及应用，是从分配机制上适应社会生活和社会发展的客观需要。

但是，完全的公有制计划经济存在着自身的不足。例如，由于计划的变化很有限，这就决定了配给式分配模式缺乏灵活性。由于配给模式形成的分配差异不大，因此容易形成普遍的平均。平均分配会影响生活竞争的形成，会对经济活力造成消极影响。

由于计划经济满足不了多样且不断变化的消费需求，所以，公有制计划经济及其配给式分配模式，不适宜解决处在长期和平环境下所出现的，不断增长和不断变化的、呈复杂表现和多样性需求的这类社会分配问题。

在人类社会的分配运动中，消费既是生产的一种归宿，也是维系再生产循环的重要环节，而且消费状况和消费质量是社会生活水平和生活质量的综合反映。由于喜好、情趣、消费心态和消费能力的不同，所以多样性和不断的变化是消费固有的特点。这种固有特点铸就了消费的活跃。这种活跃既引导着人们的创造性，导致了生活的多姿多彩，又是形成经济活力的源泉。

消费需求的多样和多变特性，使得再周密的供给计划不仅无法与之相适应，而且还会对消费的活跃性形成桎梏，并由此对社会经济的活力构成限制。

四、私有经营及其市场经济的特点和作用

能够适应多样和多变的消费需求的分配方式，只能是在活跃的消费引导下能够适时进行灵活调节的商品供给。然而能够形成商品灵活供给的分配方式，只能产生于灵活的自主经营，而实现自主经营最基本的条件则是市场经济。

由市场经济构成的生产分工以及产品的流通与交换，促成的是具有灵活特性的私有经营的经济形态。因此，**市场经济具有灵活性、活跃性、利益激励性、竞争性，能够使经济运作充满活力，能满足多样和多变的生活需求，能调动劳动积极性，能以灵活的方式去适应复杂多变的分配要求等特点**。

私有经营及其市场经济的特点和作用，与自然分配运动中自有分配形式的特点和作用很相似，这种相似既包括其优点也包括不足。由食物链的生态表现可以看出，在自然的分配运动中，各物种似乎是以自由方式进行的无序摄取、啮食和繁衍，会在一定范围导致养分匮乏、食物短缺、生存空间过分拥挤的生态失衡。这种失衡会以造成部分生命个体死亡的形式，来使生态恢复到有序的相对平衡。造成部分生命个体的死亡，这是一种灾难性的强制调整，是需要付出生命代价的调整。这种表现既反映了无序的自有分配的不足。同时说明，**即使自然的自有分配，也绝不是一种毫无制约的、完全自由的分配。因此，市场经济绝不是完全的自由经济，如果市场经济处于无序状态，则必然导致不正当竞争、垄断、经济危机等后果**。这些后果对于社会经济会形成自然的强制调整，这同样是需要付出惨痛代价的调整。所谓经济危机，主要是由私有化自由经济的无序发展导致了社会经济失衡，以及由这种失衡所产生的一系列灾难形式的强制性调整反映。

这种情况与生态失衡导致的自然灾害性强制调整很相似，自然灾害性质的强制调整，是通过造成部分生命个体的死亡来达到恢复生态平衡的目的；经济危机的灾难式强制调整，则是通过许多企业的倒闭和大量的失业来达到恢复经济平衡的目的，这其中甚至会有人要付出生命的代价。

为了吸取教训防止出现这类灾难性后果，于是各种用以规范市场经济运作的法律法规相继建立，各个国家还加强了对社会经济的宏观调控。从实质上讲，这是以有利于社会经济运作的管理式调整方式，来取代会造成灾难性后果的自然式调整。这无疑是分配运动中表现出的重大进步。而实现这种进步所必须进行的宏观经济调控，则离不开统筹的计划安排，离不开对社会公共积累的重视，离不开合理应用公共积累对社会经济发挥稳定作用。也就是只有公有经济与市场经济通过互补结合，

采用扬长避短的联合方式，才能使社会经济形成合理又高效的运作。

五、公有经济与私有经济的并存互补关系

以上事实说明，**良好的经济运作体制，应该是不同经济形式并存互补的联合式经济体制。在这种联合式经济体制中，由于社会公有资产具有稳定社会经济的作用，所以应该成为联合式经济体制的基础，并在宏观的经济调控中发挥主导作用，而不是在具体的市场运作中发挥主导作用。**

这种宏观的主导作用，包括构建社会公有资产参股的股份制经济、统筹资源的合理开发利用和维护生态平衡、建立和完善社会保障体系、协调劳动就业和规范最低劳动报酬、合理调控利率和税率税种、保障重要行业和关键领域的投资建设、合理安排公共设施的建设等内容。

在具体的市场运作中，则以自主经营的私有经济发挥主导作用。所以，在社会整体的分配运动中，社会公有资产虽然是基础但在具体的市场运作中却并非是主导。在社会整体的分配结构中，公有经济与私有经济是并存互补、相辅相成、相互影响、相互促进、相互制约的关系，二者对于社会生活和发展经济具有同等重要的作用和地位。

其实，“以社会公有资产为基础”并不意味着非得施行“公有制和计划经济”，“以私有经营为运作方式”并不意味着全面施行“私有制和市场经济”。比如，税率、税种的调节就不属于市场经济的范畴。在具体的分配运动中，公有经济主要在宏观调控方面，私有经济主要在市场运作方面发挥各自的主导作用。二者的作用并非一成不变，比如有时为了平抑物价，会应用公共积累参与某些市场运作。

占有表现十分宽泛，不同的经济形式可以在不同的占有量和占有方式上形成转化。比如，重要的自然资源由于关系到生存与发展的长期性和稳定性，为了有计划地合理开发和利用资源，为了保持可持续的良性发展，对于重要资源的所属状况应该实行社会公有形式。但是在公有基础上，又可以采用租赁与规范开发相结合的方式将其转化为私有经营，以此形成不同经济形式的结合。对于其他的公有或私有资产，也可以采用征购、相互出售、购买等方式，使资产在不同的经济形式之间进行转化。还可以采用有偿征用或租用的方式，形成不同占有形式的结合。所以，应该本着适应社会生活和经济发展的客观需要，对不同经济形式以科学的态度进行正确看待和合理应用。

综上所述，**作为社会经济运作的制度体现，如果从适用上讲，它既不能是完全的公有制，也不能是完全的私有制，而是多种经济形式相结合的“联合式经济体制和联合式所有制形式”。这种联合所有制形式的特征，是以社会公有资产为宏观调控的基础，以私有经营为市场运作的手段。**

上文刚讲到，对于重要资源的所有状况应该实行公有形式。在此基础上，可以采用租赁与规范开发相结合的方式，将其转化为私有经营，以此形成不同经济形式的有机结合。对于其他的公有或私有资产，也可以采用征购等方式，形成不同的经济形式。这些都可以作为“联合式经济体制和联合式所有制形式”的具体体现。

除此之外还有下面所要介绍的具体运作方式。

六、关于“次位股份模式”的联合式所有制形式

这里需要说明，由于这一节的内容需要经济学家们作进一步考证，所以，本节内容只能作为一种重要构想，它的可操作性，最终还要以经济学家们的意见为准。

前面曾提到，**“构建社会公有资产参股的股份制经济，这也是联合所有制形式的一种重要实现模式。”这一模式这里将其归纳为“次位股份模式”。所谓“次位股份模式”，具体讲，它是在完善股份制和大力发展股份制企业（含商业银行）的基础上，应用社会的公共资产，可以在经过分析选择的基础上逐步做到对绝大多数的股份制企业进行参股，但是对每个股份制企业进行参股的投资额度，以不超过最大股东的投资额度为基本原则。根据具体情况公有股份可以处于第二、第三、第四或更为靠后的股东位置，简称“次位股东”的位置。公有股份可以通过出售或购买股份等调节方式，使公有投资始终保持为这种“次位股东”的状态。**之所以采用这样的运作方式，是因为这种次位股份模式具有以下特点和作用：

第一，公有投资处于次位股东位置的根本用意，在于主动放弃企业的经营权，使股份制企业的经营决策权保持为非公有性质的自主经营，使企业能够保持非公有经济的活跃性和利益激励性，保持不断适应社会需求变化的竞争性，即保持市场经济的特性。公有股份在企业的经营中，除享有与其他股东一样的正当收益和所应承担的风险以外，没有任何其他的特权。

第二，**这种“次位股份模式”如果从每个企业的角度来看，社会公有资产始终处于次要位置，但是如果从全社会所有股份制企业的层面来看，由于绝大多数股份制企业都存在公有股份，这就使得社会公有资产会宏观地占据主导地位，并由此构**

成以社会公有资产为基础、以私有经营为市场运作方式的“联合式经济体制和联合所有制形式”。

在这种结合中，每个股份制企业的经营风险，不会主要由社会公有资产承担。为避免风险，私有资本会强化经营责任，这种强化会为社会公有资产提供相应的风险保障。即使由于经营不善而导致企业亏损或破产，也不会对整个社会的公有资产形成根本的冲击。这种抗冲击的表现，也是社会公有资产对整个社会经济所发挥的一种稳定作用。

第三，在“次位股份模式”中，由于社会公有资产参与了投资，由此构成了社会公有资产在市场经济中的参与作用。还由于公有股份在经营中与非公有股份一道，共同承担着税务等所有应尽的社会义务，由此便又形成了一条由社会公有资产发生社会效益的主要渠道。

第四，公有股份在企业经营中所获得的收益，是公共积累的经营性增长。当“次位股份模式”在绝大多数股份制企业推行的情况下，税收和公有投资在经营中所形成的增长性公共积累，将会对完善社会保障体系和社会公益事业的发展提供有力的经济支持。

第五，由于企业是完善收入分配、就业和落实社会保障制度的实现平台，当“次位股份模式”在绝大多数股份制企业推行的情况下，社会公有资产将与非公有资产一道，在规范就业、规范劳动时间、规范劳动安全保障、规范劳动报酬、维护劳动者合法权益、控制和治理环境污染、资源的合理利用、落实社会保障等方面，共同承担起应有的责任和义务，而不是完全由公有资产或是完全由非公有资产来单方面承担这种责任和义务。因此，“次位股份模式”不仅能够很好实现政府公共管理职能与公有资产出资人职能的分离，而且能够形成更为合理、更为和谐的生产关系和社会发展结构。

第六，“次位股份模式”不仅不会影响社会公有资产投入到关系社会安全，以及社会经济命脉的重要行业和关键领域，而且更有利于完善社会公有资产有进有退、合理流动的机制；更有利于完善政府的社会管理和公共服务职能；更有利于健全社会经济的宏观调控。“次位股份模式”能够兼顾宏观调控和活跃市场的双重功能，可以为调整不合理的经济结构、为理顺分配关系、为完善经济体制、为发展生产力、为适应经济全球化、为适应科技进步、为经济发展和社会的全面进步发挥积极作用。

由此可见，“次位股份模式”是构建和完善公有资产为主体、多种经济形式并存互补共同发展、社会经济宏观性统筹运作与微观性市场运作互补结合的一种实践形式。

“次位股份模式”尽管具有以上特点，但是要充分发挥它的作用，必须形成专门的法律法规和建立专门的投资管理机构，来对社会公有资产进行投资调控和监管。要通过建立和落实严格的审计制度来防止社会公有资产的滥用，防止社会公有资产对正常股市形成不利的干扰，以及防止公有资产的流失。

七、社会统治权力的掌控也是所有制形式的体现

所有制形式不仅仅体现于对生产资料的拥有和支配，还体现于对社会统治权力的掌控。

作为代表社会管理机器的政府，它既是所辖范围内“物种生命”的生命结构和功能的集中代表，又是“物种生命”发挥生命功能的关键所在，其职责应该是以维护和服务于社会的整体利益为己任。这是由维护物种生命整体利益的需要所决定的。

在人类“物种生命”处于松散形态的状况下，“物种生命”的生命功能主要通过国家式群体内部的统治管理来指导发挥。**当社会统治权力私有化时，整个统治管理机器归统治者私有，这使得整个统治机器具有了自身利益的成分。当统治者的私利与社会的整体利益发生矛盾时，统治机器便会偏向于维护统治者自身的利益，于是统治机器就会出现危害社会整体利益的落后统治表现。**

统治管理权力的私有，这是在一定的历史条件下，以暴力作为分配手段获取统治权力的产物。社会统治权力的私有，会使统治机器成为维护统治者私利的工具，这就必然削弱统治机器对社会公众利益的服务。这种不合理的表现以及由此形成的落后统治管理，会通过“物种生命”自身的纠错机能来逐步改变。

比如人类的奴隶社会，统治权力为奴隶主私有，大大小小的奴隶主都拥有自己的私人武装力量，并能够依靠各自拥有的生产资料和生产体系来供养私人武装，这就使得各个奴隶主的领地实质上具有了国家的性质，由此形成的更大组合群体实际上是一种松散的诸侯国联合体。这种联合体由于存在着国中之国，所以难以构成稳定的统一式统治管理，结果是不断发生奴隶主相互争夺霸主地位的战乱。此外，对奴隶进行残酷压迫所引起的反抗斗争，则是导致群体不稳定的另一个重要原因。战乱对生产力的破坏、对生存安全的威胁、对社会生活秩序的影响，以及将奴隶当作异类对待的愚昧做法，这些是促使封建制取代奴隶制的根本原因。

封建社会的最大进步在于解放了奴隶，这种解放是消除了将奴隶视为异类的落后状况。封建制采用集权统治来消除国中之国的现象，并充分应用宗教形式来形成思想的统一，形成神力无边的凌驾形式。这些举措有利于社会稳定和有利于社会秩序的形成与保持，因此能够形成规模很大的、较为稳定的国家式社会群体。

但是封建社会的统治权力仍然为封建主所私有，为了巩固这种私有，还承袭了奴隶社会就存在的权力世袭制。权力的世袭强化了执权者的自身利益。由于封建统治在维护执权者自身利益时，产生的社会矛盾会严重阻碍社会生产力的发展进步，这是促使共和制最终取代封建制的根本原因。

共和制是实行社会民主的统治管理形式，采用民主推选方式产生统治权力的执掌者，并对权力的使用实行民主监督。相对于奴隶社会和封建社会统治管理权力私有的状况而言，“民主”是统治管理权力实行社会公有的表现。统治管理权力的公有，使权力与执权者自身的利益分离，权力不是执权者维护自身利益的工具。由于这种形式能够更充分体现“物种生命”的生命功能，所以，从掌控统治权力的方式和对权力的使用上都具有先进性。

民主的本身是公有的体现，即“民主”就是决策权实行公有。但是如果没有正确而科学的方式来保障社会民主，如果出现对竞选形成操控的情况，那就同样会使统治管理机器成为维护部分人的利益，而不是维护社会整体利益的工具。这种会使统治机器存在自身利益的表现，会使统治权力变相出现私有的性质，会形成公权私用和大量不合理的特权现象。

此外，权力的使用不可避免会具有个人特征，这种特征既反映着领导人的才能和领导风格，也可以反映利益倾向。无论出于什么原因，如果领导人的利益倾向在某些事宜上偏离了对社会整体利益的维护，这便是统治权力在使用上的不正确表现。

解决以上问题的方法，只有通过进一步完善民主与法制建设，**通过民主立法，使法律具有公有性质，进而对竞选和权力的正确使用实行民主与法制相结合的有效监督**。**所以，共和制诞生以后，围绕社会民主的实现和法制的健全以及监督机制的完善，仍然有一个探索提高的发展过程**。

在这个发展过程中，特别应该反对为了缓和国家内部的矛盾，采用包括战争手段在内的方式向外转嫁矛盾。事实证明，任何向外转移矛盾的做法，都仅仅只是权宜之计，不是真正能够解决矛盾的方法。将国内矛盾向外转移，是以加剧国际矛盾的方式来缓和内部矛盾，由于这是违背物种整体利益的做法，所以这类的做法难以长期延续。

还要说明的是，在人类的“物种生命”处于松散状态的历史阶段里，共和制的形成与发展是以国家作为载体，所以社会的民主与法制建设，主要体现于各个国家的内部，这使得共和制的实行和发展，在不同的国家会有不同的形式及不同的进程差异。

由民主的先进性所决定，随着社会的发展进步，共和制最终在各个国家、以及今后在国际社会的管理中，会普遍实行并不断完善。在这种发展中，通过认识和克服“国家式群体自私现象”，共和制会推动人类早日实现“团结统一式的物种生命”。成熟的共和制，还会成为人类长久的社会统治管理模式。

篇章 14：利益运动的核心是各种利益分配

上一篇章对不同所有制形式的看法，是利益分配内容中非常重要的部分。

“利益运动”的核心，就是与生物的生存相关联的各种利益分配，这是利益运动的一个重要特性。在前面的交流中虽然多次提到这个特性，但是没有进行专门介绍，这一篇章将专门交流这个内容。

交流这一内容的目的，在于着重强调利益分配的重要，加深认识生存和生命活动的主要内容是利益分配，明白由需求矛盾反映的分配矛盾是社会生活永恒的课题，明白社会进步的实质是利益分配进步，懂得高度文明的社会将以充分的社会民主为基础，并会通过集思广益来丰富分配理论和完善分配方式，会以良好的分配状态让人们形成和保持良好的生活及精神状态。

一、“利益运动”是“利益性的物质分配运动”

“利益运动”是包括生物争取生存活动在内的，所有与生物的生存相关联的物质运动。从生物必须以摄取和代谢的方式，与环境进行物质转换才能生存的角度来看，利益运动又是由自然环境对生物的需要构成物质供给，再由生物获取这些供给所形成的利益分配运动。通过食物链还可以了解到，每个物种一般都是分配与被分配、摄取与被摄取的双重身份，并由此构成不同物种相互之间的利害关系。

凡是与生物的需求相关联的物质运动，都会形成满足需求的供给（或提供）关系。生物自身的获取行为，则是以环境中的物质供给为基础构成的自我供给。这种与生物的生存具有利益关联的供给与获取，造就了具有利益分配含义的物质运动，因此，利益分配是利益运动的核心表现。

凡是有需求和存在满足需求的利益对象时，就必然存在利益分配，并且分配的状态关系到需求的满足状态。通过利益分配来解决一系列错综复杂的需求矛盾，这是“利益运动”的全部内容，所以，“利益运动”就是“利益性的物质分配运动”。

二、所有的物质运动都是与生物的各种需求具有直接或间接关联的利益分配运动

广义上的利益运动，是指所有的物质运动都与生物的各种需求、具有直接或间接关联的利益分配运动。包括宇宙中各种天体的分布和运动，以及天体上各种资源的分布，地质运动和气候变化运动，还有生物自身的活动等，它们对于生物的需要而言，都是利益分配运动的体现。例如地球上的各种自然资源，像**各种矿藏、河流、各种动植物，这些都属于利益对象或者称作利益内容；这些利益对象的分布，还有雨雪和干旱等气候变化，都是自然的分配表现；植物对养分的摄取、动物的采食和狩猎、人类的生产活动、商品交易、劳动交换、所有制形式等，这些既是利益行为又是利益分配表现**。因此，相对于生命的存在而言，生存环境既是一个充满利益的环境，又是一个对各种利益进行分配的环境。

在利益环境中，生物之间，生物与非生物之间都属于利益关系。利益关系的核心，则是利益分配关系和分配中的互利协作关系。生物之间的利益关系虽然具有互利协作性质，但是在同类和异类之间，这种互利协作的主观表现却存在差别。

之前的交流中曾经讲过，主动而直接的互利协作主要形成于同类之间，即形成于物种内部，这是“物种生命”生命功能的体现。异类之间的互利协作多数具有间接性、潜在性、非主动性的特点。人类作为生产工具驯养的其他物种，例如牛、马，它们与人类的互利协作虽然具有直接性，但同时具有非主动性的特点，这种互利协作必须通过人类的控制才能实现。**具体讲，同类之间的利益关系或者说利益分配关系，是“合作性质的交换关系”；异类之间的利益关系或者说利益分配关系，是“利用性质的转换关系”**。

在物种内部的利益再分配中，正确的互利观不是相互的利用观，而是相互的利益协作观。

三、非生物性分配运动与综合性利益分配运动

利益分配运动的类型主要分为两大类。

一类是单纯由非生命物质按照一定的物理、化学形式形成的分配运动，可以称为“非生物性分配运动”，例如自然的天体运动、地质运动、气候变化运动等。

另一类是在非生物性分配运动的基础上，由生物的主观能动作用（即生命活动），以适应、了解、掌握和应用各种物质的物理、化学特性，以及运动特点及规律，再按照自身的利益需要形成的分配运动。由于它包含了非生物性分配运动和生物的获取性分配运动，所以称为**“综合性利益分配运动”，简称“综合性利益分配”**。

在综合性利益分配运动中，不仅存在生物与非生物之间的互动关系，还存在生物中同类之间的生活关系，以及异类之间的共生关系和食物链关系。因此，**凡生命活动均为综合性的利益分配运动**。

需求矛盾和利益分配矛盾总体上可以分为：

1）生物与非生物之间，旨在针对生物的需求而呈现的单向利益矛盾。

2）生物圈中不同物种之间的相互利益矛盾。

3）各物种内部个体与个体、个体与群体、群体与群体之间的利益矛盾。

在生存环境中这些利益矛盾交织在一起，在不同的情况下各种矛盾的主次地位会有不同，并会发生主次地位的转换。

生物的生存能力集中表现在“综合性利益分配”的能力上。比如说，人类自然科学和社会科学的成果及应用，就是人类“综合性利益分配”能力的集中反映。这不仅体现了人类生存能力的发展状况，还代表了生物生存能力的巨大潜能。**这种潜能的发挥，对整个利益运动的发展前景将产生深远影响，意味着生命活动中的文明表现，会给整个宇宙世界带来前所未有的新貌。**

四、综合性利益分配运动中的暴力分配方式

在综合性的利益分配中，虽然分配的方式多种多样，但是以暴力作为利益分配方式则是一种最常见、最普遍、最简单、最有效，却又是最残酷、最原始、最落后的分配表现。特别是异类之间，利益分配几乎都采用暴力手段的方式。这是因为：

第一，异类之间彼此不能进行相互的沟通和协商，利益矛盾不能通过协商的方式来解决，所以相互之间以暴力夺取利益便成为了天经地义的事情。第二，没有哪个物种心甘情愿作为其他物种的食物，在食与被食的利益矛盾中，根本没有商量可言，要想以其他物种为食，暴力手段是唯一可行的获取方式。

从表象上看，这是一种弱肉强食、适者生存的残酷竞争场面，但在这种表象的背后，表现着各个物种对生物争取长久生存的这一最高利益目标的协作性遵从。如果生物不形成食物链这样的既竞争又协作的生存关系，最终只会是自行消亡。**如果既想争取自身物种的生存，同时又不想异类之间弱肉强食，那就只会陷入自欺欺人的表面伪善**。

食物链及生态平衡，既反映了生存的竞争关系又包含了生存的彼此依赖关系，所以在这种对立统一的利益关系中，应该让生态处于相对平衡的良性循环状态。**对待异类，要反对各种虐待和虐杀行为，这是与伪善在性质上不能等同的观念**。

由于暴力是一种简单易行并且行之有效的利益分配方式，只要谁的力量大，谁就可以用暴力夺取的方式得到想要的东西，所以自然界中即使在同类之间，暴力手段的利益分配也是普遍存在的。**在物种内部，如果没有合理的分配方式解决分配矛盾，如果没有凌驾的制约手段制止暴力的滥用，那么在同类之间，就难以杜绝采用暴力的方式进行争夺性的利益分配**。

应该看到，人类在国家式群体的内部一般都不允许随意使用暴力，对于随意使用暴力的社会成员，会依照国家法律给予惩处。这是分配进步的表现，也是人类最终形成“团结统一式物种生命”的必要条件。另外，人类从原始社会到奴隶社会、再到封建社会、直至现代社会的社会进步，集中表现为利益分配是在朝着实现民主公正和科学合理的方向发展。

五、不同的利益再分配能力决定了不同群体的形成

对于每个物种而言，不同的利益再分配能力，是物种内部形成不同群体的重要条件。在介绍“物种生命”时曾经提到，各种不同的繁殖联系，是每个物种形成群体最基本的结构形式。其他结构形式的群体，都是在繁殖结构的基础上通过生活联系发展而成。这里有必要补充的是，各个物种内部生活联系中的利益再分配能力，是发展形成群体形式的重要条件，**不同的利益再分配能力，决定了不同群体的形成**。

利益再分配是将个体自身的，或者群体拥有的利益，再分配给其他生命对象的

表现。利益再分配的形式有直接式的再分配，即直接的给予；有指导式的间接再分配，比如由经验丰富的同类，带领着去狩猎或指导寻找生活资料；还有交换式的再分配，比如人类的商品交换。利益再分配的受益对象虽然主要是同类，但也包括与自身物种的生活具有密切关联的异类，比如人类对其他物种的种植和养殖。

再分配还分为一次性再分配和多次性的多层次再分配，多层次是复杂的利益再分配，越是复杂的再分配越是高级的再分配结构。再分配的层次越多、越复杂，说明“物种生命”的再分配能力越强，互利协作性越强，物种的生命力也越强。

比如在地球上，人类再分配的层次最多最复杂，由这种多层次再分配所形成的广泛的互利协作，形成了人类强盛的生命力。**再分配虽然具有协调复杂利益关系、满足多样需求和解决复杂利益矛盾的功能，但是再分配的本身是否合理，又会产生新的利益矛盾，而这些矛盾仍然需要采用利益分配的方式去协调解决，所以，利益分配始终是生活的主要内容。**

为什么说物种内部的利益再分配能力是构成群体的重要条件，这是因为利益分配具有凝聚功能，这种凝聚作用的强弱，对于群体的形成、稳定和扩张发展都有至关重要的作用。人类如果没有多层次的利益分配能力，就不可能形成“国家”这样的庞大生活群体。

有些低等物种的再分配水平十分有限，仅仅局限在孕育中对后代的养分供给，只能形成生理联系的“群体”；当脐带关系一断，群体成员就各奔东西，群体也就随之解体了。

哺乳动物除了孕育中的养分供给之外，还有哺乳形式的再分配，这就增加了一个再分配的层次。于是就相应形成了哺乳关系的母子群体形式，这种群体形式通过提高后代的成活率而提高物种的生命力。

有些物种在孕育和哺育的基础上，又形成了长期的家庭式或种群式生活群体，家庭或种群中由生活经验丰富的个体充当首领，带领和引导群体进行有组织的集体生活。地球上的象群是很典型的例子，象群在经验丰富的首领带领下寻觅食物和饮用水，这是由孕育、哺育、指导寻觅等分配形式，构成了多层次的再分配。这种多层次的再分配，对大象的群体成员起着团结协作、相互依存的凝聚作用，使物种的生存能力得到提升。

以上情况说明，**物种内部的利益再分配能力，是形成群体和保持群体稳定的要素。**采取独居还是群体式的生活方式，表面上看是生活习性的不同，实质上则是内部利益再分配水平有差异的反映。这种差异是生物进化程度不同的表现。有家庭生活方式的物种，比独居生活的物种在生活方式的进化程度上要先进，所以，利益再分配的水平，是反映生物进化程度的标志之一。

再分配主要属于物种内部的生活表现，是物种生存能力的重要体现。利益再分配的形成，除了需要具备获取利益的能力以外，储存利益的能力也相当重要。获取是储存的前提，而如果对生活资料没有储存能力，多余的获取不仅会被浪费掉，而且不能为形成稳定的利益再分配提供物资保障。获取和储备能力的局限，会通过对再分配的限制而影响生存能力的提高。那些对食物具有储备收藏能力的物种，由于抗生存风险的能力大大提高，所以生存能力要高于没有这种能力的物种。

人类由于采用了劳动文化的生存方式，随着生产力水平的不断提高，人类的利益获取能力和利益储存能力不断提高，这为形成稳定的利益再分配提供了物资保障，也使人类的生存能力、生活水平、生活质量不断提高。随着这种提高，大量的自然资源被开发利用，这使人类需求的利益内容，已经由基本的生活资料拓展到了多样的物质对象。

利益内容的增加反过来促进了需求的发展。为满足新的需求，以劳动分工与劳动协作为主体的、多层次的劳动产品的交换性再分配，形成了人类紧密的社会生活联系，使得人类社会的利益再分配表现得异常的丰富和复杂。利益再分配中的矛盾和斗争，以及不断解决这些利益矛盾，成为了推动人类利益再分配能力不断发展提高的动力，群体的凝聚力也随之不断加强。这种进步造就了国家式的庞大社会生活群体，推动着“物种生命”生命结构的发展。

六、社会进步就是不断提高利益分配能力和分配水平的进步

人类的社会进步，是不断提高利益分配能力和分配水平的进步。这不仅是分析总结人类社会进步的路径，反映了研究和解决利益分配问题的重要性，而且说明，通过提高利益分配能力和分配水平来解决各种利益矛盾、实现和谐美好的生活，这是人类社会发展进步的方向。

通过了解利益分配是利益运动的核心表现，除了应该意识到人类社会的主要矛盾始终是需求和分配矛盾，还应该意识到利益分配是一个全方位的概念，在人类的社会生活中它几乎无所不在。比如说产业结构的布局、城市建设规划、城乡格局、劳动就业安排、薪酬待遇及差异、社会福利的水平、上层建筑领导成员的产生方式、

社会管理权限的建立、物价的协调控制和管理等，这些都属于利益分配的范畴。所以，人类分配能力和分配水平的提高，是多方面提高的综合体现。

要想实现各方面利益分配水平的提高，有以下几点值得注意：

第一，要始终明确和坚持，“争取人类的长久生存与发展”是人类永久的最高利益目标，是衡量利益行为正确与否的最高标准，也是指导各种利益分配的最高分配原则。

第二，要加强和提高民主意识，坚持集思广益和民主决策的做法，以民众的智慧去解决利益分配中的疑难问题。要以符合绝大多数社会成员的利益分配意愿作为实行利益分配的前提。利益分配的优劣状况，取决于分配方式是否正确、是否合理，对于同样的矛盾，处理矛盾的分配方式不同，结果往往会截然不同。

第三，要加强和完善法制建设，通过法律途径维护正当的利益、维护正常的利益分配秩序、保证利益分配的科学性和公正性，以寻求和形成利益共识作为利益分配的准绳。坚决反对暴力作为利益分配的手段，主张和支持以谈判、协商、仲裁、调解等和平方式解决利益争端。

第四，要注意分配理论的研究，注意发展、丰富和提高分配理论，以正确的分配理论指导分配实践。在综合性的利益分配运动中，无论是消费还是从自然环境中获取利益，都应该有一个合理的“度”。**宇宙尽管是无限的，但生活环境由于受到活动能力的限制，却始终都有限。有限的环境空间导致了资源的有限，资源有限会导致供给有限，过度的资源开发会因为破坏自然供给的稳定而导致有害后果，所以各种需求都应该适度，总人口的数量也应该适度。总之，自然生态应该保持呈良性循环的可持续发展状态，社会生态则应该保持团结友爱和睦共处的和谐状态。**

第五，要意识到，由于需求的内容不仅多样而且具有消费表现，所以需求不仅会不断变化，而且会周而复始反复出现，因而需求矛盾不仅会表现为多样性、复杂性，而且会表现为反复性和恒久性。所以，**解决需求矛盾的利益分配，是周而复始的恒久工作，因此，持续认真对待利益分配，不断解决好利益分配矛盾，始终都是社会生活的主要内容和社会管理的主要任务。**

篇章 15："需求"是生命活动的内在支配

介绍了利益分配是利益运动的核心表现以后，由于分配与需求紧密关联，既然讲到分配那就不能不讲需求。所以，接下来的这一篇章专门谈谈对需求的看法，目的是要加深对需求的了解。

一、关于需求支配规律

生物对生存资料的需求，会促使生物形成摄取养分和寻觅食物的活动。如果环境中存在危险，安全的需求抑制生物不会冒险寻觅食物。动物过度进食会引起肠胃不适，缓和这种不适的需求会抑制进食等。**这些现象说明：无论是客观条件对利益行为的诱发或抑制，还是主观意识对利益行为的激发或抑制，都是由需求构成对生命活动的支配。**

在正常情况下，任何利益行为都是受某种需求所支配的。对于这种共性，在这里称之为需求支配规律。

在生命活动中，"需求支配规律"对于形成个体或者群体的行为起着主导作用，所以"需求"是支配生命活动的动力。

需求支配规律说明，对于需求的主动克制并不是所谓"自觉"，而是在追求满足需求的过程中，以及在面对利益的诱惑时，由各种客观抑制因素形成了抑制的需求所导致的克制反应。也就是说，**看似自觉的克制，都是由直接或者间接的抑制因素形成的抑制需求，促使主观产生自我约束的意识。克制都是被动的，没有主动自发的克制，所以也没有主动自发的自觉。克制的本身是某种需求的反映，自觉也是某种需求的表现。**

由客观环境形成的外在抑制因素、由满足了需求以后欲望的消退，这是能够产生自我抑制的两大原因。满足是一种没有了需求而停止追求的抑制；环境的抑制，则是由于存在可能伤害自身的某些危险因素。克制式的自觉是规避危险、需求安全的表现，这种克制可以通过专门的风险教育来形成。比如，通过进行交通事故的教育，可以形成遵守交通规则的自觉性。

在没有外在抑制因素或者抑制条件薄弱，而内在需求又没有满足的情况下，满足需求的欲望就会形成相应的行为。所以，采用利益诱导和刺激某种需求的方法，很容易促成相应的利益行为。反之，**如果想要抑制某种利益行为，则应该采用制造抑制条件的举措。抑制的条件越充分，则抑制的可靠性越高，抑制的作用效果会越好。**

例如预防腐败现象，应该致力于完善监督机制和制定惩治法规，以此形成有效的抑制条件，不可以单纯期望所谓觉悟。凡是出现腐败的，一定是监督存在漏洞，所以，只有构建有效的监督机制才能预防腐败，败露的风险会有效抑制腐败意识的形成。

在自然环境中，环境对需求的抑制，往往都是一些不利于生存发展的因素。为了改变这种被动的生存局面，为了改善生活状况，就应该努力改变环境中的抑制条件。比如，人类随着生产力水平的不断提高，环境中不利于生存发展的障碍被不断克服，人类对生存主动权的掌控不断提高。现在相反值得注意的，是人类对自然资源过度开发的错误举动。这种过度开发使雨林减少、湿地萎缩、水土流失、土地沙化、气候变暖、物种减少、生态破坏、资源面临枯竭。这种状况继续发展下去，自然环境将形成新的不利因素来抑制人类的需求。

为了避免出现这种后果，人类需要通过国际立法的形式，对那些错误的利益行为进行限制，以便通过有序的开发利用来形成良性循环的可持续发展。例如，对于那些只能靠毁林开荒增加耕地的贫穷落后地区，国际社会应该采取各种援助方式，通过解决这些地区的生活困难来阻止毁林开荒。

需求支配规律是决定利益行为的规律，正确应用这一规律，既可以抑制具有消极作用的不正当利益行为，还可以通过创造满足正当需求的各种有利条件来激励追求。

满足有时会形成懈怠。不通过自身的奋斗就能够得到所需求的东西，这样更容易形成懈怠，甚至养成惰性。例如，人如果缺乏自身努力，长期处在由他人提供的优裕生活之中，不仅会养成惰性而且会产生空虚的精神状态，会出现烦躁不安的情绪。这是由于失去了自身价值实现、失去了成就感、失去了社会认可所导致的不良精神反映。

所以，尽管人们主观上总是希望不劳而获，期望以心想事成的方式使需求都得到满足，然而事情如果当真如此，这却并不是一种理想的生活状态。这时对自我价

值实现的渴求和期待社会认可的愿望，会带来严重的精神危机。陷入这种生活状态的人没有幸福感，不仅不会对所处的生活充满热爱，相反会对生活失去兴趣，会厌倦缺乏奋斗和没有成就感的生活。

在人类的社会生活中，最具兴趣和吸引力的莫过于成就，最能让人坚忍不拔的是信仰。再有情趣的单纯娱乐，也不可能持久保持盎然的兴致和舒展的愉悦。有志趣的生活再困难往往虽苦也乐，没有志趣追求的生活就是再舒适，时间长了也会觉得索然无味，所以理想的生活状态离不开劳动创造，离不开劳动生活中的正当竞争来形成活力。

二、只有“文明物种”才具有评判利益行为正确与否的需求及能力

需求会形成相应的利益分配原则，在自然的生态表现中，自我为中心、自我认可、自我利益第一、自我意愿第一，这是最普遍的利益分配原则。由于“个体生命”属于“部分式的物种生命”，以自我为中心的利益分配原则所指导的行为，如果没有损害其他同类的利益和物种生命的整体和长远利益，那么这种利益原则就是自身物种最高利益原则的变相体现，否则就是错误的利益行为。

但是，只有“文明物种”才能对“物种生命”以及争取自身物种长久生存的最高利益原则形成理性认识，其他物种没有这种意识，所以它们只能按照个体生命的利益需求来决定行为，只能以自我为中心、自我利益第一、自我意愿第一，来作为利益分配的原则。因此，对于其他物种出现有损自身物种整体利益的行为，只能是无可非议。这同时说明，对于利益行为正确与否的评判，只有“文明物种”能够做到，只有“文明物种”会有评判利益行为正确与否的需求，也只有“文明物种”能够以“物种生命”的整体和长远利益，来作为确定正确利益行为的依据。

三、差异不在于消除而在于合理

在利益内容丰富多彩，交换性利益分配十分复杂的情况下，出现分配差异往往不可避免。在人类的社会生活中，差异具有形成追求和调动积极性的作用。**合理的差异，是形成和促进生活竞争的重要因素，由不公正的分配形成的不合理差异，则是严重影响社会和谐的重要原因。所以，差异是否产生消极作用，原因并不在于是否存在差异，而在于差异是否合理。**

总的来讲，对于保障生存的“基本生活资料”，要本着“按需分配”的方式合

理缩小分配差异。对于其他的利益需求，则应该通过正当的生活竞争来形成“按劳分配”的合理差异。

为什么应当合理缩小基本生活资料的差异，因为这是以满足所有人最基本的生存需要作为分配原则，是以保障生存安全为前提的社会性平均分配。至于具体的分配额度，则以既维护生存权利的平等但又不至于滋生懒惰为标准。在这个基础之上人人需要进一步的正当劳动，来实现生活水平的进一步提高。

比如，由社会保障体系形成的分配，是以能够满足所有人最基本的生理需要作为分配原则。在这个基础上人人需要再通过正当的劳动，来实现生活水平的进一步提高。如果社会保障体系提供优裕的生活条件，这样不仅会滋生懒惰，而且难以承受巨大的经济压力。

当最基本的生存需要得到社会保障后，在实现生活水平进一步提高的差异性分配中，差异的大小并不是唯一评判和衡量分配方式正确与否的标准，评判的重点，要看形成差异的方式和途径是否正当和公正合理。这是因为，面对多样的利益内容、多变的主观需求、不同的思想认识，其实很难确定什么样的差异才算合理。

对于形成差异的方式，这里强调要正当公正而不是公平，因为在复杂多样的利益交换中，绝对的公平实际上也难以做到。完全的公正虽然也不可能用机械的方式去度量，但是公正的形成和体现有一种基本的方法，就是要符合大多数人的意愿，按照大多数人认为是否公正合理的共识，来作为体现公正的基本标准。

共识可以形成于分配诸方的共同协商，可以体现于经验式的约定俗成，可以表现为各种法律法规，但其核心是坚持民主，要坚持民主协商达到意愿的统一。真正的公正合理是以充分的民主为基础形成的、能够代表绝大多数人意愿的共识。此外，公正还体现于在分配中要有行之有效的民主监督机制，以及惩治不公正行为的法规。

四、关于需求的层次

大家知道，需求分为一定层次，一般而言是初级层次的需求得到满足以后，才会追求较高层次的需求。需求层次由初级向高级的渐次排序一般可以分为：最基本的生理需求；安全需求；健康需求；家庭亲情需求；娱乐、社交及社会协作需求；人格尊重需求；求知需求；环境洁净的需求；精神寄托需求；工作需求；信任需求；自我价值实现需求；社会认可需求；成就感需求；信仰需求；老有所依、平静去世的需求等（老有所依、平静去世的需求排在后面并不是它高级，而是属于最后出现的需求）。**在劳动文化式生存方式中，劳动是具有贯穿意义的需求。**

需求层次的排序，反映着追求的排序。“文明物种”的需求比其他物种复杂，层次结构也相应复杂，追求不同层次的需求，表现出不同层次的利益意识。渐次的需求形成渐次的生活目标，形成不断追求的生活状态，应用这种特性，可以按照渐次的需求设置有层次的社会激励机制，让人们可以通过正当的努力去满足正当需求，形成充满活力的劳动交换式利益分配运动。

对于个人而言，不同层次的追求是不断进步的表现，反映着个人生活的历程和生活内容的丰富程度。对于“物种生命”而言，绝大多数社会成员的需求矛盾集中在哪一个层次，则反映着社会生活水平处于怎样的状况。例如，如果绝大多数社会成员的需求矛盾，集中反映在最基本生存需求的层次上，就说明社会发展处在比较落后、生活处在低水平的状况中，人们主要还在为食物而奔忙。如果绝大多数社会成员的需求矛盾，集中反映在社会认可、成就感、信仰这样的层次上，说明社会发展和社会生活的水平已经处在了相当高的程度。

一般而言，物质层面的需求处在精神层面需求的前面，体现了物质的第一性。尽管精神层面的需求属于较高层次的需求，但一般在物质层面的需求得到相对满足之后才会出现，这表现了精神的第二性。

“个体生命”的需求与“物种生命”的需求有着不可分割的联系。这种联系要么有利于“物种生命”的整体利益，要么表现为有损于“物种生命”的整体利益，或者表现为利多弊少，或者表现为利少弊多。显然，有利于“物种生命”整体利益的需求、对“物种生命”整体利益利多弊少的需求，才是正当正确的利益需求。**“物种生命”的整体利益从两个方面体现，一个方面是有利于自身物种的长久生存与发展；另一个方面是符合绝大多数同类的利益愿望。**

由于需求和分配矛盾是反复出现的运动现象，所以消极或不正当的利益行为也会反复地时有出现，任何期望根除这些现象的想法都是不现实的。但是这并不意味着这些现象属于正常，也并不意味着不能最大限度地减少这些现象。相反，减少这些消极现象及其负面作用，正是社会管理所要认真履行的一贯职责。

需求状况决定着综合性利益分配运动的整体状况。主观需求的多样和多变，这是导致供求不断变化且不易预测的主要原因。需求的种类和数量越多、生命个体的数量越多、物种内部的利益再分配层次越多，综合性利益分配运动的整体状况就会越复杂。主观的需求越强烈，追求的表现也会越强烈，形成的利益分配运动也会越激烈，这是容易导致过激行为的原因。社会管理除了要惩治那些违法犯罪的过激行为以外，还要以公正的分配方式和有效的民主监督，来解决不断出现的需求和分配矛盾。对于由利益分配不当而导致的不良社会反映，要从分配原则的正确性，方式方法的公正性、科学性，监督管理的有效性等方面查找原因，以便有针对性地予以解决。

篇章 16：自私与自利是不同性质的行为表现

“自私与自利”的话题虽然算不上十分重要，但是对于认识利益分配中利益行为的性质而言，则是需要探讨的内容，并且这个内容也有些趣味。

就习惯而言，“自私自利”意思是只考虑自己的利益不顾别人的利益，甚至损人利己损公肥私。

但是经过对生物的一般行为和人类各种生活表现的考证，得出的解释却不同，考证表明“自私”与“自利”是不同性质的利益行为，所以这两个词的内涵也不同。

“自私”的词义，不仅仅是指只考虑自己的利益而不顾及别人的利益，而且一定是以侵害、损害其他同类的利益，或者是以侵害、损害社会利益（即“物种生命”的利益），来获取自身利益的错误行为。“自私”的错误行为虽然够不上犯罪，但属于不良的品行。要警觉的是，“自私”的动机往往是诱发犯罪的重要原因。

“自利”的词义，则是指没有侵害、损害其他同类的利益，也没有侵害、损害社会利益，属于自己照顾自己，自己做有利于自己的事情，是正当、正常性质的利益行为，不属于不良的品行。由于“自私”与“自利”的含义不同，所以“自私”与“自利”这里不宜排列在一起。

为什么这样讲呢？因为这是根据生命活动中获取利益的实际情况形成的解释。

一、“自私”与“自利”的不同含义

生物要通过摄取各种所需的营养物质和其他物质来保持生理的活质机能，否则就会导致死亡形式的质变。对于生物而言，那些维持生存所需的各种物质都属于利

益内容或者称为利益对象。生物为了生存必须主动去获取这些利益，这是生物与非生物的一种重要区别。

对于所有生物为了生存必须获取生活资料的正常利益行为，如果视为“自私”这显然不妥。如果这样看问题，不仅根本做不到“无私”，而且还会出现这种情况：既然“无私”是根本做不到的事情，那就意味着“自私”是天经地义的事情了。这无疑会产生严重的误导。

对于所有物种为了生存必须获取生活资料的行为，由于这种行为是维持生存延续的必然，所以这种利益行为是“自利”而不是“自私”。

因此，只有通过损害同类或社会利益来取得自身利益的行为才是“自私”。当没有损害同类或社会利益而获取自身利益时，其行为是“自利”而不是“自私”。“自利”是无可非议的，不应该指责的利益行为。还有，对于在获取自身利益时并不是故意对同类造成的利益危害，不能不加分析地简单视为“自私”。

二、在异类之间不能以“自私”来评价彼此的利益行为

在生态联系中，由于许多物种要以其他物种作为食物才能够生存，异类之间的利益关系是以对立为基础的统一，异类之间存在生存竞争，因此，异类之间不可避免地存在着利益危害，所以在异类之间就不能相互以“自私”来评价彼此的利益行为。也就是说，**在处理异类之间的利益关系中，彼此都谈不上所谓“自私”，相互都属于“自利”**。

反之，由于同类存在共同的利益目的，同类是一家，所以只有在物种内部以损害其他同类或自身物种的公共利益来获取自身利益的行为才属于“自私”。也就是说，**只有在同类之间才可能存在“自私”行为。**

三、不宜用“自私”来评价非文明物种的利益行为

“自私”的概念是对利益行为带有辨识和评价性质的看法，是具备了道德意识的结果。由于除了“文明生命”以外其他的物种没有理性的道德观念，因此，其他物种形成不了所谓“自私”的道德观念及评价。即：**除了“文明物种”以外，其他物种的内部虽然会有“自私”的行为，但由于它们没有“自私”的道德评价概念，所以并不适合用“自私”去评价它们的利益行为**。也就是说，对于非文明物种而言，不能认为它们有所谓“自私”的行为。

在地球环境中，人类是有道德观念的“文明生命”，所以，只有人类才适用“自私”

的概念来衡量和评判利益行为。对于其他物种的所有利益行为，包括看似不正当的利益行为，都不能用“文明生命”的道德观念来看待，也不能用道德观念来要求它们，而只能看成是“自利”的表现，包括其他物种内部的利益争斗，也都属于相互的“自利”争斗。

四、区别“自利”与“自私”的基本原则

对于具有理性辨识能力的人类而言，在人与人之间只有正确正当的利己行为才属于“自利”表现。所以，**“自私”可以看作是一种错误的“自利”，属于以故意损人利已损公肥私为主要特征的、不正当的利益行为，是需要加以克服和制约的错误行为**。这是界定“自利”的基本标准，也是区别“自利”与“自私”的基本原则。

“自私”只是“错误自利表现”中的一种，除开“自私”的这种错误表现以外，还有许多错误的“自利”表现。比如人类对于自然资源无序和无节制的开发、环境污染、生态破坏、一直未能杜绝的战争等。这些由错误的认识、错误的判断、错误的方法、错误的决策以及对事物的规律没有科学把握所导致的错误行为，都属于错误的“自利”。所以，各种错误的“自利”行为，这是一个很宽泛的表现。人类应该认识和克服各种错误的自利，不能认为眼前表现为“利己”的就一定都是好事，而不需要从发展的、长远的角度来辨识一下它是否正确。

“自私”与“自利”既有区别又存在相似性。在“自私”中包含着“自利”的成分，这是二者的相似之处;但是在“自利”中却不包含“自私”的性质，这是二者的区别。**“自私”属于错误的“自利”，因此，“自私”是稍不注意就会出现的、一种错误的利益思想和行为**。由于“自私”的错误动机往往是诱发犯罪的重要原因，所以，对于“自私”的克服不仅个人要加强自身的严格要求，而且社会也要坚持正面的思想教育，并有制约“自私”行为的规范。

社会除了要保护正当的“自利”，还要倡导助人为乐的精神，培养关爱他人和乐于奉献的情操。**关爱和助人是一种在“行为上利他”，在“精神上自利”的表现。这是一种值得推崇的高尚的“精神自利”形式。当人感到不知道如何奋斗或者感到空虚时，其实可以不求回报地去做好人好事，去从事公益活动，这种行为能够获得精神自利。在这种精神自利和社会认可之中，能够纯洁自己的心境和灵魂，人的心绪往往会踏实下来，会认识到新的生活方向。**

五、关于群体自私

作为人与人之间的利益关系，除了个人与个人还包括个人与群体、群体与群体之间的关系，因此，“自私”不仅只是一种个人的错误利益行为，还存在“群体形式的自私”表现。由于“群体自私”具有某些集体利益的掩饰，所以往往是一种不容易与“自私”相联系，不容易被认识、被克服且危害更大的“自私”形式。

每个物种争取长久生存的最高利益目标，是指整个“物种生命”的长久生存，而不是“物种生命”中某个群体的长久生存，所以“物种生命”内部任何一个群体的利益，都不可能完全代表“物种生命”的整体利益。而且“物种生命”内部任何个体和群体的利益行为，只有与“物种生命”的整体利益相一致才算是正确的。因此，在人类的社会生活中，某些群体为了顾及自身的利益而不惜损害其他群体的利益，显然这是不符合人类整体利益的“群体自私”表现。

由于“群体自私”具有规模性，因此形成的危害更大，所以“群体自私”是人类更加需要注意克服的现象。例如，**发达国家将高污染的产业向其他国家转移、将工业垃圾运往其他国家或者往公海倾倒等，这都是典型的“群体自私”现象。还有侵略战争，这是由“群体自私”诱导形成的犯罪行径。**

人类社会生活中的利益矛盾尽管极其复杂，但只要本着共同维护人类整体利益和长远利益的这一原则，就可以做到对个人或群体“自私”的克服，就能够以团结协作、平等协商、互利互助的方式，以均衡利益的基本做法，去处置好各种复杂的利益关系和利益矛盾。每个人、每个群体、每个国家，都要共同维护人类的整体利益和长远利益，都要为实现人类“团结统一式物种生命”而努力，这其实并不是思想境界很高的体现，而是遵循自然生存法则的一般要求。

这一篇章主要是介绍了“自利”的概念，提示了“精神自利”的表现，还说明了“自私”与“自利”的区别，特别是揭示了“群体自私”现象，指出了“群体自私”的掩饰性和巨大危害，这很有警示意义！

以往对于“人不为己，天诛地灭”的说法，一般会将其中的“为己”当成“自私”来理解，认为这样的说法是在鼓励和倡导“自私”。现在看来，这是将“自私”与“自利”相混淆的表现，“只要不是损人利己”，“为己”就可以当成正当正确的“自利”来理解了，只是需要提防以“自利”之名行“自私”之实的做法。

在人类的现实生活中，“个人自私”和“群体自私”的现象都很普遍，特别对于“群体自私”的性质和掩饰性，是很有必要加以认识的内容。比如说，**不要以为只要是“国**

家利益”就一定是正确的利益，那些对人类整体利益有危害的“国家利益”，就是“国家式群体自私”的错误表现，但是这种错误却往往被“群体利益”所掩护，使得“群体自私”通过利益本位思想得到强化。作为每个国家的政府特别应该意识到这一点，国际社会则应该设法制止这类做法。

篇章 17：对何为“人性”的解答

前面通过交流“界定同类的拓展标准”以后，仔细想来，“抽象（逻辑）思维的理性和文化特性”作为拓展标准，将宇宙中所有的文明生命都归为同类，对于这样的看法人类并非毫无所知。例如，将“地外高级智慧生命”称为“外星人”就是证明。将“地外高级智慧生命”称为“人”，也就是将他们视为了“人类”的同类。在探讨了“界定同类的拓展标准”以后，往往又会联想起另外一个问题：地球人和外星人既然属于同类，都属于“人”，那就一定具有相同的“人性”，那么对于“人性”的看法、解释就应该是相同的，所以这是一个值得探究的问题。

“人性”是一个古老的话题，一直以来，人们虽然做了许多解释，但好像还没有一种统一的概念。有些解释比较抽象，有些解释则呈现多样性。比如说：“人性，指人类的共性，与兽性相对。是人的自然属性与社会属性的统一。人性总是具体的，由于不同的生活环境，文化教养，心理特征等原因，它有不同的表现和演变。人的本质在其现实性上，是一切社会关系的总和。”[1]

以上解释不能说不对，但是概括得很抽象，笼统得有些含混。再比如：人性向恶、人性向善、人性自私等。很明显，这样解释人性不仅说法多样而且彼此矛盾。人类的共性显然不会是这种彼此矛盾的、在本质上不断发生变化的表现。如果把“人性”当成可变的“习性”、“个性”来看待，这显然有误。

以上解释，让人仍然不知道“人性”具体指的是什么。如果用这些解释当作“外星人”和“地球人”共同的“人性”，这显然不合适。所以如果要说明人类与外星人具有相同的人性，首先必须确切解答什么是“人性”。也就是说，“人性”应该

---

[1] 《辞海》（缩印本），上海辞书出版社 1989 年版，第 344 页。

有明确、清楚、具体、唯一的解释，否则，应该怎样看待外星人的“人性”呢？人将如何“讲人性”呢？人将如何按照“人性”去做人呢？这应该也是探讨“人性”的意义所在吧。

这一篇章将尝试这种探讨，如有不同意见可以磋商。在下面的交流中，以“人类”来代表所有的“文明生命”，把“人”作为“文明生命”的代名词，这样便于讲述。

一、人类的自然属性不能完全作为对“人性”的界定

“文明生命”的活动纷繁复杂丰富多彩，这些丰富的表现虽然都有“人性”的因素起作用，但这些表现显然不能直接就当成“人性”。作为“人性”而言，一定是贯穿于人类广泛的生活表现和长久的历史表现之中，是能够从本质上概括人类共性的、唯人类所独有的特性。“人性”作为能够反映人类本质的独有特性，应该具有唯一性而不可能呈多样性。

这里先来看看，人类的自然属性与“人性”有没有什么关系。人类自然属性的内容很多，比如说，人的外形特征和生理特征、生活习性和食性等。但是要注意到，只有将这些自然属性与其他物种进行全面的比较，才能构成人类与其他物种的差别。如果只是将某一种属性与其他物种进行比较，总可以在某些物种中寻找到一些相同之处。

比如说，有些物种也是双足直立行走，有些物种也是杂食性，有些物种也有群居习性，许多动物也有亲情，许多动物也有很高的智力水平，有些动物还具有形象思维以及经验意识等。所以，人类的这些自然属性并不能以高度概括的方式，抽象为既能够集中代表人类共性的，又能形成与其他物种具有本质区别的唯一特性。可见，人类的这些自然属性，只能形成人与其他物种的各种自然区别，而不能用来表示和说明“人性”。或者说人类的这些自然属性，只能综合地作为对“自然人”的界定，而不能作为对“人性”的界定。人类抽象思维的潜能虽然是自然属性，但这种潜能需要环境条件的激发才能提升，所以并不能完全以此来界定人性。

二、劳动文化表现是形成和反映人类本质特性的一种重要现象

既然人类的自然属性不能完全用来界定“人性”，这就出现了一个疑问，即“自然人”是否都具有人性？这个疑问乍一看似乎根本不能成立，因为如果不具有“人性”怎么能称之为“人”呢？！其实不然，但这又并不是能够简单作答的问题。为什么

这么说呢？只要仔细想想人类的诞生过程便不难明白其中的道理。

人类是由“类人猿”进化而来。当“类人猿”没有进化为“猿人”时，“类人猿”不会具有“人性”，否则就不会是猿了。相对而言，“猿人”属于原始人类，已经具有了原始的“人性”，否则也就不会称为“猿人”了。我们还知道，原始人类的诞生，是以创造性制作工具和使用工具的劳动表现为标志，**即劳动使猿转变成为了具有“劳动文化特性”的“猿人”。所以，从这里应该意识到，“人性”一定与劳动文化现象有关联**。

最初出现的劳动应该只是一种探索现象，这种探索在“类人猿”中不可能一开始就是一种集体突变的表现，只会是先出现少数个别的探索式劳动行为，再逐渐带动形成一种社会性的劳动行为。这与现代社会一些新技术的出现和逐渐推广的情形相似。

这种情况表明：原始人类的诞生，在“类人猿”中是一个探索“劳动文化式生存方式”的渐变过程。对于在渐变过程中还没有出现劳动表现的那些“类人猿”，严格地讲不能将他们看作是原始的早期人类。“类人猿”只有具有了原始劳动表现，才从此转变成为“猿人”。

可见，“后天性质”的劳动文化表现，是形成和反映人类本质特性的一种重要现象。由此可以认为，**“后天”的劳动文化环境，对于形成人与其他物种的本质区别具有决定性的作用，“先天性”抽象思维潜能的自然属性，只在其中起着辅助的作用**。

比如，曾经有过一个关于“狼孩”的故事[1]，是讲有个婴儿被狼叼走并且养大，几年后待到被人发现时，他的行为和食性都像狼，而且智力水平很低，语言能力几乎不能恢复。对于这种情况，依据人类的某些自然属性，可以把“狼孩”界定为“自然人”而不是狼。尽管做了这种界定，但“狼孩”的行为和习惯充满了狼的特性，作为人的“后天特性”他十分缺乏，因而我们并不能指出哪是他的“人性”表现，即他缺乏“人性”。由于“狼孩”错过了“后天环境因素”的最佳激发期，在这个最佳激发期他是与狼生活在一起的，所以他以后即使长期与人类生活在一起，也不一定能够完全融入人类的社会生活环境，不一定能够形成人的“后天特性”。

再比如，“外星人”与“地球人”的许多自然属性不一定一样，甚至可能会有很大差别，所以彼此之间不能完全依据“先天”的自然属性作为界定同类的依据，

[1] 参见《搜狗搜索》词条“狼孩的故事”。

但是可以依据“后天性质”的文化特性，以及依据通过“后天”的学习能够逐渐成熟和提升的逻辑理性，来将彼此拓展界定为同类。这不仅反映了由“后天环境”形成的那些“后天特性”的重要，而且证明了在“外星人”与“地球人”的自然属性中，除了抽象（逻辑）思维的潜能以外，其他都不包含“人性”的潜质。抽象思维的潜能如果不通过“后天环境”的文化影响，也不能提升为成熟的逻辑理性，否则，“外星人”与“地球人”就可以依据抽象思维潜能的这种自然属性来界定为同类了。

这说明，“后天环境”的文化影响对人性的形成具有重大作用。这里并没有否定自然属性的意思，但作为“先天性”的自然属性，包括抽象（逻辑）思维特性，只是培养和形成“后天特性”的潜质条件。这些潜质只有通过“后天环境”中文化因素的激发，才能形成自然属性与社会属性相结合的现实特性。如果没有“后天环境”文化因素的激发，一些“先天”的潜质将会萎缩甚至消失。“狼孩”由于错过了人类“后天环境”中文化因素激发的最佳时期，抽象（逻辑）思维的潜质和语言的潜质就几乎消失。

人类区别于其他物种的根本之处在于劳动文化式的生存方式，由人类始祖制作工具的第一次敲击，洞开了“劳动文化式生存方式”的大门。

由这第一次敲击，促成了人类的诞生。

由这第一次敲击，奠定了文明的基石，形成了文明的开端。

由这第一次敲击，人类开始了由经验朝向理性的历史过渡。

由这第一次敲击，人类实现了由形象思维转化为抽象（逻辑）思维的伟大跨越。

由这第一次敲击，人类开始了由“知其然”向着“知其所以然”的深刻转变。

由这第一次敲击，形成了“利益运动”的重大拐点。

由这第一次敲击的人类史祖所组成的基本繁衍结构，构成了真正意义上的人类原始的物种生命形态。

应该看到，现代人类是原始人类经过几百万年劳动文化进步与自然进化共同作用的结果。在现代人的自然属性中，尽管已经形成了能够产生高级意识的潜质条件，比如发达的大脑器官，但是这些潜质条件，仍然要通过“后天”文化环境因素的激发才能逐渐形成高级意识。

即使现代人类的任何一个个体，如果从婴儿时就脱离了人类的社会生活环境，如果一直缺乏人类社会文化因素的激发，如果不学习文化知识（包括语言、劳动技能、生活常识、社会常识等），**如果没有人类“物种生命”的社会作用，就肯定形成不**

了人类独有的灵性，这种独有的灵性就是“人性”。即“人性”的形成离不开人类“物种生命”提供的社会氛围和社会条件，所以，“自然人”不会具有全面的“人性”。由此也充分体现了“物种生命”的客观存在及其重要作用。

三、对何为“人性”的解答

那么到底什么才是人类所独有的“灵性”？

由于劳动的本身就是文化现象，文化是人类创造的物质财富和精神财富的总和，文化是“文明生命”的根本标志。形成文化现象的内在意识特性，是经验意识加上抽象（逻辑）思维的理性意识，因此，文化特性以及抽象（逻辑）思维的理性，这就是人类独有的“灵性”。**据此做出的初步解答是：抽象（逻辑）思维的理性以及文化特性即为“人性”**。

现在稍加比较就能知道，这里关于“人性”的归纳，与“拓展界定同类的标准”完全相同。要知道，这种相同绝对不是一种巧合，而是因为，**关于“人性”的解释与“拓展界定同类的标准”，从内容上不仅应该完全一样而且必须完全一样。如果不是一样，那么“外星人”与“地球人”之间、乃至宇宙中所有的“文明生命”之间，就不会有完全相同的“人性”，也就不可能拓展成为同类了**。所以，“抽象（逻辑）思维的理性和文化特性”，这是宇宙中所有“文明生命”都具有的、同一的、唯一的本质特性。因此也可以这样讲，**“人性”是界定宇宙中所有“文明生命”为同类的拓展标准**。

有人或许会问：“文化”会有文化程度、文化水平、文化层次的不同，那么，人的“文化特性”既然是“人性”，难道“人性”也会分为不同的层次吗？

不是这样的。不能把“文化”与“文化特性”相混淆。**文化是人类创造的物质财富和精神财富的总和。“文化特性”是泛指“文化”所必然内含的“劳动的知识性、技能性、创造性”等特性，这其中并没有表示文化程度、层次的意思**。

比如说，文化的具体表现形式多种多样，由此构成一个总体的劳动文化的生活氛围。这种氛围不仅对人的先天潜质具有激发作用，而且具有传承、积累、发展文化知识，迅速提高人的知识水平的作用。**文化尽管从物质、精神、知识水平等方面会有若干层次的表现，但是无论哪个层次，都必然内含“源至于劳动创造”的这一最基本的特性**。

对于具有文化因素的生活常识、社会常识的学习和应用，对于具有文化因素的日用品的学习和应用，对于劳动技能的学习和应用，对于文化知识的学习和应用，对于语言的学习和应用，这些都体现着“文化的特性”，这种特性的核心是劳动的知识性、技能性、创造性。只要稍有一点智力的“自然人”，不管他接受到哪一个层次的文化影响，都会形成“文化特性”。即**“文化特性”主要是指由劳动形成或带来的知识性、技能性、创造性。“文化特性”除了不代表文化层次以外，也不代表多样的文化形式**。即“文化”可以有多个层次、多种形式，但“文化特性”则是唯一的。**所以“文化性”是指“文化特性”，即由劳动形成的知识性、技能性、创造性等特性。学习文化知识、学习工作技能、学习使用生活用具，是通过学习式的预备性劳动使人具备“文化特性”**。

刚才提到了“人性向善”，“善”也应该认为是人性的反映。大家知道，**文明出自文化，是文化的精髓**，文明既包括各种物质文明，也包括能够体现道德思想和良善行为的精神文明。作为真、善、美而言，由于是理性道德思想的反映，因而人们常常将其视为人性的代表。但是结合前面的内容可以发现，由于真、善、美只属于精神文明的范畴，属于人的“文化特性”倡导的“良知”，所以是从狭义上对人性的理解，或者说只是狭义上的人性。

真、善、美虽然只是狭义的人性，但是它对于处理人与人之间的关系，对于形成良好的社会生活秩序，对于维护人类“物种生命”的整体利益，却具有至关重要的作用。人们常说的“没有人性”，指的就是与这种狭义人性相对立的，那些丧心病狂令人发指的，残忍、暴戾、丑恶的劣行。例如：由于犯罪分子的犯罪行为与真、善、美是对立的，是将自己置身到异类的利益立场，因此，那些罪行便是丧失了人性。

综上所述，**对“人性”可以做出如下定义：人性，是指人的抽象（逻辑）思维的理性以及文化特性，其中包括由文化特性所倡导的“真、善、美”等道德品性。人性是抽象思维的自然属性与文化的社会属性相结合的结晶。**

简要地讲：“人性”即是人的逻辑理性和文化特性，其中包括真、善、美的道德品性。

由文化特性所倡导的“真、善、美”等道德品性，这种需要“倡导”的反映说明，文化知识并不能完全取代精神文明的道德思想，因此，社会治理和管理在重视文化知识教育的同时，还应该重视“道德文明”的思想教育。每个人既要具备知识人性，还要具备品德人性，既要有知识还要有教养，这才是完整人性的体现，不能有教育没教养。所以，“人性”的形成不能单靠个人的自然秉性，社会治理和管理以及教育至关重要。比如品德人性的形成，就要注重培养真、善、美的意识形态，树立真、善、美的世界观、人生观、是非观。从社会管理的角度而言，应该大力倡导、弘扬、支持、鼓励、表彰真、善、美等优秀行为，惩治、打击、批判、孤立假、丑、恶等劣行，只有这样，才可能形成和保持良好的社会风尚。

生活中所说的“人性化”，通常是指以人为本的理念，即反映以方便人作为出发点的这类特性的工作理念、设计理念、服务理念，而不是指“人性”。

“人性”不能完全自然天成，要靠后天培养、磨练、打造。只有人的各种自然属性与“人性”形成良好结合，才能成为一个全面的人、真正的人、优秀的人。

通俗地讲，“讲人性”就是要刻苦学习和掌握各种科学文化知识，就是要正确应用各种科学文化知识来造福于人类，就是要以真、善、美的道德思想和行为服务于人类。“讲人性”就是要“讲文化、讲道德”。

也许还会有人问：既然“文化特性”的核心是“劳动创造性”，那为什么不将人性归纳为“劳动创造性”呢？

其实，也并不是不能将人性归纳为“劳动创造性”，只是有些过于简单。**将人性归纳为抽象（逻辑）思维的理性以及文化特性，其中，文化特性能够对“劳动创造性”形成更广泛深远的概括，而抽象思维的理性则没有排除自然属性的因素，所以这样的归纳更加全面**。比如说，“文化特性”可以包括从广泛的角度、知识的角度、历史的角度、传承的角度、积累的角度等方面来体现“劳动创造性”，这会使“人性”具有更加丰富的内涵。

篇章 18：形成组织式群体的五大要素

这一篇章交流关于形成组织式群体的要素。所谓要素是指不可缺少的重要因素。前面曾经讲过，组织式群体是内部存在领导、管理等成分的群体，由于管理是领导的重要作用之一，所以，从对要素的归纳来讲，领导和管理归纳为一个要素，即归纳为“领导”要素。除了领导这个要素以外，形成组织式群体还有另外四个要素。

一、为什么探讨形成组织式群体的要素？

为什么探讨形成组织式群体的要素？这是因为“物种生命”功能的发挥、物种进化、社会进步，都要通过组织式群体的这种生命结构来形成和体现。即组织式群体是物种生命拓展形成的主要生命结构，具有形成和发挥“物种生命”互利协作等生命功能的作用。分析和认识组织式群体的形成要素，可以加深对“物种生命”及其功能的了解，有利于发挥群体在生命活动中的作用；能够认识到通过强化这些要素，可以提高物种的生命力。

加强群体的团结必须从强化这些要素着手；对于群体出现分裂、解体、或者凝聚力降低的情况，要从这些要素去分析和查找原因。对于人类而言，不断强化、变革和发挥这些要素的作用，是形成人类社会进步的体现。人类还需要以强化和变革这些要素的方式，来实现“团结统一式物种生命”。

通过前面对“物种生命”的一系列叙述，已经知道无性繁殖和自体有性繁殖的低等物种的“物种生命”，是由生理式的繁衍结构，通过诞生新生个体而链接形成的，具有渊源关系的松散式生命形态。高等物种的“物种生命”，在生理式繁衍结构的基础上，进化形成了由同类之间的生活联系构成的，具有互利协作等功能的社会群体，由此形成“物种生命”的拓展式生命结构，这其中包含着组织式群体。

不同物种中的群体形式不尽相同，这种不同反映了不同物种的进化状况。物种内部有组织的联系越紧密、越复杂，群体的结构形式也会越复杂，群体的规模也会越大，群体的协作功能也会发挥得越充分、越突出，物种的进化程度也越高，物种的生存能力也越强。在地球环境中，人类有组织的群体形式最为庞大、多样、复杂，目前的代表形式是国家式的统治管理群体，所以，人类的进化程度最高，生存能力也最强。由此推断，人类未来实现的“团结统一式物种生命”，一定是一种团结统一的，包含所有活性个体在内的社会组织形态的最大群体。

所有组织式群体的形成五要素都相同，所以，人类的组织式社会群体尽管复杂多样，但是形成要素却与其他物种并无根本差别，因此，可以从分析其他物种的群体入手来认识这些要素。

二、形成组织式群体的五大要素

在自然状态中，比较典型的组织式群体，是哺乳动物中具有群体首领的种群式生活群体。通过观察这类群体的各种活动表现可以发现以下特点：

第一，群体具有首领。群体首领一般是群体中无可争议的领导，首领是群体的领导核心和灵魂，是群体的组织者和管理者，由此形成至关重要的群体管理机能。

第二，群体首领一般具有暴力手段的凌驾形式，并由此形成凌驾性质的管理地位，这使首领的主观意愿和决策能起到规范群体行为的作用。这种规范，能够遏制群体其他成员的随意行为，具有统一群体行为的约束效果，能够成为整个群体行为的支配，由此建立并保持群体内部必要的生活秩序。

第三，群体具有繁衍后代以及哺乳后代的互利协作表现。有些物种例如狼，还有集体协作狩猎、携带食物协作喂养后代、集体保卫领地等协作表现。

第四，群体内部具有利益再分配的表现。例如母亲对于幼仔的哺乳式再分配。

第五，群体具有共同利益基础和相互依存的生活条件：由首领的引导、示范、带头、震慑等作用形成的群体生活秩序；由群体占有和依靠群体力量捍卫的领地；由群体成员多方面生活协作形成的互利关系；由群体提供的相对安全和有保障的生活环境；由群体提供的心理慰藉；由群体的繁衍功能形成的种群延续等，以上这些构成了群体成员共同的利益基础和相互依存的生活条件，并由此对群体成员形成巨大的凝聚力。

以上的五个特点，可以归纳为形成组织式群体的五大要素，即**领导（管理）要素、凌驾要素、互利协作要素、利益分配要素、共同利益要素**。

一般而言，组织式群体的形成都必然内在这五大要素，进化层次越高的物种，这五大要素的形式、内容和作用，在群体生活中会显得越明显和突出。

三、五要素在不同物种的各种组织式群体中的存在形式

这里以植物为例，植物的“物种生命”，往往只有“孕育”式基本生命结构和“分娩”的初始社会形态。“孕育”是生理形式的“群”的体现，在这种“群”的结构中，包含了由亲体和后代来实现生命延续的共同利益基础；由亲体和后代形成的传承生命基因的互利协作关系；由繁衍的本能形成的生理凌驾表现；由孕育中亲体向后代提供营养的利益再分配形式；由亲体的主观能动性形成的自我领导和管理。

所以，“孕育”中的“群”属于生理性质的组织式群体，并且每个物种都存在这种生理性质的组织式群体。无性繁殖和自体有性繁殖的低等物种，仅仅在繁殖期间具有这种群体。许多高等物种则在这种生理性组织式群体的基础上，通过生活联系而进化形成了社会性质的各种组织式群体。

在介绍“物种生命”（篇章 3）时曾经设问：“孕育”中也存在领导、管理成分吗？刚才的内容正好做了解答。

在刚才植物的例子中，由“孕育”形成的生理性质的组织式群体，在“分娩”后群体随即解体，再没有进一步的生活联系，所以在这类物种的生理性组织群体中，只具有单一的繁衍式共同利益基础，单一的基因传承式互利协作关系，单一的本能性质的生理凌驾形式，单一的输送养分的利益再分配形式，以及单一的自我领导和管理表现。尽管如此，这种生理性质的组织式群体，却是最基本的组织式群体，是进化形成各种社会性组织群体的源点或者说基础。

有些物种具有同类聚集的社会生活习性，其中有些聚集并不是组织式的社会群体，而是自由“组合式”的社会群体。组合式的社会群体是一种松散的群体形式，其特点是，虽然有些群体中会有头领，但头领并不具有凌驾性质的权威，因而没有呈核心表现的领导结构，自己领导自己在这种群体中是普遍现象。群体的共同利益基础、相互的协作和利益分配表现，主要体现在觅食和其他生活经验的相互影响上，并由此形成相互借鉴的“从众式”集体生活方式。凌驾形式则主要表现为需求性质的生理凌驾。很多食草动物，例如角马、斑马等都具有这样的组合群体，还有许多鱼类也是如此。这种组合式的群体一般都形成不了有指挥表现的群体统一行为，不能形成万众一心抵御外来侵害的群体力量。这类组合式社会群体只具有组织式群体的部分要素。

在较为复杂的社会性质的组织群体中，群体形成五要素的体现也较为复杂。在具有首领的家庭式组织群体中往往会有等级表现，并且等级成为了群体内部结构的一种重要形式。在自然环境中，这类组织式群体如果是雄性为首领，一般为一夫多妻形式，对后代的养育多由生育幼仔的雌性负责，因此在这类组织式群体中，还有由哺乳关系形成的母子式组织群体。在这种母子式的小群体中，母亲作为长辈是小群体的自然首领，但是这些小群体的首领要受制于大群体的首领，形成分层次的等级式内部管理结构。

在家庭式的组织群体中，有的物种实行一夫一妻制，这样的情况在鸟类中较为普遍。在这种双亲式的家庭群体中往往没有唯一的群体首领，由配偶双方构成集体领导的形式，是具有民主特征的领导集体。繁衍和哺育后代既是群体共同的利益基础，也是利益再分配的形式。围绕共同的利益基础，夫妻相互构成协调的协作，繁殖和养育后代的共同利益基础实际上还起着凌驾作用。

在以成年雄性为首领的种群式组织群体中，首领的地位一般都存在暴力竞争和暴力维持的情况。由于充当首领的“生命个体”具有支配整个群体的权力，再加上这种权力又是以自身的暴力作为支持，由此形成的领导地位，使得首领实际上处于没有监督和制约的专权状态。这样的群体中，在群体内部的很多利益分配上，首领常有表现霸权和特权的情形，会出现不公正的利益分配现象。试想一下，如果能够不采用暴力争夺的方式产生群体首领，并能够形成对领导权力的有效监督，有一定的制约方式来克服特权现象等弊端，那么，就可以使这种组织群体形成更大的生存优势。但是在地球环境中除了人类以外，其他物种都没有这样的变革能力，人类形成共和制的国家式组织群体，就是这种变革进步的产物。

人类社会多种多样的组织式群体，其中包括具有最高管理层次的统治管理群体，都具备组织式群体的形成五要素。五要素反映了组织式群体形成的基本原理，所以正确发展和强化五要素，不仅能够发挥组织式群体的功能和作用，而且能够有效推动组织式群体的发展。

四、组织式群体形成五要素在文明进步中的发展

以人类为例，劳动文化的生存方式使人类的“物种生命”迅速扩张发展。尽管扩张中，人类的家庭由于内部利益分配的能力有限，也会出现分家形式的分群现象，但与其他物种的分群不同，人类在分群后能够再以社会分工协作和劳动交换的分配方式，使物种内部的利益分配水平得到提高，能使众多的家庭通过劳动交换的互利协作，形成更广泛的社会联系，并通过这些社会联系形成更大的社会群体。人类的分群还会以不断产生新家庭的形式，使社会大群体得到新陈代谢的延续与发展。

人类在文明进步中通过促进五要素的发展，形成了各种具有生产和生活功能的组织式社会群体。比如，通过以传授和学习文化知识作为共同的利益基础，形成了学校这样的组织式群体；通过产品和经济效益的共同利益基础，形成了企业这样的组织式群体等。各种社会性组织群体又通过生产与消费、劳动就业与劳动报酬、商品和货币流通等这些复杂多样的社会交换，使得互利协作要素和利益分配要素，在各群体的内部和外部都得到发展和强化，为形成更大的组织式群体创造了条件。

由于管理现象存在于具有首领的种群式生活群体之中，所以管理表现并不是人类的首创。管理的作用是能够建立一定的生活秩序、形成一致的群体行为和提高工作效率等。人类在管理方面的发展进步，主要在于管理意识的提高、方式方法的创新，并且将管理上升为专门的学问，形成专门的理论指导。在此基础上，人类创立了各种管理制度和执行这些制度的管理机构，其中包括对群体行为起支配作用的领导机

构。这些都是对领导要素和凌驾要素的发展和强化，如果没有领导机构和管理制度形成的凌驾支配作用，就很难形成和保持有序的群体生活。

通过发展和强化五要素，人类形成了以社会分工协作为主导的，多样性的组织式群体。例如，在家庭及家族式组织群体的基础上，形成了氏族、部落、国家等组织式的群体。从这些演化中可以看到，通过发展和强化组织式群体五要素，人类群体的规模在不断发展壮大。目前，人类还形成了一些国际区域性的联盟组织，如欧盟、非盟、亚太经合组织（APEC），以及联合国、WTO、国际货币基金会等国际性组织。这些发展趋势可以充分证明，人类最终将形成“团结统一式的物种生命”。

联合国尽管是当前人类最大、涉及管理内容最多的国际性组织，但是它还不是负责管理全人类的统治性社会管理机构，因为统治管理的重要特点是自身拥有可以实行暴力式强制管理的强制力量和机构。这种强制力量和机构，是维护和支持群体中其他管理形式的重要基础。

五、五要素在统治管理群体中的发展

所谓统治管理，是暴力强制作为管理系统中不可缺少的组成部分，是具有警察、监狱、立法、司法等专门的暴力强制力量和机构的管理形式。

落后的统治管理是以“暴力凌驾”为基础，表现为征服、强权、压迫、专制式的统治。

先进的统治管理是“民主统治”的模式。这是以“民主凌驾”为基础、“法律凌驾”为形式、“暴力作为最高管理手段”的统治管理。

由于统治管理具有剥夺生命这种极端的强制形式，所以具有有效的管理威慑力和规范作用，因此，相对于那些非暴力手段的管理而言，统治管理属于最高层次的管理，是支持和维护非暴力管理形式的后盾。

人类之所以会逐步形成并且不断发展统治性的社会管理，是因为只有统治性管理才能适应大规模组织式群体的管理要求。很长时期以来，国家这种组织式的社会群体都是人类典型的统治管理群体。

国家拥有的地域、水域、空域、主权等，是利益基础这一要素的体现。

国体、政体、所有制形式、经济体制、产业结构与经济基础、商品交换市场、价格体系、税收、货币管理及其发行等，是利益分配要素的体现。

群体内部的社会分工协作以及劳动交换体系，是互利协作要素的体现。

国家机构的各级领导人，是领导要素的体现。

由国家法律、军队、警察、监狱、立法、司法、行政、法制监督等制度和机构构成的国家机器，是凌驾要素的体现。

要说明的是，**“凌驾要素”的发展进步，不仅是统治管理群体发展进步的体现，而且是人类社会发展进步的重要体现**。一个群体中如果没有起治理和管理作用的“凌驾要素”，就只能算是组合式群体，组合式群体实际上是一盘散沙。但是单纯依靠“暴力凌驾”形成的治理，将产生野蛮残酷的统治，这种以征服、强权、压迫、专制为特征的落后统治，会严重损害“物种生命”的利益，所以往往不得人心，难以长久维持。

人类是理性的高级生命，要想取得良好的管理效果，在具有“暴力治理”的同时，还要具有“思想治理”的凌驾条件，所以“信仰凌驾”显得十分重要。对宗教神灵的敬畏和崇拜，曾经是典型的“信仰凌驾”形式。随着社会发展，还出现了“道义凌驾”、“法制凌驾”、“民主凌驾”等形式。**现代的“共和制”，将是以民主为凌驾基础、法律为凌驾形式、暴力为最高管理手段的民主统治模式，这是最为先进的统治管理模式。**

人类长期的管理实践证明，由于统治式社会管理对于大规模的组织式群体而言，是最为有效也是最高层次的群体管理形式，所以，人类关于统治管理的所有历史变革，都不是也不可能是对统治管理形式的否定，而只是对那些不正确、不合理的统治管理体制和机制实行的变革。

如果某一个社会群体拥有自己的武装力量并应用于群体管理，并拥有一定的经济基础、拥有群体领导人、占有一定的地域、群体内部有协作和利益分配形成的生活方式，那么即使这个群体的规模不是很大，但从性质上已经类似于国家形态，属于统治式管理的群体了。如果在一个国家的内部存在类似的群体，那实际是一种国中之国的割据状态。

割据会使共同利益基础的这一要素受到削弱，从而影响统治管理的统一性，这是可能导致动荡局面的重要原因，所以这种状态很容易导致内战。这样的内战已经属于不同的统治管理群体之间的争斗了。在人类的历史上，由此引起改朝换代的情况屡见不鲜，因此，每个政权都会注意防止出现类似的情况。

人类自从国家出现以后，对国家上层建筑和经济基础在结构及其功能上的变革，一直是社会变迁的重要体现。这些变革实质上是对统治管理式群体五要素，特别是“凌驾要素”从形式和功能上的不断改进和强化。这是社会生产力发展和民众利益的需求，驱使人类“物种生命”发生的变革。在“物种生命”自身纠错能力的作用下，随着各种错误的利益观念和分配方式被纠正，人类统治式的社会管理逐步趋向于科学和民主。

由于统治管理具有有效的规范功能，人类未来所要实现的“团结统一式物种生命”，也必然选择这样的管理形式，那将是为全人类服务的“民主统治”模式。“民主统治”中暴力强制力量和机构的存在，是维护公共安全、惩治违法犯罪、惩恶扬善、扶正祛邪、维护民主与公正、建立和维护正常生活秩序、防灾救灾、预防和抵御可能来自物种外部的侵害等方面的需要。这时的暴力强制力量，不是直接进行利益分配的工具，也不是推行和维护强权的工具。

六、只能形成于一定宇宙范围中的“团结统一式物种生命”

人类实现“团结统一式物种生命”以后，社会形态属于公益性质；社会统治管理机器的职责和性质是为大众服务；服务对象是全人类而不是任何形式的“部分式物种生命”；社会政治围绕利益分配这个中心，将充分体现出科学的民主性。

依据统治式组织群体五要素的发展状况不难预计，**人类“团结统一式物种生命”，将是以全人类的团结为基础，通过科学的民主式统治管理所形成的，团结统一式的国际性公益社会。它将拥有国际性的立法、司法、依法行政、法制监督等社会管理机构。将实行统一的货币发行和管理。整个地球甚至太阳系是它的行政主权范围。争取人类长久生存的这一最高利益目标，将作为最高的利益原则而成为社会意识形态的基础**。

形成“团结统一式物种生命”，不是对人类存在了几千年的国家及其主权的挑战，这种“团结状态的统一”不是吞并，而是升华为主权联合的统一形式。**这种统一的形成过程虽然是一个极其复杂的系统工程，但是从形成方式上讲，离不开正常的国际贸易和国际交流的推动，随着各地区科技水平和经济状况在差异上的逐渐缩小，相互协作的需求会促进主权联合，并导致国际社会统治管理的统一**。

在这个过程中，以争取人类长久生存为原则，开创各种科学的利益分配与再分配方式，将始终是一个重要的发展内容。在这个过程中，少数国家因为受传统利益思想的影响，所会表现出的各种群体自私，是特别需要注意防止和克服的现象。这些表现所造成的阻力，是实现“团结统一式物种生命”需要协调解决的重要问题。

刚才提到，“民主”是凌驾基础，“法律”是凌驾形式，“暴力”是凌驾手段，由三者共同组成未来统治整个人类的最高凌驾结构，但是更深入地看，形成民主公正的社会法律离不开正确理论的指导，也就是离不开“**真理**”的指导，因此，**“真理凌驾”才是真正意义上的最高凌驾。民众对真理的正确认识及应用，则形成科学的民主凌驾，这是“真理凌驾”的实践形式。**

面对客观世界，只有真实反映事物本质特性及其规律的真理，才潜在着最强的规范效能。违背真理将遭受挫折，遵循真理将顺利前行，无论在自然科学领域还是社会科学领域，“真理凌驾”都客观存在。科学的民主和公正的法律，则是对真理的彰显。

对真理的认识和把握，这是“劳动文化式生存方式”的表现。对真理的发现、检验、传播，以至被大家接受，最终形成广泛的共识和共同遵守的行为准则，这是来之不易且又不可阻止的文明进步。正因为这种进步，真理才终将指导人类形成思想共识，并最终形成“团结统一式物种生命”。

人类如果实现了“团结统一式物种生命”，这将是“文明生命形成于一定宇宙范围中”的一种统一式物种生命。为什么这样说呢？因为宇宙中具有“抽象思维和文化特性”的所有智慧生命都将是同类，那么准确地讲，只有宇宙中所有的“文明生命”都联系成为了一个团结统一的社会整体，才能说“文明物种”实现了“团结统一式的物种生命”。但是宇宙空间无限广阔，要将宇宙中所有的“文明生命”都联系成为一个团结统一的社会整体，这显然是不可能的事情。所以，**对于文明物种实现“团结统一式物种生命”，如果不做出“形成于一定宇宙范围中”的这种划分说明，那么文明物种要实现“团结统一式物种生命”，就始终只是一个不能成为现实的理论概念。**

这段话的意思应该解释为，宇宙中的“文明物种”可以以居住星球的地域范围为基础，在一个星球或者由若干个星球组成的宇宙范围中，来组织形成“团结统一式的物种生命”。比如说，人类可以以地球的地域范围为基础，形成人类“团结统一式的物种生命”。如果将来人类向月球、火星移民成功，那么将可以在地球、月球、火星组成的宇宙范围中，组成人类“团结统一式的物种生命”。

乍一听这似乎有点像“天方夜谭”，但这些都经得起推敲。比如说，人类如果成功移居月球和火星，那么人类在月球和火星的居民与地球居民必须组织形成“团结统一式的物种生命”。否则相互之间将难免发生毁灭性的非常规战争。从“利益运动”和“物种生命”的层面来看，这些现象一点也不奇怪。

提到非常规战争，这里又要再次特别强调，**在“文明物种”进入高科技时代不久，就必须以居住星球的地域范围为基础，尽快形成“团结统一式的物种生命”，因为“文明物种”进入高科技时代以后，如果物种生命继续处于松散状态，那么将难以避免发生高科技的非常规战争，“文明物种”及其文明成果将可能因此毁于一旦**。导致这种后果的原因在前面已经多次讲到，这里不再赘述。所以，已经进入高科技时代的人类，当务之急并不是高科技的军备竞赛，而是应该尽快形成“团结统一式的物种生命”。

篇章 19：利益运动中的强制现象

上一篇章讲到“统治管理方式会长久存在”，人类实现“团结统一式物种生命”以后，仍会采用统治方式来管理整个国际社会。形成这一观念的缘由，是因为人类社会在矛盾运动中难免会有犯罪行为，如果没有惩治手段就不能建立和维护正常的社会生活秩序。但是可能有人会认为，在高度文明的情况下人们的思想觉悟会很高，会非常礼让和自觉，所以不需要存在暴力手段的统治管理，认为统治管理是不自由的社会，不是理想的社会。

期望社会管理不要以暴力为终极手段，实际上这只是一种良好的愿望，是理想主义的想法。**其实，理想的社会并不在于是否存在以暴力作为手段的统治管理，而在于是由谁来掌握的统治，是为谁服务的统治**。人类在实现“团结统一式物种生命”以后所采用的统治，是民众依法按照民主方式选举产生的领导人来掌握统治权力，这是为民众服务、是维护人类“物种生命”整体利益的“民主统治”，是由社会大众依法实行民主监督的统治。如果选举的领导人“不作为”或是滥用职权、以权谋私、贪污腐败、缺乏服务精神等，就会依法受到问责或罢免。

千万不要认为理想的社会是没有强制表现的社会，在物质世界和利益运动中，强制属于常见现象，所以，本篇章专门谈谈关于强制的问题。

一、强制表现具有普遍性和多样性

无时无刻不是处在运动之中的物质世界是四处都有强制的世界，因为**任何运动**

都是力的作用同时又都是支配的反映，而任何的支配都包含着强制，所以任何运动，任何力量的作用，以及任何的支配都少不了强制。现实世界除了存在非生命物质对生物形成的强制现象以外，在生命活动中也存在各种强制。生命活动中的强制可以分为自我主观强制、客观强制、主客观相结合的综合强制。强制表现的具体形式多种多样，从强制的性质来讲主要分为一般强制和暴力强制。

暴力强制是指强制方采用各种力量，对被强制对象进行威慑或直接进行生理制约的表现。暴力强制以直接构成生理伤害、控制自由、构成身心痛苦和心理恐惧的方式，达到迫使被强制对象屈从，甚至剥夺被强制对象生命等强制效果。

暴力强制的特点是，只要有足够的强制力量，对任何生命对象都能够当即达到迅速有效的制约。由于剥夺生命对于生物而言，属于最高形式和极端性质的严重后果，因此，暴力强制是极端性质和最高表现形式的强制，其强制作用为一般的强制形式所不可完全替代。暴力反抗则属于反强制性质的强制。

从社会管理的层面来看，如果有专门的暴力机构作为一般性强制管理的支持，暴力机构可以采取暴力手段实施强制管理，那么便成为了统治性的管理，所以，**统治管理属于最高层次的管理**。

除开暴力强制以外的其他强制均属于一般强制。教育、批评、指责、处分、经济处罚、经济制裁等都是一般强制的表现。一般强制是最为广泛最为普遍的强制。一般强制尽管有时也有危及生命的情况，但这属于例外而不是一般强制的目的。一般强制为了保障其有效性，往往需要暴力强制做支持，二者在管理中构成相辅相成的关系。

生物对于生活资料的获取都具有强制性，凡是以其他生命对象作为生活资料的物种，无一例外都需要采用暴力强制的方式来获取生活资料。对植物的采摘和对动物的狩猎，从性质上都属于暴力强制的表现。每个物种都是以维护和争取自身物种的长久生存，为最高的利益目标和利益原则，没有哪个物种会将其他物种的生存看得高于自身物种的生存，否则，在异类之间也就不会具有残酷的生存竞争了。

二、利益分配中暴力手段的分配表现

包括人类的种植和养殖，在最终的收获及应用环节上都脱离不了使用暴力强制。不能以为在剥夺植物的生命时它们没有反抗，或者因为我们觉察不到它们的痛苦，便认为这不属于暴力强制的表现。以任何方式剥夺其他的生命，这都属于暴力强制的范畴。

在自然环境中，暴力强制是异类之间利益分配的主要方式，是维系生存的最重要手段，也是解决利益矛盾简单而有效的方法。**所以对于生物而言，直接以暴力作为利益分配的手段，这近似于先天的本能习性，尤其在雄性中，推崇暴力的现象更为突出**。在人类内部为争夺利益而使用暴力，就是直接将暴力作为了利益分配的手段。包括看似一般的斗殴，也具有争强斗狠、耍威风、出风头等特点，实则是从别人的屈服或者被伤害中得到征服、报复、发泄等精神满足式的利益占有。

在人类社会内部，暴力不属于生产力的表现，它只能作为影响社会生产力发展的重要环境因素。暴力既可以通过支持正确的社会分配，以形成良好的秩序来营造有利于生产力发展的社会环境，又可以通过支持错误的社会分配，或者将暴力直接作为利益分配的手段，来形成对劳动积极性的压抑，从而营造不利于生产力发展的社会环境。

抢夺其他群体的生产资料或者生活资料，可以迅速促进自身群体生产力的发展，但这是由抢夺来的物资强化了生产力的要素所促成的发展，而不是暴力的本身会发展生产力。比如说，如果被抢夺对象没有什么财富，那么就没有物资来强化生产力的要素，因而生产力也就不会得到促进。正因为暴力抢夺可能带来一定的利益，所以这会诱使暴力不断地得到应用。

人类由战争引起的各部落群体之间的吞并或者联合，使得群体的规模不断扩大，为了对大规模的群体形成有效管理，为了捍卫群体占有的疆域，为了防止在群体内部因为暴力泛滥使民众失去安全感，为了惩治各种违法犯罪，为了管理和处置被俘人员，为了形成和保持群体内部正常的生活秩序，为了维护和巩固统治权力，于是在参照战时管理机制的基础上，诞生了以暴力维持秩序为特征的统治式社会管理模式。与此同时，采用统治管理模式的群体也随之转化成为了“国家”形态。

三、服务职能是统治管理的重要特性

统治管理的形成和延续，需要服务于被管理群体的某些利益。例如按照生活需要建立和维护基本的社会秩序、调解纠纷、赈灾救灾等，通过这些利益维护形成对群体的服务。**统治管理如果没有服务于被管理群体的作用，如果不能强化形成组织式群体的五要素，那就不会有凝聚力，就一定不会长久存在下去。**

在统治权力为君王掌控的历史时期，这种服务是按照一定的比例来对待不同的社会对象，即对君王和统治集团的服务与对广大民众的服务会形成一定的比例关系。

在这种比例关系中，如果服务于民众的比例降低到一定程度，就会引起民众的反抗而危及统治权力的稳定，这种反抗会促成统治管理增大服务于民众的比例。

其实，只要统治权力存在任何形式的私有或世袭，就不可避免地会形成特权现象，这是因为对权力的垄断必然会削弱对权力的监督和制约。失去必要制约和监督的权力必然会成为特权。缺乏有效监督和约束的特权，会产生权力为执权者服务的利益趋势，会使权力成为牟取私利的工具，所以，特权是不断滋生各种腐败的土壤，这种滋生现象不以任何人的意志为转移，无论主观上如何想消除这些腐败现象，无论采用怎样的方式去惩治和打击腐败，但最终都会由于土壤尤存而使腐败现象再生不止。

腐败的实质，是由于统治管理缺乏必要且有效的监督，是一种极不公正的利益分配表现。这种不公正的分配会引起分配秩序的混乱，会使统治管理对民众服务的比例缩小，会引起民众的不满和反抗。如果动用统治管理的暴力来强制维护这种分配，其结果便是制造社会压迫。这种压迫就是以暴力强制直接作为了利益分配的手段。这种对物种整体利益有危害的不公正分配，必然会引起暴力反抗式的纠错反应。

所以，在统治权力为君王掌控的时期，由于统治权力的私有和世袭，不可避免的特权和腐败现象会不断引发民众的反抗。这种反抗性的纠错表现，推动着统治管理不断趋向于民主的进步发展，同时使得统治管理服务于民众的比例逐步得到扩大。伴随这种进步，人类从奴隶社会发展到封建社会，又从封建社会发展到现代社会，最终形成了共和制的统治管理模式，到目前为止，人类许多的国家已经实行了共和制。

四、文明物种不能将暴力作为物种内部的利益分配手段

通过对“物种生命”的揭示可以认识到，暴力强制如果直接作为物种内部的利益分配手段，从性质上讲它会危害“物种生命”的整体利益。从表现上看，这是以侵害某些同类的利益为代价来使另一些同类受益，这种挖肉补疮的做法，显然不是从根本上解决内部利益矛盾的方法。

将暴力作为分配手段应用于物种内部，会形成混乱无序的利益分配局面，会使得同类和异类在利益矛盾上的本质差别混淆不清，所以，在文明物种的内部应该坚决制止这样的现象。

在当代人类的任何一个国家，都可以看到统治管理会对内部随意使用暴力的现象加以限制，都会打击欺行霸市的黑社会势力，都会惩治内部的暴力犯罪，这都是

国家内部不允许直接将暴力作为分配手段的表现。

战争是典型的暴力分配现象，从人类目前的情况来看，只有国家与国家之间的战争还得不到有效制止。这是因为，人类的国际社会目前从组织形态上还是松散的，没有形成国际社会统一的统治管理机制。为了避免出现毁灭性的生存错误，制止国家与国家之间的战争直至最后杜绝战争，这是当前人类需要解决的重大问题。解决这个重大问题，要以“利益运动”和“物种生命”为理论依据，没有这种认识就不能明确人类的生存方向，就不能将“争取实现人类的长久生存”确立为最高利益目标和利益原则。没有这一最高利益目标和利益原则，人类就不可能建立统一的国际社会，就不会有正确的标准作为各种利益行为的指导。

只要还没有形成统一的国际社会，无论国家内部的统治管理模式如何民主，相对于国际社会而言这种民主都有局限。因为国家属于“国家形态的部分式物种生命”，国家内部的民主统治尽管能够很好解决国家内部的利益矛盾，但是在解决国家之间的利益矛盾中，各国片面维护自身国家利益的观念，很容易滋生“群体自私”的思想。这种群体自私的表现会引发国家之间的利益冲突，这种冲突很容易升级为战争式的暴力争斗。所以，只有实现“团结统一式物种生命”，整个人类才能实现充分而科学的民主，战争才可能被最终杜绝。

对于国际社会的统一管理，从原理上讲与现代国家的内部管理有很多相似之处。这是因为，国际社会除了利益关系显得庞大而复杂以外，利益矛盾的性质和形式与国家相比并没有什么变化。所以，当国家式的群体自私观念得到克服以后，由管理国家所积累的各种有益经验，可以广泛应用于国际社会，这其中就包括推行民主与法制的经验。

五、没有离开强制的自觉

本篇章开头提到，也许有人认为在高度文明的情况下人们的思想觉悟会很高，会非常礼让和自觉，所以不需要以暴力作基础的社会管理。**实际上，离开强制的自觉是不存在的，自觉虽然是自我约束的主观强制形式，但是这种自我约束的产生，要依靠环境中有效的监督和处罚机制所具有的警示威慑作用来形成。即主观的自我约束形成于有效的客观约束。**

自我约束可以通过相关的教育来形成，属于后天培养的素质。这种素质不能通过遗传方式来继承和发扬，所以，**即使是在高度文明的情况下，每个人的优良素质，**

都需要通过正确的教育和统治管理的双重作用来培养。只不过在高度文明的社会条件下，有素养的文明氛围会影响每一代新人更容易养成遵守法纪的自觉性。

自觉不是天生的，自觉是各种限制的产物，自觉形成于限制。由于自觉是通过客观的规范转化而来，属于间接的客观规范，所以，客观规范占有主导的地位及作用。因此，自觉尽管可以通过教育的方式来形成，但是绝不能完全依赖于教育，**如果没有有效的监督和制约机制，教育的功效将会大打折扣，所以在反腐倡廉中教育的作用只能是辅助的，主要还得依靠建立有效的监督和制约机制**。当然，在制约机制和教育的作用下，有些人也会出现自主自愿的自觉，这种自觉属于觉悟的表现，这是高层次意义上的自觉。

在人类的社会生活中，曾经出现过抵触正常社会管理的无政府主义思想，无政府主义主张绝对自由的生活，但事实证明这样的想法和做法行不通。因为**在四处充满强制因素的世界里绝对的自由是不存在的，那些所谓的绝对自由，在很大程度上只是一种肆意和放纵的表现，而肆意和放纵是引发混乱无序的根源**。

社会混乱首先会导致失去安全的生活环境，这必然会反过来对肆意和放纵形成纠错反应，因此，自由都是相对和有条件的，只有共同维护社会的和谐安宁，才能获得和享受有安全保障的自由。**具有社会安全保障的自由才是真正的自由，只有通过共同遵守正确的社会规范所形成的和谐、和睦，才是大家共同享受自由的真正体现**。所以，在人类“物种生命”的内部，不应该存在随意的自由，更不能存在随意使用暴力的自由。**只有限制那些不正确不正当的自由，才能得到正确正当的自由**。

在介绍“自利与自私”的篇章中曾经分析过，**人类自利与自私的形成机理是相同的，自私只能以随时抑制的方式来预防，如果缺乏了正确而又有效的各种强制条件，稍不注意就会形成自私表现**。在现实生活中，自私的动机很容易导致错误行为，有时甚至导致严重侵害他人利益的犯罪行为，对于这种现象只有采用强制的管理方式才能惩处和遏制。

综上所述，即使人类社会文明的程度再高，也离不开统治性的社会管理。

篇章 20：关于利益分配中的差异与平均

在介绍“物种生命”的三种存在状态时（篇章 4），曾经提到以后要展开讲讲关于利益分配中“差异与平均”的问题，因为这对于正确看待差异和平均现象，以及正确应用差异和平均的分配方式都有所帮助。本篇章就来谈谈这个内容。

一、差异与平均都是必要的分配方式

我们常常提到的生态平衡，是在一定范围内不断处于波动变化之中的相对平衡，这种波动是从差异到平衡又由平衡到差异的调节运动。

比如在食物链关系中，某些物种的过度繁殖会因为对食物需求的增加而打破食物供给的平衡，食物的缺乏会因为饥饿而造成这些物种部分个体的死亡，此外还有被其他物种的吞噬或疾病引起的死亡，死亡会减少对食物的需求，从而使被打破的食物供给平衡重新得到恢复。**这是一种以部分生命死亡为代价的生态调节表现，在生态平衡的运动中这是一种带规律性的调节方式。**

关于过度繁殖的问题，除了“文明物种”能够掌握控制生育的技术和具有计划生育的理性以外，自然界中的绝大多数物种都不能控制繁殖，只能通过环境条件的变化来节制繁殖。环境条件恶劣就自然减少繁殖，环境条件改善就自然增加繁殖。所以自然生态的调整，主要是依靠形成死亡和调节繁殖的方式来实现。

如果生态环境遭到十分严重的破坏，即生态出现了严重的失衡，采用以上方式需要很长时间才能实现调整，或者根本就调整不过来，这样造成的后果将是生存条件的极端恶化而使部分物种灭绝。这种灭绝会形成生态的“大洗牌”，通过“重新大洗牌”来逐渐建立新的生态关系。这也是一种带规律性的生态调节方式。

要指出的是，任何一个物种如果灭绝就几乎不会再重生，所以对于那些灭绝的物种来讲，这种生态调整是颠覆性、毁灭性的，是不可逆转的。人类现在倡导的节能减排、实行绿色低碳生活、保护生态环境免遭破坏，正是为了防止出现这种严重的生态失衡。必要的平衡对于生命活动不可缺少，如果没有一定的平衡，便不能对生存与发展形成基本保障。

但是除了平衡以外差异也很重要，差异虽然会打破平衡，但是在生命活动中差异会促成改变现状的奋斗。奋斗会对生活条件形成改变，会在不同的物种之间引起生存竞争，而竞争是推动生物进化的力量，是形成生命活力的源泉。生命需要竞争来提高活力，合理的差异是形成和催动竞争的重要条件。

从物种内部的利益分配来讲，平均与平衡的作用很相似，即平均分配能够具有平衡利益关系、形成生活保障和稳定生活秩序的作用，这与“公有”的作用几乎相同（参看篇章13）。在物种内部的利益分配中，差异则有激励和刺激竞争的特点。

但是，过度的平均会滋生懈怠和懒惰，过分的差异则会引发不满和动荡，所以差异与平均的作用都具有两面性，这使得完全采取差异分配或者完全采取平均分配的做法都是片面的。正确的做法是二者应该相互兼顾、相辅相成、形成互补。只要正确发挥二者的长处和克服不足，差异与平均都是很好的分配方式。

无论平均还是差异，关键都要把握好“度”，“适度”都将有益，“过度”都会有害。在物种内部的利益分配中，只有合理的差异与合理的平均相结合，才能使差异和平均形成合理的互补。差异和平均如果缺乏合理的互补，要么会使生命运动缺乏活力，要么会在同类之间引发暴力式的利益争斗。所以，需要弄清楚哪些分配应该采用平均方式，哪些分配应该采用差异方式。

二、适宜采用平均分配的范畴

从需求的层次来看，人的基本生理需求和安全需求放在首要位置，这说明这些需求是保障生存的基本条件。以人类的现代生活而言，这些需求应该包括基本的衣食、居所、医疗、文化教育等。如果这些需求能够得到基本的满足，生存也就有了保障，社会稳定也就有了基础，可见对于这部分需求，社会应该实行按需的、无偿的平均式分配。现在许多国家建立的社会保障体系的这种分配模式，就已经具有了无偿的按需分配的性质。

将文化教育列为基本需要，是因为“文明物种”采用的是劳动文化式的生存方式，如果缺乏必要的文化教育，这种生存方式就难以得到传承和发展，社会成员的生活能力也会受到局限，因此，人人都应该享有接受普及式文化教育的平等权利。

社会保障体系的建立，这是反映人类文明进步的一个重要标志，是人类“物种生命”提高生命力的一种重要形式。但是，如果将社会保障不断朝着高福利的方向发展，这就偏离了社会保障的正确方向。这样做的结果一方面会使公共积累不堪重负，另一方面则会滋生精神颓废、好逸恶劳的负面效应。这就是“过度”的无偿分配带来的不良反映。

作为社会保障的正确体现，它只是由社会对不同年龄段的每位成员最基本的生活所需、按照基本的生理需求标准有保障地给予无偿供给。这是一种以形成基本生存保障为目的的平均分配形式。这种形式既不是无限制地供给基本的生活资料，也不是无偿提供所有的消费所需。

为什么应该按照以上标准来建立社会保障体系呢？这是因为，对于基本生活所需的分配，存在一条能够引发情绪激变的警戒线。以食物为例，对食物的基本所需如果得不到满足，饥饿与死亡的威胁会引起强烈的求生反应。这种反应会形成竭力寻求食物的活动，否则便会发生死亡。如果导致这种威胁的原因来自于物种内部不正确的利益分配，或者说原因虽然来自于自然灾害，但是社会的分配机制不仅没有起到抵御灾害的作用，相反推波助澜地加深了这种生存危机，那就十分容易因为激变的情绪而引发暴力式的反抗斗争，反抗的矛头会直指错误的分配制度。在人类的历史上，这种对错误分配制度的反抗性修正，是推动社会进步和分配制度发生变革的重要力量。

这条警戒线还是确定采用差异分配与平均分配的分界线。如果忽视这个分界线的客观存在，对包括最基本生活所需在内的所有需要，都采用会形成竞争的差异式分配，那就不可能形成具有基本安全感的社会生活氛围，稳定的社会生活秩序就不会有保障。反之，如果对所有的需要都采用非竞争式的无偿的平均分配，这样的分配既不能适应多样的消费需求，还限制了消费中的自由选择，这样不仅会使社会生活陷入机械式的单调，而且无法充分调动人们的劳动积极性，会使整个社会经济缺乏应有的活力。

三、平均分配存在的不足

如果对所有的需求都采用平均分配，这不符合人们因为喜好、品位、志趣的不同而在需求上具有多元性、多样性的要求。还有，与平均分配相适应的是计划经济的模式，但是再周密的计划也不可能满足不断变化的众多需求，其结果必然是有些产品会供不应求，有些产品则会不受欢迎。此外，由于资源、生产能力等因素对产量的限制，许多产品根本无法做到按照人人都平均享有的方式来分配，这就势必会造成新的社会矛盾。

过度的平均分配类似于“高福利”的社会保障形式。如果人们可以从高福利的社会保障中，无偿得到各种优裕的生活所需，那就都不需要再去劳动了，在这种情况下别幻想人们会有主动参加工作的自觉性，因为自觉是客观限制的结果。如果没有一定的客观限制，仅想通过号召和倡导来发动人们参加劳动，那么在既然可以不用参加工作就能够享有优裕生活的情况下，就不会出现一致性积极参加工作的自觉行为，此时，工作会演变成为仅凭兴趣而不是“必须”的生活内容了。

没有“必须”就形成不了责任心，如果仅凭兴趣来对待工作，那么没有了兴趣

怎么办？这样就难以形成有责任的生活态度。此外，如果对于不能自觉参加工作的人，没有从分配上形成降低生活待遇的差异，那么对于能够自觉参加工作的人来讲就是不公正的体现。

所以，对所有的需求实行平均分配或者按需分配，这是一种理想化的分配设想。这种设想只能在所有社会成员都会在各种利益面前相互自觉谦让，都会不计报酬地为社会做贡献，都会自觉把劳动作为生活第一需要的前提下才能办到。这里并不否定会有部分社会成员在一定的时期里能够具有以上表现，但是认为人人都会长期具有以上表现的自觉性，那肯定是不切实际的想法。况且在各种利益面前相互自觉谦让，这只是个人主观态度的反映，既不能就此说明分配方式是否正确，也不是按需分配的真实表现。

四、差异分配要关注和把握合理性

差异其实是普遍的自然现象。在利益分配中平均分配存在的不足，或者说不宜采用平均方式进行分配的利益内容，就只适宜采用差异的方式进行分配。实际上分配矛盾往往并不在于是否存在差异，而在于存在不合理的差异，所以，分配中需要关注和把握差异的合理性。

例如刚刚讲到，为了保障劳动文化式生存方式的传承和发展，人人都应该享有接受普及式文化教育的平等权利。所谓“普及”并不意味着文化教育是一个没有差异的领域，每个人接受和应用各种文化知识的能力会有一定差异，不同的社会劳动对于文化知识的要求也有差异。很多的社会劳动并不需要具备高等教育的知识水平，如果让接受过高等教育的人去从事这类工作无疑是一种浪费现象，所以，高等教育不宜完全列入义务教育的范围。社会保障体系只是按照一定的比例，对初、中级义务教育中的成绩优秀者继续进行公费的高等教育。这体现了“物种生命”具有保障高级人才的培养责任，这是保障高端知识技能能够得以传承和发展所必需的。除此之外，对于有经济能力且又愿意接受高等教育的其他社会成员，可以自己选择自费接受高等教育。高等教育应实行多样的准入机制。

在社会保障体系中，对于疑难和重大疾病要建立“按需分配”性质的医疗保障机制。对于疾病按照医治需要进行治疗这并不属于高福利的表现，而是保障健康安全的人道主义要求。作为健康正常的人不应该攀比这种待遇，不应该认为这是不公正的分配现象。与这种医疗保障机制相结合的是相应的医疗监督和督察机制，用来对医疗渎职、小病大治、滥用贵重药品等现象实行监管。**社会管理不要忽视对于各种监管设施及其监管人力的必要投入，由于缺乏有效监管而造成的损失以及负面的社会影响，往往要远远超过必要的投入。**

社会保障体系对于身有残疾的弱势群体要设立专门的生活保障机构，对其中有一定劳动能力者，设置能让他们从事简单劳动的专门场所，要让他们有幸在社会制度的关爱中尽量减少所遭遇到的不幸。

社会保障体系对于老年群体要建立设施完善服务周到的专门养老机构，养老服务可以采取无偿和有偿相结合的形式。对老年人的关爱，是因为他们是从事过社会建设的有功群体。在正常的人生经历中，多数人都会成为这个群体中的成员，让老年人能够安享晚年，尽量减少他们的孤独和后顾之忧，这种让人具有归宿感的社会保障，会让每位社会成员都能体会到“物种生命”的温暖。这种温暖将会形成一股强大的社会凝聚力，使每个人都会产生对社会的热爱。

儿童和青少年是社会的未来，对于儿童和青少年的关爱，重点在于身心健康。为了他们将来能够担负起社会责任，团结友爱的协作精神、高度的责任心和刻苦进取的精神，这些都是进行素质培养的重点。对于儿童和青少年的生活，社会保障要无偿提供托儿所和幼儿园，提供专门的健康保健服务，供给符合发育需要的基本营养品。溺爱和过分优裕的生活并不有利于儿童和青少年的成长；艰苦虽然不应该是他们的主流生活形式，但艰苦却是一种必不可少的素质培养方式。所以，作为教育性质的挫折锻炼和艰苦生活锻炼，以及道德品质、精神文明教育，应该是贯穿于不同教育阶段的必修课。要让每一代人都成为既有文化又有教养的人。

需要说明的是，社会保障体系不能替代家庭的作用。家庭的生活方式、生活习惯、生活情趣、婚姻状况、道德修养等生活形态，对于人格个性、世界观、人生观、价值观的形成具有不容忽视的作用，因此，社会要倡导和维护和睦健康的家庭生活。

社会保障体系的分配模式，是按照满足基本需求的标准进行平均分配的原则，向每位社会成员无偿供给基本的生活所需，使每个人能够获得生存的保障。社会保障体系的分配是采取实物或是货币方式，还是二者相结合的方式，这应该通过实践摸索来确定。由于这部分的生活所需没有生活竞争的性质，所以这是对每个人基本生存权利的维护，是“文明物种”的“物种生命”通过文明进步，形成强大生存能力的体现。对于社会保障以外的生活所需，则需要通过必要的社会劳动，以按劳分配的方式去获取。

按劳分配属于具有一定差异的分配模式。社会管理要通过各种方式形成较好的劳动就业环境，使具有劳动能力的社会成员能有较多的择业机会，个人可以通过努力工作去争取生活水平的提高。由于有差异的劳动报酬会形成消费水平的差异，要想提高消费水平就必须去努力工作，所以差异分配具有激发劳动积极性、形成正当生活竞争的作用。

虽然社会保障体系能够提供最基本的生活需要，但绝大多数人都不会满足于这种最基本的生活水平，一般会在社会保障的基础上，再去通过正当的社会劳动来实现生活水平的进一步提高。从原理上来讲，只要各种社会劳动在报酬上的差异科学合理，就可以由社会保障和劳动所得，来共同构成平均与差异互补结合的合理分配状态。

社会保障体系具有稳定社会秩序和促进消费的作用。这是因为，社会保障体系通过解除人们的后顾之忧，会使人们增强生活的安全感，人们不需要为了医疗、教育等费用而进行经济储备，可以放心地将收入投入消费。消费对于形成再生产的循环与劳动就业是必不可少的重要环节。

收入的差异虽然是促进生活竞争所必需的，但这并不意味着可以无限扩大收入的差异。收入差异过大会形成许多负面效应，对于收入差异的控制和调整属于社会管理的职责。个人合法的收入除了可以用于消费以外，社会还可以鼓励用于正当的投资。对于私有财产用于正当的社会投资，应当视为一种社会奉献的积极表现，为此社会要努力营造良好的投资环境。

随着文明的发展，随着对人口数量的科学控制，在生产力发展到较高水平的情况下，今后人们可以通过体力不重、时间不长、具有安全保障的工作，便能够通过劳动所得，使生活水平在社会保障的基础上得到较大程度的提高，过上充实而体面的生活。

工作时间的缩短可以形成更多的就业空间，增多的业余时间可以视为时间形式的报酬，这是由文明进步形成的，“相对的劳动解放”表现。人类不可能也不可以完全脱离劳动，但是劳动如果不能摆脱繁重、艰辛、疲惫、劳累的状况，如果没有正当的休假，那么劳动永远也不会成为一种人人都乐意的生活内容。

相对的劳动解放，就是为了使劳动转变成为人人都愿意从事的生活内容，而不将劳动视为负担，不使劳动具有无奈的成分。**但劳动解放的目的不是为了最终脱离劳动，所以劳动解放的本身是“劳动进步”的一种重要标志。**

生产力水平和自动化程度的提高，会使单位时间的生产效率有所提高，与生产力水平较低的时期相比较，此时人们工作时间的缩短并未使劳动效率降低，在这种情况下采用缩短工作时间而相应增加劳动人数的做法，不同于生产力水平低下时的密集型劳动，而是一种由短时间工作与密集参与相结合的新型的劳动组织模式。

能够使多种经济形式互补结合的“次位股份模式”（见篇章13），将是实现这种新型劳动组织模式的基础。相对的劳动解放与限制个人从事多份工作，这是调控失业率的一种途径。有了社会保障对生存权利形成的平等，有了社会调控形成的良好就业环境，有了通过社会劳动就能明显提高的生活水平，这些条件可以避免个人因为受到生存威胁而被迫去做有失人格的事情，由此便保障了社会成员在人格上的平等。

五、不劳而获和心想事成并非最理想的生活

有人似乎觉得：还是完全的劳动解放更好。如果生产力的水平提高到人们不需要工作就能够过上优裕的生活，这种不劳而获的状况不是可以避免许多利益矛盾吗？

但这又是一种脱离实际的理想化想法。这里不妨按照这种想法作一种非常极端的假设，假设所有的生产中凡是需要人的地方都由“机器人”来替代，生产力高度发达，物质财富充分涌流，人们不需要工作劳动，所有的物质需求都可以从满足上完全达到心想事成、应有尽有的境地。按道理说，这应该是非常完美的理想社会了，人们可以无忧无虑地生活，应该感到无比的幸福吧。

但是事实并非会是想象的那般美好。这是因为，**人类有了劳动才创造了文化、产生了文明，并在劳动文化式的生存方式中，逐渐有了高级意识的精神表现和精神需要。精神需要不仅能够以消费为媒介来给予满足，还可以通过成就感、荣誉感、自我价值实现等形式来满足。特别当自我价值实现是体现生存意义的重要表现时，有价值有创造性的生命活动，对于满足精神需要就尤其显得必不可少。如果形成了完全的劳动解放，失去了劳动创造，那么也就失去了通过自我价值实现来满足精神需要的途径。这样的结果会使精神陷入空虚无聊。**

空虚无聊是有煎熬表现的精神状态，由缺乏价值实现形成的空虚无聊，不能完全通过物质消费来消除，所以优裕生活中的无所事事，是最容易产生空虚无聊的环境条件。如果整个人类陷入了这样的精神状态，便会出现严重的精神危机，这种危机会导致难以预料的社会问题，因此，完全的劳动解放并非好事。

当然，无论生产力的水平提高到怎样的程度，由于在组成生产力的要素中不能缺少了人的这一要素，所以劳动解放始终只能是相对的，完全的劳动解放不可能达到。虽然如此，但仍然应该注意到，相对的劳动解放具有“程度”的不同，如果将“相对解放”发展到“充分”的程度，也就接近了“完全解放”，这同样会产生不良的负面作用。因此，对于劳动解放在相对程度上的控制，社会管理要认真研究把握。

这次通过探讨交流对利益分配中差异和平均的看法，涉及了社会保障体系及其作用的相关内容。社会保障体系在人类的社会生活中，是一个十分重要的利益分配方式，如果社会保障体系十分完善，并且能够正确的发挥作用，那么生活中几乎一半以上的利益矛盾都可以得到化解，由此可见建立和完善社会保障体系的重要性。

但社会保障体系是一个十分复杂的系统工程，它需要通过大量的社会实践才能不断完善。这次交流中所讲的内容，只是对社会保障体系的基本概述，还有大量的应用理论需要在实践中去探索形成。当然，如果从社会保障体系所能发挥的重要作用来看，即使花大气力对社会保障体系从理论到实践，展开全面深入的探索和研究，这也是十分值得的。

篇章 21：对偶然（或称机遇、机会）现象的探讨

在科学已经如此发达的今天，为什么“无神论”与“有神论”这两种不同的世界观，至今仍然处于谁也不能完全说服谁的状况？而且自然科学家按说应该是无神论者，但是有些学者和自然科学家也相信“有神论”，也有宗教信仰，怎样解释这种令人匪夷所思的现象呢？

“唯心论”与“唯物论”是最具代表性的不同哲学思想和意识形态，“有神论”是“唯心论”的重要观念，“无神论”则是“唯物论”的重要观念。这两种不同的观念谁也不能完全说服谁的现象，只能说明我们的认识还存在盲区。本篇章将尝试走出这个盲区的探索，因为对于高科技时代形成理性生活这是完全必要的。

一、未能揭示内在原理的自然现象是“有神论”的依据

自古以来“有神论”的依据，都是一些尚未揭示内在原理的神秘自然现象，所以，“有神论”的意识并不是单纯的“唯心”臆想。以一些神秘的自然现象为客观依据，

这种表现其实属于“朴素唯物主义”的反映。“有神论”者坚持对“神明偶像”的信奉，也并不完全只是主观上的固执己见，而是一些未能揭示内在原理的神秘自然现象与主观臆想相结合的结果。因此，文化愈落后、科学愈不发达，“有神论”便愈会在社会思想上占据重要的地位。

随着文明的进步和科学的不断发展，特别是天文学、物理学、化学的发展，众多自然奥秘和神奇自然现象的内在原理逐渐得到科学的揭示和解答，证实“有神论”的事实依据随之越来越少，到后来就只剩下难以预知的、表现为扑朔迷离的众多“偶然现象”，也就是俗称为机遇、机缘、机会、巧合、偶合、偶遇、随机等现象，成为了“有神论”最后的重要依据。

“有神论”认为：既然唯物论认为世上没有“神明”，世界是可知的，那么对于众多突发的、随机的、看似偶然的事物，比如中大奖等事情就都应该可以预知可以掌控，否则，这些神奇的现象就可以认为都是神力所为、神的意愿、神的安排、神的控制。

于是世上是否存在不可预测的事物？“偶然现象”是否可以被预测？也就成为了问题的焦点。如果世上存在不可预测的事物，那么对这种事物无论怎样“唯物”地去解释，“有神论”都可以不予接受，都可以说“不可预测的事物”这就是“神”的意志表现。如果真是这样，那么“无神论”就根本无法最后说服“有神论”。于是，弄清楚世上是否存在不可预测的事物就显得尤其重要了。

实际上这就是世上的事物是否都可以预测、万事万物是否都有规律的问题，因为只要有规律就必定可以被认识被掌握，就可以预测。唯物论尽管早就归纳出：**世界是物质的，物质的世界是运动的，运动的物质都是有规律的，有规律的运动都是可以被认识的**。并且这一归纳能用众多有规律的现象来给予证明，但是对于扑朔迷离的“偶然现象”到底具有怎样的内在规律，却缺乏具体的解答。看来这并不是个小事情，因为如果这个问题得不到解决，“唯物论”的以上归纳就会动摇，“无神论”也就不能说服“有神论”了。

二、关于“必然运动”和“偶然运动”

世上的事物都不是完全静止的，而且都会与环境因素发生联系，所以，如果对形成事物的原因从预测的角度去进行分析，或者从将来的角度对事物进行预测，就会发现事物的运动变化具有“必然性”和“偶然性”的两种表现。即有些事物的运动变化具有“必然性”，有些事物的运动变化具有“偶然性”。例如，水上升到一定温度会沸腾，下降到一定温度会结冰，这是必然的运动变化。某人上街，除了预约安排的事情以外，还会遇到哪些人和事则属于偶然现象。依据这两种表现，世上的事物从总体上可以划分为“必然运动”和“偶然运动”（或称机遇运动、机会运动）的两大类型。容易预测的为“必然运动”，难以预测的则为“偶然运动”。

“必然运动”是除了遵循“因果律”以外还具有自身“特定规律”的运动，可以掌控是其特点。例如数学定理、物理定律等。“必然运动”的特定规律可以掌握，如果遵照这些规律去控制、设计、规范运动，可以不断地还原、重复、复制、再现相同的运动形态及结果，因而“必然运动”也是容易预测的。“必然运动”包括人为设定的程控运动。所以，“必然运动”又可以称为“特定式规律运动”、“可掌控运动”、“易预测运动”等。

“偶然运动”是只会遵循“因果律”的运动，没有自身的特定规律，不易掌控是其特点。比如说，当众多呈“必然运动”的事物，如果在环境中自由地共处在一起，由于这种“自由”会产生变数、形成不确定的条件，会造成混沌（即非线性）运动状态，所以这些事物在环境中彼此是否相遇、何时相遇、何地相遇，就会呈现为随机性即“偶然性”。可见，**即使是众多呈“必然运动”的事物，只要在环境中以自由的运动状态交织在一起，便会出现“偶然”相遇的运动现象。如果环境中再加入“偶然运动”的事物，那么，出现“偶然”现象的几率还会增加。**

生活环境中并不全是“必然运动”，而是由众多的“必然运动”和“偶然运动”相互自由地交织在一起，因而会不断地随机出现新的“偶然现象”。“随机性”不仅让形成“偶然现象”的因素变得十分复杂，而且会出现奇特的意外表现。这也正是“偶然现象”扑朔迷离，往往难以完全复制和预测的原因。

尽管绝大多数随机的、偶然运动的现象并不会影响事物原有的运动形态，但是却有少数随机的和偶然运动的现象，会对事物的原有运动状况发生影响。这种影响有些是暂时的、无关紧要的，有些则是长期的、重大的，有些会带来幸福、愉快甚至奇迹，有些则会带来出其不意的人祸、天灾。那些有影响的随机的偶然现象，既可能导致出现新的“偶然运动”，也可能导致新的“必然运动”，于是大千世界中的众多事物，便会在运动中不断地呈现为由有序归于混沌无序、又由混沌无序归于新的有序的演变式发展之中。

在上面某人外出的例子中，除了事先预约的事情之外他还会遇到哪些人和事，则都属于随机的即“偶然”的表现，所以某人外出可以认为是从有序的生活中，进入存在混沌特点（即非线性运动系统）的外界环境。外出随机遇到的许多人和事，其中绝大多数是擦肩而过的，不会对原有的生活状况发生影响。但是如果在具有混沌特点的外界环境中，某人在“偶然”相遇的事件里做出了舍己救人的事迹，原来很有规律的生活就可能会在其后的诸如受伤治疗、事迹采访、事迹报告、拜访等事务中变得无序，但这同时又可能会给他的人生带来很多新的发展机遇。当经过了这些以后，在主客观因素的共同作用下，他的生活渐渐又会在新的生活层面上归于新的有序，形成发展式的生活变化。**因而在传统哲学理论中关于“必然中包含着偶然、偶然中存在着必然”的这种说法，实质上应该是指：处在自由运动状态中的各种事物，由于存在不确定的变数，所以会形成必然与偶然之间的运动转换**。

对于“必然运动”和“偶然运动”的形成，还可以借助机械运动原理的相关理论来分析说明。从逻辑上讲，任何运动和任何事物的形成与发展都会有过程轨迹。物体运动过程中轨迹的形成，用机械运动原理来解释，是运动物体在各种“约束支撑”的制约下所形成的运动路径。“约束支撑”在机械原理中被划分为“弹性约束”和“刚性约束”。在一个由许多“约束支撑”构成的运动机构中，只有当所有的约束支撑都呈刚性约束时，由于刚性约束在支撑中没有变化，所以此时的运动轨迹才呈“必然性质”的形态，即是可重复的有规律的运动轨迹形态。

如果在运动机构中存在着“弹性约束”支撑，由于弹性约束会出现不规则（既不确定）的支撑变化，于是该机构便会在一定的弹性变化范围内，形成不规则的运动轨迹。而且呈弹性的约束支撑越多、弹性变化越大，不规则的运动轨迹就越会呈现为随机性的复杂多变。

通过分析可知：事物在运动中完全处于“刚性约束”，即几乎**没有不确定的变数，这是形成“必然运动”的原因**。反之，如果事物在运动中存在着“弹性约束”，即**存在着不确定的变数，这是形成“偶然运动”的原因**。例如刚才讲到，众多事物在环境中以自由运动状态交织在一起，由于这种“自由”会形成变数和不确定性，所以这些事物便可以看作相互之间是呈“弹性约束”。因此，**所有的不确定因素都可以看成是“弹性约束”；反之，遵守具体的规律则可以看成是“刚性约束”**。

像刚才说的某人外出，除了预约的事情以外还会遇到哪些事情？像树上的一片树叶它会何时落下？落下时它又最终落在何地？像驾驶汽车出行在途中会遇到什么情况？等等这类的问题，由于其运动系统中存在许多的不确定性，因此会出现许多的随机性偶然现象。乍一看这种具有不确定因素的运动似乎不可预测，但细想一下其实不然。

比如一片树叶会何时落下？会落在何地？如果特意针对这片树叶，采用先进的监控检测设备及分析技术对它进行监测跟踪，便至少可以在它落下前的一瞬间预测到它会何时落下，并至少在它落地前的一瞬间预测到它会落于何地。一瞬间尽管是一个极短的时间概念，但哪怕能提前获得这个极短时间的预测，从理论上讲，说明它并非是完全的不可预测或者不可先知。（这种由检测分析得到的先知，不要混淆于“先念论”的先知先觉。）

一辆汽车，它的整个内在机构本属于有规律的“必然运动”系统，但是如果有了驾驶员的参与，由于驾驶员的操作会在技能、经验、责任心、反应能力、应变能力、路况熟悉程度、情绪、神智等方面具有不确定性的主观因素，所以当驾驶员介入以后，被驾驶员操纵的汽车便成为了一个具有“偶然因素”的运动系统。因此，**如果用约束支撑的眼光来看，人应该属于“弹性约束”支撑。这种具有主观能动性的约束支撑，既具有可能导致正确行为的弹性，也具有可能导致错误行为的弹性**。所以在这个例子中，要想保障整个行驶过程的安全，驾驶员就务必要让自己的主观能动性一直发挥正确的约束作用。

当然，除了主观条件以外，还有车辆的设备状况是否良好，以及行驶环境中所存在的偶然因素，这些都会使整个行车过程中遇到的情况充满不确定性。乍一看，这些不确定性似乎也是不可预测的，但是就像预测树叶落地一样，如果特意针对这辆汽车及其所行使的路段环境，采用先进的监控检测设备及分析技术对它进行监测跟踪，便可以收集包括路途上各种路况、障碍、弯道、行人、牲畜、气候以及其他车辆行驶情况的等等相关信息，通过综合分析，对于将会遇到的各种情况便能够提前一定的时间给予预知。

以上事例及其分析说明，**偶然现象并非是“神力所为、神的意愿、神的控制、神的安排”。偶然现象并非不可预测，只是预测中收集各种所需信息的难度很大，所需的技术和装备水平要求很高，所需的投入也很大，而且提前预知的时间很有限（也就是难以远期预测），那些提前时间很短的预知，在应用上几乎失去了实用价值**。正因为如此，只有出于特殊的需要和万分重要的事情，才会花费巨大的投入去对存在偶然因素的事物，实行有针对性的监控预测。由于日常生活中的绝大多数事物没有必要预测，作为个人而言，一般也缺乏全面收集信息及预测分析的条件和能力。

况且在人们看来，对于提前时间极短、已经不具有实用价值的先知，习惯上一般都不认为是先知，于是通常就会误认为“偶然现象”不可预测。

有人不禁发问：提前瞬间的先知尽管可以说明事物可作短期预测，但这同时说明远期的预测是做不到的。比如说某人今后的前程会如何？既然世上远期的事物不能预测，那不是“有神论”就可以据此认为，远期的事物都是由神的意愿支配的吗？

但是根据以上的分析，对于以上发问可以明确地回答：并非远期的事物不能预测。

第一，凡是“必然运动”（即按照自身特定规律运动的事物），都可以做准确的远期预测。比如依据地球、太阳、月亮相互有特定规律的运行，可以准确预测发生“日食”或“月食”的时间。

第二，**由于具有“偶然因素”影响的运动存在不确定性的变数，因而对具有“偶然因素”影响的运动所做的远期预测，都会因为“变数”的影响而具有不确定性。“变数”是事物在自由交织的相互运动中自然出现的现象，而绝非神力所为**。比如，对某人今后的前程无论做出怎样的预测，因为存在“变数”的影响，所做的预测都会存在不确定性。所以，**人的前程可以依据某些客观条件进行抽象推测，但是难以准确预测，其原因是存在“偶然因素”形成的众多变数的影响**。如果就此认为远期事物是神的意愿支配，那么检验的方法很简单，只要对凡是具有“偶然因素”影响的运动，能够对其运动状况做出仅仅几小时以后的“准确预测”，则证明神是客观存在的。事实是，在不采用监控检测的情况下，没有谁凭空能够做出准确预测。

三、“因果律”[1]概括了万事万物均有规律

既然对“偶然现象”可以做早期的抽象推测，以及经过监测分析可以做短期的准确预测（哪怕是瞬间的先知），这就说明“偶然现象”是有规律的。但是通过对众多“偶然现象”的分析可以了解到，“偶然现象”形成于众多的不确定因素，而这些不确定因素都不能作为“偶然现象”的具体规律。那么“偶然现象”的规律究竟是什么呢？

由于任何事物的联系都有“因果”逻辑关系，因此，**“因果律”**这个各种事物

---

[1] “因果律”，是指所有事物之间最重要、最直接（可以间接）的关系。表示任何一种现象或事物都必然有其原因，即“物有本末，事有终始”、“种瓜得瓜，种豆得豆”之意。参见搜狗搜索词条“因果律”。

都具有的逻辑规律，能使这个纠结的问题得以解决。“因果律”概括了所有的物质运动，所有事物的形成与发展都有因果关系，都具有不可颠倒的“从因到果”的序列过程。任何结果的产生都必然存在形成的原因，任何事物都违背不了这种规律，“偶然现象”也不例外，所以“偶然现象”也遵从“因果律”。**如果对“原因”实行了准确的监测和分析，那么就可以对可能出现的结果做出相应的准确预测，这就是“偶然现象”之所以能够预测的原理。**

“偶然现象”除了遵从“因果律”以外不具有自身的特定规律。这种表现说明，世界上确实具有仅仅只是遵从“因果规律”的运动，那就是“偶然运动”。或者说“偶然运动”是只遵从“因果规律”的物质运动。“必然运动”则是既遵从“因果规律”又遵从自身特定规律的运动。所以，**“偶然运动”又可以称为“单纯因果律运动”、“无特定规律运动”、“难预测运动”、“难掌控运动”、“机遇运动”、“机会运动”。但难预测并非完全不可预测，难掌控并非完全不可掌控。**

由于任何事物都遵从“因果律”，所以“因果律”能够证明，“世界是物质的，物质的世界是运动的，物质的运动都是有规律的，有规律的运动都是可以被认识的。”这一唯物主义的归纳是成立的。

综上所述，唯物论最终从理论上可以说明，广阔的宇宙世界尽管充满了神奇现象，但这都是自然规律的结果。世界上不存在超自然的“神力”，没有超意识的“先知先觉”，也没有能够凌驾于万物之上的“神明”，因而“无神论”最终做到了从理论上胜于“有神论”。

“因果律”能够用来说明世上的万事万物都有规律，这是“因果律”的理论新意。有趣的是，“因果律”从开始就是唯物论和唯心论、无神论和有神论都共同认可的规律。

“因果律”具有公理性，尽管它属于抽象的规律，不能替代那些特定性质的规律，但是可以为分析、了解、应用所有的特定规律提供逻辑思路。从这种意义上讲，**“因果律”属于规律之规律。**

四、“偶然运动”是形成祈福文化的重要条件

通过对“偶然现象”的分析，虽然能够解释“偶然现象”仍然是物质运动的客观表现，并不是超自然的神力所为，但由于“偶然（或机遇）现象”具有扑朔迷离、难以预计和难以掌控的表现，具有“难预测”的特点，这种特点使得“偶然现象”好似具有超自然的奇妙色彩。这种奇妙可以给人以敬畏、遐想、期盼、祈祷、寄托、

祝愿、想象的空间，所以，虽然理性上明知道不存在“神明”，但是在生活中仍然会有以膜拜“神明”的形式来慰藉心灵，来祈盼带来好运好机遇的心态和行为表现。因而，“偶然运动”成为了形成祈福文化的重要条件，宗教作为特有的祈福文化也因而得到传承。

只要不是将“偶然运动”的奇妙现象去神化看待，只要不是据此从事封建迷信的欺骗活动，**“偶然运动”的特点便可以形成一种“具有悬念意境的生活情趣”，祈福文化正是建立在这样的基础之上。**

包括有些科学家、学者和官员在内的很多人，他们对宗教神明的崇拜，是以敬仰神明的形式表现出对能够导致意外的“偶然现象”的敬畏。这种崇拜，是将某些主观愿望通过祈拜“神明”的方式，来祈盼“偶然运动（机会运动）”能促成愿望得以实现。或者是祈盼进行得很顺利的事情不要偶然出现节外生枝的障碍而受影响。总之，这种敬仰和祈拜，是为了寻求心理安慰或者心理逃避，是为了对心理压力的释放，是为了对美好愿望的期待，是为了洁净灵魂的反省，是为了真善美的增生。

尽管人类的科技水平已经很高，但是地球上仍有许多神秘现象还没有得到科学的解释，那么，这些未揭示的神秘现象和“偶然运动”产生的现象，都会成为支持“有神论”的依据，这也就是有些自然科学家、学者信仰“宗教神明”的基本原因。也许在他们的意识里，也是通过敬仰和祈拜的方式来寻求某种心理慰藉，来释放和缓解工作紧张造成的心理压力。**实际上人人的内心都有期盼生活顺利的祈福心态，都需要生活中有承载和寄托这些期盼的载体，宗教及其“神明膜拜”也就是寄托期盼的一种载体**。但是这其中也确有完全将生活寄托于神明的迷信表现。

将生活完全寄托于神明这显然是错误和有害的。正确认识“偶然现象”，对于克服这种错误和学会客观面对现实很有益处。认识**“偶然运动”的意义在于，应该树立承认机遇而不崇信机遇、依赖机遇；承认命运而不崇信命运、依赖命运；承认祈福对心理具有减压作用但不崇信祈福、依赖祈福的世界观**。要破除迷信思想，确立奋发努力、积极向上的生活观。由此还可以懂得，“偶然现象”和“必然现象”对于大千世界都是不可或缺的。

五、不可或缺的“偶然运动”和“必然运动”

比如说，具有自身特定规律的“必然运动”是可以完全被认识、被掌握、被预测的，“文明物种”就是通过认识、掌握、应用各种特定的规律才创造了一个个的奇迹，这些创造改变了生活改变了世界。如果不存在这类的物质运动，就不会形成具有一定秩序的自然环境，世界就会因为到处充满扑朔迷离而陷入难以认知、难以把握的极不稳定的混乱状态。

但是，如果所有的事物都呈现为具有自身特定规律的“必然运动”，这也并非好事。因为如果这样，整个世界也就成为了一部刻板的机械，在这样的世界里，只要通过一定时期的熟悉便会逐渐失去新奇。在这样的世界里，无论事物多么的繁杂却都属于刻板的重复和机械式的循环，事物丰富多彩的程度会因此显得十分有限。

更有甚者，一旦所有的事物都呈现为特定规律的“必然运动”，这就是一个对远期事物可以完全实现先知先觉准确预测的世界。能够先知先觉曾经是人们向往的境界，但是殊不知，**先知先觉对于某些事情也许会是好事，而对另一些事情却未必就是好事**。因为对于所有的人而言，如果事情都可以事先做到先知先觉，并且可以去策划改变对己不利的事情，可以想象这只会使生活环境越来越混乱不堪。反之，如果能够对事物实现先知但却又不可以去加以改变，这不仅会让人难以平静，而且是一种很可怕的处境，因为，**确实有些事情知道了反而不如不知道的好。由此看来，完全不能为人所知的世界将是一个十分可怕的世界，然而，完全能够为人先知的世界同样也是一个十分可怕的世界**。

由“必然运动”所形成的以上不足，恰恰“偶然运动”可以弥补。正是由于在“必然运动”和“偶然运动”的相互作用下，整个世界才会呈现五彩缤纷、绚丽多彩、充满神奇的勃勃生机。尽管“偶然运动”有时会形成事故和灾难，但有时也会带来机遇、幸运甚至奇迹，仅从“偶然运动”能够为大千世界带来无穷的新意来看，就可以认为它的作用是功大于过、利大于弊。

再比如，许多“必然运动”的形成往往需要一定的条件，如果缺乏了这些条件，其特定的自身规律就只能是潜在的状态。在自然环境中，这些条件的形成不是谁的刻意所为，绝大多数时候都是通过“偶然运动”而创造的。人类的许多重大发现和对许多特定运动规律的了解，都得益于“偶然运动”的帮助。包括地球生物的诞生、各个物种的形成和人类的出现，都与“偶然运动”所创造的催化条件密切相关。如果没有一定的催化条件，如果没有内因与外因的有机结合，这样的奇迹将不会出现。

六、内因和外因具有同等重要的地位

内因与外因到底谁更重要，这一直也是存在争议的问题。其实，从来就没有哪种事情只会单独由内因或者是外因来促成，任何事情的形成都是内因与外因相辅相成的结果，只是有时候可能外因会处于主导位置，有时候则内因会处于主导位置，有时候内因和外因会同时处于主导位置。也就是说，在一定的条件下这种主导地位会发生转换变化。例如禽蛋孵化，当温度偏低或偏高时，作为外因的温度此时处于主导位置；当温度合适时，这时保持合适温度的外因与受精卵正常裂变的内因，对于孵化成功便同时处在了主导位置，此时并不能说是内因或是外因在起决定性的作用，也不能说内因与外因谁比谁更为重要。

因此，内因与外因到底谁更重要？正确的答案应该是：**内因和外因的地位是同等的，其作用是相辅相成的，在不同的事物或者不同的情况下有时外因决定内因、有时则内因决定外因，即在一定的条件下二者的主导作用会发生相互转换**。所以，并不能以某一事物的内因或者是外因发生了主导作用作为依据，就片面断言谁的地位更为重要，这显然不客观不全面。所以在处事中，当“外因欠缺”时就应该设法协调解决好外因；当“内因不足”时就应该弥补内因；并且特别应该注意发挥二者相互促进、相辅相成的作用，这往往会事半功倍。

再比如说，通过分析认识偶然和必然现象以后，我们将懂得既不能单纯以“必然运动”的眼光去看待所有的事物，也不能单纯以“偶然运动”的眼光去看待所有的事物。如果一味以“必然运动”的表现去解释“偶然运动”的现象，不仅会缺乏足够的说服力，而且会妨碍对“偶然运动”的客观认识；如果一味以“偶然运动”的表现去解释“必然运动”的现象，不仅明显会显得荒谬而且容易形成宿命意识，会助长消极的生活态度。

世上不存在超意识、超自然的“先知玄学”，应用先进的科技手段所建立的信息采集和信息处理系统，以及依据经过分析处理的信息所做出的相关预测，这是科学而不是玄学。不经过任何信息的采集和分析，完全凭空搞所谓先知先觉的预测，或者依据毫无关联的面相、手相、天象、生辰八字来预测吉凶、预测未来，这都是利用“巴纳姆效应”瞎掰[1]。即使有时会因为“偶然运动”而“偶然”对应了预测，这也纯属碰巧，不足为信。如果信以为真，就会进入“宿命论”的误区。

人生是一个“必然”和“偶然”相互交织、主观和客观相互作用的运动过程，在这个过程中会出现许多不确定的变数，正因为如此，每个人的人生各不相同，不可能有两个完全相同的人生轨迹。由于“偶然运动”会有出其不意的表现，所以我们不能否认机遇对人生的影响，有时甚至能够产生决定性的作用。但同时我们也不能够否定主观能动性对人生的影响。由于主观能动性可以激励、可以激发、可以调动、可以相应地掌控，所以它有更强的可依靠性，因而在更多的情况下可以让它发挥积极作用，使之成为占主导地位的因素。因此，对于人生的整体把握，尽管可以期望“偶然运动”能够带来好的机遇和发展条件，但是从“机遇可遇而难求”的特点上讲，如果完全依赖“机遇”，完全将人生托付于“机遇”，这样的做法显然不妥。

“机遇（机会）”尽管有可遇而难求的特点，但是根据“偶然运动”的形成原理和预测原理，在工作和生活中可以通过发挥主观能动性，去努力创造可能促成机遇的条件。以这样的方式去工作和生活，尽管不能肯定会带来所期望的结果，但无疑可以增加形成机遇的概率。对于生活中某些十分重要的事情，应该发挥主观能动性，积极收集和分析各种相关信息并及时做出正确的决策，这种争取主动的做法可以提高成功的把握。这便是通常称作的善于抓住机遇和创造机遇的表现。很明显，那种指望天上掉馅饼、守株待兔、不求上进、听天由命的做法都是消极而不可取的。

还有，由“有序”转化为“混沌无序”，又由“混沌无序”转化为新的“有序”，由此形成递进式的生活过程，这是“偶然运动”与“必然运动”相交织所生成的一般现象。所以，如果在生活中遭遇挫折打击或者不幸，除了应该认真分析原因、总结经验教训、调整心态正确处理以外，还应该不气馁不消沉。要认识到生活会在新的基础上归于新的体系，会形成新的有序。应该以积极向上的态度尽快适应和了解新的生活体系，让生活尽早归于新的正常、新的开始、新的有序。

最后还要说明，现实生活中尽管“偶然运动”与“必然运动”都不可或缺，但必须指出，在这二者之间绝大多数时候“必然运动”属于主流运动，能够实质性解

---

[1] “巴纳姆效应”，是由心理学家伯特伦·福勒于 1948 年通过试验证明的一种心理学现象，人们常常认为一种笼统的、一般性的人格描述十分准确地揭示了自己的特点，而这些描述往往十分模糊及普遍，以至于能够适用到很多人身上。若要避免巴纳姆效应，就应客观真实地认识自己。参见搜狗词条“巴纳姆效应”。

决问题的，绝大多数时候得依靠具有自身特定规律的“必然运动”。作为科学文化知识的精髓，也是由已被认识的各种特定规律所组成。作为劳动文化式生存方式的延续和文明的发展进步，也主要依靠对各种特定规律的探索和应用。因此，凡有社会责任心、追求上进的人，都应该本着求真务实的态度和刻苦钻研的精神，努力掌握和正确应用这些特定规律。事实证明，有真才实学的人更能体现人生的价值。

篇章22：“偶然运动”对于宗教具有重要意义

在介绍了自然世界存在着“偶然”和“必然”这两类运动现象以后，其实无论是过去还是将来，“偶然运动”对于宗教都有重要的作用和意义，所以对此应该有所了解。下面就来探讨这个内容。

一、宗教起源于利益祈盼和崇拜自然的精神意识

早期的“文明物种”由于刚开始形成认知的积累，整体的认知能力十分有限，客观环境对于他们而言是一个处处充满了神秘的未知世界。对于变化莫测的众多自然奥秘，对于由“必然运动”和“偶然运动”形成的奇妙现象，对于那些不可抗拒的自然力量，“文明物种”的先祖们充满了困惑与敬畏。这种困惑与敬畏是形成“自然崇拜”的源头，而“自然崇拜”则又是形成早期宗教思想的源头。

原始的拜物教和图腾崇拜是“自然崇拜”的具体表现形式，而拜物教和图腾崇拜的各种祭祀信条、祭祀场所、祭祀仪式、仪仗和仪程，则成为了宗教发展的思想基础、组织基础和信奉规范的基础。在图腾崇拜中，不同生活群体的图腾形象虽然各有不同，但却有一个共性的特点，那就是不同的图腾分别代表着某种自然力量，而且这都是与生存利益密切相关的一些自然力量。崇拜这些自然力量的动机，有的是祈求庇护，有的是祈求赐予力量，有的是祈求赐予勇气和智慧，有的则是感恩于所能够得到的生活资料，比如食物等。从这里可以看到，**宗教是在精神意识的基础上形成的，具有利益祈盼和感恩情节等特点的，唯“文明物种”所独有的一种利益活动。**

可以这么讲，最早成系统表现的社会思想就是宗教思想；最早的文字应该发源于宗教符号；最早的医疗、养身、健身、天文等知识应该体现于宗教；最早的慈善机构是宗教组织；宗教最先将期盼、祈福、追求等利益心态，有机的揉合为精神信仰的凌驾支配形式，并依靠信仰的凌驾作用起到建立和维护社会生活秩序的管理效果。因此，宗教不仅是形成社会意识形态的最早形式，而且开创了应用信仰作为凌驾支配的先河。这种凌驾支配作用，后来以“政教合一”的形式达到了最充分的程度。宗教从传播文化知识和维护社会秩序的角度，对于推动社会的发展起到过积极的作用，在漫长的社会发展中，宗教一直对意识形态发挥着重要影响，时至今日这种作用仍然存在。

纵观宗教的发展历史，不同宗教体系的兴衰及延续，除了与不同宗教体系所能够体现的利益思想以及这些思想对于现实生活所能发挥的利益作用紧密相关以外，还与自然科学的发展导致认知能力的提高有关。随着自然科学的发展，越来越多“必然运动”的特定规律被揭示，过去由此形成的神秘或困惑被逐渐消除，一部分以此作为信仰依据的宗教体系由于缺乏社会信奉而逐渐消退。取而代之的则是理论构思更为完整，更能联系现实生活的利益需求，更能满足祈福心理，能够对心理创伤形成抚慰，能够对精神寄托提供服务，能够起到端正社会行为，起到弃恶扬善等教诲作用的那些宗教体系。

这无疑是宗教从自身的发展上所表现出的进步，这种发展尽管脱离不了神学思想，但是宗教理论则是越来越注重了对和谐、宽容、博爱、仁慈、守信的倡导，对欺诈、残暴的警示，以及注重了心理疏导作用的提高。

二、“偶然运动”是宗教能够成为信仰的主要原因之一

在科学已经如此发达的今天，宗教之所以仍然能够受到广泛的信仰，除了宗教能够具有教诲和心理疏导的作用以外，还存在另外两个主要原因。

第一个主要原因是“利益运动”和“物种生命”没有得到充分认识。

作为具有精神表现的人类而言，信仰是必不可少的精神需求。精神意志对人的支配表现决定了信仰具有凌驾的支配功能。人的行为由思想支配，思想的统一能形成行为统一，只有思想统一才是高度统一的标志。作为思想的统一必须体现于信仰的统一，但是真正能够形成思想统一的唯有科学真理。例如，被自然科学确认的各种定理由于属于科学真理，所以最终能够被全人类所接受和应用，能够成为全人类

的共识。**能够促成人类精神信仰实现统一的真理，只能是“争取长久生存与发展”这一最高利益原则，以及信仰劳动、为人类的“物种生命”做贡献，遵从人的文化特性和真、善、美的道德品性，即遵从人性**。这是由生存的目的和人类的“劳动文化式生存方式”所决定的。然而，这些观念要通过认识“利益运动”和“物种生命”才能形成。

在没有认识“利益运动”和“物种生命”的情况下，人类“松散的物种生命形态”，使得国家式的生活群体会把自身群体的利益作为最高利益。由于各个国家都如此，于是“争取人类长久生存与发展”的这一最高利益目标及利益原则，就只能是一个空洞口号，人类的精神信仰也就不可能形成统一。

只有认识“利益运动”和“物种生命”，才能使整个人类形成一个社会组织式整体的构想具有理论基础。争取人类长久生存与发展的观念才会被认为是科学的真理，才会被确立为人类生命活动的最高利益目标及利益原则，才可能成为人类最高的精神信仰。在此之前，具有悠久祈福文化基础的宗教，则会在社会生活中自然成为一种较为广泛的信仰形式。

第二个主要原因就是“偶然运动”的客观存在。

前面讲过，即使“偶然运动”的原理、客观表现和作用已经被认识，即使明知道“偶然运动”不是“神力”所为，但是由于“偶然运动”会导致的某些意外表现，仍会让人感到这似乎是“天意”。可想而知，如果没有全面认识“偶然运动”，那么对于由“偶然运动”导致的意外表现，将会更加感到这是由超自然的、神的力量在操控的结果。由于没有哪个宗教体系的思想会脱离神学范畴，没有哪个宗教体系不具有所崇拜和信奉的神灵偶像，没有哪个宗教体系的思想不认为具有超现实的先知和超自然的力量存在，而形成这些神学思想的依据就是那些没有被认知的神奇现象，所以，能够形成意外表现的“偶然运动”，会自然成为支持宗教及其信仰的一个主要因素。

三、“偶然运动”的悬念特性是祈福文化的基础

当“偶然运动”得到全面认识，当众多神秘现象的原因被逐渐揭示，当“必然运动”的众多特定规律不断被掌握以后，这是否就意味着宗教会慢慢消失呢？答案是否定的。究其原因，仍然是由于“偶然运动”具有造成意外和悬念表现的这种作用，会让人形成“天意”的遐想。

将“偶然运动”形成的意外表现称为“天意”，这其实是一种非常通俗的形象说法。只要明白，“天意”的含义是指由不确定因素导致的奇妙表现，或者说“天意”指的就是“偶然运动”现象，那么，也就剔除了“唯心”和“宿命”的性质。

尽管从理性上人们知道并不存在“神明”性质的“天意”，但是“偶然运动”能够导致意外表现的这种特征能给人以敬畏、遐想、期盼、祈祷、寄托、祝愿等想象的空间，可以形成具有“悬念意境的生活情趣”。所以，生活中仍然会有人期盼真有“天意”存在，期望“天意”能够对命运形成庇护和保佑，能以膜拜“天意”的形式慰藉心灵、来祈盼带给好运、来释放心理压力、来反省灵魂。于是，宗教作为一种祈福的载体，作为一种传统的祈福文化，也就仍会得以传承。所谓膜拜“神明和天意”，从作用上讲应该是对“偶然运动”的膜拜，期望“偶然运动”带来好运、消除灾难。可见，“偶然运动”始终对于宗教具有重要的作用和意义。

在日常生活中祈福是一种很常见的心态，比如说预祝成功、祝身体健康、祝一路平安、祝工作顺利等，这些祝愿都是祈福和期盼的一般表现。祈福是很神圣、真诚的事情，因为谁也不想遭受不幸，谁也不想美好的愿望遭到破灭。所以，在敬重神明偶像的内涵中也包含着信奉者对自身真诚人格的敬重，因此，作为宗教形式的本身来讲，也要注重对信奉者真诚人格的尊重。

通过这些讲解可以看到，传统的宗教文化和科学文化分属于不同的文化形式，在社会生活中可以分别扮演不同的角色，相互只要不是有意制造纷争抵触，就能够并存共处并发挥各自的积极作用，这也是早已经被历史所证明了的。因此，无论是宗教文化对科学文化的抵触，或是科学文化对宗教文化的抵触，都只会产生消极的社会作用，这是需要杜绝的现象。应该认识到，宗教渊源于祈福延续于祈福，作为一种祈福文化，它可以与其他的文化形式一道为社会生活发挥出应有的作用。

四、宗教与迷信和邪教的区别

随着科学文化的发展以及文化教育的普及，尽管人们清楚的意识到应该以唯物的科学眼光去认识世界，要通过勤奋务实的努力去创造生活，但这并不妨碍人们同时可以以膜拜天意神明的形式，去表达自己的祈福心态。寄托于“偶然运动”能够带来幸运，这似乎已经不完全是唯心意识的表现。祈福文化的积极作用，主要在于这是一种心理慰藉，这种慰藉具有缓解心理压力的作用，这完全符合现代心理学的基本原理，这也是宗教与邪教以及封建迷信的重要区别之一。

因此，不能简单的将祈福膜拜混同于迷信。**一般的迷信思想是一种“以求代劳”、祈盼不劳而获、心想事成、以虚为实、信奉于务虚，忽视主观努力和主观能动作用的唯心意识**。搞迷信欺骗活动的人，往往对宗教的某些理论断章取义的为其所用，以故弄玄虚的手段来不正当的谋取利益。这类的做法，其实是被宗教文化所排斥的。一般的迷信形式常常表现为非组织形式的民间活动。

所谓邪教，属于呈极端性质的迷信形式。它与一般迷信表现的主要区别，是有一定的社会组织并有自身的专门教义。邪教与宗教文化的主要区别，是与宗教“形似而非神似”，其教义尽管断章取义了某些宗教理论，但主体思想却明显体现着偏激的利益意识，特别是具有无视生命，虐待生命，摧残身心和反自然等极端观念。

邪教的信奉行为，是“强烈的利益欲望”与“异端的实现方式”的结合。这实质上是逃避现实生活的异端形式，所以常常会表现为以放纵的刺激、甚至以消亡自身或他人生命的方式，去寻求所谓的理想生活境界。其活动的方式往往会采用催眠术和心理暗示，并将这些方式所产生的“心理幻境”当作是客观存在。

如果不懂得心理暗示能够产生心理幻境，并会出现意念性质的幻像时，便很容易误认为自己这是超凡脱俗、脱胎换骨了。因此，这样的活动方式具有很大的欺骗性，很容易误导人们形成异端的观念及其行为，所以，邪教会给社会造成巨大的危害。

邪教突出浓重的利益诱惑，这是促成信奉和追随的主要原因和手段。为了促成信奉和追随，邪教需要不断的承诺：只要按照教义去做，利益目标就一定会实现。由于意念性质的幻像毕竟不是客观现实，所以这种幻像尽管对于无知的人会有一时的欺骗性，但幻像与现实的差距最终会使这种欺骗难以长久下去。为了维持骗局，于是各种邪教都会强调，能否让幻境成为现实，这与信奉的虔诚程度有关而与教义本身无关。这样不仅完全开脱了邪教的责任，而且会促使一些信徒去进一步强化自我心理暗示。不少信徒会因此形成严重的心理变态，导致精神失常，甚至导致自残行为和危害社会的行为。对于信徒自残死亡的现象，邪教又会解释为，这是意念幻境转化为现实的表现。这样的解释不仅会诱导更多的信徒去效仿，更有甚者还会产生集体自杀的恶果。

邪教具有以否定自我生命的方式去追求利益实现的特征。这种特征的本身，与生物求取生存的自然追求以及争取生物长久生存的最高利益目标相违背，因此，这是一种典型的生存错误表现。**这说明，如果缺乏正确的思想指导，即使是在高级意识支配下的生命活动，也会反常的出现生存错误的危险，可见正确的思想对于正常**

的生活至关重要。

其实认识邪教的危险本质并不难，只要清楚利益的受体是生命，有了生命才会有利益运动，生命不存则利益的受体不存，没有了利益受体，哪还谈什么“自身”的利益实现？！因此，以否定自我生命的方式去追求所谓的自身利益实现，这是自欺欺人危害自身的把戏，所以，没有哪个邪教可以长久存在。

但邪教会花样翻新地出现，其原因是错误的利益观作祟。所以，要想从根本上杜绝邪教现象，首先，就是要杜绝急功近利的错误利益观，要培养以正当劳动去争取成功的正确利益行为，要能抵御不正当的利益诱惑。其次，要通过广泛的社会教育，让人们具有鉴别邪教的能力。再次，由于邪教会危害“物种生命”的整体利益，所以社会有责任应用管理手段对邪教进行取缔。

邪教不仅不能等同于宗教，而且是对宗教文化的直接破坏。取缔邪教并非是干涉信仰自由，**自由从来指的都是行为的自由度，即自由从来都是有度而非无度**。各种信仰的自由度，是以符合“文明物种”长久生存的这一最高利益原则为基础，那些违背“文明物种”最高利益原则的信仰，将不能够给其自由，否则便是不负责任的态度。

篇章 23：对“劳动文化式生存方式”的诠释（之一）[1]

“劳动文化式生存方式”在前面的好些篇章中尽管多次提到，但是没有展开来讲。作为人类生活方式的定性式概括，确有必要对此进行深入了解，这也是高科技时代社会发展所需要的思想认识。

在交流“联合式经济体制和联合式所有制形式”时曾经讲到（篇章 13），**所谓“劳动文化式生存方式”，是以制作工具和使用工具为代表的劳动生产活动，来作为获取生活资料主要手段的生存方式，其特点是充满了创新与创造。劳动是文化的源泉，劳动本身就是文化表现**。如果对“劳动文化式生存方式”展开来讲，主要应该认识“劳动文化式生存方式”对于“利益运动”具有的重要意义，以及应该总结“劳动文化

[1] 本篇章参考资料：《天体、地球、生命和人类的起源》，上海人民出版社 1972 年 4 月版。

式生存方式”自身的发展表现和特点，这对于指导“劳动文化式生存方式”的正确延续具有积极作用。

一、“劳动文化式生存方式”对于“利益运动”的意义

“劳动文化”不仅是一种生存方式，在“利益运动”中它还是一种“利益运动形式”。为什么这样讲呢？因为当高级智慧生命形成“劳动文化式的生存方式”以后，在“利益运动”中就出现了“劳动文化的利益运动形式”。**与以往“利益运动”有所不同的是，“劳动文化的利益运动”会不断涌现创新式的特殊自然现象。**在这种创新中，“文明生命”通过认识、掌握、应用各种物质特性和运动规律，使以往由生物有限掌控的“利益运动”，逐渐转变成为由“文明生命”广泛掌控的运动。这是质的转变，它使“利益运动”通过添加“文明生命”的主观能动性，最终出现了以科技为手段的主观操控式运动。

这种新式的利益运动，使整个宇宙具有了被广泛开发的意义，而且随着这种开发的深入，会不断深化和拓展可操控的物质运动，这种深化和拓展会使宇宙世界不断增加“文化”的特征。这便是“劳动文化式生存方式”对于“利益运动”具有的深远意义。

要指出的是：即使宇宙中只有人类是唯一采用劳动文化式生存方式的“文明生命”，也可以作为以上论断的依据。

地球环境中利益运动的发展状况是宏观利益运动的缩影，这个缩影能够反映整个宇宙利益运动的共性特点。从这种意义来讲，对地球环境中利益运动现象的了解，是人类了解整个宇宙利益运动的基础。

地球上劳动文化式的利益运动现象，是生物进化到很高层次时才会有的表现。这种表现史无前例，没有任何现成的模式可供参考和借鉴。作为劳动文化式利益运动自身具有的各种特征，也要依靠自身的发展来逐渐展现，因此，这种发展充满新意、充满探索，由此经历的曲折也属于难以回避的历史过程。

如果不考虑地外文明的因素，仅根据地球环境中利益运动的客观实际来看，利益运动的形成与发展大致可以分为三个步骤：

第一个步骤，是生命物质的诞生和通过繁衍变异、进化形成多样性的物种，直至某个适宜的物种（如人类）在生存实践中创造了劳动文化式的生存方式，即诞生了“劳动文化式的利益运动形式”。

第二个步骤，是采用劳动文化式生存方式的物种，通过劳动创造的不断进步与生理进化的结合，使自己逐渐成为先进的“文明物种”，与此同时也推动了“文化式利益运动”的自身发展。在这种发展中，利益运动的内在原理得到逐步的展示，“文明物种”也逐渐对“利益运动”和“物种生命”形成理性认识。

第三个步骤，“文明物种”应用对“利益运动”和“物种生命”的认识，以及通过对“文化式利益运动”的历程进行分析总结，开始形成对自身生命活动及其发展方向的科学把握，并开始全面着手消除可能导致毁灭性生存错误的物质基础，例如销毁各种非常规的大规模杀伤性武器；开始全面着手消除战争；开始全面着手形成“团结统一式的物种生命”，并构建国际性的“公益社会”；开始全面着手建立和谐的社会生态环境和自然生态环境，以保障“文明物种”及地球生物的长久生存。对“利益运动”和“物种生命”的认识属于社会科学的范畴，可见，**社会科学的核心就是对“生存学”的研究**。

通过以上三大步骤的发展，人类这一“文明物种”会继续不断地探索自然奥秘，使劳动文化形态的生命活动真正成为大自然的灵魂表现，为利益运动的长久保持发挥中流砥柱的作用。人类如果最终能够具备在宇宙星际之间的生存转移能力，那么，“文化式利益运动”就会朝向宇宙的纵深拓展。在这种拓展中，利益运动就进入到了超高级的发展阶段，利益运动将会有更多的特征和原理被展示，宇宙也将有更多的奥秘被揭示。

二、关于“类文化现象”

由于生物有生存需求，使生物成为了能够体现好处和坏处的利益受体，于是生物的出现，使得所有物质运动相对于生物的需求而言，都有了利益的内涵和利益分配的性质。又由于生物具有主观能动性，因而生物的出现使得世界出现了主观操控式物质运动，以及生物性利益分配运动。**劳动，则是主观操控式物质运动和生物性利益分配运动的杰出表现**。

劳动与文化相辅相成密不可分，文化作为劳动的产物和物质与精神财富的集中体现，不仅能够对劳动的本身起到服务和推动的作用，而且能够对其他的生活内容形成服务和推动，并由此开创文明的生活表现。如果人类没有创造劳动文化式的生存方式，也就不会发展成为先进的“文明物种”。如果没有劳动文化式生存方式的发展，利益运动的面纱也难以揭开，因此，“文明物种”的形成，不完全是一般自然进化的产物，而是自然进化与文化进步相结合的结晶，是高层次生命活动的表现。

劳动文化诞生于原始智慧生命制作工具的第一次敲击。由此逐渐形成多样性的工具制作，以及对这些工具的广泛应用，才真正意味着劳动文化完成了从诞生到形成的最初起步过程。广泛的创造性制作以及不断重复这些制作的生产活动，及其各种相关的辅助活动都属于劳动的范畴。创造需要抽象（逻辑）思维，抽象（逻辑）思维是智慧的集中反映，劳动既是智慧的结晶同时又能提高智慧。**劳动的重要目的是服务于消费，消费则服务于生存并促进劳动，所以消费与劳动是相辅相成的关系**。

劳动文化的诞生并非突然发生的现象，而是经历了长期的类文化过渡阶段，因此，**类文化现象是形成劳动文化的基础**。**所谓类文化现象，这里主要是指那些简单应用单一的自然物品作为工具的表现**。劳动文化与类文化现象的区别主要在于，劳动文化是能够对多种自然物品通过创造性的加工制作，使其成为生活用具和劳动工具，以及广泛应用这些用具和工具来取得生活资料的表现。人类的始祖在没有出现劳动文化表现之前，应该经历了一个相当长的类文化发展阶段。

在地球环境中，类文化现象并非人类的专利，有些动物也会将某些单一的自然物品作为工具使用，这些具有很高智慧的表现，都属于类文化现象。这些物种由于没有像人类的始祖那样，在通过类文化活动的长期积累以后，逐渐学会将多样的自然物品，加工改造为不同的用具和工具来应用，所以，最终只有人类的始祖通过展开“想象和创造”的双翅，终于飞越了认识局限的鸿沟，使类文化转化成为了劳动文化的表现。当然，促成这种转化还有许多其他的复杂因素，因而这种质的飞跃并不是随便哪个物种都可能做到的。

关于人类起源的探讨认为，三百万年以前由于地球气候等生存条件的变化，迫使当时古猿中的一支由树上改变为树下生活，由森林走向荒原。为提高视野他们被迫改变为直立行走，而这一改变却完成了解放双手的巨大演变，所以，直立行走那最初的一小步，却是迈向未来文明的一大步。由树上采摘食物，转变为在荒原上通过狩猎获取食物，这需要更多的机智勇敢，这支古猿的大脑因此受到锻炼而促进了发育。大量动物类的脂肪和蛋白质，则为促进大脑的发育提供了必需的营养物质。

直立行走，大脑的发达，逐渐形成了类文化的生存方式，这种生存方式又引起了生理结构与之相适应的变化，这其中也包括基因结构的逐渐改变。狩猎中的类文化生存方式，狩猎中的相互配合，从客观上产生了增强信息交流的需要，这种需要促进了语言的形成。语言则促进了类文化生活技能的传承与发展，群居习性则形成了促进信息交流的社会条件。随之发生的生理进化，是使气管与食道在咽喉部形成了一个贯通结构，这种进化不仅方便了口腔发育，而且可以构成多音节变化发音的功能，这又为进一步形成复杂的语言奠定了生理基础。

直立行走使盆骨变窄，这主要是为了提高行动的敏捷灵活功能。但这种变化却造成了分娩的困难，而脑量的增加使颅骨增大更是增添了分娩的风险，为了降低这种风险，便形成了新生儿颅骨为弥合式的生理变化。这种变化能让颅骨增加变形幅度而使分娩变得相对容易，而新生儿的颅骨以及大脑的进一步发育，则需要在出生以后经过很长一段时间才能逐渐成熟，但这可以通过哺乳的方式来加以弥补。

还有手指和手臂的结构，通过进化使手指更容易抓握，手臂能够完成灵活的扭转动作，这些进化优于其他灵长类动物。也正是这些进步和进化，使这支古猿逐步实现朝向人类的转化。待到通过类文化的长期积累导致了劳动文化的出现，这支古猿终于实现了由猿到人的历史性转变，早期的人类从此诞生。因此，是类文化生存方式和环境因素引起的生理进化，共同实现了由猿向人的重大转变。

以自然物品作为工具的类文化表现已经超出了本能的范围，这是一些进化程度很高的物种才会出现的行为。**本能的特征是能够遗传的，可以通过先天遗传来自然延续最基本的生存技能。而类文化和劳动文化的知识都需要后天的学习才能形成，所以，类文化和劳动文化的行为，是由后天学习与实践所形成的知识与技能**。

在劳动文化式生存方式的发展中，人类对于火的认识和应用是一个重要的里程碑。火是人类对能源的第一次认识和应用。**如果把劳动文化喻为整个文明的基础，那么工具系统、能源系统、信息系统、利益分配及社会管理系统，应该是这个基础中最为重要的四块基石**。文明的发展进步，基本上是从这四个方面来体现的。

远古时期，火不仅可以御寒和抵御猛兽侵害，而且熟食的出现使许多不能生食的东西变为可食，由此而扩大了食源。熟食使难以消化吸收的食物变得更易于消化吸收，这既提高了食物的利用率也便于各种营养的补充，而且还能够减少疾病。这些因素进一步帮助了人类大脑的发育和智力水平的提高，如果没有这些发展提高，人类可能早在 7 万年以前就灭绝了。

前面篇章 5 的交流曾经说过，通过研究大量的海洋沉积物证明，75 000 多年前，位于现今苏门答腊地区的“多巴超级火山”曾大规模爆发，大量喷出的火山灰、岩屑和二氧化硫遮天蔽日，地球环境因此出现了连续 10 年之久的隆冬，造成了大量动植物的死亡和许多物种的灭绝。当时已成为智人的人类也大批死亡，最后仅存 2 万人左右。这批智人之所以能够躲过这场浩劫而存活下来，据说主要是得益于他们已经形成了很强的信息交流能力，并通过相互学习借鉴生存经验，形成了团结一致的协同工作和互利协作的生活。此外，这批智人能够存活下来，还应该得益于对火的掌握和应用。

对于类文化的说法也许有人会问：人与一些动物的交流，例如驯兽表演、驾驭使用牛马等，似乎不完全是利用了动物的条件反射与记忆，其中仿佛存在类文化因素的作用。这是个很有意思但有待研究的想法。

三、劳动文化具有积累和促进自身发展的特点

劳动文化一旦形成，劳动成果对需求的满足会进一步激发劳动热情，由此会形成劳动的不断延续。在不断延续的劳动实践中，各种知识和技能会发展提高，这些知识和技能以及物质财富还会形成历史的沉淀积累，这些积累会加入到新的劳动创造过程中，使劳动文化的水平不断得到提升，使逻辑意识得到不断拓展。这便是劳动文化具有积累和促进自身不断发展提高的特点。

劳动文化在这种特点的作用下，以抽象（逻辑）思维为基础的高级智能会表现出一种无止境的发展状态，并会在发展的过程中不断趋向于进步和高级，形成不断拓展的创造性生产活动。高级智能与体能结合形成的劳动能力，是合成生产力的关键要素，这个活跃的要素会使生产力处于活跃状态。活跃的生产力又会不断创造出丰富多样的成果，这些成果反过来又会使劳动能力和生产力处于进一步的活跃状态，如此形成相互作用、相辅相成的促进式循环发展。

这种促进式循环发展的状态除了会受到认识水平、资源条件、生态环境的限制以外，没有其他因素能从根本上影响和制约它的发展。在生产力发展到一定水平的情况下，资源和生态环境的承受能力将是限制生产活动的主要因素。所以，当资源和生态环境存在着可供生产发展的余地时，创造性的生产运动会始终保持呈扩张的发展趋势，直到遭遇了资源和生态环境承受能力的限制以后，生产活动才会开始寻求良性循环式的运动状态。

资源和生态环境承受能力的限制属于自然的强制性限制，这种限制具有可能发生重大灾难的后果。了解这种限制是文化性利益运动发展到一定历史时期的结果。只有到了这个时期，“文明物种”才会开始对利益运动及其规律展开探讨，并通过这些探讨来重新审视和规划自身的生命活动。

四、自然产出与劳动产出的关系

宇宙中物质不灭的自然转化运动，可以看作是物质的自然消亡和产出运动。除开种植和养殖，生命物质的自然繁衍和消亡也是自然产出和自然消亡的一种形式。生态系统是生存环境条件的总和，任何一个物种既是生态系统的组成部分，又必须依赖生态系统提供的各种环境条件来维持生存与繁衍，即生物必须依赖自然产出的各种生活资料来维持生存与繁衍。

劳动产出是指应用自然产出的物质，经过生产加工所形成的劳动产品。特别在工业生产中，自然产出是劳动产出的基础，劳动产出是对自然产出的进一步开发利用，自然产出如果匮乏必然会对劳动产出形成制约，这是二者的内在关系，因此，劳动产出要关注自然产出的再生状况。由自然产出提供的生产和生活资料，才使劳动产出能够得以发展。劳动能够成为开拓性的生存方式，能够使生存能力飞跃提高，能够表现为全新的文化性利益运动，在于劳动具有将自然产出经过再创造的生产加工，形成所需产品的产出能力，以及不断提高这种能力的特点。

人类原始社会的劳动产出主要是简单的工具和用具，狩猎和采摘属于非产出性劳动，所以那时的生活资料主要来自于非产出性的劳动所得。当出现种植和养殖的产出性劳动以后，由于种植和养殖能够相对稳定地提供生活资料，所以产出性劳动开始得到广泛发展。

工具、食品、生活用品一直都是最基本的劳动产出对象，从获取生存物资的保障上讲，生活资料和生产资料的产出性劳动是最为重要、最为基本的产出劳动，其他的产出性劳动（如精神产品的产出）和非产出性劳动（如社会管理、旅游业、服务业的劳动），都要在产出性劳动奠定的物质基础上才能得到发展。一般而言，非产出性劳动服务于产出性劳动并共同服务于社会生活，所以非产出性劳动也很重要。尽管产出性劳动与非产出性劳动之间是相辅相成的关系，但非产出性劳动不仅不能取代产出性劳动，而且必须依赖于产出性劳动。

如果基本生活资料和生产资料的产出发生动摇，那么整个社会劳动的组织结构就要发生动摇，并会出现相应的调整。从生产力的角度上讲，一旦出现这种动摇，社会生产力会马上向生产基本生活资料和生产资料的行业补充力量。只有基本生活资料和生产资料的产出在能够满足整个社会生活需求的情况下有剩余的生产力，才能作为形成其他物资产出和非产出性行业的生产力。各种社会分工的形成，也都是按照这样的发展模式产生的，所以产出基本生活资料和生产资料的生产力水平越高，其他的产出性和非产出性行业便越能够得到充分的发展。

任何一个物种都是生态系统的有机组成部分，人类也毫不例外。广义的生态系统是由气候、地质、水系、食物链以及生物的繁衍与消亡等这些方面的交互运动所形成的、一种通过相互谐调、相互制约、相互适应而呈现为相对平衡的运动系统。这种复杂的平衡结构不是由谁事先可以完全设计的，这是不同物种通过物竞天择的方式，经过长久的生存磨合，相互之间以间接的互利为基础所形成的，具有利益关联的生态平衡结构。所以，整个生态系统的相对平衡，是对每个物种的生存与发展都有益处的环境状态。任何的生态失调必定会对某些物种构成危害，而对这些失调的自然强制性调整，是通过对引发失调的那些物种的生存利益加以抑制来实现的，所以谁危害生态系统将会自食恶果。

生态系统既有脆弱的一面也有顽强的一面。从每个物种的角度来讲，它表现为个体生命的脆弱和物种生命的顽强；从整个生物的层面来讲，则表现为物种生命的脆弱和整个生命物质的顽强。但要清楚的是，整个生命物质的顽强表现，并不能代表各个物种自身的生存表现。每个物种的生存不能指望有谁来对你负责，而要由自己来负责。每个物种的消失，损失最大的首先是这个物种的自身，其次才是对生态平衡所带来的影响。

人类的劳动产出既然属于整个生态系统的组成部分，就必然要受到整个生态系统的约束。在地域空间有限的生存环境中，各种自然资源的有限和对污染的降解能力的有限，会使人类劳动产出的数量，还有人类“物种生命”的规模都不可能无限扩大，所以人类要想呈良性循环的长久生存下去，必须做到科学把握自身的生命活动。

“文明物种”越是取得巨大的生存优势，就越是应该懂得对生态环境的保护。“文明物种”的兴旺并不意味其他的物种要遭受灭顶之灾，相反，争取生物的长久生存与发展应该是“文明物种”的责任，特别是通过了解利益运动以后，应该认识到这也是利益运动赋予“文明物种”的使命。**所以就劳动而言，也要分为正确的劳动、错误的劳动以及不正当的劳动这三种不同性质。符合“文明物种”整体和长远生存利益的劳动属于正确的劳动；那些毁坏性采掘、破坏生态的滥砍滥伐、错误的工作方式等属于需要杜绝的错误劳动；那些偷猎、盗伐、偷窃、盗版、制造假冒伪劣产品、生产毒品等不法行为，则属于需要打击的不正当劳动。**

五、劳动转化与劳动交换

在利益运动中，利益转化和交换是实现利益分配的基本形式。**所谓利益转化，这里主要是指利益关系的诸方只有单方面受益，利益只是朝向某一方运动转化的表现**。例如，在生物与非生物之间只有朝向生物的利益转化。在生物中的异类之间，除了共生关系、种植、饲养关系以外，主要是利益转化表现。例如，在食与被食的食物链关系中，利益是直接朝向觅食方转化。这是由异类间存在相互争夺生存主动权和优先权的生存竞争所决定的，这种竞争按照每个物种以维护自身生存利益为首要目的来予以具体的体现。

所谓利益交换，这里主要是指利益关系的诸方具有直接的互利互惠表现。一般而言，在物种的内部是以利益交换式分配为基础，这是由物种生命互利协作的，这一生命功能的作用所决定。这同时说明，物种内部采用利益交换式的分配才是正确的分配方式。至于在互利互惠中各方所占比例的多少，则是在分配中需要通过协调来体现是否公正的问题。

在食物链的利益关系中，某些物种的个体在被其他物种所食时，既养活了觅食者，也会对被食物种的“物种生命”的规模起到调控作用，从而形成宏观的生态调整，这无疑有利于整个生物的长久存在。所以，**在利益只是朝向觅食方转化的背后，存在着间接、宏观的互利协作关系**。但由于这种互利关系是间接的，所以这种利益关系不是交换式而是转化式分配表现。**因此，不能将异类之间间接的互利协作关系，与物种内部同类之间直接的互利协作关系相混淆，不能以异类之间间接的互利协作表现为依据，而在同类之间形成具有利益伤害的、掠夺性质的转化式利益分配**。比如，以暴力方式或采用战争手段形成掠夺式的财富转移，这就是极端错误的分配表现。

但是，当物种生命处于“松散状态”时，物种内部却会经常发生转化形式的分配现象，在交流中曾经多次提到其中的原因，这就是各个“部分式物种生命”会潜意识地将自己当成整个物种生命，因而容易彼此将对方按照异类来对待。又由于地球上目前包括人类在内的所有物种，几乎都属于“松散状态的物种生命”，所以，在各个物种的同类之间，普遍存在转化形式的利益分配现象。**现在应该清楚，不能由于“松散状态”的物种生命所导致的，同类之间以暴力形成的转化式利益分配现象在自然界普遍存在，就认为同类之间这种单向的转化式利益分配属于合理的、正确的表现**。

自劳动文化诞生以来，通过劳动将自然资源转化为满足人类需求的劳动成果，这对人类的生存与发展一直发挥着重要作用。当生产力发展到出现剩余劳动产品的时候，开始诞生了用于交换的劳动产品，即商品。**从自然环境中获取各种物资的转化性劳动之间，通过相互的商品交换，开始形成了人类内部的劳动交换表现。这使得所有从事商品生产的劳动，开始成为交换性劳动，于是，劳动交换的利益分配方式开始形成，并且逐渐发展成为人类社会的主流分配方式。**

广泛的劳动交换必须依赖商品为媒介，没有商品不仅不能形成广泛的劳动交换，而且也不会出现和促进社会分工。**有了商品以及商品交换，才使得劳动在“文明物种”的社会生活中，具有了交换表现，产生了多样的交换形式。**

商品的出现是劳动文化式生存方式的一次巨大飞跃，它不仅是社会生产力发展到一定水平的标志，而且为形成具有广泛联系和交流的社会生活方式创造了条件。通过商品交换来实现互利协作的劳动交换式利益分配模式，使人类内部的利益分配水平上升到了一个新的高度，也为人类发展成为“团结统一式的物种生命”奠定了基础。

商品的出现不仅促进了劳动产品的多元化，使生活内容变得丰富多彩，使生活水平有了质的改变，而且商品的出现突破了长期以来，劳动产品只用于自身需求的局限，使得劳动不仅仅只是为了自己的生存，而且开始广泛地为他人和社会服务，这无疑是社会性互利协作的巨大进步。这种进步使人类“物种生命”的生命力得到了大大提高。

随着“货币”这种充当一般等价物的特殊商品的出现，更使得“文明物种”有条件形成完备的，具有多样性利益交换功能的社会生态结构。由于有了这种社会生态结构，使得不同的生活习俗、不同特点的文明、不同形式的劳动及劳动产品，通过交换形成了互补。最为重要的是，在这样的社会生态环境中，人们能够通过正当的劳动交换，来获取各种所需的生活资料，劳动文化式的生活方式会因此得到巩固提高。

（一）良好的社会生态离不开正确的社会治理和管理

“文明物种”内部的社会生态与自然生态具有相似之处，社会生态如果没有一定的社会治理和管理发挥规范性质的调整作用，如果完全放任自由，那么社会生态的平衡也就只能陷入自然的调整状态。自然调整是以发生灾难、造成大量死亡的形式来形成的强制调整，这种调整需要付出惨痛代价。所以，“文明物种”建立和保持良好的社会生态，应该依靠建立和完善合理的社会治理和管理机制来实现。

由于治理和管理应该服务于生存，所以治理和管理是否有利于生存发展是衡量社会治理和管理正确还是错误、进步还是落后的基本标准。因此，社会治理和管理的发展状况，是反映“劳动文化式生存方式”进步程度的重要内容。人类社会治理和管理的发展是一个渐进的历史过程，在这个过程中，社会治理和管理逐步实现从落后到先进，从错误到正确，从封建到民主的进步。这种进步趋势说明，只要不出现毁灭性的生存错误，人类的社会治理和管理最终会对全人类的利益分配，从整体上形成正确的指导、协调和规范。

缺乏正确和有效的治理和管理机制的所谓自由竞争那只能是争斗，结果只会带来灾难。这是将异类间弱肉强食、适者生存的生存竞争，应用到生活竞争中的错误反映。谁都清楚，争斗会让人长期处于高度的紧张和忧郁之中，这绝不是理想的生活方式和良好的生存状态。所以，这种不正常的现象定会引发社会危机，最终必将引发社会民众的反抗。这是“物种生命”以反抗方式对自身错误进行修正，这些修正将导致社会治理和管理体制的变革，导致社会治理和管理水平的提高，导致社会治理和管理功能的完善以及社会治理和管理规范的加强。随着这种进步，无序状态的争斗将被有序的正当生活竞争逐渐取代。

商品流通在为生活服务的同时，会受到需求和消费能力的制约。需求的制约主要来自需求量的变化和喜好的多样性；消费能力的制约既涉及商品价格，还涉及劳动报酬。由于这些因素的存在，会使商品的社会产出与社会消费不是一种定量的、机械式的往复循环，而是呈现为不断变化的波动式循环。所以应该意识到，要使这种不断变化的波动式循环保持良性状态，必须有具备调节能力的社会管理体系来掌控。

（二）“人”在劳动交换中部分地具有了商品的性质

在以商品为媒介的劳动交换中，人很容易被看成是商品，那么作为劳动者的人是否也具有了商品的属性呢？确切地讲，人是部分地具有了商品的性质，即人的劳动能力（包括脑力、体力、知识、技能、经验等）具有了商品的性质。这种状况的出现，是由于各种商品是包含劳动价值的载体。**但是，人人基于生存和发展所必需的、自由平等的“人权”和“人格尊严”却不应该成为商品，因为劳动文化式生存方式的重要意义之一，就是为了争取人权，实现人权，维护人权，保障人权，尊重人权。人权则是人格的基础，如果人权和人格尊严成为了商品，就失去了劳动文化式生存方式实现人权的积极意义，就不能实现人人都应该享有的平等、自**

由和尊重，所以人权和人格尊严成为商品显然是错误的。

请注意，这里说的是人权和人格尊严“不应该成为商品”，而不是“能不能成为商品”，这表明“人权和人格尊严”是否成为商品，需要正确地认识和把握。在文明落后的时期，人的“劳动能力、人权和人格尊严”往往都被当成了商品；随着文明的进步，“人权和人格尊严”才渐渐具有了脱离商品的表现。**因此，关于商品时代的“人”是否也具有了商品的属性？正确的认识和做法应该是，人的劳动能力应该成为商品，否则就不可能实现劳动交换，但是，无论从理论上还是从社会法律和社会管理的实践上都要明确，“人权和人格尊严”不应该属于商品，否则，便是对“人权和人格尊严”的践踏。**

由于对人权和人格尊严的维护，在市场交换中不会自然形成，必须依靠社会管理的规范作用来形成维护，所以制止和纠正市场交换中侵犯人权和人格尊严的现象，是社会管理必须依法行使的重要职责。

篇章 24：对“劳动文化式生存方式”的诠释（之二）

六、劳动进步与劳动解放

（一）劳动进步必然导致劳动解放

以人类为例，为了取得生存保障，人类创造了劳动文化式的生存方式，继而为了提高生活水平和改善生活质量，人类又使劳动文化式的生存方式不断取得长足的进步。这种进步不仅使人类获取了巨大的生存优势，而且使地球上利益运动的面貌在这种进步中不断得到新的生动展现。

劳动文化的发展进步，对于人类而言还具有生存解放的意义。**生存解放包括：针对恶劣生存环境提高应对能力的解放；保障生存主动权和优先权的解放；拓宽生存领域的解放；提高劳动安全保障、降低劳动强度、减少劳动艰辛、缩短劳动时间的“劳动解放”等，“劳动解放”是生存解放的重要内容之一。**

劳动进步发展到一定程度必然会导致劳动解放，为什么会这样呢？这主要有三个方面的原因。

第一个方面的原因是：在劳动文化式生存方式诞生以后相当长的时期里，劳动的危险性、长时间繁重的体力付出、恶劣的劳动环境等，这些都使得劳动并不是让人感到很轻松愉快的事情。因此，提高劳动安全保障、降低劳动强度、减少劳动艰辛、缩短劳动时间，使劳动变得轻松愉快，这一直都是人们的愿望，同时也是导致劳动解放的重要原因。

第二个方面的原因是：劳动进步的主要表现是社会生产力水平的提高。在这种提高中，电气化、自动化的生产方式不断完善和普及，这使许多以往由人工进行的生产劳动逐渐可以由机械所替代，于是构成了实现劳动解放的客观条件，所以，当社会生产力的综合水平提高到一定程度的时候，将会形成劳动解放的社会变革。

第三个方面的原因是：当有限的生存空间和有限的自然资源，开始对文明物种一直呈历史性扩张发展的“物种生命”的规模、生产规模以及不断增长的各种需求形成客观限制以后，追求实现自然生态和社会生态可持续的良性循环发展，将上升为指导“文明物种”生存发展的主导思想。**此时社会的利益分配由过去注重“经济效益”，逐渐转变为注重“社会效益”与“经济效益”的良好结合**。由于劳动解放属于“社会效益”的体现，所以注重“社会效益”将成为导致劳动解放的重要原因。

以上情况说明，生产力的发展提高是形成以上三个方面原因的基础，即**生产力的发展提高是导致和实现劳动解放的核心，如果没有生产力的发展提高就谈不上劳动解放**。由于生产力的发展提高是劳动进步的必然趋势，因此，劳动解放最终将成为不以任何人的意志为转移的必然。

由于人（或者说“文明生命”）是合成生产力不可缺少的要素，所以，**劳动解放的目的，不是“人”对劳动的脱离和放弃，而是朝向愿意劳动、乐于劳动，将劳动当作自我价值实现的一种进步**。

（二）劳动解放体现于社会生产力综合水平的发展提高

所谓社会生产力综合水平的发展提高包括两层含义：一层含义是指合成生产力的每个要素的水平都得到发展提高，而不仅仅只是个别要素的发展提高；另一层含义是指绝大多数行业和产业的生产力水平都得到发展提高，而不仅仅只是少数行业和产业的生产力水平得到发展提高。

从生产力各个要素的角度来看，生产力的发展并不是各个要素齐头并进的状态，而往往是某个要素在发展中出现率先提高，然后再促进和带动其他要素形成、发展、提高。生产力要素的发展充满探索和发现，由此形成的生产力综合水平的提高，是一个漫长的历史过程。

如果从不同产业、不同行业、不同产品的角度来看，往往某产业、某行业、某产品的生产力水平并不能代表其他产业、其他行业、其他产品的生产力水平，所以要使绝大多数产业、行业的生产力水平都达到相当高的程度，也需要一个漫长的历史过程。

无论是生产力各要素的发展，还是不同产业、不同行业、不同产品的生产力发展，都体现着科技对于生产力发展的重要作用。生产力各要素每一次飞跃性的发展，以及不同产业、不同行业、不同产品的生产力发展，无不具有科技进步发挥的重大作用。包括自然科学和社会科学在内的每一项科研成果，都会通过促进生产力各个要素的发展而成为推动生产力水平提高的动力。正因为如此，**所以只有当社会形成了完善的文化教育体系，形成了不同学科的科研分工，才算是真正奠定了能够促进社会生产力稳步发展的重要基础**。人类形成这种基础经历了相当长的时期，因此，直到进入 20 世纪以后，人类社会的生产力综合水平才发展到一个较高的程度，劳动解放的表现才开始初露端倪。

（三）劳动解放体现于将学习当作预备性的劳动

创造与发明、传承与积累，这是劳动文化式生存方式发展进步的主要特点。创造与发明、传承与积累除了表现于物质文明、物质财富以外，还表现于精神文明、科学文化知识等方面。随着时间的推移，文化知识的历史积累会越来越丰富，仅就现在的情况来看，一个人即使用一生的时间去阅读和学习，所能得到的知识也仍然有限。所以，**对于越来越丰富的文化知识，要全面进行学习、应用、发展、传承，就不得不从学习阶段开始去有计划、有组织地进行社会性的分工合作**。即使通过从学习阶段展开细化的分工合作，对于所要掌握的知识仍然会形成很大的学习压力，这种压力分为基础知识和专业知识两大方面。随着时间的推移，将来专业知识会愈加丰富，所会形成的学习压力也会逐渐增大。

在很长的时期里，学习都没有作为劳动表现来看待，然而事实上在学习中所付出的辛劳，已经大大超出很多工作所付出的辛劳。其实，通过认识“物种生命”应该懂得，文明的积累并非个人的积累，文明的传承也并非个人的传承，对文化知识的学习也并非只是为了个人而学习，所有这些都有发展和延续“物种生命”的意义。所以，为了有利于“物种生命”的发展，不仅要将学习作为将来工作的“预备性社会劳动”，而且为了解决个人接受能力、记忆能力、应用能力有限的问题，从学习阶段就要进行社会分工，并通过学习的分工来相应减轻学习压力。因此，劳动解放将会体现于把学习当作预备性的劳动而受到重视，并开始注重进行这方面的改革。

由于人的个体寿命有限，所以在学习阶段就应该开始进行社会分工，要让所学知识尽早与不同专业的尖端技能形成关联，尽量在早期学习阶段就形成按照“学科”来组织教学的体制。这样做的目的，是为了将掌握各个学科高层知识的时间尽量提前，以便为专业研究争取到更多的时间。对于那些与专业关系不大的其他基础知识，可以列为学习中的考察科目，仅提供系统的知识读本，提倡业余自学，这些知识仅限于有所了解即可。

由预备性劳动所体现的劳动解放，其中降低学习的辛劳程度只是一个方面。另一个方面是要从掌握更多的应用知识上，来体现学习成效的提高。学习既然是劳动表现就应该得到相应报酬，所以对于从事预备性劳动的学生，社会应该给予相应的报酬，这是预备性劳动形成解放的重要体现。预备性劳动报酬的形式目前主要从免费的义务教育、实行学习补助和奖学金以及通过社会保障体系适当提高基本生活资料的质量等方面来予以体现。

（四）劳动解放体现于劳动强度降低、劳动安全保障提高、劳动条件改善、劳动时间缩短

由于劳动强度、劳动安全保障、劳动条件、劳动时间，这是导致劳动解放的重要原因之一，因而必然会由这几个方面来体现劳动解放。

在生产力水平低下的历史时期，人的体能和技能是生产力中“能量”的直接体现，在这种情况下，增加人力、延长劳动时间和增加劳动强度是提高生产力的重要方式；加上片面追求利润和降低成本的原因，用以改善劳动环境和劳动保护的投入往往被忽视，这使得劳动生产十分辛苦，并形成了“劳动密集型的生产模式”。

通过不断要求改善劳动条件的社会斗争，加上科技的历史进步，多种能源被开发利用以及自动化生产的发展，使得生产力的水平得到不断提高，于是降低劳动强度、缩短劳动时间、改善劳动环境和加强劳动保护，逐步成为了社会管理的规范内容，以人为本的意识得到提升，社会效益逐渐受到重视，劳动解放由此得到体现。

（五）劳动解放体现于保障就业和合理的劳动报酬

在劳动强度得到降低、劳动时间得到缩短、劳动环境得到改善、劳动保护得到加强的情况下，如果劳动报酬却很微薄，生活达不到一定的水平，那么这样的劳动解放将没有意义，或者说这并不能称为劳动解放。所以，劳动解放要在劳动强度得到降低、劳动时间得到缩短、劳动环境得到改善、劳动保护得到加强的情况下，在社会保障的基础上，要以生活水平能够具有明显提高的劳动报酬为标准。具体的标准将通过实践的探索来形成，并且可以依据社会生活水平的综合状况进行动态的调整。

另外，如果由于劳动密集型生产模式，被资本、技术、设备密集型的生产模式所取代，在生产效率得到提高、劳动力大量富余的同时，却出现就业困难、失业率增加的情况，人们没有工作，那么这也不能算作是劳动解放。所以，真正的劳动解放要在生产力高度发展、社会劳动岗位因此相应减少的情况下，以能够保障就业为标准。

很明显，达到这样的标准有很大困难，要想克服这些困难，只有通过提高社会分配的水平才能够办到。

七、劳动解放中存在的主要矛盾及其协调

由于利益运动的根本矛盾和恒久矛盾是利益分配矛盾，所以，文明的进步从根本上讲也体现于分配进步，特别是体现于文明物种内部各种利益分配的进步。在利益运动中，利益矛盾伴随着生命活动会周而复始不断出现，通过认识“利益运动”和“物种生命”已经知道，以不同的分配方式和手段去解决利益矛盾，对于是否有利于文明物种的生存延续具有完全不同的影响。**要想解决不断出现的多种利益矛盾，唯一正确的做法，就是要始终站在维护自身“物种生命”整体利益的立场上，坚持按照有利于“文明物种”长久生存的这一最高利益原则去决策利益分配。**要解决好劳动解放中所会出现的利益矛盾，同样必须这样去做，否则，利益分配的水平就不会发展提高。

劳动解放中的三对主要矛盾：经济效益与社会效益之间的矛盾；劳动力富余、劳动岗位相应减少与保障就业的矛盾；缩短工作时间、降低劳动强度与维持劳动报酬水平的矛盾。这些也是构建“公益社会”需要解决的主要矛盾。从表面看，以上每一对矛盾中都存在相悖的纠结。比如说，一方面是工作时间缩短和劳动强度降低，一方面却又要维持劳动报酬水平；一方面是工作岗位减少，一方面却又要保障就业。协调这种纠结的矛盾关系似乎难以办到，但只有协调解决好了这些矛盾才能体现利益分配水平的提高。

利益分配水平的提高首先必须是分配理论水平的提高，其次是在正确理论指导

下的分配方法和分配手段的提高。所以，协调解决好劳动解放中所出现的利益矛盾，形成正确的分配理论和提高思想认识是首要的。就人类而言，如果没有整个人类是一家的意识，如果没有促进人类“物种生命”健康发展的整体观念，如果不能够坚持最高的利益原则，如果没有同类应该互利协作共同发展的觉悟，那么，就会缺乏协调利益矛盾的依据，就无法协调解决劳动解放中的利益矛盾。

应该明白，地球上人类创造劳动文化式生存方式的目的，是为了整个人类的生存与发展而不是部分人的生存与发展；是为了争取人类的长久生存而不是短时期的生存。人类发展提高劳动文化式的生存方式，是为了逐步改善整个人类的生活质量而不是部分人的生活质量，是为了逐步提高整个人类的生活水平，而不是部分人的生活水平。人类发展提高生产力水平的目的，是为了改良就业而不是为了制造失业；是为了追求实现“以人为本”，而不是要“唯劳动而劳动”；是为了实现“劳动解放”而不是做“劳动的奴隶”。

（一）协调好“经济效益”与“社会效益”的矛盾

企业是经济实体，经济效益是衡量企业经营状况的主要标准，为了取得好的经济效益，为了实现利润最大化，每个企业都会尽可能设法保障生产安全、提高产品质量、增加品种、提高工艺水平、提高装备水平、提高产品技术含量、提高生产效率、提高管理水平、减少消耗、降低成本、研发新产品、提高市场竞争力和市场占有率。

人均产值或人均利润曾经是评价企业经济效益的一项指标，在由一定装备水平形成相对稳定产能的情况下，提高人均产值的做法往往就是减少企业员工。同样道理，降低固定成本中人工费用的方法也是减少企业员工，所以，“减员增效”曾经被一些企业所推崇。

还有生产安全问题，由于人具有主观能动性，具有相对的自由度，这使得人既有创造性但也会犯错误，所以在生产过程中每一个活动的人都是一个不确定的安全隐患。生产人员越多，安全隐患自然会越多，导致人身安全事故的几率也会相对增加。从情感角度讲，事故伤害会造成巨大的身心痛苦；从经济角度讲，事故会给企业带来很大的经济损失，所以，为了便于安全管理，企业也想尽量减少员工。但是不妨试想一下，假如每个企业都这样减员，社会劳动力势必会富余。如果富余的劳动力不能够被职场所消化，出现大量的失业也就在所难免，社会效益就难以保障。

所谓社会效益，在这里是指社会生态状况的综合反映，也可以称作“公益社会”的践行状况，是指通过生活中的社会治理和管理而形成的，对大众的生存和生活有

益的各种社会表现。主要反映为民众的文化素质状态、民众的道德素质状态、社会的治安和秩序状态、民众的安全感状态、民众的精神情绪状态、民众的生活水平状态、环境的环保绿化状态、人际和谐状态等。

社会效益主要由政府负责关注、负责创建、负责提升、负责管理、负责协调、负责组织、负责维护、负责统筹。社会效益要靠社会经济体制、社会经济运作状况、税收制度及使用状况、社会保障体系、社会就业机制、各种社会管理制度（包括最低薪酬制度和休假制度）等作为基础。政府（或者说“社会统治管理机器”）的职能就是要发挥好这些基础的作用，通过管理、协调、控制各种社会分配来形成和保持良好的社会效益。所以，**关系社会效益的统筹安排和对各种社会分配的规范，始终是政府的核心要务。社会效益的表现也就是政府的“作为表现”或者说“政绩表现”。对于社会效益的评价，就是对政府职能作用发挥状况的评价。**

作为企业而言，尽管企业是社会经济基础的组成部分，社会经济的运作状况是社会效益的基础，但是由于形成社会效益的费用企业有支付的责任和义务，因此，社会效益与企业经济效益存在对立统一的关系。尽管良好的社会效益会给企业营造良好的经营环境，会有利于经济效益的提高，但由于这种作用不是那么直接，所以企业对于社会效益远不及对经济效益那样积极关注。因此，如何发挥企业对社会效益的作用，必须要由政府通过社会管理来进行统筹协调。

政府的统筹协调作用并不能完全依靠行政命令，行政手段如果不遵循经济规律，往往会给社会经济造成不良影响，严重时会引起社会经济的倒退，最终会使社会效益滑坡。在“篇章 13”中曾经分析过，应该好好发挥股份制的作用，采用“次位股份”的模式，将公共积累通过广泛的参股来加入社会经济的运作，以此形成多种经济形式互补并存的机制。这样一来，在企业的经济效益中就有社会公有资产的效益，企业为促进社会效益所支付的税费，就不完全是由私有经济来承担，私营业主缴纳税费的主动性、积极性就会因此提高，经济效益与社会效益之间对立统一的矛盾关系，就会通过“次位股份”的模式实现良好的协调。

（二）协调好工作岗位减少与保障就业的矛盾

现代社会，人们的生活用品主要由劳动报酬来购买，生活水平的提高也主要由商品丰富的程度和消费能力来综合体现。在以劳动报酬形成消费能力的情况下，取得劳动报酬的社会职业便成为了提高生活水平的基本条件。如果没有取得劳动报酬的正当职业，各种消费需求会诱导人们以其他方式去获得消费能力，这其中会形成许多不正当的获取方式（比如犯罪方式）。

按照文明物种健康延续的要求，人人都应该在公正、安全、具备人格尊严的条件下具有获得体面工作的权利，因此，劳动就业属于社会利益分配中不可忽视的重大问题。社会能否规划和保持良好的就业环境，这不仅关系人们生活水平能否通过正当劳动得到提高，而且关系到人们的生活心态是否安稳，社会生活秩序是否安定，社会生态是否正常和社会效益是否良好的问题。

前面曾经讲到，劳动解放绝不意味着脱离劳动、放弃劳动，脱离劳动、放弃劳动意味着背离了劳动文化式的生存方式。即使在生产力水平极高的情况下，人作为生产力的要素也不可能脱离劳动。还有对自我价值实现的满足和追求社会认可的成就感，也需要通过正当的劳动去取得，这使得劳动的本身成为了一种必不可少的生活需要。所以，**劳动解放必须要在生产自动化程度不断提高，传统的劳动密集型生产方式被资本、技术、设备密集型的现代生产方式替代，劳动力因此出现大量富余、社会劳动岗位相应减少的情况下，做到形成良好的就业环境**。

在企业为了追求经济效益会崇尚“减员增效”的情况下，怎样来形成良好的就业环境呢？除开各职场由退休人员所空出的岗位可以解决部分就业以外，一般的做法是发展包括旅游、餐饮、娱乐、休闲、服务在内的第三产业，因为第三产业在一定程度上保持着传统的劳动密集型工作模式，能够接纳较多的劳动力。其次，是鼓励个人开展自主经营、扶植自主创业、形成自创就业岗位。再次，是形成新的行业来出现新的就业岗位。除了以上这些做法以外，这里要介绍“新型的劳动密集型工作模式”。

所谓“新型的劳动密集型工作模式”，是一种在报酬不会减少或者减少不多的情况下，通过缩短工作时间的方式来使工作人员得到增加的工作模式。比如说，生产行业现在普遍实行的是八小时工作制，如果修改为实行四小时工作制，那么所需的工作人员就会增加一倍，也就是就业岗位增加了一倍，于是形成了一种新的劳动密集型模式。将每周工作五天改为工作三天，或者是工作一个月休假一个月，这都是形成新式密集型劳动的方式。

实行这种新式密集型劳动的方式也不能完全依靠行政命令，依然要依靠“次位股份”的这种股份制经营模式，让公共积累参与社会经济运作，否则，私营业主接受不了这种新的密集型劳动模式。

规划这种新式密集型劳动模式并非毫无依据。人类在工业革命的初期，工厂普遍实行的是 12 小时工作制而且没有休息日，通过生产力的发展和劳动者的斗争，后来开始实行 8 小时工作制并且每周有一天休息。再后来开始实行每周两天休息，并且对部分节日增加了休假时间。这种改进起初是少数企业的行为，后来转变为政府发布的法律规定，各个企业必须遵守实行。在这种转变中，有些企业起初也有抵触，但最终还是实行了，企业并没有因此出现亏损和倒闭。这说明随着生产力水平的提高所增长的经济效益，可以承受这样的转变。**从文明发展的角度来讲，这是要让每一位社会成员都能够得到由文明进步带来的好处**。

因此，在新的历史条件下，随着生产力水平的提高，随着文明的历史进步，随着对“利益运动”和“物种生命”的认识，随着分配理论的发展进步，在以“次位股份”的经营模式为主导的经济基础上，形成这种新的密集型劳动模式将是调节就业的一种方式，是体现社会分配进步的一个标志。

（三）协调好工作时间缩短与维持劳动报酬的矛盾

如果仅有就业保障、劳动时间缩短和劳动强度降低，但却不能维持较好的劳动报酬，这种劳动解放不能算是真实意义的劳动解放。达不到一定报酬标准的劳动，这与没有职业并无多大的差别。所以，只有在享有较好劳动报酬的基础上所具有的就业保障、劳动时间的缩短和劳动强度的降低，这才是真实意义的劳动解放。**高强度、长时间劳动下的高收益，以及低强度、短时间劳动的低收益，这都不是劳动解放的表现**。

这里所说的维持较好的劳动报酬，它具有四层含义：

一是指个人的最低劳动报酬，能够让个人生活水平在社会保障的基础上有较大的提升。

二是指缩短劳动时间和降低劳动强度的同时，不降低或很少降低劳动报酬。

三是指在最低报酬标准的基础上，依据技能、工龄、岗位的不同，要建立增加报酬的制度。

四是随着社会生活水平的变化，劳动报酬可以做出提高或降低的合理调整。

现在需要关注的问题是，在降低劳动强度和缩短劳动时间的同时，又要得到较好的劳动报酬，钱从何来？表面看这是不合逻辑的事情。但如果深入分析不难发现，这钱来自于生产力提高所增加的产能和随之增加的产值及收益。

有人会说，生产力水平的历史性发展提高，这是科技发展在发挥主导作用，而发展科技和应用科技要依靠资本支持，那么由此形成的收益理应主要由投资者获取，而不应当由生产中的工作者获取。如果仅仅从投入产出的角度、仅仅用市场经营式的利益分配理论看问题，以上说法完全在理。这里不否定我们离不开市场经营式的利益分配方式，但要指出的是，除此以外还存在遵照最高利益原则的利益分配要求和分配方式，还存在有利于“文明物种”健康延续的利益分配要求和分配方式，以及还有在社会效益与经济效益良好结合的基础上，争取实现社会效益最大化的利益分配要求和分配方式。

社会生产力的发展进步是文明的进步，是整个文明物种的生存进步，由这些进步形成的成果，按照最高利益原则的分配要求，按照有利于“文明物种”健康延续的利益分配要求，以及按照争取实现社会效益最大化的利益分配要求，应该是通过一定的社会分配方式让大家都能受益。

此外，文明的发展具有历史性积累精神财富和物质财富的特征，即任何当代的科技状况、生产力状况、文化知识状况、工农业基础状况、社会经济基础状况、社会物质基础状况等，都是在历史积累的基础上形成的。这些历史积累是“物种生命”的共同财富，这些财富理应大家享有。

这些历史积累，一方面表现为由生产力提高所形成的企业经济效益的提高；另一方面则表现为社会公共积累的增长。

大家共同受益、共同享有的方式，一方面是随着企业效益提高带来的劳动报酬增加；另一方面则是应用公共积累以发展公共事业、建设和完善公共设施的形式，以及按照能够保持良性循环的方式，通过社会保障体系、通过社会福利和劳动补贴等渠道，来分配给广大社会成员。

具体地讲，**在降低劳动强度和缩短劳动时间的同时却又可以得到较好的劳动报酬，这钱有一部分是从历史积累的财富中提取的**。这种提取表面上尽管主要来自企业的经营费用，但是企业经营费用却来自于由生产力发展所带来的效益提高，以及公共积累以“次位股份”模式的投资，还有其他股东的投资所形成的共同收益。这里要特别指出，对以上说法不要偏激地理解为是对投资收益的不顾，而是主张在偏重于保障劳动收益的基础上，形成劳动收益与投资收益的“合理兼顾”，这是因为劳动收益是社会效益的直接体现。所谓“合理兼顾”，是指要兼顾劳动者和投资者这两方面的积极性，即调整好两方面的利益分配比例。

以上介绍的，协调解决工作时间缩短、劳动强度减低与维持劳动报酬这一矛盾的基本原理和方法，它并非没有事实依据，现在有些国家做出最低工资标准的规定就是这一原理的实际体现。在社会没有广泛推行“次位股份”经营模式的情况下，企业能够执行这种最低工资标准的规定，这是因为生产力水平的发展，使得被提高的经济效益能够承受这种分配要求。

所谓劳动报酬，人们长期将它理解为“劳动能力的价格”，其实，“劳动能力的价格”，只有在简单的商品生产和商品交换中，通过商品的交换价格，在除开材料成本以后，再参照生产商品的劳动时间才相对容易测算出来。随着商品品种的日益增多、生产工艺的多样化，加上市场需求的变化，特别是资本进入生产过程并且要获得投资收益，这些都导致了不可能通过产品价格，来对“劳动能力”进行准确的价格测算。

比如说，有些相似的工作，由于所在工作单位的不同，工资收入可能差距很大。生产相同的产品，一些效益差的企业，员工的劳动付出也许更加艰辛，但是收入却比效益好的企业反而低许多。

所以，劳动报酬实际上实行的是估量，一直以来这种估量是探索式的，缺乏具体的依据，有些则是用类比法来确定。有些人就是利用了这种估量的不确定性，来尽量降低员工的薪酬，形成极不公正的利益分配。有的理论将这种现象说成是原始资本积累的“残酷性”，实质上这属于分配混乱的落后表现。**辛劳和艰苦往往并不意味着残酷，残酷来自于压迫和不公正，这是提高分配意识必须加以区别的问题**。如果在人类利益分配的意识上仍然残留着主张残酷的观念，那将不断地亵渎人类最为珍贵的真实情感。如果真实的情感不断遭受亵渎，以互利协作和诚信为基础的和谐社会便难以形成。

形成“劳动报酬”的因素尽管很多，但由生产力发展形成的社会经济水平的提高，以及由历史积累形成的社会财富，这二者一定都是形成“劳动报酬”相对稳定的重要因素。也正是在这些因素的作用下，才使得不同历史条件下“劳动报酬”的水平有所不同。所以，这些相对稳定的因素应该是形成“劳动报酬”基准的依据。

劳动报酬实行估量，以及借此制造不公正的利益分配，这些情况说明要想形成劳动报酬的相对公正，必须有专门的社会机构通过综合社会的经济状况，适时地对劳动报酬做出社会性的基本评估。这就是说，关于“劳动报酬”，属于政府应该干预的事宜。其实制定最低工资标准，就是政府干预薪酬的具体表现。因此，关于社会分配的进步和分配水平的提高，主要应该通过政府的管理来实现。

这里就此强调，真正先进的社会统治管理机器不存在自身的利益。是否存在自

身的利益，这是衡量社会统治管理机器是否先进的重要标准。真正先进的社会统治管理机器，是人类“物种生命”的集中代表，它代表人类的整体利益和长远利益而不是部分人的利益。如果社会统治管理机器存在自身的利益，就会将管理职权用于维护和谋取这种利益，就不可避免地会形成特权，就不可避免地会制造不公正的社会管理。

最后要说明，协调解决以上三大主要矛盾这也是一个复杂的系统工程，无论从理论还是社会实践上讲，它的实现都有一个历史过程，在这个过程中一定要按照经济规律办事，不能急于求成。这里关于劳动解放的介绍主要在于说明，劳动解放是劳动文化式生存方式在发展进步中的必然趋势，认识这种趋势可以在明确发展方向的基础上，针对性地展开各种应用理论的研究。“应用理论”与“基础理论”各自有相对的独立性，出色的应用理论能够指导处理多样性、变化性的复杂事物。

未来的社会经济状况和社会生活水平状况，由于受到资源条件和生态环境条件的限制，将不会一直呈现为高速的、好似没有止境的提高，回归自然和贴近自然，将成为体现生活质量的新的生活方式。因此，**可持续发展的循环经济观，将成为宏观指导和规划社会经济的重要理念，由此将产生许多新的经济理论。这其中将重点包括关于发展和有效使用公共积累的应用性理论。**在这些理论的作用下，随着社会分配水平的提高，贫富的差异将会限制在一个合理的范围，人们的生活将以安稳为前提，以贴近自然和回归自然为特色，人际关系温润和谐，体现出诚信、热情、有教养。社会虽然倡导鼓励追求上进，倡导鼓励正当的生活式竞争，但是并不主张以令人忐忑的所谓加强紧迫感、危机感来作为主导日常生活的思想意识。

“人们日益增长的物质和文化需要与落后生产力之间的矛盾”，这一社会发展的基本矛盾，它虽然会存在于相当长的历史阶段，但是随着文明的发展，当社会生产力提高到一定水平，当自然环境对开发利用的承受能力达到一定程度以后，社会基本矛盾的状况将会发生改变。发展生产与影响自然生态的矛盾；社会效益与经济效益之间的矛盾；个人价值实现与劳动解放之间的矛盾；人类长远生存利益与现实生活利益之间的矛盾，将逐步转化成为社会的主要基本矛盾。

值得注意的是，这些新的基本矛盾已经不能再单纯依靠发展和提高生产力的方式来解决，而是需要形成更高水平的、科学性的利益分配方式，通过包括合理应用生产力、合理控制人口在内的，这些社会管理性质的利益分配才能予以解决。

篇章 25：关于生产力的要素

上两个篇章对劳动文化式生存方式的诠释，只能对劳动文化式生存方式及其发展是一个大致的介绍，其中还有很多细节有待结合实践展开进一步研究。文中多次提到生产力的重要作用，考虑到目前有关生产力要素的说法存在多样性，所以认为有必要对此加以探讨。

关于生产力的要素现在有多种观点，比如劳动、土地的**二要素论**；人和工具的**二要素论**；劳动者、劳动工具、劳动对象的**三要素论**；劳动、资本、土地、企业家的**四要素论**；劳动者、自然资源、资本、技术、管理的**五要素论**；劳动者、劳动资料、劳动对象、科学、管理学、教育、技术的**七要素论**；还有劳动者、劳动资料、劳动对象、技术、信息、能源、教育、管理的**八要素论**等。

关于合成生产力的要素，如果用“几种要素”的眼光看问题，那么由于不同的历史时期和不同的行业合成生产力的要素会有变化，于是就会形成不同的观点。这里经过分析比较最后认为，应该跳出“几种要素”的局限，如果用“几类要素”的眼光看问题，即使不同历史时期、不同行业的生产力合成要素会有所变化，但都可以归于固定不变的几个类型。

一、生产力的合成应该分为几类要素而不是分为几种要素

生产力是以劳动生产方式获取产品的能力。这里说的“产品”意思很宽泛，包括劳动成果，像运输行业虽然没有产出性产品，但运送的物资属于运输劳动的成果；还有狩猎和采摘得到的东西都属于劳动成果。没有劳动也就没有生产力，所以生产力又是“文明生命”劳动能力的集中体现。劳动诞生于原始智慧生命制作工具的第一次敲击。形成多样的工具制作以及广泛应用这些工具，才真正意味着劳动文化完成了从诞生到形成的最初起步过程。**劳动是由多种因素组合的活动，因此，由劳动派生的生产力也由多种因素合成。**

所谓生产力要素，是指合成生产力不可缺少的“关键性”重要因素。随着生产

力的发展，可以发现不同时期合成生产力的要素会发生变化，比如说，资本、信息、能源等因素在现代生产力的合成中占有重要的地位。还有不同的产业或行业合成生产力的要素往往也不同，比如生产精神产品的文学创作，生产力的合成要素就与有些行业存在一些差别。所以以上列举的那些合成生产力的不同要素，从内容上讲都没有什么错误，这些不同观点恰好反映了合成生产力的因素是多样的、变化的。

但是，如果以变化的眼光去看待生产力要素，就必然会出现要素的不确定性，那么从不同的视角就会形成不同的观点，各种观点就会各执一词形成理论的混乱。可见这样看待生产力要素是欠妥的，所以，作为合成生产力的“关键性”重要因素来讲，不应该呈现为多样性和变化性。

通过对合成生产力的多样因素进行分析以后，发现这些因素分别可以归属于几种固定不变的类型。因此，从理论上可以将合成生产力的“关键性”重要因素归纳为几种类型的要素，每一类型的要素中可以包含同类型的若干因素，这种划分方式有助于形成理论的统一。

二、合成生产力的四类要素

经过分析归纳，可以将合成生产力的“关键性”重要因素划分为“劳动者、科技、生产资料、管理”这四大类型，每个类型中分别可以包含同类型的诸种因素。其实人类已经应用了这种划分方式，比如劳动资料包含劳动工具、劳动场所等因素，“劳动资料”实际就是一种因素的类型。

上面列举的那些因素可以分别归类如下：**在“劳动者”这一类要素中包括企业家、专家等因素。**

在“科技”这一类要素中包括教育、技术、技能等因素。

在“生产资料”这一类要素中包括劳动资料和劳动对象，其中劳动资料包括工具、资本、厂房、土地、设备、能源、信息、社会环境、气候环境等因素，劳动对象包括原料、资源等因素。

在“管理”这一类要素中则包括策划、决策、制度、组织等因素。

按照划分类型的方式来看待合成生产力的要素，无论是原始社会的生产力还是现代社会的生产力，无论是什么行业或产业的生产力，生产力的合成都缺少不了“劳动者、科技、生产资料、管理”这四类要素。

下面重点介绍一下，“科技”和“管理”为什么属于合成生产力不可缺少的“关键性”两类重要因素。

三、科技为什么属于合成生产力的要素类型?

人类的劳动文化式生存方式之所以能够发展进步，除开人的决定性因素以外，生产力的发展在其中起着主导作用，而科技则又是推动生产力发展的核心力量。

对各种自然奥秘的揭示，对各种自然规律的认识和应用，对各种自然资源的开发和利用，科技都是开路先锋，但是科技必须转化为生产力才能充分显示其力量。**这种现象揭示了，科技不能当作是生产力之外的一种单独表现，所谓将科技转化为生产力，这种转化实质上指的就是科技合成生产力的反映**。

科学是有关自然、社会和思维的知识体系，是客观认识事物的集中反映，是实践经验的结晶。科学揭示事物发展的客观规律，探求客观真理，是把握客观事物的指导。科技是科学理论与实践的有机结合，现代科技无论多么复杂和深奥，都是由简单的知识和实践发展而来。

比如说，人类始祖制作第一件工具的劳动表现，在现代人看来实在是再简单不过的事情了，但是无论从材料的选择、产品形态的确定、加工的步骤和方式等方面却都具有科技内涵。人类始祖制作的第一件工具，在当时无疑属于科技含量最高的先进产品。所以在合成制作第一件工具的最初生产力中，便存在着科技的这一要素。

我们并不能因为其看似简单的产品和简单的生产方式，而忽略了它的科技成分。例如“日心说”在现代人看来是简单的常识，但是在当时来讲，“日心说”却是最为先进的科学理论和最为重大的科学发现。

在传统的生产力理论中，解释劳动者这一要素时一般都会冠之“具有一定科学知识、生产经验和劳动技能的”这种说明。在解释劳动工具这一要素时，也要加上“同一定的科学技术相结合的”这种说明。这都客观体现了科技作为生产力要素的合成表现。在现代企业中都有专门的技术部门，有些企业还设立了专门的科研机构，这些都是重视和发展科技这一类要素的体现。

人类最初的科技胚芽，虽然起始于人类始祖中某个个体所首先创造形成的劳动表现，但至此以后，科技对于生产力的发展和人类的社会发展，便开始产生着无比巨大的作用。科技的作用之所以如此巨大，还因为科技不仅只是个人劳动智慧及其成果的表现，通过社会性和历史性的传承、发展、积累，科技成为了集体智慧的结晶。正因为如此，**科技和劳动者在生产力的要素分类中，属于奠基性质的两类要素**。

科技是劳动文化的精髓，劳动实践中的精华内容都汇聚为科技知识，再反过来指导劳动实践。科技发展的时代性，导致了生产力发展的时代性和文明发展的时代性。

当科技合成于劳动工具这一要素时，不仅使劳动方式发生改变、劳动效率得到提高，而且还带来了生活方式的改变。毫不夸张地讲，文明世界是一个工具的世界，除了劳动工具和各种日常生活用具以外，房屋、桥梁、大型水利枢纽、火箭、飞船等这些设施和装备，都无不具有工具的属性，因此，工具的进步是反映文明进步的重要标志。

当科技合成于生产资料这一要素时，使生产资料的领域不断扩大，这其中对于各种能源的开发利用显得尤为重要。能量是生产力最主要的力量形式，在原始形态的生产力结构中，能量仅为劳动者的体力和脑力，体能的有限不仅使生产力的水平低下，而且使得劳动不能从繁重的体力状态中解放出来。

对火的认识和应用，使人类对能源的作用开始形成初步的了解和掌握。以火取暖、以火恐吓猛兽，火的这些应用从提高生存安全的角度起到了发展生产力的作用。以火加工食物，扩大了食源、减少了疾病、增进了营养吸收，火的这些应用从增强体能上起到了发展生产力的作用。

种植和养殖减少了狩猎风险、提高了食物的供给保障，这从生存能力的整体提高上起到了发展生产力的作用。

对牛和马等畜力的利用，第一次突破了单纯以人力作为生产力能量的局限。畜力与新农具、特别是与金属农具的结合，形成了生产力发展的第一次历史性飞跃。煤炭与蒸汽机的结合形成了生产力发展的第二次历史性飞跃，并导致了第一次工业革命，使人类开始从农业社会进入到工业社会的新时代。石油燃料与内燃机的结合，以及电能与电动机的结合导致了第二次工业革命，使工业社会开始进入兴盛时期。

当核能被认识并逐渐加以利用以后，如同人类当初认识和利用火的意义一样重大，意味着人类开始了控制性地进行类似于直接合成太阳能的尝试。“快堆式核反应堆”的研发，还有代表着第二轮物理实验的“全超导非园截面核聚变（EAST）”，其稳态运行的核聚变堆产生能量的方式和太阳相同，都是在超高温条件下氢（或氢的同位素）的原子核聚变产生巨大能量，相关的研究被比作“人造太阳”。这些成果从理论上将可能获取到无尽的核能，使人类有望摆脱日益严重的能源危机。人类有关能源的科技探索，目前已经提出了“真空零点能”和“反物质”的研究新观念，如果人类拥有了能够控制性应用这些新能源的成熟技术，这意味着人类有希望逐渐形成宇宙空间的生存转移能力。

信息能力属于智力的一种重要形式，智力的本身又属于综合性质的信息处理能力。智力的内涵极其丰富，它包括感知信息、收集信息、分析信息、归纳信息、处置信息、记忆存储信息、积累信息、调用信息、交流信息、将信息转化为知识、传承知识等能力。人类智力水平的提高，包括了以上这些能力的整体提高。信息的感受、传递和处理能力，不仅是表现“个体生命”生存能力的形式，而且是表现“物种生命”生存能力的形式。人类无论是社会管理，还是作为生产力要素的管理，科技都会通过提高信息能力而对管理能力的提高发生重大影响。

语言是一种反映和传递信息的重要方式，因此，语言能力是一种重要的信息能力。在狩猎劳动中，狩猎知识和技能的交流及传授，围猎时信息的及时沟通，围猎过程中的劳动组织，这些活动都具有一定的技术含量。不断增多的知识和技术内容必须以相应的语言信息来表达，这种要求促进了人类语言的发展。**由单音节到多音节语言的出现，以及内容丰富的复杂语言的形成，这是人类的第一次信息革命**。之所以称为信息革命，是丰富的词汇能表达各种事物，使得语言成为了一种重要的信息技能，这种技能要通过后天的认真学习才能掌握。这种技能是其他任何物种都无可比拟的。

依据信息的含义，这里认为文字的形成与发展应该是人类的第二次信息革命，文字的本身相对于语言具有更高的科技含量。造纸术和印刷术则使第二次信息革命趋于成熟。语言在没有辅助工具的情况下只能满足直接的信息交流，只能凭借记忆来存储信息，这使信息的传递和传承，无论从作用范围还是长期保留、积累都受到了很大局限。而文字以具有基本含义的符号为构件，这些构件能组合成传达各种信息的载体并能书写保存，这是一种将信息与符号有机组合的技术形式，只要知道这些符号表示的含义，见到这些符号就能在大脑中还原它所携带的信息。文字弥补了语言的许多不足，突出了能够记录、保存、传递、积累大量信息的特点。借助文字，能够间接吸取他人的智慧或间接地向他人传导思想，因而能够形成智慧的叠加。

计算机技术的出现及其迅速发展，将人类带入了一个全新的信息时代。计算机的巨大功能不仅反映了人类信息能力的提高，更是说明了提高信息能力的重要性。计算机技术使“人工智能”得到完善和普及，使实现复杂的自动化控制、远程控制和远程管理成为可能。

人类信息能力的每一次飞跃性提高，对于人类文明的发展都具有划时代的意义。**计算机的发明及其应用不仅引发了第三次工业革命，而且形成了第三次信息革命**。由第三次信息革命形成的全新生产形式、信息沟通形式和信息处理形式，不仅对于人类的劳动解放，而且对于人类整个生活形态的进步都具有深远意义。

以上内容说明，无论从生产力推动社会生活发展，还是从生产力自身的发展上讲，科技作为合成生产力的奠基性要素类型，它的发展对于生产力始终具有至关重要的作用。从这种意义上讲，科技水平是文明程度的集中体现，所以，“科技”在生产力中归纳为一种要素类型是当之无愧的。

四、管理为什么属于合成生产力的要素类型?

在介绍组织式群体形成的五大要素时（篇章 18），讲到管理对于形成群体具有核心的功能作用。在“篇章 19”中也指出，管理的进步是促成和反映人类社会进步的重要内容。在“篇章 24”中，也把管理喻为形成文明的四块基石之一，可见，管理能力是十分重要的生存能力。自我管理是对自我行为的规范和指导，在动物世界中可以看到，自我行为稍有不慎就可能酿成杀身之祸。一只角马因为脱离队伍，仅仅这种错误就会被狮子或鬣狗捕杀，这种不慎就是自我管理的不慎、是管理在决策上的错误。

管理是对个体和群体行为的规范和指导，管理表现是生物进化或进步的标志。那些进化为具有家庭式群居习性的物种，由于形成了家庭式的社会组织结构，通过首领的管理形成了生活秩序和统一行为，使得这些物种的互利协作机能能够得到发挥并形成群体力量，生存能力因此得到大幅提高。所以，无论是个体还是群体的生命活动，管理不仅不可缺少而且尤为重要。

生产活动是人类不能缺少的生命活动，生产力是人类从生存环境中获取利益的能力，无论生产力是单人式的结构还是多人式的组织结构，无论是刀耕火种的生产形式还是现代化的大生产，都始终离不开管理。**不存在没有管理的生产活动，不同的生产活动只有管理水平高与低的差别，所以，管理属于合成生产力不可缺少的要素。**所谓管理出效益的说法就生动概括了这一点。**科技属于自然科学的范畴，管理属于社会科学的范畴，科技和管理作为生产力的要素，分别是“自然科学”和“社会科学”对生产力发生作用的表现。**

管理是一个很宽泛的概念，在生活的方方面面都存在各种形式的管理，作为生产力要素的管理只是表现形式之一。**所有与生产和产品交换有关的统筹、规划、决策、制度、执行、监督、操控等经营活动都存在管理的作用，或者说就是管理的内容。作为合成生产力要素的管理，其作用主要为“经营管理”**。经营管理作为生产力的要素类型，首先是对人的行为进行规范管理，再通过人去形成对其他要素的管理，因此，即使在人类始祖制作第一件工具的劳动表现中，也具有决策、执行、操控等规范自身行为的管理内涵。

管理是一种力量，这种力量可称为“管理力”，管理作用的发挥在于“管理力”的作用。管理力一般由管理权力、管理对象、管理技能、管理标准、管理机制这五方面构成。

“管理权力”，包括职权、职责、决策能力、责任心等。

“管理对象”，既包括他人和自己，也包括物资对象。

“管理技能”，包括管理理论、管理知识和经验、劳动报酬的分配方式等。

“管理标准”，包括各种执行标准、管理过程的效能状况、最终目标的实现状况等。

“管理机制”，包括管理执行体系、管理制度、信息反馈及处置、监督制度、管理设施等。

以上五个方面缺失任何一个方面或者某些方面存在不足，都会影响到管理力的形成和作用发挥。所以，学习管理可以从这五个方面着眼，强化管理可以从这五个方面进行，考量管理也可以从这五个方面着手。

在进入工业时代以后，各种复杂的生产力体系相继出现，管理的作用越发突出。随着对管理的关注和重视，管理逐渐有了专门的理论。在理论指导下，经营管理的职能机构逐渐健全；各种规章制度、劳动纪律、工艺纪律、安全操作规程和技术操作规程不断完善；各种安全防护设施的装备水平逐渐提高。在同等条件的不同生产体系中，管理要素的作用发挥得如何，往往是形成效益差异的主要原因，这直接说明了管理要素的重要性。

在具体的管理中要一手抓制度，双手抓贯彻。这不是说制度可以懈怠，而是强调贯彻无比重要。比如在安全管理中，有人常常认为人的主观能动性在生产活动中具有不确定性的特点，所以最不容易实现控制，因而安全事故难以杜绝。其实不然，所有的责任事故一定是由错误的行为造成，只要杜绝错误行为就能够杜绝责任事故。因此，安全管理的出发点，就是针对在劳动过程中可能出现的各种错误行为，以制度、章程、纪律的形式给予提示；再通过严格贯彻执行这些制度、章程、纪律，来保证劳动行为达到近乎机械的照章操作。错误的行为杜绝到什么程度，责任事故就会减少到什么程度。如果生产体系中的每个工作者都能够严格贯彻制度，一丝不苟地照章操作，将错误行为降低到零，那么责任事故就是零，所以说要双手抓贯彻。

在每一个生产力系统中的生产关系，表面上看是一种组织关系，实质上则是管

理关系。如果没有管理，组织关系难以保持，这也说明了管理属于生产力的要素。

管理包括对劳动报酬的分配管理，由于企业的所有制形式决定着经营管理权力的归属，所以经营权力可以通过管理来形成对报酬分配的控制。因此，**从企业内部的角度来讲，所有制形式可以成为生产关系的同义语**。企业也是一种组织式群体，群体的凝聚来自于共同的利益基础，在企业内部的生产关系中，这种共同的利益基础主要反映为劳动报酬的分配状况，报酬分配状况决定群体的凝聚状况。群体的凝聚状况是群体团结协作、群体情绪和精神面貌等状况的综合反映，因此，群体的凝聚状况决定着群体成员的工作积极性。工作积极性直接关系着生产力作用的发挥状况，这是从企业角度所表现的生产关系反作用于生产力的反映。

从这里可以看到，报酬分配对于生产力作用的发挥具有重大影响，这种影响是通过经营管理形成的。**从利润分配的角度上讲，投资回报、员工的劳动报酬、缴纳社会管理费用和公共积累所需的税收、再生产和扩大再生产的资金留存，这是主要的几大类分配项目。关于利润分配是否合理，要从这些分配项目的分配状况是否合理来综合体现。**

投资回报如果不合理，会影响到资本投入的积极性；劳动报酬如果不合理则会影响员工的工作积极性。生产力的积极表现主要由这两方面积极性组成，哪方面积极性受到打击都会影响生产力作用的发挥。由于投资回报与劳动报酬之间是此多则彼少的分配关系，所以由此构成的利益矛盾一直都是利润分配矛盾的焦点。

由于所有制形式决定着经营管理权力的归宿，同时决定对利润分配的控制。在私有经济的利润分配中往往会出现减少劳动报酬、增大投资回报的不公正分配。这种不公正的分配，不仅会因为劳动报酬的不合理而影响劳动者的积极性、使生产效益降低并影响投资的收益，而且还会造成负面的社会影响，由此引起的斗争会成为推动利润分配趋于合理的动力。实践证明，利润分配越是合理兼顾了各方利益，共同的利益基础才越牢固，团队才能形成更强的凝聚力，才能更充分发挥出生产力的效能。

以上内容说明了“管理”是合成生产力不可缺少的成分，所以，“管理”在生产力中被归纳为一种要素类型也是当之无愧的。

五、在一定条件下生产关系将决定生产力

这里最后想从宏观层面，就生产力与生产关系在相互作用上的发展表现做点说

明。生产力水平的提高是由生产力各要素相互作用、相互促进的发展表现，当生产力的各个要素存在发展潜力的时候，社会生产力会呈现不断提高的趋势，在这种情况下往往是生产力决定生产关系，生产关系则对生产力具有反作用。**但是随着生产力的水平发展提高到一定程度，由于生存空间的有限，当“生产资料”这一要素因为资源有限而受到限制，而且这种限制不能再通过拓展生存空间的方式得到解决时，将出现生产关系决定生产力的情况。**

也就是说，当生产力的发展引起了“生产资料”短缺的客观限制时，这种限制已经不能再通过发展提高生产力的方式来消除，而只能通过生产关系中的分配机制、通过控制生产力的应用、通过控制人口数量、通过调控社会消费状况等方式，来解决资源有限与生产和消费之间的矛盾。再先进的生产力也不可能搞无米之炊，资源有限会对生产力的施展构成客观限制。

在资源的有限对生产力的施展构成客观限制的情况下，通过社会管理对生产力的应用实行控制以后，社会生产的整体规模将会相对稳定，这将使社会产品的总供给形成相对的稳定。**这些相对的稳定将为规划形成可持续的良性循环式再生产提供依据。随之而来的，将会形成与之相适应的社会生活方式**。但这绝不意味着生活会陷入单调，良好的自然生态和社会生态会让人们的生活不会局限于人文的情趣，而会增加更多的自然情趣，清新和多姿的自然成分会形成更高的生活质量，人们会有更加健康的心理状态和更加高雅的生活情调。

篇章 26：关于所有制的形式

在利益运动中，占有关系是分配关系的主要内容之一，所有制是“文明物种”在利益分配中反映占有关系的制度形式。所有制不仅是“文明物种”意识形态的重要反映，而且是“文明物种”内部分配水平发展提高的关键，体现着社会分配状况的进步与落后，所以，对于所有制及其作用的探讨，对于指导高科技时代的社会发展是不可或缺的内容。

一、所有制的形成

在“篇章 13”中曾经介绍过，“自然的公有”是自然界中物质的基本所属状态。由于生物的生存需要各种物质来维持，于是对各种物质的拥有状况，直接关系到生物的生活状况和生存状况。

在自然环境中，对物质的拥有状况与各个物种的利益获取能力有关，与各物种的“物种生命”在组织结构上进化的程度有关。获取行为是将各种利益内容由自然公有，转化为生物自我拥有的必要环节，如果没有这样的转化，生物便不能生存延续，所以，“自有”是生物生存与发展不可缺少的一种占有形式。

在介绍“物种生命”（篇章 3）时曾经分析过，具有组织式群体生活习性的物种，由于能够形成互利协作的集体力量，能够获取和占有更多的利益，所以生存能力要高于独居习性的物种。例如进化为具有家庭式组织结构的物种，生存的优势尤为突出。像蜜蜂和蚂蚁，它们的每一个家庭都有严密的组织结构，而且是以群体公有制为主的生活模式，这种生存能力可以看成是有效发挥公有制作用的自然典型。狮子通过种群式的组织结构，不仅能够形成生活协作，而且通过群体力量能够获得足够大的、以领地为代表的群体公有财产，并依靠领地为群体形成相对稳定的生活保障。

人类是组织式群居物种，家庭和氏族是具有组织结构的社会群体，“物种生命”的生命功能及作用，通过家庭和氏族中的各种互利协作关系予以表现。在劳动文化形成的初始时期，由于生产力水平极其低下，家庭和氏族的劳动组织及协作，对于形成和发挥生产力的作用，以及获取更多的生活资料显得尤为重要。由共同的劳动协作获得的劳动成果，在家庭和氏族群体中具有公共的性质。劳动成果的再分配在这种公共的基础上展开，由家庭和氏族的长者，以有利于群体生存与延续的原则来作为内部利益再分配的标准。这种具有一定原则和标准的分配，已经具有“管理制度”的属性，形成了人类最原始的所有制形式即原始公有制。

这种原始公有制以家庭和氏族的群体公有为基础，通过内部再分配形成个人的自有。所有制的形成是人类劳动文化式生存方式的重要体现，这种分配能够发挥领导和管理功能的作用，能提高物种的生存能力，所以远比相互争夺的占有式分配要高级。

二、所有制的发展

人类所有制的发展，与生产力和“物种生命”的扩张发展，与社会管理的发展都有关系。在人类社会出现了统治管理方式以后，所有制通过社会法律形成了权属所有制形式。所谓权属所有制形式，是以法律规定的形式，将占有、使用、收益、处分以及排除他人干涉等权利融入所有制之中。权属所有制形式将所有制纳入了统治管理的范畴。人类现代社会的所有制均为权属所有制形式，这是所有制发展的重要表现之一。

当人类出现了国家式的组织群体以后，具有完整组织结构的最大群体便是国家，人类“物种生命”的松散状态，主要表现为各个国家在各自利益上的主权独立。由形成组织式群体的要素可知（参看篇章 18），任何组织式群体的形成都必然存在凝聚群体的共同利益基础。**所谓共同的利益基础，都不同程度地具有群体公有的性质，例如国家公有财产便属于群体公有的性质**。

国家是能够将多种成分的社会成员兼容在一起的群体，这有益于“物种生命”的扩张发展，所以在一定的历史阶段国家是具有进步意义的群体形式。由于统治管理是最高层次的管理形式，因此，统治管理的诞生是人类在社会管理上的巨大进步。在人类“物种生命”处于松散状态的情况下，“物种生命”的生命功能主要通过国家内部的统治管理来实现。作为代表社会管理机器的政府，它的作用是“物种生命”功能的集中体现，其职责应该是以维护和服务于社会的整体利益为己任，这是由维护自身物种整体和长远的生存利益所决定的。

统治管理在社会发展中可能出现压迫民众的现象，出现压迫的原因并不在于统治管理方式的本身，而是应用上的落后表现，所以，逐步革除对统治管理的落后应用，这是人类社会进步的重要体现。

奴隶社会在统治管理上存在的落后，主要是社会统治权力为奴隶主私有。**所以，所有制形式不仅体现于生产资料和生活资料，还体现在社会统治权力的归属上。当统治管理权力私有化时，整个统治管理机器便具有了私有性质。私有必然存在私有性质的利益，于是整个统治管理机器的本身便具有了自身的利益。当这种私有利益与社会的整体利益发生矛盾时，整个统治机器便会偏向于维护自身的利益，于是便会出现危害社会整体利益的表现**。这在以往的交流中已经介绍过。

社会统治权力的私有，形成了统治机器对自身利益的服务，由此削弱了对社会公共利益的服务。这种状况的改变，只能通过“物种生命”的自身纠错来逐步实现。在“篇章 13”中讲到，统治权力为奴隶主私有的社会管理模式，这样形成的国家会很不稳定，奴隶主对奴隶进行残酷压迫所引起的反抗斗争，各奴隶主为争夺霸主地位不断发生的战乱，这些动乱对生产力的破坏、对生存安全的威胁、对社会生活秩序的影响，以及将奴隶当作异类对待的愚昧做法，都是导致封建制取代奴隶制的重要原因。

封建社会在统治管理上的落后表现，主要是统治权力为封建主私有。为了巩固这种私有，封建社会承袭了奴隶社会就存在的权力世袭制。权力世袭是权力私有的产物，因此，任何形式的权力世袭，都会使权力的本身带有自身利益的性质。由统治权力私有所存在的自身利益，以及统治机器在维护自身利益时所产生的社会矛盾，会严重阻碍社会生产力的发展，这又是共和制最终取代封建制的重要原因。

共和制的先进性主要体现于民主，但是如果没有正确而科学的方式来保障社会民主，如果出现对竞选形成操控的情况，那就同样会使统治管理机器成为维护部分人利益、而不是维护社会整体利益的工具，这就是不完善的共和制。不完善的共和制仍然使统治机器存在自身的利益，会使统治权力变相地具备私有性质。要想克服和防止这种现象，就要靠对各级领导人的民主选举，以及对各级统治管理权力的应用，实行民主与法制相结合的有效监督。所以，在共和制诞生以后，围绕社会民主的实现、社会监督机制的建立以及法制的健全，仍然有一个不断完善的发展过程。

在共和制的早期发展阶段中，实行生产资料私有制的国家，私有制固有的活跃性曾经为促进工业化的发展发挥了积极作用，但是由于生产资料的私有制容易通过各种经济手段来操控对统治领导人的竞选，这样的选举结果会使统治机器成为某些利益集团的牟利工具。这些利益集团的垄断现象，会阻碍正常的市场竞争，会抑制社会经济的发展，会导致公权私有。

公权私有、公权私用以及大量不合理的特权现象会形成各种不合理的利益分配，会形成剥削和压迫，会产生严重的社会矛盾。为了缓和这些矛盾，有些国家采用了包括战争手段在内的侵略扩张政策，以这种方式向外转嫁矛盾。这样做的结果，形成了比封建统治还要显得落后的，带有种族歧视和种族压迫的殖民统治形式。

殖民统治是一种凸显国家式群体自私、强权、侵略和欺压的落后统治，由此导致的民族矛盾会产生争取民族解放的反抗斗争。历史证明，任何向国家外部转移矛盾的做法，都只是权宜之计而不是真正能够解决矛盾的方法。将国内矛盾向外转移，是以加剧国际矛盾的方式来缓和内部矛盾，由于这是违背物种整体利益的做法，所以这类的做法难以长期延续。

经济危机是私有化自由经济的无序发展导致社会经济失衡的表现。为了调整失衡，会出现一系列灾难形式的强制调整。这样的调整，与生态失衡出现的灾难性强制调整很相似。自然灾害性质的强制调整，会通过造成部分生命个体的死亡来达到恢复生态平衡的目的。经济危机中的灾难式强制调整，则是通过许多企业的倒闭和大量的失业，来达到恢复经济平衡，这其中不乏有人要生活于水深火热之中，有人甚至要付出生命的代价。如果人类由于无序的经济发展而导致经济失衡，并引起一系列的强制性调整，这显然不是正常的发展表现，是社会发展中要避免出现的问题。

经济危机这种严重影响社会生活稳定的现象，由于是私有化市场经济无序发展的结果，而这种无序又是放任自由的活跃性造成的，所以它本身没有能力来改正这种错误。要想避免经济危机的现象，只有通过应用公有经济的稳定作用与私有经济形成互补，并通过社会管理的协调作用，对私有经济的活跃性形成正确的疏导和规范控制。现在许多国家逐渐采用法律手段，对无序的市场竞争和垄断进行规范和限制，**这是首先让法律具备公有性质，进而通过公有性质的法律，按照维护社会整体利益的原则对社会经济实行调控**。有的应用公共积累通过社会保障体系进行失业救济。有的通过调整税率、税种和存贷款利率，来进行宏观的经济调整。

通过应用公共积累拉动经济和发展新兴产业、通过应用公共积累支持重大的科研项目、以政府补贴方式支持某些产业发展等举措，这都是应用公有资产稳定社会经济的表现。

三、关于生产资料公有制的尝试

为了解决私有制自由经济本身存在的弊端，人类还开创了以生产资料公有制为主导的社会分配形式。**生产资料公有制是人类探索利益分配的重大尝试，这种尝试通过广泛的社会实践，为发展提高人类利益分配的水平积累了重要经验。**

完全以管理方式构建的社会公有制，由于必然采用统筹安排的方式，所以在社会经济的运作上必然形成计划经济模式。在物质供给的社会分配上则会形成配给模式。配给模式的灵活性和多样性十分有限，所以配给分配模式尽管具有能够稳定生活的特性，但是在变化不大的差异上却带有平均性。公有制计划经济除了具有稳定分配、稳定秩序、稳定社会生活等特点以外，还能够充分聚集公共积累，能高度集中各方面的社会力量来进行重点的社会发展，所以，即使在社会经济实力整体较为薄弱的状况下，公有制计划经济也能够在某些方面取得显著的发展成果。

但是，在长期的和平环境中，随着劳动产出的日益丰富，随着社会生产力水平的发展提高，随着对自然资源在开发应用上的不断增多，会使人们的需求日益丰富。随着社会分工不断细化，社会结构逐渐复杂，于是形成了复杂的社会生态系统，这就从客观上决定了，再周密的计划也不可能适应复杂多变的社会生态。一些与社会生态不相适宜的计划还可能对社会生活产生消极作用，加上平均分配的薪酬难以形成激励机制，劳动积极性会因此受到影响并制约生产力的提高。因此，在经过一定时期的社会实践以后，公有制计划经济存在的这些不足被逐渐认识并开始形成改革。

四、关于不同所有制形式的互补结合

将私有制市场经济与公有制计划经济进行对比可以看到，私有经济在完全处于自由状态时，它的无序会造成经济失衡并严重影响社会生活的稳定，但是它的灵活性、活跃性和利益激励性，则会调动经营积极性。私有经济面对复杂的社会需求有灵活多样的方式去应对，能形成多样的供给去适应多样的需求。这些特点是公有制计划经济不具有的。

公有制计划经济虽然不能完全适应多样的需求，但它固有的稳定作用却能够弥补私有制市场经济的不足，因而，可以将二者形成互补式的结合，即宏观的计划与微观的市场运作形成互补，这样就能够形成科学的经济运作模式。

正确的社会经济运作，应该存在多样的经济形式和多样的经营运作模式，让它们形成合理的互补。这些互补的方式灵活多样，其中包括公有和私有可以相互转换式的互补。比如生产资料可以采用向社会成员有偿租赁、征用、征购等方式来形成社会公有与私有之间的转化。

归纳以上内容可以得出，**以符合人类整体及长远的生存利益为原则，以统治管理权力的社会公有为前提，以保持自然生态的良性循环为基础，以科学合理的管理和协调方式形成多种经济形式的互补结合，对社会经济形成宏观的计划管理与微观的市场运作相结合，这将是调控社会利益分配的主导方针**。

这里提示：本章交流的内容要结合“篇章 13”的内容才更好理解，或者可以将本章作为“篇章 13”的补充。

所有制形式不仅体现于生产资料和生活资料，还体现于社会统治权力和法律的归属上。**充分而科学的社会民主，这是社会统治权力和法律公有的体现。反过来讲，社会统治权力和法律的公有，又是形成充分而科学的社会民主的基础和保障**。这已经不是第一次谈到的观点。

民主的本身是公有的反映，所以，所有共和制国家的社会统治权力和法律都具有公有的性质，但民主从程度上又有有限和充分的不同，因此，人类实现“团结统一式物种生命”所实行的充分而科学的社会民主，也就是实行充分而科学的公有性质的民主。

篇章 27：对政治的理解

对于社会发展，政治是不可缺少的内容，所以探索高科技时代的社会发展理论少不了对政治的探讨。与生产力要素一样，目前对“政治”也存在多种说法，这种状况也显示了，对政治的理解具有探讨的必要。

目前对“政治”大致有如下解释：

1）政治是指城邦中的城邦公民参与统治、管理、斗争等各种公共生活行为的总和。

2）政治就是参与国家事务，给国家定方向，确定国家活动的形式、任务和内容。

3）政治是国家的活动，是治理国家，是夺取或保存权力的行为。

4）政治是制定和执行政策的过程。

5）政治是各阶级为维护和发展本阶级利益，而处理本阶级内部以及与其他阶级、民族、国家的关系所采取的直接的策略、手段和组织形式。

6）政治主要是由政府推行的、涉及各个生活领域的、在各种社会活动中占主要地位的活动。

7）政治是阶级社会的产物，是阶级社会的上层建筑，集中表现为统治阶级和被统治阶级之间权力斗争、统治阶级内部的权力分配和使用等。

8）政治是经济的集中表现，是以政治权力为核心展开的各种社会活动和社会关系的总和。

9）有的是将“政”与“治”分开来。“政”主要指国家的权力、制度、秩序和法令；“治”则主要指管理人民和教化人民，也指实现安定的状态等。

10）认为“政”就是众人之事，“治”就是管理，管理众人之事就是政治。

经过认真分析，以上的这些解释其实都是对“政治”从各种表现上的归纳，“政治”的真实含义则是隐蔽在这些表现之中。以上对“政治”的解释为什么会呈多样性？这里认为，与没有认识到“利益运动”和“物种生命”有关。因为没有认识到“利益运动”和“物种生命”，同类是一家和最高利益原则等观念就得不到确立，那么文明物种内部杜绝自相残杀的战争，就不能从意识形态上最终得到纠正，各种激烈争斗的现象就会对政治的真正含义造成掩饰，于是难以形成共识一致的定义。

一、关于政治的定义

在认识“利益运动”和“物种生命”的基础上，通过归纳政治在社会生活中的表现极其作用，可以对政治形成如下定义：**所谓政治，就是围绕统治管理形成的各种思想、理论、实践等社会表现。在坚持最高利益原则的基础上所形成的社会效益，是评价社会政治成效的客观标准。**

为什么这样讲呢？这是因为，**政治与统治管理具有不可分割的联系**。从人类的社会发展中可以看到，上层建筑的统治权力如果采用私有制形式，那么上层建筑必然会有自身的利益。这种自身利益的存在必然影响到社会管理中利益分配的公正性，由这些不公正引起的社会矛盾和斗争就会长期存在。

即使每个国家都实行了共和制，由于整个人类没有实现团结统一，那么各个国家都可能把自身的利益放在最重要的位置，于是国家之间的利益矛盾及斗争也就不会停止，战争也就不会被杜绝。很明显，这些斗争既属于政治的范畴又属于统治管理的范畴。

还有，通常而言，可以将“管”视为“政”，将“理”视为“治”，管理国家称之为政治活动，管理国家同时也是统治表现，可见，政治与统治管理具有不可分割的联系。另外，从以上那些对政治的各种解释来看，每一种观点都没有脱离统治的范畴。

所以就政治而言，它不仅涉及经济基础而且还涉及上层建筑。**政治并不仅仅是经济的集中反映，准确地讲，统治则是政治的集中反映，其中社会秩序、社会经济和社会分配的正确治理与管理是核心内容**。在人类的原始社会，虽然在每一个氏族群体中也存在上层建筑和经济基础，由于那时候上层建筑的管理模式十分简单，并且没有专门用于支持社会管理的暴力力量，所以并没有形成统治性的管理模式，因而那时的社会管理只能是类政治现象。**所有作为非统治性质的一般管理，例如企业管理，都不能称为是政治现象或政治表现。**

统治管理由于存在能够剥夺生命的极端强制形式，所以统治管理是最高层次的管理，它适应大范围的社会管理需要。统治管理的出现，是文明物种的社会群体扩张到一定规模时的必然产物，是一般性管理的升华表现。统治管理模式在国家出现之前的群体扩张运动中便逐渐开始酝酿，政治则是由于谋划和构思统治管理模式而先行开始萌芽。当国家诞生之后，统治管理转变为常规化、正式化、组织化、固定化的形式，政治因而也成为了“文明物种”社会生活中不可缺少的重要内容。

政治有正确与错误之分，所以统治也有正确与错误之分。政治和统治的发展，是正确与错误的思想、理论、社会实践在争论和斗争中渐进发展的历史过程。**政治和统治斗争的核心，始终是关于社会的管理式利益分配是否公正合理的问题。由于控制社会管理式利益分配的关键是统治权力，所以对统治权力的争夺便成为了政治和统治斗争的焦点。**

二、关于“实践性政治”和“非实践性政治”

政治是围绕统治管理的各种思想、理论及其实践等社会活动。这说明即使没有掌握统治权力，那些联系统治管理的各种思想、理论等表现，同样属于政治反映。这表明，**政治由实践和非实践的两种形态组成，即政治分为实践性政治和非实践性政治的两种形态。由统治管理机器所做出和履行的各种重大决策，还有法律，由于它们在社会管理中能够直接发生作用，所以属于实践性的政治。除此而外，那些在社会管理中不能够直接发生应用作用的政治思想、政治理论、政治活动，则都属于非实践性的政治。这两种政治形态的地位，在社会的发展运动中可以发生相互转换，正是这种转换推动着政治和统治的进步发展。**

比如说，当某个家族或者党派取得统治权力以后，他们的政治思想、政治理论、统治决策，便成为了实践性的政治。那么其他家族或者党派的政治思想和政治理论，便成为了非实践性的政治。再比如，如果上层建筑实行了公有的形式，社会的政治基础由充分的社会民主所构成，于是便能够保证让绝大多数人的政治意愿，以民主共识的形式始终处于实践性政治的状态。

一般来讲，统治表现均属于实践性政治的范畴，即**统治是实践性的政治，是凭借统治机器来实施社会管理的形式**。所以作为公职人员来讲，他们的工作都负有政治使命，因而必须熟悉与其职责相关的各种法律法规。**公职人员的渎职和玩忽职守，都是缺乏政治责任感的表现。**

道德是实践性政治所倡导的，是有利于巩固统治管理和维护社会生活秩序的一

种心理规范。道德规范虽然不具有严格的强制性，但是作为一种自我约束的心理基础，是培养品行素质的重要条件，因此，道德为社会生活所不可缺少。随着社会的发展和统治管理的需要，道德规范中的有些内容会上升为法律的形式，由此转变成为实践性的政治内容。

三、关于政治的发展表现

用历史的眼光来看，政治在上层建筑变革中的发展进步，主要表现为通过实行民主来逐渐消除统治机器的自身利益。

政治在经济基础变革中的发展进步，主要表现为通过形成良好的生产关系来促进生产力的发展。

政治在社会生活变革中的发展进步，主要表现为通过实行法制来形成良好的生活秩序。

政治在人与自然关系变革中的发展进步，主要表现为通过实行可持续性的发展战略，来形成自然生态的良性循环。

政治在文明物种形成“团结统一式物种生命”中的发展进步，主要表现为应用最高利益原则的相关理论，来促成“团结统一式物种生命”的早日实现。

人类要想长久生存就必须实现大同，否则，人类将由于采用高科技手段的自相残杀而导致灭绝，这已经是反复强调的观念。所以，主张人类实现大同，这不仅是政治观念进步的反映，而且是人类争取长久生存的客观要求。其实自人类诞生以来，争取人类长久生存与发展的这一最高利益原则，始终潜在地指导着人类的生命活动，包括形成劳动文化式的生存方式、生产力与生产关系的发展、所有制形式的发展、上层建筑与经济基础的发展，人类这些生命活动所要达到的最终目的，就是要争取人类的长久生存与发展。进入高科技时代以后，人类应该将一直潜在指导自身生命活动的最高利益原则，上升为社会的意识形态，这样才符合文明进步的需要。

人类如果形成“团结统一式的物种生命”，社会的上层建筑必定为科学性充分民主的公有形式，社会的统治管理将接受有效的民主监督。统治机器按照最高利益原则，将始终代表和维护人类“物种生命”的整体利益，上层建筑的本身不具有自身的利益，也不会仅仅代表某些社会群体的利益，统治机器也不为政治组织或团体所有，特权和腐败现象将最大限度受到制约。

统治机器为政治组织或团体所有的状况，这在有限公有形式的上层建筑中很常见，这种情况是一定历史时期的产物，属于形成充分的“公有式上层建筑”的过渡形态，它会为文明的进步发展积累宝贵经验。在文明程度已经很高的现今，人类在形成“世界大同”的进程中，应该通过正常的法律途径而不是暴力的途径，来使有限公有形式的上层建筑平稳过渡为充分公有形式的上层建筑。

政治是对统治的构想、设计、规划、安排、实践，是对统治的不断总结和指导，统治是政治的实践表现。对统治的酝酿也是政治，所以没有政治也就无所谓统治可言。如果颠倒地说成没有统治也就无所谓政治，那将是错误的。

篇章 28：关于上层建筑与经济基础

社会发展理论少不了对上层建筑与经济基础的认识，在讨论了政治与统治以后，对上层建筑与经济基础的讨论自然要提上议事日程。

对上层建筑与经济基础的传统理解是：上层建筑包括思想上层建筑和政治上层建筑。思想上层建筑是指社会意识形态，包括政治思想、法律思想、道德、艺术、哲学、宗教等。政治上层建筑是指在思想上层建筑指导下，在一定经济基础上建立起来的，与社会意识形态相适应的法律制度及设施。政治上层建筑包括：法律制度以及军队、警察、法庭、监狱、政府部门、党派等统治机器和政治组织。社会意识形态是上层建筑的核心。经济基础，是与物质生产力一定发展阶段相适应的，占主导地位的生产关系各方面的总和。

经过前面对政治、统治、生产力的探讨，对以上传统理解中所说的“政治上层建筑”，这里认为称为“统治上层建筑”将更加确切，因为“政治”包括“非实践性政治”，严格地讲“非实践性政治”还不属于上层建筑。

对于“经济基础决定上层建筑，上层建筑反作用于经济基础”的传统说法，这里则认为上层建筑与经济基础之间，是相互作用、相互联系、相互影响、相互制约、相辅相成的关系，并且二者相互作用的主导地位会发生变化。是否有利于文明物种的生存发展和长久延续，是判断上层建筑与经济基础在作用发挥上正确如否的标准，也是推动二者发展进步的内因。**在生产力具有发展空间的时期，由于生产力决定生产关系，因而生产力决定着经济基础**。

以上看法的形成，在下面的内容中都会有专门的论证。这里先要说明的是，以上与传统看法的不同并不是对传统思想理论的完全否定，而是主张将其中正确的成分通过相互的兼容来合成新的理论。因为通过认识“利益运动”和“物种生命”以后，对于生命活动和社会生活都会以新的视角加以看待和理解，这其中包括对上层建筑和经济基础的看待，这是观念更迭的必然。

从“利益运动”和“物种生命”的层面看，上层建筑是文明物种对社会实施领导和管理的中枢，是“物种生命”的重要生命结构。经济基础是“文明物种”利益获取能力与利益再分配状态的总体表现。

生存能力可以高度概括为利益分配能力，其中包括获取式分配能力和管理式分配能力。人类的获取式分配能力，是应用生产力从地球环境中获得各种物资的能力，并由此构成社会的经济基础。人类的管理式分配能力包括：第一，对获取式分配能力的统筹安排，杜绝过度开发和合理保护生态环境；第二，对各种再分配实行规范、指导，促进形成良好的社会生态。由这两大类型的管理作用，构成社会上层建筑的重要职能。因此，上层建筑和经济基础，是集中反映文明物种生存能力的两大主体。或者说，上层建筑与经济基础在作用上的结合，是文明物种生存能力的最高表现形式。

就人类目前的情况而言，上层建筑和经济基础一般存在于国家式的群体，它们作用发挥的状况，体现着各个“国家形态的部分式物种生命”的生活状况。只有当人类形成了“团结统一式物种生命”，那时整个国际社会的上层建筑和经济基础在作用上的结合，才是整个人类生存能力的最高表现形式。那时社会统治管理实行的是共和制，由于真正的共和制是民主的充分体现，而充分的民主则是统治权力充分公有的体现，所以那时社会的上层建筑将是统治权力充分公有的形式。

其实在每个小的生活群体中，比如家庭，也会存在类似于上层建筑和经济基础的结构，由此体现着各个家庭的生活实力和生活状态。所以，认识上层建筑和经济基础及其相互的作用，对于各种小型群体的生活也具有指导意义。当然，家庭中是否可以称为上层建筑和经济基础这并不重要，这样讲只是想说明，在家庭中这种结构及其作用功能是存在的。总之，一个群体要形成良好的生活，既要有合理而有效的获取能力，还要有正确的管理式分配能力，哪个方面的不足都会对群体生活造成不良影响。

一、关于上层建筑与经济基础的原始表现和演变

在人类原始家庭的各种生活关系中，存在着由劳动和利益分配等关系形成的生

产关系，所以劳动式的生活联系是原始家庭社会的经济基础。经济基础是维系整个家庭生存与发展的物质基础，它包括由劳动获取的所有物质资料，以及如何将物质资料再分配到每一位家庭成员的利益分配状态，这种再分配一般遵循有利于整个家庭生存与发展的总体原则。

在社会范围不大，社会成员不多，被分配的物资不复杂，又有自然的血缘作为社会基础的情况下，这种分配原则比较容易形成和执行。又由于有限的生存能力和艰苦的生存条件，使得大家必须加强团结与协作，必须努力保持整个群体的稳定才有利于生存，所以原始公有制是适宜于当时生活状况的主要分配方式。

在人类原始家庭社会的利益分配关系中，包含着例如生病、受伤、未成年等种种原因而没有参加生产劳动的人。没参加生产劳动的人参与分配，这是保障相互生存协作、生活和谐、劳动力的再生等社会效益的体现。社会效益还包含生活秩序和生产秩序等方方面面的内容。**那时的社会效益，是指通过社会管理而形成的、对大众的生存和生活有益的各种社会表现。关于社会效益的这个简要概括，其实对于现代社会也适用**。增进社会效益的管理，体现着对社会整体利益的维护，群体的最高权力机构是对这种管理的主导。这种最高权力机构在当时便是家庭中的上层建筑。至于由家庭中的一位长者还是几位长者来执掌这种权力，这只是反映了上层建筑的不同结构形式。

群体中的上层建筑，是以群体最高管理权力为核心组成的管理结构。在国家式组织群体出现以后，上层建筑集中表现为国家的统治管理机构即国家机器。这时管理结构演变为专门从事管理的组织，并成为社会的一种分工。**其实，社会的整体生活形态才是形成社会上层建筑的基础，其中经济基础只是社会整体生活形态最重要的组成部分**。

在一定的社会生活基础上，经过意识加工升华形成的道德、哲学、艺术、宗教等社会意识形态，在精神层面属于思想和情感等精神境界性质的上层建筑，由于它对人的行为具有凌驾支配作用，所以社会意识形态（即占主导地位的社会思想）是上层建筑的核心。**支配社会上层建筑的统治管理思想是政治思想。法律则是一种实践性质的政治形式，是上层建筑不可或缺的重要组成部分**。法律逐渐对包括统治管理在内的社会行为具有强制规范的凌驾支配作用。这些概念在上一篇章“对政治的理解”中都讲到过。

二、上层建筑与经济基础二者作用的结合是“文明物种”生存能力的最高形式

前文讲过，作为个体生命的生存能力，是自身活动的协调管理能力与获取能力以及健康状况的结合。协调管理能力，就是通过意识控制生命活动的能力；获取能力是意识支配下取得利益的行为能力。**意识是生物才有的内在无形物**。意识能够感知、识别和判断利与害，并支配形成趋利避害的生命活动，由此构成生物性的利益运动。文化形态的利益运动，是生物性利益运动中最为高级的表现。意识是生物与非生物的本质区别。意识与获取利益的行为能力，二者相辅相成结合为生存能力，其中意识具有收集信息、依据信息来调整决策的功能，具有协调、管理、支配行为的能力，所以意识起着灵魂的作用。

作为“物种生命”的生存能力，除了包括同类所有“个体生命”的生存能力以外，还体现为同类个体与个体、个体与群体、群体与群体之间的互利协作状况。这是通过一定的社会组织结构，来形成互利协作的群体生存能力。由社会组织结构形成的群体生存能力，就是通过组织管理形成的生活协调和利益分配，与群体的利益获取能力相结合形成的整体生存能力。

生产力是人类利益获取能力的集中表现，由生产力创造的物质条件，能支持人类“物种生命”的扩张，导致社会范围的扩大，导致社会分工的形成，导致生活方式和社会组织结构的变化，导致各种生产力体系的增多和规模的扩大。

所谓生产力体系，这里是指形成某种产品的完整而具体的生产结构，其中还包含具体的生产关系。所谓社会生产力，则是社会所有生产力的总和。

所谓社会生产关系，则是社会所有的生产力体系所包含的生产关系的总和。

由社会生产力和生产关系、劳动和产品交换构成的总体经济形态，是社会的经济基础。

社会的上层建筑及其作用，是整个社会管理式利益分配能力的总体体现。

上层建筑与经济基础是相互作用、相互联系、相互影响、相互制约、相辅相成的关系。二者良好的结合会形成最佳的群体生存能力，反之，则会影响群体的生存能力。

在上层建筑与经济基础的结合中，由于上层建筑的管理式利益分配包含了对社会生产力如何应用、对生产关系中劳动报酬的支付、对资本的回报、对劳动交换和产品交换、对劳动就业和社会保障体系、对社会生活中方方面面利益关系的规范和

指导，所以它具有决策性质的灵魂作用。上层建筑的灵魂作用，与管理要素在生产力中的灵魂作用，其原理完全一样。

管理的实质是分配表现，管理能力在社会生活中是一个很重要很普遍的分配能力。管理可以存在于社会生活的方方面面，在各个具体的生产力结构及其生产关系中都存在管理，在社会的经济基础中也存在管理，这些管理也都具有利益分配的作用，但是这些管理相对于上层建筑的管理而言，作用的范围不仅要小得多，而且要处于上层建筑的规范制约之下。具有暴力强制作用，这是上层建筑在管理上的基本特点，所以上层建筑一般是指社会的统治管理机器。

由于暴力的强制性能够形成肉体痛苦、能够限制行为自由、能够形成剥夺生命的极端表现，所以凡是以暴力手段作基础的管理，是具有最高强制性质的管理形式。正因为如此，暴力如果成为十分随意的社会现象，必将形成混乱而没有安全感的生活环境。所以，社会生活的本身会产生杜绝这种随意现象的客观要求，因此，上层建筑一般只允许自身拥有暴力基础，并对生活中随意滥用暴力的现象给予制止。

上层建筑与经济基础是相辅相成、相互作用、相互制约的辩证统一关系，上层建筑与经济基础相结合，目的是要形成最佳的生存能力。如果没有达到这种结合效果，经济基础便会出现各种限制反映，使上层建筑做出适应于经济基础的调整。

文明物种的生存能力，是社会管理式利益分配能力与利益获取能力的结合。

这两种能力有一定区别，**社会群体的利益获取能力，是指整个社会群体在生存环境中获取各种物质资料（包括种植和养殖）的总能力。这是在自然环境中，将物质资料向群体内部进行获取性转移的“一次分配”能力**。

社会管理式的利益分配能力，是指包括指导“一次分配”在内，并以“一次分配”所获取的物质为基础，进行群体内部二次或多次利益再分配的能力。除此之外，还包括对群体内部各种利益关系的规范管理。所以，相对于利益获取的“一次分配”能力而言，社会管理是从分配功能上表现得更为宽泛的综合性分配能力。

上层建筑作为管理式利益分配能力的代表，可以通过在经济上形成各种权属所有制形式、通过调整税收、通过调整存款和贷款利率、通过限制或引导资源开发、通过反垄断反不正当竞争、通过对市场经营秩序进行宏观控制等方式，对经济基础实现管理性质的协调。上层建筑如果没有这样的协调控制机能，即使有了再先进的社会生产力，要想实现既需要劳动，同时也需要形成劳动解放的这种发展进步是不可能的，所以，实现经济效益与社会效益的协调是上层建筑的主要职责。

劳动文化式的生存方式包括获取式分配能力和管理式分配能力。**人类获取式分配能力的发展表现：是由“自然科学”的进步通过科技要素来促成生产力发展，进而推动社会经济基础的发展。人类管理式分配能力的发展表现：是由“社会科学”的进步，通过促进社会统治管理权力的所有制形式的发展，进而推动社会上层建筑的发展。所谓社会统治管理权力的所有制形式，即指社会统治管理权力是私有还是公有**。人类群体的总体生存能力，则由经济基础与上层建筑在发展中的结合，通过形成相应的社会生态来予以体现。

所以，“文明物种”生存能力的发展，是由获取式分配能力与管理式分配能力的结合所形成的发展。这种发展在劳动文化式的生存方式中，具体反映为自然科学与社会科学之间、社会生产力与社会统治权力的所有制形式之间、社会经济基础与社会上层建筑之间，通过相辅相成、相互作用、相互制约、相互促进所形成的发展进步。

由于没有现成的经验可供借鉴，这种发展只能在探索中寻求进步。这种探索式的进步一般表现为：自然科学的发展会先行一步，由此构成社会科学发展的客观依据；生产力的发展会先行一步，由此构成统治管理权力的所有制形式在发展上的客观依据；社会经济基础的发展会先行一步，由此构成社会上层建筑发展的客观依据。

但是以上情况也不是一成不变的，特别是进入高科技时代以后，当有限的生存环境、有限的资源、生态平衡的需要等因素，对经济基础的发展形成一定的限制以后，以上情况往往会发生变化。

这里所讲的“获取性分配”、“管理性分配”、“一次分配”、“二次分配或再分配”的概念，初次接触会觉得很繁琐，所以需要慢慢熟悉才容易分清楚。

在介绍“利益运动”时就讲过，“利益运动”的核心是“利益分配运动”，利益离不开分配，“分配”是核心概念。我们生活中的矛盾都可以归结为“利益矛盾”，“利益矛盾”的实质是“利益分配矛盾”，因此，分配搞好了就能化解利益矛盾，就能形成和谐的社会生活。但是，**“分配矛盾”会周而复始不断出现，所以，关注和搞好利益分配这是个永恒的课题**。

所谓“获取性分配”也叫“一次分配”，是指生物从自然环境中获取生活物资（包括种植和养殖），将自然环境中的物资向物种内部转移的利益分配运动。以食物为例，很多物种只有“一次分配”而没有“再分配”，而哺乳动物中的母亲具有进食的这种“一次分配”，以及哺乳后代的“二次分配”表现。

所谓“管理性分配”，狭义地讲也叫“二次分配或再分配”，是将从环境中获得的物资，在物种内部进行再次分配的活动。广义地讲，“管理性分配”包括对“一次分配”的规范指导，“管理”意味着“安排”，“安排”意味着“分配”，所以“管理”就是“分配”。比如交通管理，按照红绿灯的指示来通行，这就是一种利益分配，如果不遵守规则就容易导致交通事故，就会利益受损。

从个体生命的角度讲，管理的作用主要在于控制自己的生命活动少出现错误，通过正确的行为形成好的生活氛围。从群体的角度讲，管理的作用对于群体生活显得至关重要，群体生活的方方面面都离不开管理，良好的群体生活完全出自管理、得益于管理，所以作为群体的管理能力来讲，是群体不折不扣的重要生存能力。当然，**具有内部管理体系的社会群体，一定是组织式社会群体**。

三、关于上层建筑与经济基础的相互关系

上层建筑作为社会管理式利益分配的总体代表，在社会生活中具有灵魂的作用。作为社会的经济基础，是从获取上形成维持物种生存与延续的物质供给能力，具有生活的保障作用。良好的社会生态，是合理而丰富的获取与合理的再分配相结合的产物，也就是经济基础与上层建筑良好结合的产物。如果仅有利益获取而没有合理的利益再分配，则形成不了良好的社会生态。可见，上层建筑与经济基础的良好结合至关重要。

人类从原始社会到现代社会，经济基础与上层建筑保持着相互作用、相互联系、相互影响、相互制约、相辅相成的关系。在这种关系中，没有谁的地位完全高于对方的差别，只是在发展过程中，在不同的时候、不同的方面、不同的领域会有谁处于主导地位的变化。这说明，对物种生存能力的合成，二者都有同等的重要性，缺少了哪一方都不行。

在采用了劳动文化式的生存方式后，人类生存能力提高的速度与一般的自然进化相比不知加快了多少，达到的水平也是一般自然进化无法实现的。之所以会这样，主要是劳动文化的本身具有表现智慧、凝聚智慧、传承智慧、启发智慧、积累智慧、发展智慧的“自身催化”特点。这种特点是推动经济基础和上层建筑发展的重要因素。

由于经济基础与上层建筑的社会作用不能相互替代，所以文明物种的整体生存能力，只能是经济基础与上层建筑相结合的体现。又由于经济基础与上层建筑在形成生存能力的结合中，经济基础属于物质供给的保障，是上层建筑进行管理性再分

配的客观条件，因此，经济基础的发展成为了影响上层建筑发展的重要条件。

经济基础在发展上的每一次重大跃升，都来自于自然科学的重大突破。这种突破作为合成生产力的科技要素，促成了生产力水平的突破性提高。这种提高会形成生产关系和利益分配关系的变化，这些变化对社会生活的影响，为上层建筑的发展和变革创造了必要条件，而上层建筑的变革又反过来为稳定经济基础提供服务性的支持。

但是影响上层建筑发展的并不仅仅只有经济基础，文明发展的各种因素，都会对文明物种内部利益再分配的水平构成影响。这说明，上层建筑的发展有自身的相对独立性。上层建筑会通过规范社会生活秩序，而对包括经济基础在内的整个社会运作发生主导作用。这种主导作用正确与否，会通过对生产关系的影响，再通过生产关系对生产力和社会效益的影响，最后反过来形成对上层建筑自身的影响。

四、上层建筑与经济基础在发展中具有的特点

（一）上层建筑与经济基础的发展具有积累提高的特点

上层建筑与经济基础从落后到先进的发展，具有逐渐积累提高的特点。经济基础的落后由自然科学的稚嫩所决定，而自然科学的稚嫩，是因为自然科学本身的发展需要一个渐进过程。在这个过程中没有谁能够提供现成的科学知识，每一点进步都只能依靠“文明物种”在探索中去逐渐积累形成。

上层建筑的落后则由社会科学的稚嫩所决定，它集中表现为再分配的水平不能满足复杂的利益分配需要。而满足复杂的利益分配需要，表面上看只是分配方式的变革问题，但实质上，却是需要通过认识和掌握正确的利益分配原则，才能形成先进分配方式的发展过程。

各种先进分配方式的形成，要以最高的利益分配原则做基础，但是如果不能认识“物种生命”，也就难以确立最高的利益分配原则。而认识“物种生命”需要一个历史的过程，所以，各种正确的分配方式也需要一个从简单到复杂，从落后到先进的发展积累过程。

（二）上层建筑与经济基础具有相互促进、相互制约、共同发展的特点

无论是经济基础还是上层建筑的发展，都是为了提高文明物种的整体生存能力。如果它们的发展不利于生存能力的整体提高或保持，生存的需要就会限制这种发展，

所以，上层建筑和经济基础都要受到生存需要的规范。这种规范则通过上层建筑和经济基础之间的相互作用、相互制约、相互促进的关系来具体实现。

在人类生存能力存在巨大发展潜力、存在自然环境所能承受的发展空间时，上层建筑的再分配功能，要依靠经济基础提供的物质才能发挥作用，所以在二者的相互关系中，经济基础会表现为具有先导性。尽管上层建筑有时会出现超前的管理思想，但由于缺乏经济基础提供的实施条件，这些超前的思想往往只会缓慢地发生作用。一旦实施的条件成熟，这些具有先进成分的管理思想便会成为社会意识形态的主导。

（三）上层建筑与经济基础具有不断寻求正确分配原则的特点

处理任何事情都要有一定的原则，利益分配更是如此。劳动文化式生存方式的形成和发展，是一个不断探索事物内在原则（即规律），学会遵循和正确应用这些原则的渐进过程。自然科学从物理和化学的层面，对自然现象进行寻求内在规律的探索；社会科学则从哲学和生存利益的层面，对社会现象进行寻求内在原则的探索。这些探索的成果，分别以发展经济基础和提升上层建筑管理水平的形式，来促成人类生存能力的提高。

劳动文化式生存方式具有催化自身发展的特点，能够抑制这一特点的只有人类的认知能力和自然生态环境的客观限制。具体讲，认知能力的客观限制，是从认知水平上对提高生存能力形成的抑制。所谓自然生态环境的客观限制，是通过资源枯竭、生态环境恶化等状况来对生存能力的施展形成强制限制。由于自然环境的强制限制往往是灾难性的，如果要避免过度开发和污染所引发的灾难，文明物种只能通过制约过度开发和限制污染、治理污染来进行控制，而这种控制只能通过上层建筑的社会管理来展开。**例如，不能够降解的塑料最终会变为粉末，会逐渐对海洋造成严重污染，这种污染将对人类造成严重危害。制止这种污染仅有几位科学家的呼吁解决不了根本问题，只有通过社会管理来限制塑料生产（国际社会要统一行动），并重视研制能够降解的新材料来替代塑料产品，这样才能制止这种污染现象。**当认识到生存环境有限，并能够采用正确有效的制约方式对过度开发和污染进行控制，这无疑体现了社会管理水平的提高。

由生产力的不当应用造成的这类矛盾，不能再通过提高生产力的方式来解决。即无论生产力发展到多高的水平，生存环境的有限都终将从环境的承受能力上，对生产力的应用形成客观限制，因此，只能通过社会管理对生产力的应用进行规范，才能解决这类矛盾。

以上情况说明，是否有利于物种的长久生存与发展这是最高的利益原则。**尽管世界上存在众多的原则，但是在生命活动中，是否有利于自身物种的长久生存与发展始终是最高的利益原则。能够认识和确立这一最高利益原则，以及能够应用和把握这一最高利益原则，应该是高层次生存能力的表现。**经济基础和上层建筑，最终都要以是否符合这一最高利益原则来衡量其作用。

地球环境的承受能力，会对人类的人口数量和生产规模形成强制性的客观限制，这是人类的生存技能发展到高水平时才可能出现的现象。如何应对这种现象？这对社会科学的研究提出了新要求，也为促进社会科学的发展提供了条件。环境的客观限制现象对于形成新的正确的生存发展观，对于形成新的生产方式和生活方式，对于上层建筑应该如何正确规范社会生活，既提出了新的发展要求，也为这种发展提供了方向。

正是人类的生存技能发展到相当高的水平，才使得地球上利益运动的轮廓由模糊逐渐变得更为清晰，认识利益运动无疑是社会科学的进步。通过对利益运动的认识，社会科学将会以最高的利益原则为根本，对未来人类社会的发展，对自然科学成果的正确应用形成必要的理论指导。

争取长久生存的最高利益原则，将成为人类形成“团结统一式物种生命”的思想指导。通过认识利益运动形成的政治思想，通过高科技形成的先进信息手段和便捷的交通，这些将为人类形成“团结统一式物种生命”创造条件。如果人类不能形成“团结统一式物种生命”，在“国家形态的部分式物种生命”之间，各自都会将自己当成人类的整个物种生命，那么就都会竭力维护自身的国家利益，利益矛盾就很难得到协调，于是战争将成为争夺利益的手段，那么战争也不可能杜绝，非常规的战争可能最终毁灭人类。

本书不断重申“国家”属于部分性质的“物种生命”，这是试图要让每个国家的人们都认识到，国家利益属于部分性质的人类利益，国家利益再高也高不过全人类的整体利益。只有全世界人民团结起来实现统一的管理，人类才能在祥和安宁的环境中争取长久生存。这也是认识“利益运动”和“物种生命”的重要意义之一。

五、在“松散式物种生命”的状态下上层建筑与经济基础的发展历程

这里先要说明，人类由上层建筑与经济基础相结合形成的整体生存能力，在人类“物种生命”处于松散状态时，只能以各个历史时期最大的组织式社会群体来模

拟表示。关于上层建筑与经济基础的发展，也只能以这样的组织群体为例。

在原始社会，呈组织结构的最大社会群体是氏族。那时社会生产力系统的结构简单、生产关系也简单、劳动产品的品种简单、内部物资供给数量也有限，所以社会的整个经济基础也简单。由于公有制的利益分配形式具有稳定生活的特点，而在生存能力低下的情况下，稳定是形成生存协作的重要基础，所以在内部利益分配十分简单的时候，公有制是首选的分配形式。因此，人类原始社会的经济基础，集中表现为原始公有制形式。与之相对应的上层建筑，则是以繁衍为基础而自然形成的家长制。

家长制是按照自然的繁衍关系，使群体的最高管理权力为家庭长者拥有的，自然的权力私有制。原始社会的上层建筑尽管属于自然的私有制，但是在氏族的社会环境中由于充满亲情，这种亲情饱含延续物种的责任和义务，所以此时社会的管理权力，更多担负的是保障整个氏族能够生存延续的责任，而不是权力拥有者个人的利益特权。也就是说，原始社会的上层建筑几乎没有自身的利益，所以，**人类原始社会上层建筑与经济基础的结合，是管理权力的自然私有与原始公有制经济基础的结合，这种结合保障了人类的延续**。

随着生产力的发展提高，当出现种植和养殖的生产方式以后，随着劳动产品的增多，群体的规模也渐渐扩大，氏族群体内部的分配开始渐渐复杂化，这使得氏族式的公有制经济基础，从分配上渐渐不能适应生产力的发展。另外，家庭式群体已经开始有能力单独生活，于是人类便出现了以相对独立的家庭进行扩散式发展的繁衍扩张方式。在各个家庭群体中，上层建筑与经济基础仍然保持着与原始氏族大家庭一样的所有制形式。原始的氏族大家庭则演变成为由各个小家庭按照邦联形式组成的氏族群体。

随着生产力的进一步发展，水和耕地等资源性质的分配矛盾逐渐出现。实际上领地矛盾及其暴力争夺，早在类人猿的各个种群之间就已经存在，而且领地之争从人类的原始社会直至现今都没有停止过，这是“物种生命”处于松散状态时所存在的、各个群体误认为自己是自身物种代表的意识表现。

为了应对氏族群体之间日益加剧的暴力争斗，氏族群体的上层建筑开始集中权力，这就形成了原始的氏族式中央集权。生产力的发展也提高了各氏族群体之间暴力争斗的能力，暴力争斗的规模也逐渐升级，暴力争斗和掠夺渐渐成为了影响社会经济基础的一个重要因素。

群体之间由相互的暴力争斗而形成的兼并和联合，成为了扩大组织式社会群体的一条途径。通过兼并和联合而扩大的组织式群体，使群体成员的成分开始多元化，于是原始的氏族群体渐渐融入了更大群体。这种成员多元化的组织式社会群体，其上层建筑的所有制形式既有家长制私有形式，也有由氏族元老形成的原始氏族民主制，还有由不同的氏族长者形成的原始联合民主制。这类原始民主制属于有限的权力公有制形式。

当这些多元化成员的社会组织群体，在相互的暴力争斗中逐渐派生出专门的军事组织，形成了专门的社会管理机构，并以暴力作为支持一般性社会管理活动的后盾时，统治性的社会管理模式便从此形成，国家式的社会群体也随之诞生，暴力争斗也演化成为了战争。**国家式社会群体的上层建筑，其特征是以存在专门的暴力机构作为其组成部分**。

在封建社会，经济基础与上层建筑均采用私有制形式。这与当时生产力发展的需要，与社会管理性的利益分配能力有待提高，与民主意识的落后等历史原因有关。在当时来讲，封建制使中央集权得到巩固，消除了奴隶社会诸侯武装割据现象，因而抑制了战乱的频发，世袭制能保障统治权力的平稳交接，这些都有利于社会生活的安定。

上层建筑作为物种生存能力的重要形态，它具有建立和维护社会生活秩序以及服务于社会整体利益的责任；如果上层建筑不能履行这样的责任，便会因为丧失了应有的作用而发生动摇。**在封建社会，税收机制的形成，实际是通过私有制的经济基础，对上层建筑构成了一种社会供养的形式**。因此，上层建筑本应充分体现对社会整体利益的服务。但是，封建性质的上层建筑由于统治权力私有制的存在，使上层建筑具有自身利益，当这种自身利益与社会整体利益发生矛盾时，本应该用以维护社会整体利益的统治权力，便会成为维护其自身利益的工具。所以，封建社会上层建筑的私有制与原始社会上层建筑的私有制相比，无论从权力的拥有形式或承接形式、还是从对上层建筑自身利益的维护上都有众多区别。

人类进入工业社会以后，工业经济逐渐在经济基础中占据了主导地位。**工业化的商品生产丰富了市场，但同时也需要市场交换来对生产力的发展以及再生产循环形成支持，并需要形成与之相适应的利益再分配来引导市场发展**。这预示着社会的上层建筑需要采用集思广益的民主方式，来提高社会管理式的利益分配能力。

民主意识即社会统治权力的公有意识，这与封建的权力私有制存在根本的矛盾

冲突，所以民主意识必然会受到封建统治的抵制。由于封建制的禁锢思想先天性缺乏社会民主，这使得它的利益分配水平不可能适应已经发展的经济基础，这种滞后会降低物种的生存能力，所以封建制最终被具有民主基础的共和制所取代。

早期的共和制，是上层建筑统治权力的有限公有制与经济基础私有制的结合。所谓上层建筑统治权力的有限公有制，是指不完善、不充分的社会民主形式。在这一时期，管理性质的利益分配水平虽然有所提高，但是上层建筑仍然存在自身的利益，这就限制了管理式利益分配水平的进一步提高。因而在生产关系中，劳动报酬与投资回报的分配比例存在失调，不合理的再分配造成了严重的贫富不均。但有限共和制具有发展民主的基础，因此，它有条件向着充分民主的共和制发展。

结合人类现代社会的情况来看，共和制与当初相比已经发生了长足的进步，民主与法制日益健全，依法行政、依法管理、遵法守法，通过民主立法使民主逐渐在统治管理中处于凌驾的位置，也使统治权力的公有制形式得到了巩固和发展。在法律的规范下，武装力量的控制和使用要严格依照法律程序，非法武装要受到取缔，逐步确立了由社会供养的武装力量为社会所公有，其职责是以维护社会公共安全的形式服务于社会的整体利益。这些举措的施行，使武装力量处在依法掌控的正常位置而不是处在最高的凌驾位置，从而杜绝可能形成军事独裁统治的反常现象。

反垄断法、反不正当竞争法、劳动法、环境保护法、各种金融法规等，这些法律法规的建立和不断完善，对市场运作和生产关系中劳动报酬的分配，对整个社会的经济和生活状态构成了宏观调控，使得经济基础逐步形成了多种经济形式互补并存的发展态势。

宪法、选举法等法规的健全和完善，逐步对执掌统治权力的领导人从选举方式、任期、任届、权力的使用、权力的监督等方面进行了规范，使得上层建筑存在自身利益的现象呈现为逐步减少的趋势。随着这些发展变化，社会的经济秩序和生活秩序都得到相应的改善，体现着社会管理式利益分配水平的发展提高。从实质上讲，这种发展提高是随着上层建筑统治权力公有形式的增强，使公有的稳定作用在包括统治权力在内的各个领域、各个方面都得到发挥的具体表现。

上层建筑与经济基础的发展，主要是“劳动文化式生存方式”在不同的历史阶段，由上层建筑与经济基础以不同的所有制形式相互结合所形成的渐进发展，并由此实现着文明物种生存能力的逐渐提高。

人类在原始社会的发展阶段，是上层建筑自然的长者私有制形式，与经济基础

的原始公有制形式的结合。

在农业社会的发展阶段，是上层建筑的封建私有制形式，与经济基础的私有制形式的结合。

在工业社会的发展阶段，是上层建筑的有限公有形式，与经济基础的私有制或公有制，逐步发展为多种所有制形式互补并存的结合。

在实现“团结统一式物种生命”的发展阶段，是逐步实现上层建筑的充分公有形式，与经济基础的多种所有制形式互补并存的结合。

在实现了“团结统一式物种生命”以后，将保持上层建筑的充分公有形式，与经济基础的多种所有制形式互补并存的结合。

在地球环境中，当人类的生产力和人口数量都具有发展空间时，一般是由经济基础先行发展，进而带动上层建筑形成发展。但是当人类的生产力水平和人口数量，发展到生态环境所能承受的一定限度时，经济基础的发展不仅摆脱不了生态环境的种种限制，相反还会加速形成这些限制。在这种情况下，上层建筑将会在最高利益原则的指导下，通过各种科学的社会管理方式，规范和引导经济基础进入良性的循环经济轨道。随着科学的“团结统一式物种生命”的形成，人类的长久生存也会逐渐进入到高层次的良性循环发展阶段。

就人类而言，科学的“团结统一式物种生命”，应该是以人类社会的国际性团结统一为前提，以有利于人类长久生存与发展为最高利益原则和最高利益目标，以科学的民主与法制为基础，以现实生活利益与长久生存利益相兼顾，以充分民主的公有上层建筑与多种所有制形式互补并存的经济基础相结合，以保持可持续良性循环的自然生态与可持续良性循环的社会生态相结合，以满足劳动需要与实现劳动解放相结合，以满足基本生活需要的社会保障体系与通过正当劳动提高生活水平相结合（即基本生存需求的按需分配与进一步提高生活水平的按劳分配相结合），以提倡正当的生活竞争和杜绝生存竞争相结合，以历史文明与当代文明相结合，以利用地球资源与开发太空资源相结合，从而最终形成一个和平安宁、安定有序、团结友爱、互利协作、诚信和谐、祥和幸福的公益社会。即人类科学的“团结统一式物种生命”形态，是一个世界大同的公益社会。

刚才讲到，“通过民主立法，使民主逐渐在统治管理中处于凌驾的位置，也使统治权力的公有形式得到巩固和发展。”也就是说，“民主”最终才是至高无上的，但这只是实际运作角度的观念（如果严谨地从理论上讲，“真理”才是至高无上的）。

实践证明，群体生活如果缺乏管理就必然是一盘散沙，所以文明物种不会主张无政府主义，但也不会主张没有合理自由度的社会管理。有管理就离不开具有制约作用的凌驾力量，文明物种通过探索认识到，对于大规模群体实施有效的管理，只适合采用具有暴力基础的统治管理方式。

统治式的社会管理经历了暴力至上、神力至上、权力至上、法律至上的种种凌驾表现以后，最终形成了民主至上的凌驾表现。其中所有成功的经验和做法最终都会上升为正确的理论，形成真理的指导。所以从理论上讲只有真理才真正至高无上，只有真理才具有最高的凌驾性。**真理是各种事物内在规律的本质体现，在生命活动中只有遵循真理才能有益于生存发展。**

在生命活动中，各个物种努力争取自身“物种生命”的长久生存和延续，这一最高利益原则是自然界定的真理，是最重要的利益立场和利益分配标准，是衡量生命活动正确与否的最重要尺度。人类“物种生命”的整体利益，是以符合绝大多数人的利益需求和人类长久的生存利益为标志，这样的利益需求和利益愿望，只有在充分而科学的民主基础上才能够真正得到反映和维护。

民主能集思广益，能发挥大家的智慧，能代表绝大多数人的意愿，能及时发现错误，能寻求到正确的方法。**提倡和实行民主这本身是遵从真理的表现，所以民主的凌驾作用包含着真理的凌驾作用。同样道理，通过有效的民主程序所制定的法律，法律的凌驾作用包含着民主的凌驾作用。在通常的情况下，通过有效的民主程序制定的法律，是最具可操作性质的凌驾性统治管理工具。**

所谓科学的社会民主，主要是指采用科学的方式方法，形成充分且又具有效率的社会民主。这些方式方法要通过不断的实践，不断的探索和积累来逐渐形成。

充分的社会民主由于体现了社会成员最广泛的参与，所以这种公众的参与，实质上就是公有的体现，因此民主具有公有的性质。

所谓民主的凌驾作用，并不是以民主取代作为统治管理手段的暴力，而是通过民主立法，在法律的规范下正确使用统治暴力。

这里有必要指出：所有质疑民主的种种依据和说辞，都应该归结于是对民主缺乏科学把握和应用的表现，所以，探讨科学化的社会民主是非常重要的研究课题。

刚才还提到，**“使武装力量处在了依法掌控的正常位置，而不是处在最高的凌驾位置”。人类在这个方面曾有深刻教训，如果武装力量处在最高的凌驾位置，就会形成军事独裁统治的反常现象。**

六、关于科学的“统治权力公有”形式的上层建筑

（一）何为科学的“统治权力公有”形式的上层建筑

所谓科学的“统治权力公有”形式的上层建筑，就是以最高的利益原则为指导思想，以科学而充分的政治民主为基础，通过法定选举程序建立起来的社会上层建筑。

文明物种实现团结统一的社会，一定是科学而充分民主的公有式上层建筑的社会。这是一个由民主立法所形成的高度法制的社会。它反对任何凌驾于法律之上的特权。立法、司法、行政、监督这几大权力机构的主要领导人，将严格按照法律规定的民主选举程序选举产生，并有法定的任职期限、连任届限和罢免规定。在竞选的过程中，被选举人虽然会受到某些社会群体或组织的推荐或支持，但在当选以后，当选人则应该忠于职守，不能与推选的群体或组织形成特别的利益关系。

（二）私有经济要游离于选举活动之外

只要存在私有经济资助竞选的现象，就可能出现以经济资助来控制或干预选举的弊端。科学性充分民主的本质，就是要体现和维护政治权力的人人平等，私有经济干预竞选必然会造成不平等的现象，会影响选举的公正性。社会管理权力是公权而非私权，公职人员由社会供养并服务于社会的整体利益，所以关于选举的费用，均应以法定形式由社会公共积累承担。

（三）公职不是高人一等的职业

社会分工是社会协作的需要，不同的社会分工不代表社会身份的高低贵贱，因此公职不是高人一等的职业。相反，服务于社会整体利益的职业要求，赋予了公职人员只能忠诚于职责、忠诚于社会、忠诚于法律的特征。至于在工作中对于上级的服从，这仍然是对法定职责的遵从。

（四）公职人员的劳动报酬

为了防止整个上层建筑具有自身的利益和特权，公职人员的劳动报酬必须列入法定的管理机制之中，应该制定详细的职级薪酬标准和晋级标准。

出于公职人员工作责任的重要性，公职人员的平均收入应该不低于所在地区的中等生活水平，但除了立功授奖以外，公职人员不应该再增设其他附加收入。与其他社会职业相比，收入的稳定性是其报酬的主要特点。公职人员劳动报酬的调整应与社会的整体经济状况相联系，并且要严格履行法定的民主程序。

公职人员既是管理者又是被管理者，他们的行为对整个社会风气和社会秩序起着重要的影响，为了防止权力寻租现象，公职人员不应兼有其他职业，不得以职谋利，不得滥用公权，其收入状况和履职履责状况，将有严格的监督和问责机制。只有通过有效的监督机制才能保证社会管理的公正性，才能有效防止公职腐败现象的出现。

（五）社会管理费用要严格遵守法定的预算程序

上层建筑的任何机构和部门，除按法定程序向它们提供工作费用以外，都无权以任何其他的形式来自行解决费用事宜，更不得在社会上以自行收取费用的方式，来增加自身的报酬性收入和工作费用。

如果上层建筑允许其机构或部门，来自行解决自身的部分收入或是工作费用，这种做法无疑就是在培养上层建筑的自身利益，其管理职权就会演变成为谋取自身利益的工具。在历史上就曾有军队设卡来解决自身军费的情况，其结果不仅破坏了社会的正常秩序，而且必然产生军阀割据的现象。

科学性充分民主的公有式上层建筑不是一个独立的经济实体，尽管它可以对经济基础进行管理式的调控，但这种调控的目的是要提升社会效益而不是为了谋取自身的利益。

上一篇章和这一篇章所作的交流，严格地讲应该属于基础理论的内容，而且是十分简略的介绍，还需要从应用上展开大量的研究探讨。比如说，应该采用什么科学的方法才能实现充分和有效率的社会民主？如何预防私有经济对民主选举的干预？如何形成世界大同的思想共识？形成世界大同的合理步骤？这些都是需要认真研究的课题。

这里相信，交流的这些内容如果能够被人们所认同，展开各种应用理论的研究将会大有人在。

第三部分：拓展理论

篇章 29：对时间的看法（之一）

由于我们生活的星球从资源到寿命都很有限，所以文明物种要想争取长久的生存与发展，不仅要合理开发利用有限的资源，保证自然生态和社会生态呈可持续的良性循环，而且要努力形成星际之间的生存转移能力，否则，最终会因为星球衰老而遭灭绝，利益运动也会因此出现断续发展的状况。

每当思考这个问题都会浮想联翩，同时又疑惑重重，因为人类在解决宇宙生存转移问题的努力中虽然取得了长足的进步，但同时也出现了许多有疑问的理论和思想。比如“时间膨胀”和“时空弯曲”的观念，“时空穿梭机”也已经出现在科幻作品之中。

如果真能够进行“时空穿梭”，许多现存的现象将被颠覆，比如历史可以重写。这意味着一种非同一般的生存转移方式，许多现有的担忧也因此可以不再顾忌。比如，不用再担心资源枯竭、环境破坏、生态危机、地球衰老等问题，因为可以采用“时空穿梭”来反复回到远古，通过这种循环来实现长久生存。

但是反过来想想，如果这些构想果真能够成为现实，尽管它的好处多多，但形成的矛盾也会众多，其中关键的问题就是颠覆了“因果律”，这意味着颠覆了逻辑。

最基本的逻辑常识告诉我们，**如果逻辑能够被颠覆，则一切都可以被颠覆**。这种颠覆的后果则是没有规律的一片混乱，这种混乱还能够保障生物的生存吗？

人类之所以伟大，全在于逻辑意识，科学的发展全在于对逻辑的遵循。以逻辑为出发点的科学如果能够发展到颠覆逻辑，也就意味着颠覆了科学自身，这似乎说不过去。

“时空穿梭”的赞同者也意识到了这一点，因此，为了确认能够返回到过去而又不违背“因果律”，于是又产生了“多层平行空间”的推想。尽管多层平行空间的推想，是为了遵从“因果律”而按照逻辑方式产生的构思，但是这种构思却将原本就悬而未决的时空问题，更加进一步地推向了玄妙。之所以能够产生这些大胆的推想，主要在于很多的实验似乎已经证实了时空弯曲和时间膨胀的客观性。

面对这种情况会感到很困惑，感到不知道应该相信什么。所以到底怎样看待“时间”，这是许多人都想弄清楚的事情。从长久的社会发展来看，最终也需要解决这一问题，为此，其后的五个篇章将集中探讨对时空的看法。

关于时间的探索，许多人的感受都是，起先觉得时间似乎容易触摸，但是真想要抓住时，它却似乎手抱琵琶半遮面，像海市蜃楼一样扑朔迷离可望而不可即。为应对这种情况，这里采用了迂回的研究方式，另辟蹊径从旁路深入，一步一个脚印做到有理有据，以把事情说清楚、说透彻作为分析和论述的宗旨。这里没有顾虑证实时空弯曲和时间膨胀的那些实验结果，因为这些实验得到的都只是间接的证实，并不足以说明时间的真相。

所谓“时间膨胀效应”也就是“时间延缓效应”，或者说“时间延长效应”，是说时间的快慢也会发生变化，运动的速度越快，越接近于光速，时间就会越慢。比如，一个时钟如果高速运动，它会比静止不动时走得慢，而且速度越接近于光速就会走得越慢，这就是说，相对于这个高速运动的时钟来讲，它的时间发生了膨胀。以此推论，如果运动速度等于光速，那么时间将停止；如果运动速度大于光速，那么时间将倒流；假如搭乘运动速度大于光速的运载工具，将可能返回到过去。

我们真的能够回到过去吗？在探索“时间膨胀效应”之前，这里认为首先应该认识“过去”属于什么形态、什么性质。这是说明“过去”能不能返回的理论依据，也是解析“时间膨胀效应”的突破口。

一、对“过去”的看法

“过去”会是一种什么状况？它在哪里？它有怎样的特点？认识这些问题也许

比认识时间要显得更为实质。

我们可以注意到，隔着几十米宽一条河的两个人，在彼此呼唤对方时，彼此听到的呼唤声已经是对方刚才的声音，这中间相差了声音传播所需的时间，尽管这个时间很短，但足以说明彼此听到的，都是对方一个相隔很短时间的“过去”的声音。他们彼此看到的对方形象实际上也不是当前的形象，而是相隔了一个光运动这几十米所需时间的“过去”形象，这些形象都是由光反射形成的对方的“影像”。由于声速比光速慢了许多，所以这两人相互看到的形象与听到的声音之间也相隔一定的时差，使形象与声音这二者之间不能协调一致。

如果他们彼此改用无线电对讲机来对话，由于不同电磁波的速度几乎一样，这时看到的形象与通话声音的时差就会极小，能基本达到协调一致，但即便如此，听到和看到的，仍然是与“当前”相差了一个光运动这几十米所需时间的“过去”式形象和声音。如果他们彼此都在移动，尽管光速传送“影像”的时间很短，但是相互看到对方形象所在的位置，也已经不是当前所在的实际位置而是过去的位置。看到的位置与当前实际所在位置的误差，会因观察者的距离越远而误差越大，所以这种差距在天文现象中最为显著。

从客观上讲，这种看到和听到的属于“过去”性质的形象和声音，实际上就是“过去”的体现。我们不能片面认为这只是信息传递需要时间而形成的现象，而忽略了这就是“过去”的形式，并忽略了对这种形式的性质进行分析和了解。

只要简单分析思考，就能够从以上现象得出如下看法：

第一，**某个物质的过去形式，是这个物质借助其他物质为信息载体而形成的某些记录式的信息形式**。

无论是人的（或物质的）形象和声音，这些信息虽然形成于人的（或物质的）实体，但形象是以光反射形式和以光（电磁）波为载体而传真的图像，而声音则是以空气为载体传送的振动波。由此可以得知，某个物质的过去形式，是这个物质借助于其他物质为信息载体而形成的某些记录式的信息形式。或者说，**任何一个物质的“过去”，都是由某种媒介物质记录形成的信息形式，并会随着媒介物的消失而消失**。这里要提示的是，几乎所有的物质都可以作为充当记录信息的载体（即媒介物），各种物质相互之间可以彼此作为记录信息的载体。

第二，**在物质的“过去形式”中不存在这个物质的实体（或称本体、实物）**。

我们所接收到的被观察对象的各种信息，只是与充当记录和传送这些信息的载体物质在发生接触，而没有与这个被观察对象的实体发生直接的接触。我们所接收到的被观察对象的过去，只是被记录的信息形式而不是这个物质当前的自身实体。**也就是说，在这个物质的“过去形式”中不存在这个物质的实体**。

第三，**我们并不可能回到实景（或称实境、实地）的过去**。

记录和反映信息是“过去形式”的载体，在空间中的运动有些是非定向的，比如光反射的信息是一种漫射式地传送。也就是说，这样的“过去形式”是漫射于四面八方。假如我们乘坐能够超过光速的运载工具，那么在空间的任意方向都可以追赶上这些呈现“过去”的信息。从某种角度上讲，这虽然意味着我们追赶上了“过去”，但在这种追赶中如果真的能够看到什么的话，也仅仅只是一些记录着“过去”的信息，能接触到的也只是记录这些信息的载体物质，而不是信息中记录的那些物质形象的实体。**这也就是说，我们并不能回到实景的过去**。

第四，**对于“过去”只能通过信息进行了解，但并不能改变“过去”**。

从反映过去的信息形式中，只能了解到信息中所记录的曾经事物和物质状态，但并不能改变这些已经发生的事情。这说明，**对于“过去”只能通过信息进行了解，这种了解只是一种单向的信息采集，并不能与这些信息进行双向的相互沟通，也不能对“过去”形成实质性的改变**。比如，我们并不能与成为图像式的人物彼此进行对话。

第五，**修改信息并不意味着修改过去**。

虽然表面上似乎对于某些信息可以进行改变，比如说对于过去的文档或所写的文章进行修改。但这并不意味着是在改变“过去”，这只是在“当前”形成新的信息式“过去”。信息式的“过去”能否长久存在，这要取决于记录信息的载体物质（或称媒介物质）能否长久存在，以及这些载体物质记录信息的功能能否长久保留。如果这些载体消失了，或者它们记录信息的功能丧失了，那么信息的内容也就消失了。比如光反射传送的影像信息、空气传送的声波信息、文档记录的文字信息等，都会随着载体物质自身的消失或者信息记录功能的消失而消失。

第六，**实体（或称本体、实物）具有“当前”的“唯一性”**。

某个物质在存在过程中形成的各种信息，是这个物质的“过去”形式。由于在已经成为信息的“过去”中，只留存信息而没有留存这个物质的实体，这说明物质在其存在的过程中，实体具有“当前”的“唯一性”。**也就是说，任何物质的存在，在整个存在期间物质的自身实体是唯一的，而且始终只会存在于“当前”。即使某**

些物质在存在的过程中会派生出其他物质，但这些派生出的物质则属于另外的实体。

这种情况还说明，实体即表示“当前”，或者说实体均为当前实体。这是所有物质在存在过程中具有的一种共性。

第七，**在客观世界不存在“过去”性质的物质实体。**

由于所有存在的物质均为实体，而实体又均表示着当前，那么即使再古老但仍然存在的物质，比如在考古中发现的物品，它们主要被当作有历史经历的信息载体。当我们近距离看到或触摸到这种物质时，看到或者接触到的，却都只是这个物品一直处在历史经历中的“当前”实体。**“存在”的本身就是经历，尽管深埋地下也是经历。**这个物品属于带有“过去”信息的当前实体，我们可以观察和接触它所携带的信息，触摸这个携带“过去”信息的载体，并不意味我们是在触摸过去。**客观世界不存在实体性质的过去，或者说客观世界不存在“过去”性质的物质实体，只存在具有“过去”信息的物质实体。**比如我们脚踏的土地，就只是具有“过去”信息的物质实体，但不是“过去”性质的物质实体。

第八，**“过去式过程”，是一种能够积累反映物质存在了多少个阶段式“当前”的链接形式。**

由于物质的存在均为实体，实体又均代表着当前，因此，共同存在的各种物质便同为实体，并具有共同的当前。即宇宙中存在的所有物质具有共同的当前，所以任何一个物质的“当前”，都可以用来代表其他物质的“当前”。这种属性与物质之间的距离和自身的运动速度无关。正是这一特性，使得宇宙万物可以共同处在统一的历史过程之中。比如说，地球上的某一年，可以用来表示月亮上、火星上等量（即相同时间阶段）的历史过程，或者是任意一个星球上的等量的历史过程。

“当前”是一个表示阶段性过程的量，任何物质的存在过程，都是由若干个阶段性的“当前”链接转化形成。也就是说，“过去式过程”**是一种能够积累反映物质存在了多少个阶段式“当前”的链接形式。**

第九，**“过去”没有特定的空间方向，也没有特定的存在形式。**

由于“过去”属于各式各样的信息形式，而那些记录信息的各种媒介物质，它们的运动方向和存在形式是丰富多彩的，所以，“过去”没有特定的空间方向，也没有特定的存在形式。**这还说明，“过去”并不是一种由时间所“承载”和“拖带”的实物形态。**

第十，**“过去”的本质，是由实体（或称本体、实物）形成的信息。**

所有彼此的沟通与交流，都只能在产生信息的物质实体之间进行，信息的内容和记录信息的载体只是沟通与交流的媒介。如果产生信息的物质实体不存在了，也就无法再形成彼此的实质性沟通交流。

彼此的交流分为两种状况，一种是实体之间直接的接触交流，其实这种交流**也只有实体之间相接触的部位，才算是直接的接触交流**。

另一种是间接交流，交流的实体之间没有直接的接触，双方在交流中所接触到的，是载有信息的物质。这是最普遍最常见的交流状况。比如说话的两人，虽然他们之间的距离或许只有一步之隔，但在彼此的交流中双方接触到的，是由空气传递声音的声波，以及看到由光反射形成的影像。

从这种最普遍的交流状况中可以发现，尽管与传递信息的载体物质的接触是“当前”性质的，但是所接收的信息内容则是“过去”性质的。虽然接收的信息属于“过去”，但能够形成相互沟通交流的对象，却只能是能够形成信息的物质实体。比如说，假如我们接收到的信息来自于遥远星球上的某个智慧生命，由于信息传递需要很久的时间，待到我们回复信息时，如果这个智慧生命还活着并收到回信，那么彼此尚能建立沟通交流，如果这个智慧生命已经死亡，则不能形成彼此的交流。**这说明，许多信息式的“过去”就在我们周围，这些“过去”虽然可以被接收，但是却不能进行改变和建立彼此沟通式的交流**。

在现实生活中，采用电话或可视电话进行相互的沟通交流，这便是一种很典型的、远距离之间两个实体人物的间接交流形式。值得注意的是，如果不建立相互沟通的渠道，传播于空间的信息便只是一种单向的，即没有回应的传播形式。比如无线广播和电视信号都属于单向的信息传播形式。在环境中，如果相互没有约定沟通形式，那么各种信息就会如同广播电台的信号或电视信号一样，无论你是否在收听收看，这些信息都在以信息源为中心，朝四周呈漫射的单向传送。所以，我们所处的环境是一种“实体性当前”与“信息式过去”相交织的世界。**所谓“过去”，它的本质是由实体形成的信息**。

以上十点看法形成了一个基本的概念，即实体（或称本体、实物）性质的“过去”不存在，因此，我们无法回到“过去”。接触信息式的过去并不意味着回到过去，而且曾经的“过去”不可改变。

既然实体的“过去”不存在，所以我们见不到实体的过去，因此无论采用什么方式都不可能回到实体的过去，也不可能进行所谓“时空穿梭”。

所以，“过去”直接可以归纳为“信息形态”。简单地讲，“过去”就是“信息形态”，或者说，“过去”是“曾经的过程”。

下一篇章接着介绍物质运动的“因果逻辑序列”和“趋向定理”。这是从另外一个角度来说明能否回到“过去”。

篇章30：对时间的看法（之二）

二、关于物质运动的“因果逻辑序列”

上一篇章提到了“因果律”，并且认为“因果律”不能颠覆。在“篇章21”中也曾经讲过，因果律是贯穿所有规律之总规律，世间的万事万物无不遵循因果规律。无论是物理或化学运动还是社会运动，无论是“必然运动”还是“偶然运动”，所有的这些运动都遵循因果规律。特定的物理或化学运动反映着特定的因果逻辑关系；非特定的混沌运动，则反映难预测的非特定因果逻辑关系。

在“必然运动”和“偶然运动”相交织的环境中，任何一个物质的存在及运动过程，都具有由各种因果关系形成的、从“因”到“果”不可颠倒的、成顺序排列的逻辑过程，这里将它称作“因果逻辑序列”，简称“因果序”。**“因果序”的概念，是指所有物质的存在和运动过程都遵从“因果律”，并由因果关系在过程中构成连续的从因到果的逻辑序列（即因果逻辑序列）。这是一种带共性的过程形式。**

确认“因果逻辑序列”的依据是“因果律”。尽管“因果序”的本身不是单纯的物理或化学表现，但它却是所有的物理和化学乃至社会现象中都具有的，是由固有的逻辑必然所决定的客观的逻辑过程形式。**“因果序”的本身会严格遵循先“因”后“果”、有“因”才有“果”、因果不可颠倒的“序列”特点。**

尽管各种事物的原因和结果不一定都能够弄清楚，但是因果关系却客观存在，这种逻辑关系以及“因果序”不可颠倒的“序列”特点，通过抽象思维并不难理解。

这里以一个在固定轨道上作往复运动的物体为例。这个物体在轨道上所做的每一次运动往复，都会在空间形成往复轨迹，无数次的这种往复所形成的空间运动轨迹，会在轨道上叠合在一起并无法分解开来。如果单纯从空间轨迹的角度看，这个物体在轨道上的运动只有往复的这么一段过程，而且在往复中这个物体不断地返回到曾经的位置上。但是实际上我们不会认为这个物体在运动中，会不断地返回到“过去”性质的空间中。原因是，首先，我们会考虑到往复运动的轨迹长度是在不断增长变化；其次，宏观环境会有运动变化，这会使往复中的空间不断变化；再次，会意识到时间是在不断流逝变化。

针对以上情况，通过“因果序”能够很简便地得到相同认识。由于这个物体的每一次往复都有内在的因果关系，而且因果关系只会遵循从“因”到“果”呈单向性质的延展，这种单向延展永远也不会颠倒、不会逆转，这是由因果律所决定的。因此，往复运动中的各种因果关系，会构成连续的、不可相互替代、不可复合、不可逆转、不可重复的，只会按照从“因”到“果”的顺序形成的一种逻辑序列的过程。所以，我们不会认为这个物体在运动中，会不断返回到“过去”性质的空间中。

在“因果序”中，物质实体运动的前方属于尚未形成的过程，即属于“将来”的方向。在实体运动的后方，则属于已经成为“过去”性质的过程。在运动中，每一处已经属于“过去”性质的位置，都曾经作为过“当前”，即“过去”是“曾经的当前”。在这些“曾经的当前”位置上，已经没有物质的实体。也就是说，实体只会存在于“当前”，而不会保留于“曾经的当前”即“过去”之中。或者说，**在“过去”中不存在物质的实体。反过来说，也就是不存在实体性质的“过去”**。

通过“因果序”可以了解到，物质的存在和运动过程具有以下特点：

第一，物质的存在均为实体性质的存在，无论是有形物还是无形物，其存在表现都具有客观的实体性质。所谓无形物只是鉴于观测方式的不同所形成的概念。例如作为无形物的大脑意识，它具有脑电波的实体形态。

第二，**任何存在的物质只具有唯一的自身实体。即任何物质在其存在的过程中，实体性质的自身只有唯一的一个，不会还存在其他的自身实体**。物质在存在过程中衍生出的物质，不能视为这个物质的自身。对于由多种物质形成的组合物质，当把这种组合体视为一个完整的单独物体以后，则不能再把组成它的各种物质分别看成这个组合体的多个自身形式。

第三，**物质唯一的自身实体在存在过程中，始终只会处于“当前”的位置。即所有物质都具有“当前实体”的属性**。由此构成的整个物质世界，是一个以各种物质实体组成的“当前实体世界”。**宇宙中不存在实体性质的“过去”世界。那些记录着“信息式过去”的载体（即媒介）物质，都是以自身的实体为基础发挥着记录**

和传递信息的功能。信息载体的实体，并不代表它所记载的信息内容仍然保持着实体性质，因此，对信息载体的接触，并不意味着是接触到了实体性质的“过去”。

第四，**物质的存在是不断形成“新的因果关系”的过程，由此组成不可颠倒和不可完全重复的“因果序”，这意味着不可能返回到“过去”。借助信息载体虽然可能看到“信息式的过去”，但这并不意味着是返回到了“过去”**。

虽然我们会处在充满“信息式过去”的环境中，但由于只有信息载体是现实世界的实体组成部分，信息内容则不属于现实世界的实体成分，所以处在过去式的信息之中并非是生活在过去之中。改变记载信息的载体或者改变信息内容，这并不意味着改变过去，而是形成与以前信息内容不同的新的信息内容，即过去不可改变、历史不可改变。

不断运动的物质世界，是将实体性“当前”不断转化为信息式“过去”的演变。所谓“将来”，属于实体的运动发展“趋向”，这种趋向预示着新的“当前”将会在运动中不断地形成。在刚才的例子中，固定轨道上做往复运动的物体，虽然自身可以不断地往复于轨道上曾经性质的位置上，但是“因果序”却显示了，物质的实体并没有往复于“当前”和“过去”，而是始终处于“因果序”延展的最前端。**由于在“因果序”的前方永远是未到达的“将来”，所以那里也不会有物质的自身实体**。

以上这些特点，在上一篇章对于“过去”的分析中刚好都有。**通过这些分析可以知道，物质的存在过程除了轨迹运动过程以外，还具有“因果序”的逻辑过程**。

关于“信息式过去”以及“信息载体（或媒介物）”的概念，还可以借助摄影形式来加以说明和验证。摄影胶片或录像带都属于记录信息的载体，摄影技术依据的是光成像原理，所记录的内容都是“曾经事物”的“信息式影像”，也就是“过去”。通过这些影像信息虽然可以了解过去，但信息式的过去已经不是现实的实体世界，我们无法与信息的本身形成相互的沟通交流。如果形成信息的物质实体仍然存在，那么这种实体才可能是形成相互沟通交流的具体对象。

三、关于物质运动的“趋向定理”

由于所有物质实体的存在过程，只具有由“当前”转变为“曾经性当前”即“过去”、且始终朝向“将来”的运动变化，所以，**我们所面对的物质世界，始终都会是呈现为崭新“当前”的新面貌**。在物质的存在过程中，各种物质运动虽然在空间会有多样的几何方向，但“因果序”却都只有朝向“结果”的单一趋向，即朝向“将来”

的单一趋向。由此说明，在空间的任意几何方向中，都只内含朝向“将来”的逻辑趋向。

“因果序”说明，物质朝任意几何方向的运动都是朝向“将来”，由此形成物质运动的“趋向特点”。“趋向特点”说明，在宇宙环境中，只存在朝向“将来”的方向而不存在朝向“过去”的方向。那么“过去”哪里去了呢？回答是，“过去”成为了“信息”，存在于记录它的载体上。这些载体在空间的几何运动方向可以是任意的，但载体上的信息则“可望而不可即”。由于追上这些载体并不能进入“信息式的过去”，所以这些载体的运动方向并不代表“过去”的方向，因此，**“过去”失去了“实现性质”的空间方向。**

以上的这段内容可以归纳为：**物质在其存在的整个过程中，只会按照“因果序”朝着“将来”的方向运动，这一属性与运动的速度和形式无关。由此决定，在宇宙环境中只存在朝向“将来”的方向而不存在朝向“过去”的方向，因此，无论怎样的运动速度和运动形式，“过去”都无法返回。这里将这一属性称为物质运动的“趋向定理”。**

“趋向定理”与物质的运动速度和运动形式无关，所以，即使是超光速的运动也仍然遵循这一定理。在超光速运动的情况下，所能遇上或追上的物质，也都只会是“当前性质”而不会是“过去性质”的物质实体。因而，**在整个宇宙环境中，只有现实性质的当前而不会存在现实性质的过去和将来，所以“信息式的过去”不具有返回的可能。**

由于物质的存在始终为“当前”式的实体形态，如果物质出现自身静止的状态，则属于自身形态不变的当前实体。而在不断运动的宇宙环境中，任何一个物质无论自身是否运动，也仍然具有由环境运动形成的“因果序”逻辑过程。

以上内容听起来好像很繁琐很复杂，实际上这是为了尽可能说得细致，以便深入浅出容易理解。

接下来将介绍“全等同过程”、“物质运动的节奏现象和节奏速度”。这些问题与“时间”有很大关系。**可以这样讲，“节奏运动”是形成“时间现象”的物质基础，所以，研究时间不能不研究节奏运动现象。**

四、关于“全等同过程”

为了便于推导说明和方便理解要讲述的内容，这里先要做出如下假设。

假设宇宙中所有的物质都表现为绝对静止。在这种假设下，无论时间的本身是一种专门的单独物质或者是某种物质现象，在这个假设中时间也将是静止的。

从前面的相关分析可知，由于实体的存在都具有当前性质，所以在所有物质都处于绝对静止的情况下，整个宇宙世界是处于静止的“当前”状态之下。由于这种静止是一种延续的停顿，虽然它没有运动式的过程表现，但静止式的物质仍然具有停顿式的过程，只是停顿式的过程由于缺乏运动形成的过程标志，或者说缺乏表示过程的物质条件和物质形态，所以，宇宙完全绝对静止的这种“停顿式过程”，是一种无法对过程长短进行衡量的过程形式。

但是可以注意到，由于在这种绝对静止中，所有物质的形态、性态、状态、空间位置都丝毫没有发生变化，所以无论这种停顿式的过程有多么长久，其原始状况与现实状况都毫无差别，因此，现实状况能够完全反映出整个停顿过程的全部状况。

这就告诉我们，哪怕再长久的这种绝对静止的“停顿式过程”，都可以由当前形态来代表。这种绝对静止的“停顿式过程”，虽然是一种无法衡量长短的过程阶段，但由于它的全过程可以由当前形态来完全代表，这使得这种绝对静止的“停顿式过程”，其实是一种无需衡量其过程长短的过程形式。或者说，过程的长短对于绝对静止的“停顿式过程”没有实质意义。

依据这种特性，这里将整个过程状态都完全相同的这种绝对静止的过程形式，称之为“完全等同的过程形式”，简称“全等同过程”。“全等同过程”是一种没有运动、没有速度、没有时间等可以作为过程标志的，无法衡量其过程长短的过程形式。在“全等同过程”中，由于所有物质共同保持着不变的当前状态，因而其过程的长短没有实质意义，可以忽略不计。也可以说时间在此时是“点状”而不是“线状”的。

“全等同过程”的概念反映了“物质静止状态”的本质。一个物质的自身如果完全静止，尽管从环境运动的角度看这个物质只是相对静止，但是从这个物质自身的角度来说，则是处于自身的“全等同过程”之中。

整个宇宙绝对静止的“全等同过程”状态在现实中不会出现，由以上假设所形成的“全等同过程”的概念，是为了下面分析问题的需要。

“全等同过程”是一种表现为持续不变的过程形式。在这个持续不变的过程中，没有由物质的运动形成的各种“曾经”性质的信息。由于“过去”是“曾经性质的信息形式”，所以，在这种持续不变的过程中，意味着没有“过去”而只有“当前”。即这是一种没有衡量标志的持续性质的“当前”形态。这种当前，是静止不变性质的当前，这也表示着时间是静止的。

现在再假设。假设绝对静止的宇宙中开始出现了一个唯一运动的物质。在不知道时间是一种专门的物质还是某种物质现象的情况下，我们这时没有任何依据能够断言，这个首先发生运动的物质就是时间或者不是时间。所以，在假设宇宙中出现了一个唯一运动物质的情况下，也并不能判断时间到底出现了没有。但可以清楚的是，这个发生运动的物质有空间性质的运动过程，而且在运动中必然会出现空间位置或者是形态的变化，而这些变化则又必然会形成反映变化的各种信息形式。**即运动开始形成了“信息式过去”的形式**。由于“过去”来自于转化了的“当前”，可见，**是运动将“当前”转变成为“过去”（即形成了“时间”性质的过程），而且随着运动的继续，会形成一种绵延链接的“过去式”过程**。

当这个运动物质通过将“当前”转化为“过去”以后，其他的物质虽然依旧是处于静止状态，但这已经不是绝对静止了。那个唯一运动的物质形成了运动性质的环境，从而使得其他物质由绝对静止转变为相对静止。在这种相对静止中，那个唯一运动物质的变化过程，会通过形成运动的环境而使所有的物质都具有了环境性的运动过程。于是，那个唯一运动物质的变化性“当前”，可以用来代表大家都具有了相对变化性质的“当前”，并且也都开始具有了“过去”。在这种情况下，那些处于“全等同过程”的物质，从此也开始通过环境运动而具有了可以衡量过程长短的过程标志。

由于这是宇宙中唯一运动的物质，所以它可以标志整个宇宙环境的统一运动过程。即这时整个宇宙的过程表现，只能由这个唯一运动物质的运动过程来表示。那么这个过程怎样来衡量呢？虽然运动轨迹可以展开为线性长度，但由于这个运动的物质与其他物质的距离各不相同，所以长度（或者说运动距离）不能作为衡量过程的统一标准。

此时或许有人会指出：既然这个物质的运动已经形成了“过去”，很明显，“当前与过去”这已经属于时间的过程形式，这就意味着这个物质的运动具有了时间的功能。如果这个唯一运动物质的本身并不就是时间，那么时间怎么会出现的呢？答案只有一个，那就是**时间并不是一种专门的单独物质，而是由物质运动形成的、能够标志过程的物理形式**。因此，可以说运动造就了时间，或者说运动过程形成时间过程。“时间”不就被找到了吗？！这种归纳并不错！但是还需要进一步弄清楚，是怎样的一种运动能够作为标志过程的物理形式，即时间具体是怎样形式的一种运动过程呢？这是下面要继续探讨的问题。

五、关于物质运动的“节奏现象”以及“节奏运动速度”和“轨迹运动速度”

通过进一步分析以上假设中那个物质的运动变化可以发现，无论这个物质以何种方式运动，除了可以形成运动轨迹的长度以外，运动轨迹的每一次转折、停顿或者变速，都可以成为反映运动节奏的间隔标志。这种“节奏间隔”既可以作为衡量这个物质自身变化过程的尺度，同时又可以作为反映整个宇宙环境变化过程的尺度，即**运动变化形成的“节奏间隔”形式，可以作为衡量过程的尺度**。

为了便于理解运动变化形成的节奏，现在可以再假设这个唯一的运动物质是在做有规律的摇摆运动。如果将摇摆一次作为一个节奏单位，那么每一次的节奏间隔，会形成整个宇宙环境统一的变化间隔表现。如果将这种运动间隔作为标准的度量单位，这种具有度量单位的节奏间隔，就可以作为衡量整个宇宙运动过程的统一尺度标准了。

现在不难发现，**在每一个运动节奏中，这个物质在空间会形成一定长度的运动轨迹，这个长度不仅可以作为运动距离，而且可以作为在一个“单位运动节奏”中的运动速度**。联系“运动速度”是“单位时间”中“运动距离”的这一数学概念，可以看到“单位运动节奏”在这里扮演了“时间”的角色。

这说明，在绝对静止的宇宙中，当出现唯一运动的物质后，这个物质的运动节奏可以充当“时间”。

在多维空间内的有规律或无规律的阶段性变化称为“节奏”。有运动就会有“运动变化”，变化形成节奏。“运动节奏”的形式多种多样，运动中的变化、转折都属于节奏表现。由此可见，任何物质的运动变化，除了具有轨迹性质的运动过程和逻辑性的过程以外，同时还伴有节奏性质的运动过程，这三种运动形式及其过程是并存的伴生关系。

对于非线性的运动，由轨迹的曲折形成了曲折变化的节奏，尽管这种变化可能是不规则、无规律的，但是曲折形成节奏则是明显的。

对于线性运动，运动中的环境变化也是一种节奏形式。**变化是节奏的基础，无规律的变化形成无规律的节奏；有规律的变化形成有规律的节奏。因此，只要有运动就必然会有运动变化，有运动变化就必然会有由变化形成的运动节奏。不同物质**

的不同运动形式，既会形成多样的轨迹，也会形成快慢不同的、有规律或者无规律的多样运动节奏。

如果没有运动轨迹和运动节奏，就无法建立速度的概念。比如说，在一个单位节奏里，物质在空间形成的运动距离便是这个物质的轨迹运动速度；反过来，在一个单位长度里，物质形成了多少次运动节奏，便是这个物质的节奏运动速度。如果有两个运动的物体，它们的运动节奏则可以相互作为比较的标准，用以表示彼此的节奏运动速度或轨迹运动速度。所以，**所谓速度，是由两种不同的运动速度加以比较而建立的物理概念。**

在绝对静止的宇宙开始出现一个唯一运动物质的假设中，这个物质的轨迹运动速度和节奏运动速度，可以借助它自身的轨迹长度和运动节奏作为“自相比较”的依据来加以确定。由此可见，运动中每一个物质的轨迹运动速度和节奏运动速度，都可以借助自身运动轨迹的长度和运动节奏作为“自相比较”的依据来加以确定。

当然，不同的物质对象如果都用各自的运动轨迹长度和运动节奏为依据，那就会得出不相统一的速度标准。要想统一速度的标准，就需要事先统一长度标准和节奏标准。即，如果统一应用某种有规律的“节奏运动速度”，来充当“衡量”各种运动速度的基准，并确定一段空间轨迹作为统一的长度标准，那么，在作为基准的“节奏式速度过程”中，某个物质轨迹运动所移动的空间距离便是这个物质的轨迹运动速度；在作为基准的“节奏式速度过程”中，某个物质节奏运动的次数便是这个物质的节奏运动速度。

关于“节奏速度”与“轨迹速度”还有其他的表现形式，比如说**在旋转运动中，“角速度”便是“节奏速度”的表现形式；“线速度”则是“轨迹速度”的表现形式。**

物质运动具有空间过程和时间过程，这是对物质运动的一般表述，即**空间与时间是运动着物质存在的两种基本形式。**那么，在绝对静止的宇宙开始出现一个唯一运动物质的假设中，这是否已经出现了时间呢？从刚才的分析可以了解到，在宇宙中仅有一个物质发生运动的情况下，这个运动的物质既有轨迹运动过程也有节奏运动过程。**如果将空间过程和时间过程，与轨迹运动过程和节奏运动过程加以对照会发现，所谓空间过程就是轨迹运动过程；所谓时间过程就是节奏运动过程。**

我们通常所说的空间运动速度，是指物质在一个单位时间中所形成的运动距离。而在绝对静止的宇宙开始出现唯一运动物质的假设中，那个唯一运动物质的轨迹运动速度，就是在其对应的运动节奏中所形成的运动距离。不难看出，这与通常所说的**速度概念在**原理上是完全相同的。

更值得注意的是，**对于"时间"的表示一定离不开节奏运动形式，因此，可以说节奏运动孕育了"时间"，或者说时间过程即是节奏运动过程。至于通常采用有规律的节奏运动来表示时间，这只是出于计量和使用方便的需要**。人类最初的时间概念，形成于地球呈节奏性周期的自转运动和公转运动。地球自转一周为一日，以"日"为基础所进一步细分出的"时"等时间单位，是对地球自转的角速度加以细分的形式。地球绕太阳公转一周为一年，以"年"为基础所进一步细分出的"月"等时间单位，则是对地球公转的角速度加以划分的形式。

为什么要选择节奏运动来充当时间，并作为确定其他速度的一种基准速度呢？这是因为，从应用方便的角度来讲，具有呈"阶段性变化"这一特点的节奏运动，是能够标示性反映运动过程的唯一自然形式。如果选择某种轨迹速度来充当时间，并作为确定其他速度的一种基准速度，它不仅不便于携带、不便与其他的速度形式进行比较，而且仍然要以某种阶段性的轨迹速度来充当基准，这其实是将轨迹速度转化成为了节奏速度的形式。所以，只有节奏运动适合在不同速度的比较中，充当作为建立统一速度概念的基准速度。

简单地讲，只要选择某种具有稳定规律和持续节奏运动的物质作为确定"基准节奏速度"的基础，再结合连续而稳定的节奏运动，可以抽象为一个稳定重复的"单位节奏变化"的这种特点，只要将这种节奏作为统一衡量速度的基准，一种统一表示速度的形式便建立了起来。与这个基准进行衡量比较，不仅可以形成统一的轨迹速度概念，而且也可以形成统一的节奏速度概念。

采用"假设宇宙绝对静止"、"假设绝对静止的宇宙出现一个唯一运动物质"的这种方法来解释"过程"的形成，来描述"轨迹运动"和"节奏运动"，来说明"速度"是由不同速度相比较形成的运动概念，最后推断节奏运动孕育了"时间"，所寻求的是一种通俗易懂且有说服力的论证方法。

下面要讲的内容这里称为"象变现象"。这里认为"象变现象"与时间具有直接关系。**"象变"是对各种节奏运动变化现象加以抽象归纳以后形成的概念。"象变现象"体现的，是流逝性反映宇宙发展进程的一种自然形式**。通常我们说"时间"是流逝性反映宇宙发展进程的形式，所以，"象变现象"能够展示"时间现象"的本质。

篇章 31：对时间的看法（之三）

六、关于“象变现象”

物质只要没有消亡，它所发生的形态、性态、状态和空间位置等运动变化，都是实体形象的变化，因此，物质的运动变化过程，存在一种不断由最新的实体形象，替换原有实体形象的转变过程。**物质在运动中随着形态、性态、状态和空间位置变化所伴有的形象转变，这里将它概括为“象变现象”**。

“象变”的概念，是指在物质的各种变化中，都伴有由“当前式实体形象”，转变为“过去式信息影像”的变化。或者说，对于物质在各种运动变化中始终伴有的，由“实体形象”转变为“信息式影像”的这种现象称之为“象变现象”，简称“象变”。

“象变”是伴随各种运动无处不在的现象，只要运动就有变化，变化中必然会形成“信息式影像”，即“象变”。比如我们做一个连续的动作，虽然从视觉上这是一种实体的连续运动，但是刚才的实体动作到哪里去了呢？回答是，已经转化成为了“信息式影像”。即实体随着运动不断发生“象变”，在“象变”中不断转化为“信息式影像”。这是理解“象变现象”最简单最直接的方式。

在近距离的观察中，“信息式影像”以光速传递，这往往会让我们忽略了所看到的形象属于“过去”性质的影像，这种忽略只有通过遥远的传递距离才容易被觉察出来。

客观上讲，只有实体之间在相互接触的“触点处”，才是直接的“当前实体交流”的形式，除此以外，凡是实体之间存在任何空间距离的相互交流，都是当前实体之间的“间接”交流。这种间接交流必须借助各种信息载体传递的信息来进行沟通。所以，除了实体接触的触点以外，我们眼见的都是反映物质“曾经实体”的“影像”。只不过对于近距离的物体，看到以光速传送的信息影像与真正的“当前实体”几乎是一样。正因为如此，我们便容易误把这些“影像”当作“实体”，这也是容易忽略“象变现象”的原因。

运动物质不仅自身会发生“象变”，由于它是环境的组成部分，所以这种自身“象变”会造成环境格局也随同发生“象变”。又由于宇宙中的物质运动此起彼伏从不间断，因而宇宙会不间断地“象变”，即所有存在的物质始终都会处于不间断的“象变”中。即使那些自身处于静止状态的物质，也会因为环境格局的“象变”而成为相对静止。

由于整个宇宙实际的“象变”是立体而不是平面的；又由于最快的运动变化节奏会形成最快的“象变”，依据目前已知最快的运动是光，所以，由光的波状节奏运动形成的连续不断的“象变”，将是宇宙中的“主导式象变”。整个宇宙混合交织的“象变”，使得整个宇宙实际的“象变”状态无从整体观测，只能理论地叙述和抽象地理解。这也是“象变”容易被忽视的原因。

尽管宇宙的整体“象变”是立体的、连续不断的，有些是黑暗的不可见的，但是可以将立体的整体“象变”抽象为平面的；将连续不断混合交织的“象变”抽象为好似电影胶片一样，按照某种运动节奏分解为一幅幅的象变图像；将黑暗、隐秘、不可见的“象变”，抽象为好似曝光成像一样。其实电影摄影就是反映和演绎“象变现象”的直观方式。由于以上的抽象并没有改变宇宙整体“象变”的原理和性质，所以可以将宇宙“象变”的状况，按照这种抽象以后的形式来认识和理解。即这种抽象的宇宙“象变”状况，可以模拟反映宇宙的实际“象变”状况。对于下面的叙述，就请按照这种经过抽象的形式来认识和理解。

接下来讲“主导式象变”。所谓“主导式象变”，是指由宇宙中运动最快的物质所形成的“象变”。由于各种物质的运动速度不同，所以自身“象变”和导致环境“象变”的速度也各不相同。那些速度慢的“象变图像”将不能从细节过程上，准确和清晰地反映那些快速运动物质的“象变”状况，这就像慢速摄影不能清晰反映快速运动物体细节变化的影像一样。相反，快速运动物质的“象变图像”，既能准确反映慢速运动物质细节的“象变”状况，又能准确反映快速运动物质的细节“象变”状况，这就像高速摄影既能清晰反映慢速运动物体的细节影像，又能清晰反映快速运动物体的细节变化影像一样。

因而，**只有由最快速的“象变”所形成的一幅幅图像，才能够准确记录和完整全面反映宇宙中所有物质的“象变”过程及状况，所以，运动最快的物质所形成的“象变”称为宇宙中的“主导式象变”**。目前所知，宇宙中光的运动速度最快，所以由光的运动形成的“象变”最快，因而光运动形成的“象变”，是宇宙环境中的“主导象变”。严格地讲，应该是由波长最短的紫光（代表波长420纳米）的波状节奏运动，由波峰和相邻波谷之间的每个转折变化所形成的“象变”，为宇宙环境中占主导地位的“主导象变”。

如果将波状运动的“光子”，在波峰和波谷每一次转折时的“象变”，抽象成为根据节奏变化排列的一幅幅图像，那么，这些顺序排列的图像组成的，将是一个“象变图像的序列”，这里将它简称为“象变序”。

宇宙中由“光子”运动形成的“象变序”，是宇宙环境中占主导地位的“主导式象变序”。只有在“主导式象变序”排列的一幅幅影像里，才能精确反映任何物质的任何变化状况。由于这种顺序排列的“象变”之间都有内在的因果关系，因而“象变序”中内含“因果序”，并具有“因果序”不可颠倒、不可倒置、不可逆转和不可完全重复的逻辑特性。所以每一次“象变”，在其“象变序”和“因果序”中的位置都将是唯一的。在物质的存在过程中，物质的实体将始终处于“象变序”的最前端位置。

在实体形象的“象变”中，实体的“当前形象”不断转变为“信息式影像”。这些“信息式影像”就是物质的“过去形象”，或者说是“过去形式”。**这些“信息式影像”将随着信息传递能量的消失、或者信息载体物质记录功能的消失、或者信息载体物质自身的消失而消失，所以“象变”以及“象变序”具有流逝性。**

揭示和分析“象变现象”，重点是要说明和认识宇宙环境中存在“主导式象变序”，以及“象变序”具有不可颠倒、不可倒置、不可逆转、不可完全重复的逻辑特性和流逝特性。**说明和认识宇宙“主导式象变序”的逻辑特性和流逝特性，意义在于：由宇宙“主导式象变序”所体现和反映的流逝“过程”，是对宇宙真实存在“过程”的完整反映。即宇宙的“主导式象变序”，是流逝性完整反映宇宙发展进程的唯一自然形式。**

由于宇宙中的光源不计其数，因此，实际形成的“主导式象变”也是不计其数的。不计其数的“主导象变”相互交织在一起，使得宇宙的“主导象变”重重叠叠。为了便于理解，在不改变原理的基础上这里假设宇宙中只有一个唯一的光源，由这个光源替代其他所有光源。在这个假设中，宇宙简化为只有单一的“主导式象变序”，那么，宇宙完整的存在“过程”，就可以通过这个单一的“主导式象变序”而分解为，由一幅幅“象变影像”链接形成的序列。

“主导式象变序”形成于宇宙中最快的物质运动，由于目前所知运动最快的物质是“光子”，所以形成这一自然形式的动因是“光子”运动。由于波状运动的“光子”，波峰与波谷的转折就是一种“节奏运动”形式，每一次的转折就形成一次象变，形成一幅象变的自然影像。所以，**“光子”的“节奏运动”是宇宙中速度最快的“节奏运动”，它会形成最快的“象变”，并形成宇宙的“主导式象变节奏”，进而形成宇宙的“主导式象变序”**。

宇宙从它诞生的那一刻开始，便始终以宇宙中最快的节奏运动所形成的、“主导式象变节奏”为自然的计量单位，运动地链接成为一个客观实际的总过程。这个过程的总量，为宇宙“主导式象变节奏”的链接式累积总量。

由宇宙的“主导式象变节奏”形成的宇宙“主导式象变序”，是完整反映宇宙存在的全过程。

接下来就要谈谈“象变现象”与“时间现象”的关系了。

现在可以注意到，宇宙的“主导式象变序”，与所说的流逝性反映宇宙发展进程的“时间”具有完全相同的特性。由于平常所说的“时间”，一直没有找到它本源的物质形态，而宇宙的“主导式象变序”则又完全具有时间的特性及功能，因此，依据以上的分析和论证，这里认为：**宇宙的“主导式象变序”，就是“时间”的本源性物质形态。流逝的时间实际上是运动导致的“象变”流逝。宇宙从诞生到现在的、“主导式象变节奏”的链接式累积总量，就是宇宙从诞生到现在的“时间总量”**。

以目前所知的光速最快为依据，只有“光子”每一次“节奏运动”形成的（严格地讲应该是由波长最短的紫光），从波峰到相邻波谷的这一节奏间隔，才是宇宙真正具有自然量程的最短“时间过程”。

这里将具有自然量程的“最短时间过程”称为“真正的时”，简称“真时”。“真时”即宇宙真正本源的“时”的形态（“时”是对物质的“每个节奏运动过程”的描述）。

由“真时”连续不断的链接形式，形成流逝性的“真实时间”。

相对于“真时”而言，所有慢于“真时”的运动节奏（即“象变节奏”），都属于对“真时”的模拟，即“模拟式真时”，简称“模拟真时”。

高级智慧生命应用其他物质的节奏运动形成的计时基准，则属于“应用式模拟真时”。

通过宇宙的“真时”可以知道，宇宙真实的“当前”，只是波状运动的“紫光”从波峰到相邻波谷的这一瞬间间隔。也就是说，宇宙真正的“当前”，是宇宙中最短最快的过程形式，或者说是最小自然量程的过程形式。**只有在“真时”性质的“当前”里，所有的物质才都是实体还没有完成“象变”的状态，即都属于“实体”正待“象**

变”的状态，在这种状态下所有物质都保持着实体性质。在“真时”性质的“当前”里，所有的物质具有“同为实体的性质”。所以，“宇宙真实的当前”是宇宙中最短的象变间隔，是最快节奏运动的一次节奏过程。

相对于“真时”意义的“当前”，以任何其他的“象变变化”间隔来充当“当前”，都只能是“模拟性质的当前”。这种模拟会形成模拟误差，“象变变化”的间隔越大所形成的误差也会越大。例如，如果以地球自转一周的“象变变化”间隔，来充当模拟性的“当前”（即一天），这个“当前”就太长了，模拟误差会很大，某个人在这个阶段中所做的许多不同事情，就只能说他在同一个“当前”中做了这些事，每件事物经历的过程位置不能够得到精确反映。

这里要特别说明：“真时”并不是形成于唯一的某个光源，所有光源都可以形成和反映“真时”，“真时”是反映宇宙自然变化的最快最短的过程形式。“真时”是宇宙中最小的一个完整变化过程，其他的过程形式在每个“真时”阶段只是完成了部分过程，所以通过一个个链接的“真时”阶段形成的“象变”，能够准确反映任何物质在任何变化阶段的，任何过程位置的任何变化情况。

“真时”那么短暂，而且只有在“真时”性质的“当前”里，所有的物质才都具有“同为实体的性质”。但是在我们实际的感觉中，为什么觉得四周见到的物体都是“实体”的呢？

这个问题的答案是：第一，虽然我们看到的都是物体的“影像”，但是触摸到的却都是物体的实体。视觉与触摸的感觉相联系，就会将看到的物体“影像”当成实体。

第二，由于“真时”短暂，速度为光速，所以在我们有限的自然视觉范围内，周围客观存在的物质实体，与光速连续传送的“象变影像”几乎是一样的，从感观上根本不能对“信息影像”与实体进行分辨，所以感到看见的都是实体。

第三，当我们接近远处的物体，最后触摸到它，由于所有物质都处在同一个“真时”性质的“当前”里，所以这种触摸是实体接触。如果触摸的手不离开这个物体，这属于共处于连续链接式“当前”之中的“同为实体”的接触。凡是与物体接触都是这个原理。由于接触的物体都是实体，所以很容易误认为看到的“信息影像”就是实体。

第四，在“真时”性质的“当前”里，所有物质具有“同为实体的性质”，由于所有存在的物质拥有相同“真时”，所以在由连续不断的“真时”形成的链接过程中，所有“客观存在”的物质都共同保持“同为实体的性质”。也就是说，所有客观存在的物质，它们的实体总是共同处在相同的当前时间位置。比如说时间过去一分钟，宇宙中所有物质都同时过去了一分钟，不会有些过得多出一分钟，有些过得不到一分钟，这与物质自身的运动速度、方式、状态、空间位置无关。物体只有在相同的空间位置，彼此通过接触才能直接感受“同为实体”。**物体只要存在距离，彼此就是共处于同一时间位置，却不是共处同一空间位置，彼此见到的就只是相互的“信息影像”**。

由于信息传递需要时间，见到的“信息影像”就与实体会有差异。物体之间的距离越近这种差异越小，越是难以感觉差异，这会从感觉上误将“同为实体”的范围扩大。距离越远，“信息影像”与实体的差异越大。比如其他天体，我们看到的只是它们很早以前的“信息影像”，这种“信息影像”与实体当前的状况差异甚大，有的实体当前也许已经不存在了。

沟通交流只能通过信息传递的方式建立在实体之间。**信息传递能够到达，实体能够存在，这是形成相互沟通联系的两个必备条件**。

所以，尽管我们生活在一个实体的世界里，但是见到的却都是实体的“信息影像”。这的确是一种很有意思的现象！

尽管在宇宙环境中存在由“主导式象变节奏”形成的“真时”，但由于所有物质的运动变化都会自然导致整个环境格局的“象变”，所以从理论上讲，**任何物质“象变节奏”的速度，都可以用来作为对比衡量各种物质运动速度的基准，即都可以“模拟”充当“真时”**。但是出于观测、计量、携带、应用的方便，选择充当**“应用式模拟真时”**的节奏运动，需要具备以下的条件：首先，是“节奏运动”要尽可能均衡、稳定、持久，这样才有利于形成稳定的节奏速度基准。其次，是“节奏运动”的速度越快越好，因为这样形成的“应用式模拟真时”才越是接近“真时”，模拟的精度才越高。

如果以地球自转一周作为“应用式模拟真时”的最小单位，也就是将地球上的“一天”作为一个最小单位的“节奏变化”，以此作为应用性的最小时间单位，并且以这个“节奏速度”作为对比衡量各种物质运动速度的基准。那么在这个“节奏变化”之内物质发生的**“速度变化”**将难以准确计算出来，即难以用数学方式来表示。

从过程的角度来讲，如果将地球自转一周即“一天”作为一个最小单位的“节奏变化”间隔，那么，发生在这个“节奏变化”间隔以内的事物变化，既不能准确划分发生变化的顺序，也不能准确划分发生变化的具体过程位置。如果某个物质在这个“节奏变化”中消亡，将不能精确标示它消亡在这个变化过程中的什么时候。所以，以此作为基准显然会由于“节奏速度”太慢而存在很大的应用局限。也正是为了满足实际应用的需要，在这个基础上才又划分出了时、分、秒、毫秒等各种“节奏速度”为量程的时间单位，并且确定了以“秒”作为基准的“节奏变化”（即基准的“时间变化”）。这样一来，事物变化的速度和过程位置，大多数都能够较准确地反映出来了。

对这一篇章的内容经过慢慢琢磨，会感觉已经触摸到了“时间”，**即宇宙的“主导式象变序”就是“时间”的本源性物质形态。流逝的时间实际上是运动导致的“象变流逝”**。

“象变”不是虚构的现象。当然，这种现象不一定非得称为“象变”。这里将它称为“象变”，只是这个称谓比较形象直观，通俗易懂。

结合前面的叙述，现在可以归纳一下对“时间”的看法了。

七、对“时间”的看法

在篇章 29 中，通过对“过去”的存在形式进行分析，说明宇宙中只有“信息式的过去”而没有实体（或实境）性质的“过去”。对“信息式的过去”可以通过“信息载体”形成了解，但不能形成实质的改变。由于那些记录信息的物质，它们的运动方向和存在形式丰富多彩，所以，“过去”没有特定的空间方向，也没有特定的存在形式。**这说明，“过去”并不是一种由“时间”所“承载”和“拖带”的形式。即时间不是运载工具，宇宙的存在也并不是由某种物质充当运输载体所形成的高速运动过程，所以，即使超越“时间”也不能回到“过去”**。

在篇章 30 的前半部分，通过“因果律”可以说明，任何事物的存在和发展，任何物质运动，都始终遵循从因到果的规律。由此形成的**“因果序列”具有不可颠倒、不可倒置、不可逆转和不可完全重复的逻辑特性。这意味着“过去”不可能逆转和返回。借助“信息载体”虽然能够看到“信息式的过去”，但这并不意味着是返回到了“过去”**。

由“因果律”决定，任何事物的存在和发展，任何物质运动，都始终遵循从因到果的逻辑顺序和方向。“结果”的方向即“将来”的方向，因此，**物质在存在的整个过程中，只会按照“因果序”朝着“将来”的方向运动，这一属性与运动的速度和形式无关。由此决定，在宇宙环境中只存在朝向“将来”的方向而不存在朝向“过**

去”的方向，因此，无论怎样的运动速度和运动形式，“过去”都无法返回。这便是物质运动的“趋向定理”。

既然“过去”无法返回，那么也就没有“时间旅行”或“时空穿梭”的可能。

在篇章30的后半部分，通过对“节奏现象”和“节奏速度”的分析，说明了“节奏运动速度”可以充当对比衡量运动速度的基准。**即在一个运动节奏中，物质在空间形成的运动距离，为这个“单位运动节奏”中的运动速度。**这证明“节奏运动”扮演了“时间”的角色。（即“运动速度”是“单位时间”中的“运动距离”。）**依据节奏运动可以作为衡量过程的尺度，而且对于“时间”的表示一定离不开节奏运动形式，由此推断，是“节奏运动”孕育了“时间”。**

在篇章31中，通过对“象变现象”、“主导式象变节奏”、“主导式象变序”的了解，以及对“主导式象变序”具有不可颠倒、不可倒置、不可逆转、不可完全重复的逻辑特性和流逝特性的揭示，说明了**宇宙的“主导式象变序”，是流逝性反映宇宙发展进程的唯一自然形式。还分析了“主导式象变序”形成于宇宙中最快的物质运动，由于目前所知运动最快的物质是“光子”（严格地讲是紫光光子），所以形成这一自然形式的动因是“光子”运动。**由于波状运动的“光子”，波峰与相邻波谷的转折就是一种“节奏运动”形式，所以，**“光子”的“节奏运动”是宇宙中速度最快的“节奏运动”，由此形成“主导式象变节奏”并链接形成“主导式象变序”。**

宇宙从它诞生的那一刻开始，始终以宇宙的“主导式象变节奏”为自然计量单位，链接成为一个客观实际的总过程。这一过程的总量，为宇宙“主导式象变节奏”的链接式累积总量。

由于宇宙的“主导式象变序”，与流逝性反映宇宙发展进程的“时间”具有完全相同的特性。又由于一直都没有找到“时间”的本源性物质形态，所以依据以上论证认为，**宇宙的“主导式象变序”就是“时间”的本源性物质形态。流逝的时间实际就是运动导致的“象变”流逝。**

如果说，是“节奏运动”孕育了“时间”，那么，由“节奏运动变化”形成的“象变”，则是“时间”的本质形态。

以目前所知的光速最快为依据，就只有“紫光光子”（代表波长420纳米）从波峰到相邻波谷的这一运动节奏过程，才是宇宙真正具有自然量程的最短“时间过程”。这里将具有“自然量程的最短时间过程”称为“真正的时”，简称“真时”。

“真时”即宇宙真正本源的“时”的形态（“时”是对物质的“每个节奏运动过程”的描述）。由“真时”连续不断的链接，形成流逝性的“真实时间”。

篇章 30 的后半部分和篇章 31 的内容表明，**是“运动节奏”孕育了“时间”；时间的本质是象变过程；宇宙的“主导式象变节奏”为“真时”，即“紫光光子”的每一“运动节奏过程”为“真时”；“真时”连续不断的链接形式，即是流逝性的“真实时间”。这就是“时间”的自然形态。**

下面要补充的是，依据形成“真实时间”的原理，还可以建立“理论真时”和“理论时间”的概念。

所谓“理论真时”，是指“无穷小量的象变节奏变化”。“无穷小量”的节奏变化是不可能再短的节奏变化间隔，它形成于无穷快的节奏运动速度，这种速度在现实中并不存在。由“理论真时”连续不断的链接形式，形成流逝性的“理论时间”。由于“理论时间”形成于无穷快的连续节奏运动，所以从理论上讲它是最为均衡、稳定、精准的时间过程序列。现实中再快的节奏运动形成的“真时”，也超不过“理论真时”，所以**“理论时间”的概念也可以说明，时间不可超越，过去不可返回。**

“理论真时”和“理论时间”的用途，是从理论上说明越快的“象变节奏变化”越是均衡、稳定、精准，因此，“理论真时”和“理论时间”的概念，可以作为寻求和确立高精度“模拟时间”的理论依据。即任何的自然节奏变化，都是“无穷小量节奏变化”的累积形式，在每个自然节奏变化中所包含的“理论真时”越少且分布越均匀，那么所充当的“模拟时间”就越精确。人类目前选择“铯原子”能级跃迁的高速节奏运动，来做“应用式模拟时间”的基准，就完全符合这一理论。

这里设想：假如能以“光子”的“运动节奏”作为计时基准，即做个“光子钟”，那应该是最为精准的！因为“光子钟”所反映的，是以“真时”为计时基准的宇宙“真实时间”。

光是“电磁波”，“光子钟”即“磁波钟”。制造这种高精度的时钟应该是努力的方向，因为随着高科技的发展，特别是对于高速运动物质的观测、研究和应用，对时间的精准度提出了越来越高的要求。其实人类利用“铯原子”的能级跃迁制造的原子钟，尽管它是“模拟时间”，但是精准度已经很高了。

在人类的“国际单位制”中，“时间”的基本单位是“秒”。第 13 届国际度量衡大会对“秒”的定义是：“铯 133 原子基态”的两个超精细能阶间跃迁对应辐射的 9 192 631 770 个周期的持续时间。（这个定义提到的铯原子必须在“绝对零度”

时是静止的，而且在地面上的环境是“零磁场”。在这样的情况下被定义的秒，与天文学上的“历书时”所定义的秒是等效的。）当然，如果能有“光子钟”，其运行精度肯定会大大超过原子钟。

目前人类作为工具使用的“时间”都属于“应用式模拟时间”。由人类制作的各种计时工具指示的“时间”，也都是“应用式模拟时间”。尽管“应用式模拟时间”有一定的精度局限，由于显示它的器具有便于携带、便于使用、便于制作、便于普及、便于校对、成本低廉、能够满足日常工作和生活的一般需要等诸多优点，所以“应用式模拟时间”是使用最为广泛的“时间”形式。即使今后制造了能显示“真实时间”的高精度光子钟，它也只会用来充当校对“应用式模拟时间”的基准。广泛应用于日常生活之中的，仍然是由各种一般计时装置所显示的“应用式模拟时间”，所以我们离不开“模拟时间”。

综上所述，可以对“时间”形成如下定义：每次的“象变过程”为“时”（“时”是对物质的“每个节奏运动过程”的描述），“时”的链接延续形式为“时间”（“时间”形成于连续不断的“象变过程”）。在这个基础上，“时”分为“真时”、“理论真时”、“模拟真时”和“应用式模拟真时”。

所谓“真时”，即宇宙中实际存在的“最快最短的象变节奏变化”，所以“真时”不可能超越，只可能形成新的更替。

所谓“理论真时”，即“无穷小量的象变节奏变化”，它形成于“无穷高速的节奏运动”，这只是一种理论概念。

所谓“模拟真时”，即宇宙中所有慢于“真时”的“象变节奏变化”。

所谓“应用式模拟真时”，是由高级智慧生命选定作为统一计时基准的“自然的模拟真时”。

“时间”也由此分为“真实时间”、“理论时间”、“模拟时间”和“应用式模拟时间”。

所谓“真实时间”，是指“真时”的链接延续形式（也就是由宇宙的“主导式象变节奏”形成的“主导式象变序”）。

所谓“理论时间”，是指“理论真时”的链接延续形式。

所谓“模拟时间”，是指“模拟真时”的链接延续形式。

所谓“应用式模拟时间”，是指“应用式模拟真时”的链接延续形式。

“应用式模拟时间”是文明生命在认识和应用“自然模拟时间”的基础上，制定形成的一种统一的工具式时间，它可以由各种计时装置显示。在地球上，“应用式模拟时间”的形成，起源于人类对地球呈节奏性周期的自转运动和公转运动的认识和应用。或者说，“应用式模拟时间”是文明生命，以方便计量的某种节奏运动为基准而建立的，一种“节奏式速度过程”的链接形式。

宇宙中虽然一直存在“象变现象”和“主导式象变序”，以及由“主导式象变序”形成的“真实时间”，但它的作用只是反映着“时间”的原理和本源形态。只有当文明生命采用了“应用式模拟时间”以后，“象变现象”具有的作用才得到了应用发挥。

例如，**有了“应用式模拟时间”作为基准，才能将运动本身内含的节奏形式、轨迹形式、运动距离这三者间的内在关系转化为时间、距离、速度这样的逻辑形式，并建立起“距离 / 时间 = 速度”这一特定的数学模型，从而形成统一的速度概念。**又例如，如果没有人类采用的“应用式模拟时间”，地球环境中的“文化式利益运动”便无法发展。

虽然宇宙中自然存在的“真实时间”是呈变化状态的，但是这种变化并不是时间膨胀效应的反映。由于**“真时”不可能超越，只可能形成新的更替，即“真时”始终是宇宙中最快的运动节奏，如果一旦出现节奏运动速度超过紫光光子的物质，那么这种运动节奏，就会自然替代紫光光子的运动节奏而成为新的宇宙“真时”，所以，“真实时间”不会出现被超越而变慢或倒流的状况。**

以上对时间的看法供大家参考。

篇章 32：对时间的看法（之四）

前面讲到，很多实验似乎证明“时间膨胀”并非空想。那么这又是怎么回事呢？结合前面三个篇章的论述，这里认为有这样的可能：这些实验所证明的并非“时间膨胀”效应，而是有待认识的其他物理现象。

会是什么物理现象呢？通过分析这里认为，是一种可以称之为“内运动效应”的现象。

八、关于“内运动效应”的看法

在介绍“内运动效应”之前这里先要说明，尽管“时间膨胀效应”似乎被“运动介子寿命”和“横向多普勒效应”等实验所证实，但要指出的是，**对于“时间膨胀效应”形成质疑的基础，并非怀疑这些实验呈现的现象，而是质疑在提出“时间膨胀效应”这一观念时，首先对“时间”是怎么解释的**。

其实，在介绍“时间膨胀效应”这种观念时，“时间”到底是什么并没有首先被说明。“时间膨胀效应”的观念，似乎认为“时间”是一种始终在进行高速运动的单独物质或者“场”。

如果把“时间”作为某种单独物质或者“场”来看待，依据物质运动的一般表现，“时间”只有始终保持其他物质不可能超越的速度，并且是呈“单向运动”，这样才能形成不可追越不可逆转的现象。为了证实这种设想，时间膨胀理论首先要考虑时间的运动速度到底有多快？在已知光速为最快的情况下，于是只能推断“时间”的速度要么超过光速、要么等同于光速。

在没有探测到时间的物质形态及其运动速度的情况下，时间膨胀理论只能初步假设时间的运动速度等同于光速，因为如果不是这样便会出现“光”追越时间的自然现象。在这一基础上再大胆设想，当能够取得趋近光速的运动速度时会出现什么情况呢？那必将是时间相对变慢（即时间出现膨胀）；如果运动速度等同于光速，时间将相对停滞；如果超越光速，时间将开始相对倒流，这种倒流将使“过去”可能得到返回。这些假想的情况着实会让人感到兴奋。

为了进一步完善“时间膨胀”的构思，还必须回答“过去”在哪个方向的问题，但是对于这个关键问题的解答，时间膨胀理论却是寄希望于当运动速度趋近或超越光速时，时间膨胀效应会自然予以回答。并由此推想，那时可能会自然出现通向“过去”的路径，有人将这种路径构想为“时空隧道”、“虫洞”等形态。

时间膨胀效应的理论还需要回答，“时间”能够如此高速运动其能量来自哪里？于是便形成了引力场的推论，设想时间是在某种巨大引力场的作用下形成高速运动。即像光这样的电磁波其能量来自于光源，而时间的能量则来自于某种巨大的引力场。接下来的推论便是，既然时间是在巨大引力场作用下的运动，那么引力场的形态和引力的大小如果发生自然变化，则必然导致时间和空间状态的变化。既然时空会在引力的作用下发生状态改变，那么存在于时空之中的光，也可能在引力的作用下发生运动状态的变化。反之，如果高速运动的光，其运动状态被证明能够在引力的作用下发生改变，也就间接证明了对于引力场的构想是成立的，从而也间接证明了关于时间膨胀效应的观念也是成立的。

结果在日全食中，人们看到了星光在太阳的引力作用下出现弯曲的现象。在这样的事实面前，似乎证实了时空也会弯曲，证实了时间就好似托载所有物质的特殊载体，并且这种载体会在一定的运动条件下改变状态，从而形成不同的时空现象。这种会发生状态改变的时空，又会是怎样的结构形式呢？在四维几何学概念的基础上，于是又推导形成了“四维时空结构”的构想。而“多层平行空间”的想法，则是四维时空构想的发展形式。

应该看到，时间膨胀效应的观念从形成以及在其后的研究中，虽然历经了一个艰辛而认真的探索过程，并且取得了一些实验性的间接证明，但是，对于“时间到底是什么”这个核心问题，最终并没有形成实质的、确切具体的定义。而长期的研究，也实际上徘徊在推论阶段，并没有形成实质性的进展。

出现这种情况的根本原因，恰恰在于：**时间的本身并非某种专门的物质或者“场”，而是“象变现象”的表现**。当然，有关“时间膨胀”效应的曲折探索并非白费，因为用以佐证时间膨胀效应的实验所展示的现象，如果证实的不是时间膨胀效应，那么它们到底说明了什么？这就自然形成了必须加以探讨的新课题。如果没有对这种新课题进行探讨，也许就难以形成“内运动效应”的看法。

“内运动效应”是在认识了时间不会膨胀的基础上，针对证实时间膨胀效应的相关实验而提出的看法。**认为用以证实时间膨胀效应的相关实验，证实的并不是时间膨胀效应，而是证实了某些物质具有“内运动特性”**。

具有“内运动特性的物质”，当其外在运动速度发生变化时，会使其“内运动速度”发生相应变化。对于这种变化，这里将它称为“内运动效应”。

所谓具有“内运动特性的物质”，是指内部元素具有合成、分解、增长、代谢、衰减等运动现象的物质。其中最为常见的是生命物质。生命物质的新陈代谢、生长发育、衰老死亡等现象都是身体“内运动”的表现，这些“内运动”是有速度的，这种速度常常被称为受到“生物钟”控制。

具有“内运动特性的物质”不包括机械装配式的组合物质，例如内燃机、机械式钟表等。

这里依据证实时间膨胀效应相关实验的反映，归纳出“内运动效应”的具体表现：具有“内运动特性的物质”（如生命物质），会因为自身外在运动（包括搭乘运载

工具的运动）速度的变化，而使其内在运动速度发生相应变化的效应。即：所有存在“内运动”的物质，都保持着一定规律的“内运动速度”，这种速度是反映这类物质内在变化进程的一种形式。在一定外在运动速度下所形成的这种内运动速度，会受到外在运动速度的影响。其规律是：当外在运动速度趋快时，其内运动速度会趋慢（即这种物质内部的变化进程会趋慢），反之则会趋快。当外在的运动速度达到或超过某一程度时（包括慢或快），其内运动速度将相对保持为最快或最慢的稳定状态。从根本上讲，是“惯性场”的变化，能够引起“内运动速度”的变化。“内运动效应”的变化率需要通过物理实验来具体测定。

一切具有内运动的物质都会有“内运动效应”。“内运动效应”不会对运走机制产生影响，即对于机械装置的运走不产生影响。例如对采用机械动力驱动的机械计时装置，在其外在运动速度发生改变的情况下，不会发生运走速度的改变。

地球是地球上所有物质共同的运载工具，地球运动为地球上所有的物质形成了外在的运动速度。在这种条件下，那些具有“内运动”的物质，会通过各自的内在特性形成各自的内在运动速度。

就目前一般的情况而言，处在地球惯性场中具有“内运动”的物质，由于自身外在的运动速度变化很有限，即使搭乘运载工具，这些运载工具的运动速度变化也很有限。比如说，人即使乘坐飞机，飞机的速度变化也很有限，所以由此引起的“内运动效应”一般都微小到不易觉察，但外在运动速度长久的变化，则可以积累反映内运动速度的变化。

具有“内运动”的各种物质，其“内运动”的表现形式是多样的，有些容易观测，有些则不易观测。比如反映生物衰老的内运动状况，就不易从细微的程度上来检测。

关于原子钟变慢的实验，即有科学家将原子钟放在飞机上飞行一段时间后，发现飞机上的原子钟会稍慢于地面上的原子钟。这里认为，这个本来是用以证实时间膨胀效应的实验，实际上反映的，是原子钟“铯原子”能级跃迁的“内运动”，在“外在运动速度”变化的情况下所发生的“内运动效应”。假如这个实验使用的是没有“内运动”特性的机械式时钟（如果机械式时钟的计时精度能够保证实验要求），那么这个实验的结果将会完全不同，即飞机上与地面上的机械式时钟不会出现快慢不同的差异。所以，对于时间膨胀理论所说的，外在不运动的时钟与外在运动之中的时钟，前者要比后者快的这一论断，这种情况只会发生在那些存在“内运动”特性的计时装置上。在没有“内运动”特性的计时装置上，则不会出现论断中所预期的结果。

原子钟的飞行实验说明，“内运动效应”不仅在高速运动的条件下会显而易见，而且只要外在的运动速度发生变化，都会出现相应的内在运动变化，所以凡是具有“内运动”的物质，其“内运动”的稳定性是相对的、有条件的。认识这种特性，弄清楚稳定的运行条件，对于调控这类计时装置非常重要。对于如何设计更精准的这类计时装置，以及指导这类计时装置成为“授时”基准都将具有实用意义。

原子钟与机械式时钟的比较飞行实验可以采用以下的方式进行。由于地球轨道空间站或者卫星，它们的运动多了一个绕地球运行，因此，它们的运动速度要高于地球。另外，在地球赤道上的任意一点，相对于地球自转轴的两极中心点而言，要高出一个地球自转的“线速度”。如果将原子钟分别放在这些地方，经过一段时间的运行再进行相互的比对，放在各处的原子钟，相互之间将会因为“内运动效应”而形成一种累积的运走差异。处在地球自转轴两极中心点的原子钟将会表现为运走最快，而处在地球轨道空间站或卫星上的原子钟将会运走得慢些。由于不同纬度的地球“线速度”不同，所以不同纬度上放置的原子钟，在“内运动效应”的作用下，运走的情况也有差异，处在赤道上的原子钟将慢于其他纬度上的原子钟。由于这种影响造成的差异变化很小，所以由此形成对生物寿命的影响一般都不易察觉出来。

但是，如果将没有“内运动”特性的机械式时钟，分别放置在以上的那些位置，在排除计时装置本身运走误差的情况下，它们相互之间将不会出现计时不一致的状况。

如果让人与原子钟一道乘坐高速运动的航天器长期飞行，便会出现这样的情况：由于长期生活在具有人文时间概念中的人，会在大脑记忆中形成一种“时感印象”，在高速飞行中人的生理衰老速度会相应变慢，但时感意识却会保持一个阶段，带着这种“时感印象”去观察具有“内运动效应”的原子钟，便会觉察到原子钟走慢了。但是如果在同样条件下，去观察没有“内运动”特性的“机械式时钟”，其时间显示应该与人的“时感印象”相吻合。

如果假定航天器的飞行速度正好达到使人的生理衰老节奏，变慢到仅为人在地球上衰老节奏 1/10 的状态，并且按照地球上的时间基准，保持这种速度在太空中飞行 10 年以后返回到地球。假如乘坐者没有因为长期失去地球时间的参照而导致“时感印象”模糊，那么无论是地球上记载的飞行时间，还是乘坐者的“时感印象”，二者间应该是相吻合的，都应该反映为飞行了 10 年的时间。

但是，由于乘坐者的生理衰老节奏，是放慢到了仅为地球上的 1/10，所以尽管他飞行了 10 年，但是实际的衰老进程情况却只相当于生活在地球上的 1 年。因此，当他10年后返回到地球时，他在地球上的同伴们从生理进程上已经是衰老了10年，而他却只衰老了1年，也就是他从生理进程上要比地球上的人实际年轻了9年。放在这个航天器上的原子钟，也应该累计一共慢了很长的时间。至于具体是否也慢了9年，则取决于原子钟“铯原子”能级跃迁的“内运动效应”的变化率是否会与人的“内运动效应”的变化率相同。

这个航天器上所放置的无“内运动”特性的“机械式时钟”，则应该也显示为飞行了10年。如果仅从衰老的进程上作比较，那些地球上的同龄人会比飞行者要显得苍老许多。从这种比较上会让飞行者有那种“天上方一日地上已千年”的感受，但是从自身的“时感印象”上却不会有好像只在太空呆了1年的感觉。

如果排除其他的影响因素，单纯从“内运动效应”的角度看问题，那么可以预计，长期生活在月球上的人，由于月球多出一个绕地球运行的速度，所以寿命会相对长寿于他生活在地球上。同样道理，如果生活在不同运动速度的天体上，人的寿命会因为“内运动效应”的不同而有所差异。但由于影响寿命的因素是多方面的，所以在乘坐高速运载工具时，“内运动效应”具体会对人的生命进程形成怎样的影响，这只能依靠相关的实验才能加以认识和了解。

由于不同纬度上地球自转的线速度有所不同，所以以原子钟作为授时标准，那么统一的“国际标准时”，就只能以固定于地球某一处的原子钟作为唯一的“授时”源点。相对而言，这个地球时的基准点越是接近地球极点，那么受线速度变化的影响将会相对减小。

“地球时”基准的确定，这是人类在未来宇宙活动中形成统一“宇宙时”所不可缺少的。由于各个天体的运动速度不同，宇宙交通工具的运动速度也会变化，机械式时钟存在难以克服的机械误差，原子钟也会出现“内运动效应”的误差，因此，统一的“宇宙时”必须要以唯一的“授时”源点为基准进行校对。在难以直接校对的情况下，则要依据“内运动效应”的变化率来进行计算式的校正。但是如果能够制造具有稳定速度和稳定波长的“光子钟”或者“电子钟”，那将可以形成一种误差很小的统一于整个宇宙的“真实时间”。

这里还认为，横向多普勒效应的实验所反映的，也是运动形成的“内运动效应”，而不是物质在运动方向上会实际发生几何尺寸的缩短。如果在高速运动中，物质会发生这种有方向性的几何变化，那么任何机械都无法在高速运动中处于正常的工作状态。

所谓雷达波在太阳的引力作用下会发生延时变化，这只说明引力对电磁波的运动速度会有影响。太阳的引力既然能使光线弯曲，也就肯定会使雷达波的速度发生变化，虽然速度变化会导致雷达波的频率发生改变，但因为速度的变化不大，所以频率的变化便更是微小。

关于运动介子寿命的实验（即一个称为介子的亚原子粒子，其衰变需要多少时间已经被非常精确地测量过。已经观测到，一个以接近光速运动的介子比一个静止或缓慢运动的介子的寿命要长），这也应该是由于“内运动效应”而使介子寿命的进程发生了变化。

至于等效原理中有关万有引力的来源等问题，也应该从相关专业的角度，来对这些实验结果进行新的审视和研究。

这里还需要说明，**由于雷达波在太阳的引力作用下会延时，光也会出现弯曲，所以“光速不变原理”应该不能成立，否则，对于黑洞中光无法逃逸的现象，就不能形成合理的解释（即在黑洞中光速为零）。只能说造成光速变化的条件十分苛刻，一般而言光的运动速度相对最为稳定**。此外，对于“任何物质的运动速度不能超过光速”的看法，这只是依据现今的观测得出的结论。

关于宇宙星际间的生存转移，这是“利益运动”在发展中必然要面对的生存实际，尽管有关“时空穿梭器”的构想不会出现返回到“过去”的结果，但是我们不应该因此降低对于太空高速运载工具的研制热情。包括人类在内的高级智慧生命，不仅需要这样的高科技成果去进行宇宙探索和寻求其他适应生存发展的天体，而且需要高速的航天运载工具和其他形式的高科技，来解决因为漫长的失重飞行会导致骨骼中钙质的大量丢失，解决因长期孤独寂寞会导致的心理危机，解决延长生存寿命等众多的疑难问题，以便能够尽早形成宇宙中生存转移的能力。

科技如果发展到能将整个地球转变成为由人类可操控的巨大航天器，让它承载着人类和地球生物圈来实现宇宙性的生存转移运动，那当然是再好不过的事情了。

没有对“时间”首先做出定义，这是质疑“时间膨胀效应”的基础。所以，不管“内运动效应”的观点是否正确，只要“时间的本质是象变过程”的这一概念成立，那么，关于证明“时间膨胀效应”的那些实验，就肯定是有待认识的其他物理现象，因此，问题的关键仍然在于对“时间”的认识是否正确。

由于“空间”弯曲也是“时间膨胀”理论涉及的观念，既然对“时间”已经做了比较深入的探讨，形成了时间不会膨胀的看法，那么空间是否会弯曲呢？所以，接下来要继续谈谈对“空间”的看法。

篇章 33：对空间的看法

要回答空间是否弯曲，首先要回答什么是“空间”。

时间和空间一直被认为是构成运动着的物质存在的两种基本形式。对“空间”的看法也应该以空间的形态和性质为出发点，也就是从物质或者非物质的角度对空间展开探讨。

什么是物质也有不同的定义。比如，对物质的科学定义是：能够参与化合反应和放射性反应的一种波粒二象性现象。

对物质的哲学定义是：从狭义上讲，物质为构成宇宙万物的实物、场等客观事物；是能量的一种聚集形式。从广义上讲，物质就是存在，即不依赖于主观意识而存在的客观实在。

还有的认为，物质是能够移动的空间结构等。

关于什么是物质，这里比较赞成“客观实在”这样的说法，据此形成的定义是：**物质为“实在物”**。“实在物”即客观实在的物体。它既包括实体性物质（气、液、固态物体乃至社会组织）；也包括“能量性的场”物质（电场、磁场、引力场、电磁场）等；还包括像“意识”这样的“无形物”（可以反映为“脑电波”）。

一、关于“空间”属于物质的看法

经过认真分析考量，这里形成了关于“空间”属于物质的以下看法：空间应该属于“无形物”。不仅广延性的环境是“空间”给人的“实在感”，而且在“超真空”这种什么都没有的情况下，却仍然存在“空间”，并由此显示了空间的无处不在。空间的这种实在便是物质的反映。各种物质存在于空间中，这是各种物质与空间的共处。在这种共处之中，各种物质相互之间（其中包括“空间”），形成了相互“比对和衬托”的关系。“空间”在这种“比对和衬托”关系中充当了所有物质的背景物。正是有了“空间”的背景作用，才能够通过“比对和衬托”来反映各种物质相互的实在形态和相对独立性。这种“比对和衬托”也间接显示了空间的实在和相对独立性。

如果单纯按照结构理论来看待空间，似乎又不能将“空间”定义为物质，因为空间的本身没有属于类似分子、原子、电子、质子等这样的内在结构形态。但从空间具有“衬托”其他物质的实在状态来看，也不能断然否定“空间”不是一种物质，相反这是否正好表明空间属于一种“非结构”物质。

以上看法有些像古希腊文化提出的“以太”说。古希腊人认为宇宙中充满了“以太”，很多现代科学家也赞成这种看法，认为“光”在真空中传播应该是有介质的，这个介质就是“以太”。不能因为谁也没有见过“以太”是什么形态，就否定“以太”的存在，也许这只是目前还缺乏观测的手段。比如像“暗物质”，目前也没有见到它的形态，但通过巨大的引力现象却能够间接的感知它们的存在。

这里还可以通过说明空间具有兼容特性，来表明空间属于物质。例如，在地面上如果取一个很厚金属外壳的密闭容器，当抽取掉容器中的其他物质以后，这个容器不会收缩变形，容器的内部依然存在着空间。这说明容器中原有的其他物质原本是与它们所处的空间“兼容”在一起，当从容器中抽出这些物质时，只是将它们转移了一个空间位置。这些物质原先在容器中所处（或占有）的空间并没有在抽取中随同这些物质一道转移。也就是说，这些物质原来所处的空间并没有与这些物质一道被抽取掉。容器内部被抽成真空的“空间”范围，只是随着其他物质被抽取以后，由原来的“兼容状态”转变成为了“非兼容状态”。**由此还说明，“空间”具有“兼容和非兼容”的两种状态，没有其他物质的“超真空”便属于“空间”的“非兼容”状态**。

容器内部的空间没有随同其他物质一道被抽取掉，这不仅说明了空间的本身不会运动，不会变形，也不能被分割，还说明了空间具有“全兼容”特性。如果让这个被抽成真空的容器在地面移动，容器的内部仍是保持真空，这说明，是容器的外壳排挤了空间中的其他物质，使原来处于兼容状况下的空间，随着这种排挤而局部地不断转变为容器内部的“非兼容”状态。而原来容器内部“非兼容”状态的空间，随着容器的移动，又转变为混有其他物质的“兼容”状态。

这就好似用过滤网做成的一个空心物体，在有杂质的水中移动的时候，这个空心物体的内部总是过滤了的干净水；随着移动，空心物体中的干净水随之流出又变成混有杂质的水。水这时好似“空间”，水与水中的杂质和用滤网做成的空心物体是一种兼容的状态。

所以，对于被抽成真空的容器在地面移动时能够保持内部的真空，这不能看成是一个局部的“非兼容空间”在“兼容空间”中的运动，而是一种在容器的移动中，**形成局部空间在“兼容与非兼容”状况之间的转变反映**。

如果取一个软质外壳的密闭容器，当抽取掉其中的物质时容器的软质外壳会出现塌陷变形。这也并不是它的内部空间一道被抽取掉的表现，而是容器的外壳在与空间“相兼容状态下”的“变形”运动。

还有，对于那个硬质外壳的密闭容器，当抽取掉容器中的其他物质以后，在这个容器保持真空密闭的状态下，如果用外力完全压缩这个容器的壳体，假如这个容器的内部是超真空的，那么这个容器会通过压缩由“空心”转变为完全的“实心”。压缩中这个容器内部的空间哪里去了呢？答案是，在压缩中随着壳体的收缩，容器内部的空间渗透到容器外部了。假如这个容器内部的物质没有被抽取出来，那么在保持密闭的状态下压缩这个容器的壳体，结果将是这个容器的壳体可能被压缩爆裂，如果没有爆裂却也不会在压缩中转变为完全的“实心”，这是因为，容器的内部存在不能被完全压缩的空气等物质。

从以上例子可知，**空间的“全兼容”特性，这是一种能够完全贯穿式介入到其他物质内部、却又不会与其他物质相混淆、也不受其他物质排斥的“渗透式全兼容”。因此，物质在空间移动时，并不是物质排挤开空间，也不是运动中不断占有空间的表现，而是物质在被空间完全渗透的状态下运动于空间。空间可以透过所有其他物质，空间的本身却始终不会移动、不会变形**。

以上例子说明，“空间”是较为特殊的“无形物”。“渗透式全兼容”是“空间”的物质特性。基于对空间的观察，还可以归纳出**空间“无外在”，因为空间是“外在”的本身**。其他的所有物质都以空间的“内在”作为“环境性”的“外在”，空间则以其他的所有物质作为“内在”，并以其他物质的运动作为它的“内在运动”。空间没有自身的外在运动，因为空间的本身概括了所有的环境范围，没有可作“外在运动”的地方，所以没有“外在运动”的可能。还由于空间的外在形式广延无限，这使得空间没有可以具体度量的几何外形。

作为具有“渗透式全兼容”特性的空间，从整体上表现为是不能分割的、最为纯净的“无形物”。这种“无形无质”并不是指完全没有，对于其他物质的反衬作用，以及对于波状运动（例如光子在真空中的运动）所起到的介质作用，都是能够反映空间是物质的证明。此外，在真空中物质运动无阻力，这说明空间还具有“无阻滞”

的特性。

空间尽管不能反映自身的体积，但是每个被它兼容的物质的体积，却都可以间接反映空间的单位体积。由于那些“有形物”的体积都能够通过三维的几何方式反映，因此，单位体积的空间也能借助三维的几何方式来表示。而且这种表示可以无限外延，进而构成一个三维的无限性质的空间环境概念。

综上所述，依据“空间”为物质的观点，可以将空间定义为：空间是一个体积广延无限、整体不会被分割、不会与其他物质相混淆、不会被其他物质排挤、没有外在运动、没有自身内在结构、无法称量、不会变形、无阻滞、无形无质、具有“渗透式全兼容”特性、具有反衬被兼容物质和传导包括横波在内的各种波状运动介质作用的，最为简单最为纯净的物质。空间分为兼容与非兼容的两种状况，不存在其他物质的“超真空”是空间的“非兼容”状况。空间无法直观，但能通过与其他物质的比对和衬托反映其存在。空间无法品尝、触摸，然而又很普通。

由于空间是不可分割的整体，并且兼容其他所有物质，所以无法进行称量，因而只能把它视为没有质量的物质。空间与其他所有物质始终兼容在一起，由于这种独有的兼容关系，所以被兼容物质可以视为空间的内部形态，空间则以所有物质的运动为自身的内在运动。这就是说，其他所有物质都属于空间的内在组成部分，宇宙则是一个空间性的整体。

二、关于“空间”属于“非物质”的看法

这是从非物质的视角对空间的解读。关于“空间”属于“非物质”的看法认为：“空”即是什么都没有的“空透环境”，空间是“空”而不是物，**空间就是一个关于空的范围的概念，即“空间”是无边无际无限的、非物质的“空透范围”**。或者说，“空间”只是非物质的环境范围。世上有“物质”就应该有“非物质”；有“实物”就应该有“空透”；有“正”就应该有“反”。这是自然的辩证反映。前面用于说明空间是一种特殊“无形物”、并具有“渗透式全兼容”的这些特性，恰恰都可以用来说明空间是“空透”的“非物质”的环境范围。或者简单地说，**空间的本身是什么也不是的“空透范围”**。刚才从物质的角度对空间所作的定义，其实正好是“空透”具有的表现，所以，从物质的角度对空间所作的定义，正好完全可以用来从非物质的“空透范围”的角度解释空间。

由于空间即是无边无际无限的“空透范围”，所以，空间不存在体积、不存在

被分割、不存在与其他物质相混淆、不存在被其他物质排挤、不存在运动、不存在结构、不存在质量、不存在变形、不存在阻滞、不存在“渗透式全兼容”特性、不存在兼容与非兼容的两种状况。“比对和衬托”这是由“有形物”之间形成的现象。至于传导包括横波在内的各种波状运动的介质作用，这也只是一种估计，也许这些波状运动根本无需介质。所谓“在什么都没有的情况下却有空间”，其实是在什么都没有的情况下也就只剩下了“空透的范围”。对于“渗透式全兼容”特性能使空间渗透到所有物质之中，如其说空间具有渗透功能，还不如说这就是“空透”的反映，所以“渗透”的说法远没有“空透”的概念具有说服力。

三、空间不会弯曲

综合以上两种看法，值得注意的是，不管从“物质”的角度看待空间，还是从“非物质”的角度看待空间，这两种角度所反映的空间特征几乎是一样的。所以，空间到底是“物质”还是“非物质”，这有待继续慢慢探讨，这里要指出的是：**依据空间的特征来看，不管空间是“物质”还是“非物质”，空间的本身都不会弯曲**。基于这一点，所谓光在空间中的弯曲现象，这里认为这种现象只是证明了引力能够对电磁波的运动产生影响。“光”弯曲是由于环境中其他物质的巨大引力，导致了“光”的运动状态的改变。空间只是衬托反映了光的运动轨迹的变化，这并不是空间自身的弯曲。**就像磁力线的弯曲并不代表空间是弯曲的道理一样，所以光线弯曲也不代表空间可以弯曲**。

所谓高速运动中的“空间压缩”现象，这里认为是不存在的，这只是依据乘坐高速运载工具时，会对环境参照物产生“视觉压缩”的一种推导，而并不是空间的真实压缩。当运动停止后“视觉压缩”现象随之消失，这也并非是空间由压缩而恢复到原有状态的表现。运动的速度即使超过光速，也只会是导致形成新的、更快的“主导式象变”，并形成更小单位的“象变变化”，即形成宇宙中更小单位的“真实时间”，而绝不会出现时间变慢、停止或倒流的情况。

基于对时间和空间的看法，这里还认为实际上没有四维空间，也不存在以多维空间概念形成的所谓多层空间。宇宙中由质量很大的天体所形成的黑洞，只要天体的质量达到了足够大，则是可以形成的。但黑洞中光也无法逃逸，这只是巨大的引力作用，而不会是“时间隧道”的某种形态。

那些认为“过去”本来实际地存在过，只要能够返回到“过去”的时间里，就能够回到与之相对应的空间里的想法，这只有当时间的本身是单独的物质或者“场”，而且时间能够与空间结合为运动性的载体形态时才可能实现。

在探讨“时间”时已经讲过，我们并不否认“过去”曾经实际地存在过，但这并不意味着过去始终会一直“实景”地存在着。我们所处的环境，并非是由时间的运动而带动着整个世界在一道运动。比如摄像带上所标示的时间，那只是记录的历史时刻，对应这种历史时刻的影像，反映的只是历史的那一刻所发生的事。当再播放这些影像时，摄像带只是充当了记录“象变序”的载体。我们所看到的影像都是曾经的事物，而非可以与之进行相互沟通的实景。那些曾经事物的实体形象，已经随着“象变”而转变成为“信息影像”并会逐渐消逝。

曾经的实景一去不复返。那些遥远天体借助电磁波为信息载体，使其早期的影像以光速在空间传送，我们所见到的这些早期影像只是当初的实景，但并非现在还是实景。所以，即使能够超光速运动，假如真能够追看到什么，这与在地球上等待式观察那些天体早期影像的情况并不会有什么本质的差别。假设在超光速中真能看到什么早期的影像倒移，这与汽车在超车时，见到另一同向运动车辆倒移的这种视觉原理完全一样，但已经成为过去的世界却并非像被超越的车辆一样属于实体。

基于以上的论述，对于“宇宙中物质实体之外的部分称为空间”的这种物理学解释，这里认为这一解释是出于表象观察，其实不仅物质实体之外的部分有空间，而且物质实体的整个内部也占有空间。因为空间不会被其他物质所排挤，这是由空间的“空透”，或者是空间具有**“渗透式全兼容”**的特性所决定的。

当然，以上对空间的两种看法，大家可以展开不同观点的相互切磋，以便在探讨中寻求到真正正确的答案。

篇章 34：价值形态的利益现象

价值形态是文化式利益运动中的一般现象，尽管算不上重点内容，但是从全面认识“利益运动”的角度来看还是应该讲讲。

价值形态的利益现象，是文明物种在劳动文化式生存方式的发展中形成的，为文明物种社会生活中特有的利益现象。文明物种在创造了劳动文化式生存方式的同时，也创造了具有文化性质和特征的利益运动。

在文化式利益运动中，生产力水平的提高导致了剩余劳动产品的出现，并形成了剩余产品的社会交换。由这种社会交换，逐渐形成了价值形态的文化表现，在此之前人们只有利益概念而没有价值概念。当货币出现以后，劳动产品通过转换为一般等价物的货币，于是又形成了货币形式的价值体现。**产品交换不仅给劳动赋予了价值形态的社会属性，形成了劳动的价值观，同时形成了以劳动交换为主导的利益再分配形式**。

价值观是评估利益的意识。这种评估既形成了价值的物质意义，又形成了价值的精神意义，因此，在文明物种的社会生活中，对于利益的需求和利益分配，逐渐转换成为了价值需求和价值分配。所以，要搞好利益分配，就要了解“价值形态的利益现象”。

一、对价值的认识

对价值的认识主要包括以下内容：

第一，价值是表示利益的一种形式，价值的本质是利益，因而不存在脱离利益的所谓价值。

第二，价值只是文明物种内部的一种利益概念，这一概念不能应用于异类之间，因为异类之间不可能形成一致的价值标准。但是，其他物种虽然没有价值概念，却有利益意识。文明物种内部的价值交换，只是利益交换的形式之一，除此以外还有其他的利益形式和利益交换。比如情感或精神式的利益交换。

第三，价值的基础是其本身存在的“利益作用”。

第四，价值具有积极与消极的两面性。凡是有益于自身物种生存的为积极意义的正面价值，反之，则是具有消极意义的负面价值。所以，价值观念是利益立场的反映。

第五，“价格”是“价值”的市场体现。“价值”可以通过“价格”形成量值表现。不同劳动产品的“使用价值”，通过相互的交换而转换为“交换价值”。**“交换价值”是形成“标定价格”的基础，“交换价值”与“成交价格”属于同一事物的不同说法**。

第六，**劳动产品的使用价值，是劳动的价值与劳动对象价值的合成**。这不是对劳动价值的否定，相反是劳动价值的完整体现。货币是衡量（表示、标定）价值的一种工具。

第七，劳动是价值实现的主要途径。**劳动价值是价值的灵魂，这是由“劳动文化式生存方式”所决定的**。所以，作为社会的管理式分配，不仅要注意解决形成个人价值实现的劳动就业、指导形成合理的劳动报酬，而且还要规范限制各种不正当的利益行为。作为个人的价值实现，则要注重以正当的劳动来形成自身价值。只有通过正当劳动体现的价值，才可能真正获得成就感的心理享受。

第八，情感和精神具有重要的生活价值但没有具体价格，或者说表现为模糊价格。**文明物种的社会是一个充满情感联系的“物种生命结构”，所以不能完全用市场的眼光看待所有的生活内容。如果生活的全部内容都可以标上价格，这是对那些真挚情感和崇高精神的贬低**。

二、自然价值、个人价值、社会价值

以人类为例，自然价值、个人价值、社会价值，这是每个健康的正常人都具有的三种价值形式。

人的自然价值是指人活着的自然意义。这是由人的客观存在，会成为自然世界的组成部分所具有的物质意义。在“篇章12对生存意义的诠释”中曾经提到，**所谓自然意义，指的是由“生存表现”必然生成的客观性、实在性、表现性等意义。这种意义是首先的，是生存意义中的基本意义**。从价值的角度来看，这种自然意义便是自然价值。由于健康会使自然意义更加鲜活，所以**身体素质是自然价值的核心，身体素质好则自然价值高**。

个人价值，是指人的自我生活能力和工作能力。主要包括个人的生活技能、工作技能、知识水平等能够对自己生活发挥作用，以及由这些知识和技能通过交换所得到的正当报酬。正当的报酬，这是社会对于个人社会贡献的回报。至于中了彩票和接受的馈赠，属于社会生活中非劳动生产性质的一种有幸，一般不能算作个人价值。

人的社会价值，是指个人通过正当的利益行为，对人类“物种生命”所发挥的积极作用。由于家庭是“物种生命”最基本的结构形式，所以个人通过正当的利益行为，对“家庭”发挥的积极作用也是社会价值的体现。很明显，以损人利己、损公肥私的不正当行为对“家庭”发挥的利益作用，则属于非正常的社会价值。这种非正常的社会价值不仅不能提倡，相反社会法律还要惩治。

对自然价值、个人价值、社会价值的认识应该注意到：

第一，**自然价值、个人价值、社会价值，这几种价值形式在生命过程中可以相**

互转换。比如，身体素质是自然价值的核心，如果没有好的身体素质，会增加形成个人价值和社会价值的困难。可见，自然价值是形成个人价值和社会价值的基础。也就是说，个人价值和社会价值要通过自然价值来转换。

由个人价值形成的消费能力，可以通过获得各种生活资料来满足生理需求，这是个人价值转换为自然价值的表现。个人价值通过对社会的积极作用而形成社会价值，由此得到的各种社会回报，这是社会价值转换为个人价值的反映。

自然价值和个人价值的实现状况，对于大多数人而言会随着身体的衰老而逐渐衰减。当生命结束以后所剩余的个人价值，一般都会自然转换为社会价值，这其中包括遗产继承式的转换。

第二，**自然价值、个人价值、社会价值，这几种价值形式在转换中的对等只是相对的**。

自然价值、个人价值、社会价值的相互转换一般来讲都不完全对等，或者说对等转换只是相对的。形成这种不对等的原因主要是价值标准不一致，比如自然价值中的身体素质、个人价值中的工作能力、社会价值中的发明创造，这三者之间没有一致的价值衡量标准，货币也不能充当统一的价值标准。再比如有些发明创造可以历史性地长期产生社会价值，作为发明创造者从中得到的收益，即形成的个人价值将远不及形成的社会价值。这种长期性和积累性的社会价值，是形成社会富裕和文明进步的重要因素之一。当然，社会回报大于社会贡献的情况也广泛存在。

第三，**学习是形成个人价值和社会价值的重要条件**。

文化式的生存方式离不开文化知识。文化式生存方式的发展，是文化创新与文化积累的结果。要想形成一定的个人价值和社会价值，往往需要具备相应的文化知识，否则，个人价值和社会价值的实现状况将不稳定。但文化知识不是先天的，必须通过后天性学习才能掌握，于是，学习便成为了实现个人价值和社会价值的重要条件。为了形成这种条件，人需要不断地学习，故而学习表现为没有止境。学习十分辛苦，所以学习是预备性质的劳动，需要通过“学有所得”的收获来不断地激励学习。

许多人特别是年轻人，当真正完全让他自己来决定这辈子应该做什么时，要么是个人的愿望显得不切实际，要么是拿不定主意，不知道应该做什么。所以人们在对自己的现状不满意时，往往会时常思考：今生应该做什么才能实现自己的最大价值呢？然而思考的结果多数时候是彷徨的，很难确定答案。实际上这种思考并不能得出确切的答案，原因在于，人生的经历由于会受到众多“偶然运动”的影响而具有不确定性。但这是不是说不能思考出什么眉目呢？不是的。这其中存在思路的问题。多数人习惯于一味思考应该干什么、怎样干，实际上干什么、怎样干，都需要相应的知识做基础，没有谁先知先觉，人的智慧、机智、开拓、创新，无不来自对知识的学习、知识的积累、知识的应用、知识的合理组合，所以，在思考干什么、怎样干的时候，首先应该向着最可能实现的利益目标努力，以循序渐进的积累方式把握生活，不要好高骛远想入非非。其次要着眼于“学习”，想干什么应该先学什么。如果不知道干什么，则应该从环境条件和学习中逐渐明确应该干什么。也就是说，不知道干什么、怎样干，根源在于没有把握环境条件以及不知道应该学什么和怎样学。只有利用好环境条件，知道学什么和怎样学，才能知道干什么和怎样干，才能逐渐消除彷徨。“学”包括“能者为师”向身边的人学习请教，包括思考和总结。所以应该懂得，先学而后为、善学才能善为、勤学才能智为。

第四，**价值实现是实现能力和实现过程的综合反映**。

实现能力属于主观条件，实现过程是价值形成的时间因素及环境因素。在实现过程中除了包含主观条件的能动作用以外，还包含客观的实现条件。主客观条件的任何变化都会导致不同状况的价值实现，所以，实现能力与价值实现状况也并不完全对等。

第五，**职业是形成价值实现的主要领域**。

一般而言，个人价值和社会价值的实现状况与从事的社会职业紧密关联，即职业是形成价值实现的主要领域。所以，结合主观条件选择合适的职业，以及立足职业求发展，这往往会少走弯路。作为工作中担任的行政职务，它不是一种价值形式而是价值实现的客观条件之一。行政职务首先是工作责任的划分，其次是对价值实现能力的检验，所以，职务还要与许多的因素形成结合才能最终形成价值体现。领导与被领导是管理性质的结构关系，尽管它具有不同职级的差异，但这并不是人格地位和尊严的差异。在人格与尊严上，人与人应该是平等的，特别是作为领导和公职人员更应该懂得这一点。

第六，**社会价值是最高层次的价值表现**。

自然价值、个人价值和社会价值，如果从价值的作用上进行层次划分，社会价值的层次最高，这是由“物种生命”利益的重要性决定的。相同年龄的个体生命由于社会价值的不同，决定了个人价值作用的差异。有的人生命虽然短暂，但如果具有突出的社会贡献，其价值作用则可以远远超出许多活得很长久的人。所以，**人活**

着要珍视自身的自然价值，要努力提高个人价值，要把追求实现更高的社会价值作为生活目标。

有位名人就曾经说过："一个人的价值，在于他贡献了什么，而不在于他能得到什么。"[1]

如果社会价值欠缺，一个人的价值作用将会很有限，生活的境界也会因此受到局限，也不易获得令自己满意的价值成就感。

成就感是精神性的心理需求，最能满足这种心理需求的价值形式首先是社会价值，其次为个人价值。一般而言，单纯的自然价值对于个人往往很难形成成就感。

如果将社会价值的目标上升为精神信仰的形式，产生的精神力量也将是最为巨大的，原因在于它反映了对"物种生命"的贡献，因此最为崇高。

第七，**"物种生命"的自然价值具有积极或消极的两面性**。

任何物种的存在都具有自然价值。任何物种"物种生命"的自然价值对于自然生态的影响，都具有积极或消极的两面性，这一点人类也不例外。就地球环境而言，目前对于自然生态影响最大的当属人类的活动，所以，防止对地球环境的自然生态造成负面的、消极的影响是人类特别应该关注的大事。

人类的长久生存与发展需要良好的自然生态条件，保护生态环境就是维护人类自身的生存利益。人类的科技发展曾经多次突破自然环境对人类生活的限制，但是，不能以为这些突破是在不断打破自然的限制极限，其实这些突破都只是发生在自然环境存在开发潜力的情况之下。或者说人类的每一次突破，都是在自然环境存在开发潜力的情况下，是人类对自身生存能力的突破。

人类必须树立生态利益观。生态利益观是科学的利益观念，是局部与整体利益、当前与长远利益、微观与宏观利益相兼顾的生存发展观。从人类生存发展的大局出发，对于生态环境的保护，有时还需要部分放弃人类的自身利益。生态关系告诉我们，真正强盛的物种，是文明的而不是野蛮而貌似强大的物种，因为只有文明的物种，才懂得在对自身生存高度负责的同时，还要对生态环境的改善和维护表现出高度的责任感。

随着人类生存能力的不断提高，人类出现了其他物种无法比拟的多种需求，这些需求尽管是客观现象，但是在利益运动中，对任何事物的看待都要衡量是否符合

---

[1] 见搜狗搜索中爱因斯坦的名言。

自身物种的最高利益。因此，**认为“存在即为合理”的看法，显然是机械唯物论的错误观念。存在只是具有导致存在的原因，存在都是客观的但并不都是合理的**。比如，那些需要耗费大量不可再生资源的娱乐项目，那些会造成其他物种灭绝的需求，那些会对生态环境造成严重破坏和污染的需求，能够说是合理的吗？所以，文明物种应该注意做到，要让自己物种生命的自然价值，对于自然生态发挥积极的维护作用。

第八，**“个体生命”的自然价值也具有积极或消极的两面性**。

由于个体生命属于“个体形态的部分式物种生命”，物种生命的自然价值既然有积极或消极的两面性，个体生命也具有同样性质的反映。从自然生态环境的角度讲，物种生命的自然价值对于自然生态积极或消极的影响，都摆脱不了个体生命的因素。从物种内部社会生态的角度讲，个体生命的自然价值只有形成个人价值和社会价值，或者不影响自身“物种生命”的利益，则属于积极的作用表现，反之则属于消极的作用表现。例如，违法犯罪行为，这时人的自然价值作用是典型的消极表现。

篇章12对生存意义的诠释中讲到：**“所谓自然意义，指的是由‘生存表现’必然生成的客观性、实在性、表现性等意义。这种意义是首先的，是生存意义中的基本意义。”**对于这段话的正确理解，一方面是不要片面强调自然意义，一方面是要以“个体生命”的自然价值具有积极或消极作用的这种两面性的眼光来分析看待，并且应该努力让自然价值发挥积极的作用。

三、异类之间是利用式的“转换性利益关系”，同类之间应该是互利协作式的“交换性利益关系”

在自然的生态表现中，不同物种之间是转换性质的利益关系。所谓转换关系，是指利益只是朝向受益方转移的单向运动。比如食物链中食与被食的关系，被食方作为利益内容只是朝向摄食方运动。转换关系的特点是以利用为主导，这是由各个物种都以维护自身的生存发展为根本所决定的。由转换关系形成的利用导致了异类之间弱肉强食、优胜劣汰、适者生存的生存竞争，并以暴力作为主要的利益分配手段。如果不是这样，生物将难以延续。

在同一物种的个体之间、个体与群体之间、群体与群体之间，利益运动则应该是交换性质的利益关系。所谓交换关系，是指在利益联系中，利益双方（或诸方）彼此向对方输送不同的利益内容，或者相互提供利益服务，形成交换式的双向利益转移运动。比如在孕育关系中，亲体为后代提供养分，后代为亲体传承基因，彼此

构成交换性质的利益联系。交换关系的特点是以互利协作为主导，这是由同类具有争取自身物种长久生存的这一共同利益目标所决定的。如果不是这样，每个物种将难以生存延续。在种植和养殖的这种异类关系中，是转换关系和交换关系都存在的一种情况，但这不是一般的生态表现，是具有文化性质的特殊或高级的生态表现。

以上的两段内容，是“利益运动”潜在的两条重要规律。在自然的生态表现中，对以上规律的遵从占据着主导地位，否则生物将不会发展壮大。但违背以上规律的表现也比比皆是，在以前的交流中已经分析过，违背以上规律是物种生命处于松散状态难以避免的现象。

一个物种能够得以生存与发展，在同类之间的利益分配中肯定是以利他和互利的利益交换为主流的利益关系。如果物种内部始终是以“损人利己”式的转换关系占主导地位，那么这个物种必然会自取灭亡。可见，同类之间维护利益交换关系，这对于自身物种的生存发展具有决定其兴衰的重要作用。

在人类发展至今的漫长过程中，一直没有停止对“损人利己”等错误利益行为的修正。人类至今的整个社会发展史，就是一部以各种斗争来修正错误分配现象的发展史。人类在内部利益分配上所取得的长足进步，许多都付出过惨痛代价，这种历史现象曾经是形成斗争哲学观的依据。

四、价值交换

价值交换是人类内部利益分配的重要形式，是遵从互利协作的交换性利益关系的表现。没有价值交换就形成不了广泛的利益分配，没有价值交换将推动不了社会分工与协作，没有价值交换也不会推动商品生产的发展，没有价值交换将不能形成新的社会生活结构，没有价值交换便不能形成和满足不断变化的生活需求。个人的价值实现离不开价值交换，满足生理需求和精神需求也离不开价值交换，现代人类的社会生活，是充满价值交换的生活形态。以上这些，反映了价值交换的作用和重要性。

正因为如此，提高人类内部利益分配水平的重点就是要搞好价值交换。价值交换始终需要关注和解决各种不合理、不公正、不协调的交换现象。解决这些矛盾的依据，同样是要坚持最高利益原则。解决这些矛盾的基本方法，是要在民主立法的基础上坚持依法办事。

价值交换离不开具体的计量形式和价值标准，否则无法把握和体现利益分配的相对公平，所以在人类庞大的社会生活体系中，不仅离不开作为一般等价物的货币，而且需要货币形式的经济体系和价格体系来形成和维持价值交换。但是，**货币式的价格并不能完全代表价值，价格在绝大多数时候只能是价值的相对表示。价格对于价值的绝对表示一般只是体现于交换中的成交时刻，即体现于交换双方成交认可的那一时刻，并且也只是相对于当时成交的双方而言的。**

在生活中，智慧、知识、体能等形式的互助，谈心、鼓励式的精神互助，舍己为人、捐助等利他式的帮助等，这些情感价值都不能完全用价格来衡量，或者说是模糊价格。现实生活中货币虽然能够作为表示情感的载体，但这并不能说明情感可以按照一定的价格来购买。**情感认可终究需要相互亲近与呵护的置换。**

高级智慧生命具有丰富的情感，生活中有激情、工作中有热情、交往中有友情、家庭中有亲情、夫妻间有爱情等。正因为生活充满情感，所以生活才充满温馨、充满信任、充满愉悦、充满幸福、充满眷念。如果没有了情感，生活会变得孤独、愤世、茫然、苍白，所以生活离不开情感的滋润。**人人都需要情感，而任何的情感都源自于爱心和感恩，因此，没有情感的世界就是缺乏爱和恩情的世界，没有爱和恩情的世界则是冷漠的世界。**

在日常生活中，人与人之间存在各式各样的情感关系，其中对情感亲疏起主导作用的，是利益交往的疏密程度以及互利协作关系发挥得是否充分。如果在这两个方面都表现得很充分，则彼此可以形成亲密的情感关系。**在同类一家的自然基础上，人与人之间只要彼此通过互利协作的交往，都会在逐步增进了解的同时逐渐加深彼此的情感。反之，如果在利益交往中形成的是利益侵害，则彼此的情感必然会因此受到伤害。**所以，为了形成和谐的社会生活环境，作为社会管理的重要职能之一，就是要对社会生活中的利益交往做出一些规范要求。社会管理在倡导互利协作的同时，要对违规的行为进行必要的制约，以此建立和保持良好的社会生活秩序。

五、价值交换中的特定表现

（一）以正当的劳动创造为基础，通过价值交换来实现价值

这一特定表现是由劳动文化式生存方式决定的。这一特定表现构成了人类社会生活的主流形式，无论是满足生理需要的价值实现，还是满足成就感的精神性价值实现，都应该通过正当的劳动来获得。如果不是这样，也就意味着脱离了劳动文化式的生存方式，其结果要么不为社会所接受，要么个人由于缺乏成就感而摆脱不了

空虚的心理。

（二）需求与被需求主导着价值交换

这一特定表现是由需求支配规律决定的。任何满足需求的要求，都是由需求的本身提出。每个人都有需求与被需求的双重性，而且需求与被需求是相辅相成的关系。在价值交换的社会生活中，个人价值实现往往从被需求（即被他人、被社会需求）的层面来展现。因此，**在价值交换中，不能只看到或者只是注重自身的主观需求，而忽视了客观的被需求。如果不注重培养和施展被需求的能力，便会限制个人价值的实现**。也就是说，个人价值的取得首先要扮演好被他人需求的社会角色。事实上，越是能够体现被需要，便越能够体现自身的社会价值，生活就会越是显得充实，即使在家庭生活中的情形也是如此。

现实生活中，还存在自我同为需求与被需求对象的情况。这是一种自我服务的表现，例如自己为自己做饭洗衣服等。这种现象在其他物种中是最普遍的需求反映。如果一个人完全脱离社会而单独生存于自然环境中，便完全属于这样的需求形式，所以，这种需求形式主要属于“个体生命”的生活反映。被社会（或他人）需求，则是“物种生命”的生活反映。人类劳动文化式生存方式的形成最初是诞生于自我的被需要，随后再转换为家族社会的被需要，进而转换为更大社会范围的被需要，这是需求进步的一种表现。

（三）客观要求与主观把握促进着的价值交换

这一特定表现是由主观和客观世界相辅相成的作用关系决定的。比如说，每个人的人生经历都会不同，每个人一生的整体价值实现状况，尽管不可以做到完全的先知，但却都是主观和客观世界相互作用的结果。所以，以逃避困难、不作努力、消极被动的宿命论思想，以及用好高骛远、无视客观的盲目思想来对待人生，这都是极端错误的。

应该清楚，个人所有的价值实现既不完全是主观作用的结果，也不完全是客观作用的结果，而是主观和客观相互作用的产物，并且主观努力在绝大多数时候起主导作用。所以**在价值实现中，从事的工作是否最适合自己？从事的工作是否能够取得最大的价值实现？这都不能事先武断地做结论，正确的做法应该是，既不能忽视客观条件也不能一味强调客观条件，而是要主观努力与客观条件合理结合，因势利导地在现有环境中去探索和争取自己的价值实现**。

由于主观世界在多数时候可以自己掌握，所以，重视发挥主观世界的作用，积极挑战自我，注重构建自身的被需求条件，这是争取形成自身最大价值的主要方式。能否正确分析各种客观因素这也是主观努力的范畴。在现实生活中，努力尽管不一定能够得到期望的成功，但所有的成功都一定包含着努力，所以，不懈努力是造就成功的正确做法。**机遇尽管有时是成功的重要条件，但由于机遇具有“不确定”的特点，因此不能一味依赖机遇，更不能将人生一味寄托于机遇。**

（四）价值交换要有利于自身物种生命的整体利益

这一特定表现是由争取自身物种长久生存这一最高利益原则决定的。在价值交换中，通过一些不正确的方式和不正当的手段，似乎也能够形成个人的价值实现，但是对于这种现象并不能仅从一时的表象来评价，这其中有损物种利益的成分，会从社会联系或是历史的角度来反映，当危害积累到一定程度，将会通过社会管理来形成制约。所以价值交换要符合最高利益原则，作为个人而言，应该通过提高社会责任感来提高自身的文明素质，做到能够抵御那些不正当的利益诱惑，让自身的价值实现有利于物种生命的整体利益，让自身的价值实现能够经受社会和历史的检验。**所谓社会责任感，也就是对自身物种生命的责任感。**

以上只是价值交换中部分的特定表现。价值交换的特定表现是价值实现的一般规律，在价值交换中尽管还存在非特定的表现，但是在特定表现与非特定表现相互交织的运动状态中，非特定表现是围绕特定表现展开的，所以，特定表现在价值交换中占主导地位，因而应当主动遵循这些规律。

六、价值交换中出现非特定表现的原因

关于价值交换中的非特定表现，主要是指在价值交换中存在种种难以预料、出乎意料、不确定性的情况。

导致价值交换出现非特定表现的第一个原因是条件因素的变化。比如在价值交换中，当“价值”转换为“使用价值”时，使用状况和使用环境等条件的变化会导致不同的转换结果。当“使用价值”转变为“交换价值”即价格时，不同需求状况的条件变化会形成各种转变差异。每个人自身努力状况的不同也是一种条件变化，这种变化将形成不同的价值实现状况。这些条件变化在导致多种生活表现的同时，也形成了非特定性的运动，使得价值交换式的利益分配并不是一种刻板的机械表现。

导致价值交换出现非特定表现的第二个原因是混沌现象。社会生活是一个开放式的运动体系，由各种特定和非特定的运动交织在一起会形成混沌现象。混沌会导

致机缘性质的互动，从而使整个开放的运动体系不断呈现为，由局部的有序转换为局部的无序，进而再归于有序的，整体呈现为具有因果联系的运动循环。这其中的无序则为非特定现象，由非特定现象形成的不同机缘性质的互动，构成了机缘性质的运动变化并导致不同的结果。

机缘并非都是良性的，对于良性的机缘一般俗称为好机遇。至于那些会引起不良后果的机缘，则称之为不幸的遭遇。但是在我们身边多半出现的是不足以引起关注的一般性机缘。以上的混沌现象反映到价值交换中，会形成难预测的表现，这种难预测尽管有时会带来重大的生活转折，但从总体上讲，它并不是生活的主流形式。

七、非特定表现对价值交换的影响

价值交换中的非特定表现往往造成交换的不对等现象。对等交换、等价交换、等值交换，这是价值交换中期望的理想状态，但是实际的交换情况与这种理想状态往往有出入。例如，价值、使用价值与价格的不对等是最常见的现象。在价值交换中的每一次实际成交价格，具有成交时的确定性，所以属于每一次交换中的具体价值形式。但是在未成交之前，价值、使用价值是处于抽象的价值形态，尽管这种抽象价值是形成具体价值的基础，但交易中的非特定表现不仅会使具体价值具有难预测性，而且往往导致不对等的交换。

某些重大的发明创造往往会长久产生价值，这种长久的价值往往不可能确切评估。作为发明者受价值交换中非特定表现的影响，有时得到的回报很少甚至没有回报。在这种情况下，尽管发明创造被转变成为了社会价值，但是从个人可支配的角度或者从形成个人消费能力的层面上讲，社会价值不能完全替代报酬式的个人价值。所以，这种不能给予合理回报的情况是不合理的分配表现。

由于重大的科技成果会对整个人类的生存与发展发生重大作用，即有巨大的社会价值，作为发明者的相应回报，其实不应该完全从市场交换中获得，其中一部分应该从社会管理性质的分配中获取。例如，设立各种科技成果奖就是这样的分配表现，而且这是经济与荣誉相结合的一种回报方式。

由于价值交换中非特定表现的存在，所以在市场交换中使用价值与交换价值（即价格）的对等始终都只能是一个相对的概念，绝对价值（即具体价值或成交价格）只是在一定的条件下形成的价值形式，不存在脱离具体条件的所谓绝对价值。

这一篇章虽然说不算重要内容，但是对于如何看待工作和事业有些帮助。比如“被需求”的观念说明，人只有被社会和他人需要才有意义，所以注重构建自身的被需求条件，这是争取形成自身最大价值的主导方式。比如思考干什么、怎样干时，应该先思考学什么、怎样学。懂得学才懂得干，干中学，学中干，边学边干，边干边学，伴随生活乐在其中。再比如，主观世界可以自己主动掌握，所以重视发挥主观世界的作用才能掌握生活的主动权。还有，努力尽管不一定能够成功，但所有的成功一定包含着努力，所以，不懈努力是造就成功的正确做法。另外，机遇具有“不确定”特点，因此不能一味依赖机遇。以上这些都很有实用性。

刚才提到“绝对价值”，有些哲学观念不提倡“绝对”的概念，认为世上的事物都是相对的，不存在绝对的事情。这里认为其实不然。

八、世上既存在相对的事物也存在绝对的事物

实际上，**相对是绝对的基础，“绝对”是由一定的条件将“相对”加以限制所出现的现象。即“绝对”是由条件将“相对”固定了的一种状况，或者说，“绝对”是对于不可改变的限制条件而言的，所以不能简单认为世上没有绝对的事物。**

比如，死亡就是由生理机能衰竭等不可改变的限制条件，导致的一种绝对现象。$1+1=2$，2 是由数学规定等不可改变的限制条件所导致的一种绝对值。由此还可以认识到，**对于限制条件可能发生改变的事物则属于相对事物，对这样的事物才可以应用辩证的、一分为二的、相对的眼光来分析看待。**以上是绝对与相对的基本辨识方法。

“世上的事物不是绝对的”、“世上的事物都是相对的”、“世上没有绝对的事物”，这些说法的本身就是绝对的表现，所以这些概念是片面的。**如果以偷换限制条件或者改变事物性质的方式，来说明世上的事物都是相对的，那就属于诡辩了。**

那么怎样看待“无数的相对即绝对”的这种说法呢？

这种说法乍一看，好像是承认世上存在绝对，但是实际上则是否定绝对现象。“无数的相对”，可以说是指“所有的事物都是相对而不是绝对”，只有“所有都是相对”的这种状况是绝对的。然而这种说法中的“绝对”却是一种泛指，这种只是泛指而不是指某件具体事物的所谓“绝对”，其实根本没有实际意义，所以这种说法并不是承认了存在“绝对”。

像“世界是物质的，物质的世界是运动的，物质的运动是有规律的，运动的规律是可以认识的”，这其实就属于绝对方式的归纳。

其实，在我们所处的世界里，相对和绝对都存在。

九、要正确看待和把握个人的价值实现

这一篇章讲的“价值形态的利益现象”，不仅是“利益运动”的组成部分，而且是“文化性利益运动”的表现，所以，了解“价值形态的利益现象”有助于全面了解利益运动。其次，要搞好利益分配，也需要了解“价值形态的利益现象”。此外，本篇章交流的内容对于个人的价值实现具有引导作用。

在现代社会，每个人一生的价值实现过程，在许多情况下都是市场形式的价值交换，像获得薪酬就属于市场形式的价值交换。当我们认识到在价值实现的过程中，市场形式的价值交换存在特定与非特定性质的运动特征以后，将能够更客观地评估自我价值的实现状况和正确把握自我的价值实现。

从正确指导自我价值实现的角度讲，应该按照特定表现的规律来把握价值实现，因为这是形成价值实现的根本。从客观评估个人价值实现状况的角度讲，应当明确由于价值交换具有非特定表现的特征，而且这些特征反映到每个人的经历上都会有所不同，所以，看待个人价值实现的状况，更多是应该作自我的纵向比较。在与别人作横向比较时，也应该是抱有积极上进的心态，而不应该采取攀比、嫉妒等消极心态。

能够一直保持不懈的学习和努力，这本身就是重要的价值基础。所以，在作个人价值评估时，不能单纯以所得到的报酬来衡量。很多人往往将取得的金钱收益，当成评价个人价值实现状况的全部，这属于严重的认识误区。**这种注重追求功利的意识，很大程度上是想通过金钱，来获得某些随心所欲的支配权，是金钱万能的思想。**评价个人价值实现状况，除了取得的金钱收益以外，其实还应该从主观努力和勤奋的状况、社会职责的履行状况、子女的教育培养状况等方面来综合评估。**一般而言，价值都要出自付出、出自奉献、出自作为、出自善良、出自美德，无论对于社会还是家人都是如此。**

人应该以恬静的心态面对生活，但只有经过一番奋斗的历练之后所领悟到的恬静才是真正的恬静。所以，真正的恬静是经过进取的历练之后的产物，而不是从一开始就不思进取、畏难慵懒、思想漠然空洞的平庸。

十、自我价值实现不能脱离社会

一个人只要正常活着，在他具有自然价值的基础上通过正当的生活和劳动，都

会从多个方面不断形成和体现自身价值。这其间最需要意识到的，是价值实现不能脱离了社会，社会的概念在这里包括家庭。

为什么价值实现要注重保持与社会环境的沟通与交流呢？这其中的原因有三个：①现代社会价值实现的途径多数来自价值交换，而价值交换必须是社会活动的体现；②高级智慧生命属于高度社会化的物种，这种习性决定了社会交往的重要性；③由于价值实现在很多时候，需要团队的集体合作和他人的帮助，所以合作的协调能力和良好的人际关系，以及健康正确的利益思想，是从综合素质上所要培养的价值实现能力。

孤独对于具有社会习性的物种往往是一种严重的威胁，尤其在缺乏信仰和生活寄托的情况下，孤独往往会形成否定自我生存价值的极端情绪。所以，排遣孤独既是个人也是社会要关注的问题，特别在老龄化现象增加的情况下更是如此。

关于心理健康问题，很多人认为这与心理的调控能力和抗打击的耐受能力有关。这种说法固然有一定道理，但属于从被动角度看问题。从主动的角度来看，健康的心理主要来自于对心理需求的满足，因此，心理需求属于特别需要关注的问题。接下来的篇章就安排探讨这个问题。

篇章 35：不可忽视的精神需求

需求是生命活动和利益运动的原动力，而精神需求是人类高层次的心理需求。满足这种需求至关重要，精神需求表明文明物种的生命活动离不开正确的思想指导，不愿意自己的生活存在盲目，不愿意生活没有价值。如果这种高层次心理需求得不到满足，将会出现精神萎靡的情况。所以，利益运动的长久发展，实现人类的长久生存，以及指导建立良好的社会生态，都不可缺少对于精神需求的深入认识。

人类的需求层次由低到高是：**生理需求、安全需求、社交需求、尊重需求、自我实现需求。**[1] 其中**“自我实现”**的需求层次最高，精神需求就归于这一层次的需求。

---

[1] 马斯洛需求层次理论（MasloY's hierarchy of needs），亦称“基本需求层次理论”，是行为科学的理论之一，由美国心理学家亚伯拉罕•马斯洛于 1943 年在《人类激励理论》论文中所提出。见搜狗搜索词条“马斯洛需求层次理论”。

“尊重的需求”也属于精神需求。在“篇章 15”中，也曾经归纳过需求的层次。

精神需求是“利益运动”发展到具有文化表现时必然会有的反映。以生命物质为主体的利益运动，当它发展到文化表现的高层次时，会出现对各种奥秘的探索，这些行为不仅只是满足生理需要，而且具有追求和探究的精神内涵。

心理需求分为一般需求和高层次需求。一般的心理需求是较为短时的、往往与生理需求相结合。例如：疲倦了想休息、饿了想吃东西、渴了想喝水等。高层次的心理需求是较长时期的、与精神相结合的表现。例如追求事业、成就、荣誉、信仰等。**高层次心理需求就是精神需求**。精神需求对心理健康影响很大，像人类这样具有丰富思想的智慧生命，要想争取实现长久的生存发展，不仅要有健康的体魄，而且还要有健康的心理，所以，注意对精神需求的满足是形成和保持健康心理不能忽视的问题。

一、精神需求的形成

生命物质是有主观需求的物质，主观就是内在意识的表现。生物的生理需求要通过一定的意识来反映，并由意识来支配形成满足需求的各种活动，所以，需求的意识是生物的共性特征。也可以说，**具有需求意识和由意识支配的主观活动的物质是生物**。

在生物进化中，不同物种的个体生命，是由一定的生理功能与意识机能相匹配构成的有机体。高等生命在高级生理条件（如发达的大脑）和高级意识（如经验思想、逻辑思想）的共同作用下，能够通过主观努力来提高生存能力。

高级意识是生物进化形成了神经系统的分工以后，由大脑中枢产生的思维形态。大脑中枢的意识导致了心理活动，所以，有大脑中枢神经系统的物种应该都有心理活动。只不过由于大脑发达程度的不同，在心理活动及其作用上会存在很大的差异。这些差异主要表现为智力水平的不同、思维复杂程度的不同、记忆能力的不同、情感丰富程度的不同以及性情表现的不同等。

有大脑中枢神经系统的物种都有一般的心理需求，凡是具有喜怒哀乐等情绪反应的物种都有精神需求，其中文明物种的精神需求主要表现为由成就感形成的精神愉悦，以及由信仰形成的精神追求、精神寄托。如果缺乏这种愉悦、追求和寄托，就容易造成精神抑郁，所以满足精神需求格外应该引起重视。

文明生命精神需求的形成，主要是生活中逐渐具有了“意义意识”。“意义意识”

是随着劳动文化式生存方式的发展，使思想追求发生变化所出现的现象，就是不想盲目生活和提倡有追求的生活，即生活要有“意义”和“价值”，意义和价值是生活的重要目的和动力。

一个意识正常的人如果缺乏公认的社会价值，如果他感到生活缺乏积极意义，就会觉得生活没有意思，长期处于这种状况就会影响心理健康甚至造成心理疾病。有些心理不健康的人还会产生过激行为，这些过激行为会造成不良的负面影响，因而，对精神需求的满足不容忽视。

二、精神需求的相对独立性

感知和做出抉择，这是意识的基本表现和功能。当形成了植物神经系统和大脑中枢神经系统的分工以后，对环境的感知和对行为的抉择主要由中枢神经系统来负责。这种机能形成了大脑中枢神经系统的相对独立性，这也是形成精神需求相对独立的基础。

以一般的动物为例，当吃饱喝足后如果又遇上更有诱惑的食物，往往又会产生新的进食欲望，这种进食已经不是生理需求的反映，而是偏重于对心理需求的满足。这可以看出，心理需求与生理需求既有密切联系也有自身的相对独立性，包括高级智慧生命的精神需求也是如此。

尽管精神需求非常重要，但是与生理需求相比，生理需求仍然是第一位的。生理需求属于生物先天性的本能表现，这种表现不仅促成了生命物质最基本的主观活动，而且对于维持生命的基本活力有重要作用。生理需求如果得不到基本满足，生命的活动机能就会受到威胁。

三、精神需求的特点

（一）精神需求服务于生理需求

尽管精神属于高层次的意识，但它不是对本能意识的背离。尽管它是相对独立的需求反映，但是在正常情况下，这些反映保持着对生理需求的服务。比如，即使对于真理的追求，最终目的也是为了在真理的指导下形成正确的生存与发展，只不过从追求真理的情绪上更多体现为精神层面的表现。

（二）对自我价值成就的追求

享受成功主要是高层次的情绪享受。这种享受来自于自我价值成就或者说事业成就。这一特点使得精神需求能够促进探索和创造，所以，精神需求与精神的作用具有不可分割的联系，因此，精神需求对于文明的发展有重要作用。

（三）渴望正确理念与思想的指导

在劳动文化的探索和创造中，文明生命逐渐领悟到世间的许多事物都有特定的内在规律，生命活动必须认识、把握和遵循这些规律，这使得高级智慧生命的精神需求具有对正确理念与思想的渴望。这使得文明生命成为极具思想性的物种，并由此形成了具有精神信仰的生活特征。信仰意味着对某种利益目标坚定不移的认可，这种认可能够转化为矢志不移的信念和决心，能够产生不可估量的精神力量。

（四）对情趣的追求

志趣、情趣、幽默、感慨、感动，这些都是形成情绪的激素，也使得精神具有了追求情趣的特点。这一特点促进了审美观的发展，促进了艺术创造，促进了文化娱乐活动，促进了多样性劳动产品的出现，也促进了需求的拓展。

（五）具有可塑性

生理需求一般可度量，对于满足生理需求的物质供给，根据一定的消费状况可以进行预测，能够有计划地进行生产组织及物资储备。精神感受却不易度量，并表现出一定的可塑性，而且不同的性情和性格对精神满足的感受也往往不同。生理需求的满足一般具有生理限度，精神需求的满足状况却有很大的弹性变化。比如对于十分偏好的商品，在有消费能力的情况下有的人会出现超常购买的现象，这种超常的购买不是使用的需要，而是满足精神情趣的需要。还有，对于个人价值实现的追求，往往也没有具体限度。当某些精神需求得不到满足时，承受能力也表现为具有一定的可塑性，如果经过及时的疏导，这种承受能力还会有所提高。

（六）对“认可”的期望和追求

期望被认可这是高层次心理需求的集中反映，得到被认可往往最容易让人产生愉悦和兴奋情绪，于是追求被认可就成为了满足精神需求的重要特点。追求被认可的过程，往往是形成创造的过程和自我价值实现的过程，所以在正确观念的引导下，追求被认可会产生推动社会发展的动力。反过来讲，如果缺乏正确的引导，不健康的精神状态会使某些人以变态的方式来寻求被认可。不被认可往往是导致情绪低落的重要原因。

以上这些特点也是形成精神需求相对独立的因素。

四、关于自然认可、自我认可、社会认可

以人类为例，**“认可”的形式可以分为自然认可、自我认可、社会认可（包括他人认可和公众认可）**。尽管自然认可是最基本的认可，但是在日常生活中，由于人有社会生活习性，因此，社会认可往往对人的精神影响最大。另外，以上三种认可形式既可以综合在一起表现，也可以分别体现。如果三者能够形成综合的表现，则是最为理想的认可状态。

反映认可的形式有健康、成就、成功、荣誉、信任、赞扬、关爱、世界观、信仰等方面的状况。

所谓“自然认可”，是指通过能够争取生存的形式，而体现为被自然所接纳的反映。它包括对自然现象的正确揭示，对各种自然规律的掌握和正确按照规律办事。做到这些便会被自然认可，只有被自然所认可才能成功生存。像劳动文化式的生存方式，就是不断追求被自然认可并以这种方式取得生存的主动权。追求被自然认可这是文明物种成功取得生存与发展的秘诀，能否被自然认可，也是验证思想观念正确如否的方式之一。被自然所认可的观念往往反映了事物的本质，最终会形成社会共识，这是由真理的正确性所决定的，也是由文明物种的生存需要所决定的。

人只要活着，这就是被自然认可的基本体现。人类创造了劳动工具，进行种植和养殖，取得众多科技成果，这些都是被自然认可的反映。由这些成就带来的精神愉悦是其他享受无法替代的，因此，**人们往往会感到工作的幸福能够弥补其他的痛苦**。

在探索自然奥秘中出现的挫折和失败，属于不被自然认可的表现。这种表现有时是渐变的过程，例如环境污染、生态破坏、气候变暖等，往往需要一个渐变过程才会体现不被自然认可。这类渐变现象常常会被一些暂时的利益所掩饰，所以特别需要加以警觉。

所谓“自我认可”是支持自我的表现。它有两个层面的反映，一个是本能层面，一个是精神层面。从本能的层面来讲，首先是积极争取生存。一般的情况下，生存要由自我认可来支撑，所以，生物本能地具有自我认可的潜意识。

从精神的层面来讲，自我认可主要是对自我的认识、评价，对自我价值和成就的看法，对自我生存意义的看法等。只有文明物种具有精神层面的自我认可表现。

在正常情况下，这两个层面的自我认可是相辅相成的关系，如果思想认识出现错误，精神层面的自我认可有时会出现否定自我、自暴自弃的情况。所以，当这两个层面的自我认可出现不统一的状况时，应该给予及时的心理疏导和调整。比如，由于人的价值实现过程存在混沌现象，对于因为混沌现象可能导致的生活曲折，如果能够正确分析对待，就不会因为客观的不利因素而影响主观努力，就会保持健康的心理和积极向上的生活态度。

所谓“社会认可”，是被他人肯定的表现。它分为少数人认可和公众认可。公众认可的社会范围较大，其中包括很大社会范围的共同认可。在少数人认可中还有正确和错误的认可之分。比如，对有害行为的认可就属于错误认可。错误的认可往往对错误行为有推波助澜的作用，所以应该注意辨识。

人总是在自觉或不自觉地追求社会认可，人的表现欲、荣耀心、英雄思想，均属于追求社会认可的反映，可见被社会认可对于人的精神有重要影响。生活中完全不被社会认可的情况并不多，但是人们往往不满足于潜在和间接形式的社会认可，而是希望得到具有一定社会反响的，甚至是长久的社会认可。追求被社会认可这是一种积极意义的精神潜质，除了个人应该正确地认识和发挥以外，从社会管理的角度则应该正确引导，应该营造相互信任、相互尊重、相互关爱、相互帮助的社会生活环境。

人在社会生活中如果得不到一定程度的社会认可，将会出现孤独、失落、被排斥、悲观、压抑等一系列不良的心态，如果长期处于这样的状况，会使心理健康受到影响。这种影响不仅可能形成排斥社会的变态心理，而且可能导致精神病变。

在人际交往上出现挫折，在爱情上出现挫折，也属于不被社会（他人）认可的表现。但要说明的是，是否为他人认可具有看法不同、标准不同、爱好不同、性格不同、志趣有别等方面的人为差异，表现为认可的相对性。这种相对性形成了多元而丰富的生活表现。这说明，追求“社会认可”是主观和客观之间的互动，看待被别人认可要从主观和客观这两个方面去分析，不要因为不被他人认可而轻易否定自己。

出现不被他人认可的现象尽管很平常，但是如果长期不被大多数人认可，就应该考虑是否正常，这要从自身的性格、处事方式等方面找原因。至于工作上的看法、学术观念是否马上为大多数人认同，这并不能立即作为鉴别正确与否的依据，因为实践才是检验真理的真正标准。总之，**虽然每个人的一生不一定都会大有作为，但要相信，只要不断努力则一定都会有所作为**。

五、信仰“劳动”是满足精神需求的根本

文化形态的利益运动由劳动开创，文明物种与其他物种的本质区别是劳动文化，文明物种发展进步的根本在于劳动文化，文明物种永远放弃不了劳动文化的生存方式。人生价值的自然认可、自我认可、社会认可都离不开劳动，所以，满足人的生理需求和精神需求都需要劳动来实现。**劳动不仅应该作为个人的崇尚，而且应该成为社会崇尚，成为人类的社会信仰。**

我们的社会信仰应该是：崇尚劳动，热爱和忠诚我们的“物种生命”（即热爱社会）。热爱“物种生命”的具体做法，就是坚持按照最高利益原则办事。

信仰“劳动”与争取“劳动解放”这二者并不矛盾。人类一方面脱离不了劳动，一方面又会努力争取劳动解放，这是因为，我们既需要通过劳动来得到生活资料和拓展文明，又需要减少劳动的艰辛和危险，并需要一定的时间去享受生活。

社会分配在坚持有偿劳动的基础上，要支持和鼓励“义工”行为，让人们（特别是青年）在“义工”中，**通过收获社会尊重去享受劳动，通过高尚的精神自利来纯洁灵魂。**

六、要注意减少“劳动闲置”

长期不工作叫“劳动闲置”。“劳动闲置”大致有三种状况：

第一种是贫困式的“劳动闲置”，这是基本生活缺乏保障的失业状况。这种状况随着社会保障体系的建立和完善，逐渐会慢慢消失。

第二种是具有基本生活保障的“劳动闲置”。这是基本生活有社会保障的失业状况。例如享有失业救济金的“劳动闲置”。这种“劳动闲置”通常表现为没有经济能力进一步提高生活水平。

第三种是家庭经济条件优裕，可以长期不工作也有消费能力的富裕式“劳动闲置”。劳动闲置不是“劳动解放”，**劳动解放不是脱离和放弃劳动，而是体现为劳动中降低劳动强度、改善劳动环境、搞好劳动保护、减少劳动艰辛、缩短劳动时间，并且在这种基础上能够获得较好的劳动收益。**

“劳动闲置”不是生活享受，即使是长期的富裕式“劳动闲置”也不是生活享受。富裕式“劳动闲置”尽管能够得到物质满足，甚至能够奢侈的消费，但如果长期如此，精神需求则得不到满足。这是因为精神需求的满足是要得到精神的充实感，能够让

人感到精神充实的莫过于社会贡献、社会认可的价值成就。如果长期缺乏成就感，人就会逐渐感到空虚无聊精神颓废。抚育后代和照顾家人也是社会贡献的一种形式，所以这是那些全职太太们成就感的来源。

精神颓废是吸毒等违法犯罪行为的温床。毒品不仅会摧残人的精神毅志和体魄，而且会干扰正常的社会生活秩序。毒品造成的虚幻满足不是价值成就的满足。成就感的满足不是虚拟的产物，不能以自欺欺人的形式获取。所以种植毒品、制毒贩毒、吸毒，都是要坚决制约的现象。

可见，无论哪一种“劳动闲置”都不是良好生活的表现。例如第一种“劳动闲置”，由于基本的生理需求得不到满足而会引起生存危机。第二种和第三种“劳动闲置”，都会由于缺乏价值成就而可能引起精神危机。生存危机和精神危机都会成为社会的不安定因素，所以，“劳动闲置”是应该尽量减少的社会现象（正常退休不属于“劳动闲置”）。反过来讲，心灵健康和体魄健康都离不开必要的劳动，所以，脱离劳动和淡化劳动的现象永远不会出现，这将不以人的意志为转移。

既要实现一定程度的劳动解放，又要尽可能减少“劳动闲置”，这是很不容易办到的事情，只有通过提高社会分配水平才能够实现。由于生产自动化程度的提高，剩余劳动力的大量出现，如果没有科学的社会分配来协调，如果不要求各行各业保持一定数量的劳动人数，便会形成大量的失业和异常的就业竞争，这会使大批人只能处于社会保障的基本生活水平。如果形成高就业低收入的分配状况，同样会形成大多数人生活水平偏低的局面，这也不是合理的分配表现。

在具备劳动能力的社会成员中，只有极少数人因为个人因素处于社会保障的基本生活水平，而绝大多数人通过强度不高和时间不长的劳动，就能够使生活水平有较大的提升，这才是合理的分配反映，这也才是劳动解放的正确体现。

七、良好的社会生态是满足精神需求的保证

形成和反映社会生态的内容很丰富，其中除了社会保障体系的状况、劳动就业状况、社会风气和社会治安状况、社会道德素质状况、人际关系状况以外，还包括由空气质量、饮水质量、食品质量、环境卫生状况、绿化状况等方面构成的综合生活状态。

对社会生态的评价，不完全以经济的发达程度和个人对财富的拥有状况为标准，而主要以人们在社会生活中的安全感、信任感、幸福感为标准。和谐的公益社会不

可缺少安全、信任和幸福。这三者之间尽管是相辅相成的关系，但其中安全是首要。这三者的综合体现如果良好，人们的心理将会普遍处于安宁的状态，这是精神满足的基本状态，所以良好的社会生态是满足精神需求的基本保证。

由于非法的黑恶势力会对社会安全构成严重影响，会扰乱生活秩序、经营秩序，如果社会管理对于黑恶现象惩治不力，甚至存在沆瀣一气的司法腐败，那么人们的生活就不会有安全感。安全感的缺乏，会直接引起人们对社会管理的不信任，在这种情况下人们的幸福感将会大大降低。

篇章 36：关爱和珍惜家庭

人类的利益分配结构、经济关系、繁衍状况、生活方式等，决定了家庭的重要，因此探讨高科技时代的社会发展，不能缺失了家庭这个内容。当认识利益运动和物种生命以后，更应该从这个角度对人类的家庭结构和家庭功能进行分析了解。

人类的家庭，一般而言是由婚姻、血缘、收养等关系组成的最小社会生活单位。为满足基本生活需要，家庭是由社会设置制度规范的一种最基本的设置。狭义的家庭是指一夫一妻制构成的单元，广义的家庭泛指不同历史阶段的各种家庭式利益群体。

随着生活出现城市化、工业化、信息化、现代化的趋势，人类的家庭也发生了变迁，例如出现了 AA 制、丁克、单亲、独居、同居等家庭形式。尽管如此，核心家庭（即由一对父母和未成年子女组成的家庭）仍然是主流的家庭形式。

从功能来说，家庭是哺育后代并使之适应社会的稳定繁衍结构，是生活协作，经济合作，形成亲缘关系的基本组织。在经济上，农业家庭通常自身是一个生产单位，城市的家庭则多数是一个消费单位。家庭和其他社会群体有所不同，是以婚姻关系、血缘关系、养育关系为基础的结合。

家庭是个人成长的第一环境，和谐温馨的氛围使家成为了每个人成长的基石、避风的港湾、扬帆起航的港口。家庭是情感陪伴的主要源泉。对儿童来说，缺少父母的关爱会导致智力、心理、感情、行为等方面的成长受到不利影响。对成人来说，同样也需要家庭的情感关怀。所以人离不开家，有家与没有家的感觉完全不一样。

对于家庭的认识，这里认为不能局限于以上的概念，而应该围绕家庭的重要性，将关爱家庭、珍惜家庭、维护家庭的稳定作为主题。

结合以上概念这里以为：**家，是“寄存心魂”的地方**。不是什么地方都能寄存心魂的，唯有家。换言之，哪里寄存了一个人的心魂，哪里便是他的家。心魂在哪，家就在哪。如果没有寄存心魂的地方，那说明还没有家，人的心魂还在漂泊，身心还没有真正得到安宁。

养育过自己的父母的家、自己的小家，这都属于自己寄存心魂的地方，只要这两个家存在，就都会不同程度地生成牵挂。

家是彰显个性的地方，是最感安宁、安逸、安全的地方。对于绝大多数人而言，家是形成生活质量、体现生活方式、养成生活习惯、实施养育、履行生活责任、打理生活、组织消费、恢复身心、酝酿事业的地方。

如果没有家，人的心魂就没有归宿，心底会时常感觉空虚，心境会时常莫名地惶惑，心绪会时常觉得浊气在胸、如鲠在喉，心情时常会躁动不安。这样的状况极不利于人的身心健康。

另外，家庭是“物种生命”最基本的结构，具有“物种生命”的基本功能。家庭通过巩固和发挥互利协作关系，能够大大提高物种的生存和延续能力，所以家庭是扩张“物种生命”的基础，关系到整个物种的繁衍延续。因此，无论从物种延续、社会生活秩序，还是从个人的生活质量来讲，都应该注重对家庭的关爱和珍惜。

一、什么是完整家庭

家可以分为完整与非完整的两大类型，只有完整家庭的功能作用才发挥得最为充分。完整家庭具有的幸福，非完整家庭不一定会有，而非完整家庭具有的幸福，完整家庭则都会有。所以，关爱和珍惜家庭首先要弄清楚什么是完整的家。

在前面探讨“物种生命”（篇章3）时曾经讲过，繁衍和养育的社会结构是反映生物进化的重要形式，具有家庭式的繁衍和养育结构是物种进化程度很高的标志。家庭结构越完整，物种的生存能力会越强。

以人类为例，组成家庭结构的关系很多。**作为完整的家庭，这里认为必须具备伴侣、繁衍、经济、居住这四大基本关系**。

伴侣关系，是指要有稳定的配偶式伴侣关系并共同生活。

繁衍关系，是指在伴侣关系的基础上要有共同的后代，而且子女健在。从后代的角度来看，则是未成年的子女要与健在的生身父母一起生活。

经济关系，是指具有共同生活的物质基础或共同的财产关系。

居住关系，是指具有相对独立和稳定的居住场所。

这四大基本关系可以看作是四大基本要素或是四大基本条件。

结合这四大关系，**完整家庭的基本模式，即是由一对父母以及他们生育的子女组成的核心家庭**。当核心家庭的子女长大成人另外组织家庭以后，这便是由完整的核心家庭转化成为了完整的中心家庭。所谓完整的中心家庭，即是完整核心家庭的子女都分别成家以后，这些小家庭以父母的家庭为中心所形成的一个大的家庭结构。

现代中心家庭一般只是一种血缘联系结构，各个小家庭的经济彼此独立，居住通常可以是分散的。这是完整核心家庭的正常发展状况，父母是构成中心家庭的中枢。父母去世以后，这种中心家庭也就实际上结束了，子女间的联系一般也会逐渐相对减少。

繁衍关系在完整家庭的四大基本关系中占有核心地位，一对夫妻即使恩爱相守一辈子，如果没有生育后代也不能算是完整家庭，但可以通过抱养子女形成完整家庭。**比照完整家庭的四大基本关系，像丁克、单亲、独居等家庭形式都不能视为完整家庭**。至于AA制家庭，由于会不同程度地具有共同的财产关系，所以AA制家庭只要具备其他三个关系，也可视为完整家庭。完整家庭在人类社会是占主导地位的家庭形式，由此成为人类生存发展的保障。

完整家庭的优势在于，它从繁衍、哺乳、抚养、亲情、教育等方面相对于各种非完整家庭而言，能够更加充分地发挥“物种生命”互利协作的基本功能，能够切实履行延续物种的重大使命。即：**完整家庭能够充分体现“物种生命”的生命功能**。

在自然界中，具有完整家庭结构的物种如果家庭结构被破坏，生存能力会大受影响。像灵长类、狮子、狼以及很多的鸟类等，这些物种都具有完整的家庭，由此大大提高了物种的生存与发展能力。有些物种属于单亲式的非完整家庭，其生存能力则逊色于完整式的家庭。人类既有完整家庭也有各种非完整家庭，相对于完整家庭而言，各种非完整家庭的生活功能一般都要欠缺一些。许多物种没有家庭形式，这类物种在繁衍中只能采用增大繁殖数量等方式来保证物种的延续。

有很多原因使得人类一些完整家庭由于夫妻离异而变为非完整家庭，尽管有些人在离异以后又重新组织了家庭，而且通过生育孩子又成为了新的完整家庭，但是对于原来家庭出生的孩子来讲，这个新家并非是他们的完整家庭。对于这些孩子而言，除非他们的父母复婚，否则他们将永远失去原有的完整家庭，且会因此长久留下失去家庭、遭受抛弃的心灵创伤。这种创伤一直到他们建立了自己的小家以后才可能慢慢弥合。这样的心灵创伤往往会塑造灰色的人格、内向的性格和错误的世界观。

父母的婚姻变异会削弱孩子对父母、对他人、对家庭和对社会的信任感。被抛弃的阴影会使他们增强自恋心理，使朴实真诚的爱心衰减，从而产生畸形的、带有严重自私思想的自恋心态，并会导致各种我行我素的偏激行为。这也是在青少年犯罪中以父母离异的孩子居多的主要原因。可见，完整家庭对于后代的身心健康，对于培养后代正常的情感和对社会的信任感是多么重要。完整家庭对于后代的影响作用，是非完整家庭不可比拟的。

如果长辈发生了婚姻变故，对于还未成年的孩子来讲，他们的心理支撑无疑会完全坍塌，这种坍塌容易造成心态扭曲从而形成心理障碍。所以婚变不能认为只是婚姻双方的事情，离婚的自由并不意味是不负责任的随意。**所谓离婚是文明现象的说法只能是基于包办婚姻而言，如果是以婚姻自主恋爱自由为基础，那么，离婚是文明现象的说法将是十分错误的观念。在婚姻自主恋爱自由的基础上，绝不能再把“完整家庭”婚变的增多，看作是文明的一种正常反映。**

完整家庭婚变的增多，社会中的各种负面现象也必然增多，所以，对于“完整家庭”而言，离婚除了婚姻双方的自主把握以外，从社会管理的角度也要合理控制。即使要离异，如果没有特别的原因，也要待子女成年之后再考虑，这样对于后代心理上的负面影响会小得多。因此，婚变是个人和社会都需要审慎对待的问题，所以完整家庭特别值得关爱和珍惜。

这里特别提示：对完整家庭特别值得关爱和珍惜，这不是相对于非完整家庭而言的！家庭都应该关爱和珍惜，包括完整和非完整家庭。所谓完整家庭特别值得关爱和珍惜，主要是指完整家庭的破裂会对后代产生严重的负面作用，因此要特别注意关爱、珍惜和维护完整家庭的稳定。

人类的婚姻形式有好多种，例如中国云南泸沽湖畔的摩梭人至今仍然存在母系氏族家庭，繁衍关系实行的是走婚制，女性成年后会安排单独居室而不是外嫁，她们可以与家庭以外心仪的若干成年男性建立配偶关系。成年男性也不是婚娶，而是可以与家庭以外心仪的若干成年女性建立配偶关系。配偶关系的建立以男女双方的自愿为基础。在配偶关系存续期间，晚上男方可与女方相约同居，早上男方则回自家，形成晚去早归的走婚形式。配偶关系的解除没有复杂的手续，一般只要一方提出即可。

在配偶关系中不存在财产关系，没有经济上的特别要求，一般男方会在节日给女方赠送一些礼物，农忙期间女方家庭如果劳力缺乏，男方则可酌情予以帮助。走婚中生育的后代，男方一般不承担抚育责任，抚育责任由女方家庭负责，而父亲的社会角色和职责则由女方的兄弟即由孩子的舅舅来充当。像这样的家庭是完整家庭还是非完整家庭呢？[1]

这也要分几种情况。在走婚制中，长期有人同居，这可以视为存在较稳定的伴侣式生活关系。由于走婚制规定，女方的兄弟要对其姐妹的后代担当父亲的角色和行使父亲的职责，所以家庭成员中如果既有成年男性也有成年女性及其后代，那么，健全的繁衍功能和养育功能则可以视为存在繁衍关系，这样的家庭应该属于完整家庭。在走婚制中，如果家庭成员中没有成年男性，那么成年女性的后代将缺失父亲的关爱和影响，即缺少父亲这样的社会角色，这样的家庭则不属于完整家庭。如果家庭成员中只有男性，家庭中就不会有后代，这样的家庭也不属于完整家庭。

走婚制能够最大限度保全家庭财产，在人丁兴旺的完整家庭中会形成丰裕而和谐的生活氛围，家庭对于每个家庭成员都有巨大的凝聚力，家庭成员会有强烈的归宿感和安全感，这是走婚制得以存在的原因之一。形成走婚制的另一重要原因，是农耕式的自然经济和较为封闭的生活环境，只有在这样的经济形式和环境条件下，才能够形成并维持可以呈一定规模的大家庭式的生活格局。

在工业经济的社会条件下，由于劳动形式和经济来源的多样性，人口和工作的流动性，经济收入的差异性，消费的丰富性，这些因素如果汇聚于走婚制形成的大家庭中，便会使家庭内部利益分配的复杂程度达到难以应对的地步，因此，走婚制在工业经济为主导的生活环境中不可能成为普遍的婚姻形式。

接下来，将以“物种生命”的视角来看待家庭的功能。

二、以“物种生命”的视角看待家庭的功能

从“物种生命”的角度可以将家庭的功能大致归纳如下：

第一，家庭具有构成互利协作以及延续和扩张“物种生命”的功能。家庭是繁衍、养育和教育后代的生活实体。哺乳动物的生活特点以及生存优势，主要通过家庭的形式来表现，文明物种也毫无例外。

[1] 参见宋兆麟：《共夫制与共妻制》，上海三联书店 1990 年 7 月版。

第二，家庭具有形成稳定的生活和充当“物种生命”基础结构的功能，这是其他的社会组织所不可以完全替代的。家庭生活是文明物种生命活动的落脚点，家庭的稳定对于“物种生命”的健康发展起着重要作用。

第三，家庭在体现“物种生命”的功能上，是最具代表性的组织式群体。在“篇章 18”介绍组织式群体五要素时曾经讲过，尽管每个物种的繁衍关系中都存在组织式的群体，但是只有当某些物种进化出现了家庭式的组织群体以后（包括哺乳动物中的母子式单亲家庭），“物种生命”的互利协作功能，才开始代表性地得到拓展发挥，所以，家庭的出现是生物进化的重要标志。

组织式群体不是仅仅聚合在一起的组合群体，而是内部存在领导（管理）机能等五大要素的群体结构。例如哺乳动物中某些物种的母子式单亲家庭，其领导管理机能主要体现于对后代的照料和食物分配。迁徙中的角马群，尽管群体庞大，但由于内部没有指导群体统一行动的首领，所以角马群并不是真正的组织式群体。由于角马的每个细胞都含磷，所以角马需要大量摄取磷，因而角马群的行动是由含磷植物的诱惑而形成的本能行为。

第四，家庭从传承生活技能的角度具有巩固“物种生命”的功能。许多哺乳动物的生存（生活）技能，是在家庭式生活中通过长辈的传授一代代传承下来，人类也不例外。在现代社会，人类的许多手艺也还是以家庭传授的形式予以继承。此外，对于许多生活习惯、习俗、风俗，家庭仍然是主要的传授场所，所以家庭对于形成生活质量、体现生活方式、养成生活习惯起着重要作用。

就人类而言，在同等环境和经济条件下，家庭对衣食住行的决策、规划、组织、安排，以及团结互助状况、个人卫生状况、饮食习惯等表现的不同，往往会在生活质量上形成巨大差别，所以家庭特别需要建立认真经营的生活理念，并通过认真的经营来形成和保持良好的生活质量。**家庭经营包括经济、情感、性格、志趣、家务劳动和家庭责任的分工等**。由婚姻构成的家庭不仅是浪漫的爱情之舟，而且是担负具体生活的航船，夫妻要共同历经许多的风风雨雨，这个航船是否稳固持久，功能作用是否良好，需要婚姻双方的共同经营和维护。

家庭生活中，如果夫妻有矛盾长期得不到协调，不能相互理解和宽容，不能彼此关爱和体贴，不能分担家务和家庭责任，不能形成默契的生活协作，那么即使有一定的物质基础，家庭生活的质量也不会很高。家庭生活质量的综合评价主要是幸福感，幸福并非单纯的物质体现，而是安定和安全、物质和精神的良好结合。

独居和单亲式的非完整家庭尽管也属于生活实体，但却不属于爱情实体，这种家庭的生活主要是自助，由于缺乏互助，家庭生活会存在许多缺憾。所以完整式家庭是每个人都期望的家庭结构，作为非完整式家庭而言，尽管它的出现有各种原因，但总的来讲这并不是值得提倡的家庭结构。像“丁克”家庭或同性恋关系，如果从保障人类的繁衍上来讲，显然这是不可推崇的生活方式和家庭结构。

三、爱的三种类型

家庭除了以上功能以外，还具有充分展示爱的功能。爱是“物种生命”的重要体现。**爱从性质上主要可以分为奉献型、索取型和二者兼有的综合型这三类**。这些类型的爱，只有在家庭环境中才能够得到全面且充分的展现。

奉献型的爱具有“爱他”的特征，表现出愿意为所爱的对象做些什么和给予帮助。比如对后代、对长辈、对工作的爱，还有敬仰之爱、崇拜之爱、敬佩之爱、感激之爱等均属于奉献型的爱。**奉献型的爱是偏重于对“物种生命”利益的维护，具有在利他和互利的基础上形成精神享受式自利的特性**。

值得提示的是，也许受物种扩张和物种生命延续的驱动，自然界中长辈对于后代的呵护、照顾、关爱往往是普遍现象，显得顺理成章，而后代照顾长辈的情况则是少见。就人类而言，对于长辈的关爱，其奉献性也要远远逊色于对后代的关爱。这是自然属性存在的一种局限，为了克服这种局限，人类提出了关爱和孝敬长辈的道德要求，同时逐渐开始建立和完善社会养老机制，这是文明进步的反映。

奉献是体现爱和衡量爱的一种尺度，可见爱是有度量标准的。如果真爱一个人，就愿意为他（她）做出奉献（包括物质奉献、帮助式的奉献、宽容和有耐心的奉献等），愿意付出多大的奉献就说明爱到怎样的程度。但要说明的是，不能单纯以物质（或金钱）奉献的多少来衡量爱的程度，每个人的经济状况不同，生活负担不同，物质条件不同，因此，物质奉献的多少不能准确反映爱的程度。只有从物质、行为、精力、宽容和耐心等若干方面的奉献综合起来衡量，才能够较为准确地体现爱的程度。这种衡量方式，主要用以反省自己对别人关爱的程度，特别是对父母关爱的程度，以便自己更好地发挥爱、呵护爱。如果每个人都做好这种反省，都能够发挥爱、呵护爱，大家就都会得到更多的爱。

索取型的爱具有“自爱和占有”的特征。比如对某一物品的喜爱、兴趣之爱、欣赏之爱等。这个类型的爱偏重于对“个体生命”自身利益的维护，以满足自身需求为主导。购买喜爱的物品、通过公平交换获得喜爱的物品，这是正当的索取形式。

对自然风光或艺品藏品的欣赏，这是一种享受美感的心理性索取。**由满足自身需求而对某些利益对象表现出的爱，都包含着对自身的示爱。**

综合型的爱是较为复杂的爱，是包含奉献与索取这两种成分的爱，而且这两种成分的爱可以互相促进、互相巩固，形成互为反映。（这种互为作用也可以形成相互削弱的表现。）**通常所说的“情爱”，它属于奉献型的范畴；通常所说的“性爱”则属于索取型的范畴；通常所说的“爱情”，因为爱情既包含“情爱”又包含“性爱”，所以是综合型的爱。**

单纯的情爱或单纯的性爱都不能混淆于爱情，这也是爱情与情爱或性爱的区别。所谓爱情，是情爱与性爱相交织的合成之爱。作为爱情的双方，对于爱情的理解、珍惜、经营，都需要从情爱和性爱这两个层面去进行关注和把握。

四、影响家庭稳定的主要因素及对策

在认识了什么是完整家庭、认识了完整家庭对于“物种生命”的重要作用以及家庭对于生活质量的重要性以后，也就明确了维护家庭稳定的实质意义。所谓关爱和珍惜家庭，就是要努力让家庭保持稳定。尽管保障家庭稳定首先是针对完整家庭而言，但也适用于非完整家庭。

影响家庭稳定的主要因素大致有三类。

（一）意外因素

意外因素包括由于自然灾害、事故、疾病等种种不幸而导致失去某些家庭成员，使得完整的家庭结构受到破坏。或者是由于遭受某些重大变故，例如犯罪等，从而造成某些家庭成员离去而使婚姻及家庭破裂。

除了不可抗拒的原因以外，对于意外因素的应对，要从遵纪守法、注意安全、预防疾病等方面入手，通过努力减少意外和重大变故，来体现对家庭的关爱和维护家庭的稳定。

（二）生活矛盾因素

生活矛盾因素包括性格不合、情趣爱好不合、情感不合、家庭经济矛盾、家庭暴力、长辈与晚辈的代沟矛盾、缺乏家庭责任感、对爱情属于综合类型的爱缺乏认识等表现，并因此导致婚姻和家庭破裂。所谓对爱情属于综合类型的爱缺乏认识，即对爱情中必须体现奉献的情爱，以及需要协调的性爱缺乏认识，因此做得不好。

关于生活矛盾因素的解决方法，主要推崇家庭是需要经营的理念。家庭的形成和稳定都离不开认真经营，这是对如何维护家庭稳定的一个总体归纳。家庭经营包括成家以后对于爱情和家庭生活的经营。经营家庭是客观需要，无论主观上是否意识到这一点，在家庭生活的方方面面都内在着经营的性质，所以，主观上是否树立经营意识，或者经营的方式方法是否正确合理，会形成完全不同的经营效果和生活质量。

经营家庭不是个别家庭成员的事情，而是所有家庭成员共同的责任和义务，只不过夫妻作为家庭的核心成员，对于家庭经营具有主导作用。

在家庭生活中，对于爱情的经营是不容忽视的内容。爱情首先是通过双方选择形成相互的认可，这种认可是爱情的基础，在恋爱期间由认可所逐渐形成的性爱主要表现为精神上的依恋，这是爱情发展的重要条件。关于情爱的奉献特性，是要懂得在期望被爱时学会以奉献去争取。对于情爱的奉献，情感双方都应该领会和珍惜，有了领会和珍惜才会做到呵护。在相互奉献的爱情经营中，包含着对对方的理解、体贴、帮助、照顾、包容，而所有这些，又都要以彼此的交流和沟通为基础。即：**经营爱情离不开彼此的沟通与交流，离不开情感互动，如果缺乏交流沟通和互动，包容有时会转化成为纵容，而纵容往往会最终伤害爱情**。

我们往往是与一个人的优点恋爱，而与一个人的缺点结婚，所以婚姻需要相互的包容。女人天生是给男人呵护和爱的，如果明白这一点，男人就没有必要因为琐事去责备自己所爱的女人。女人则应该学会理解这种呵护和爱。**爱情必须有情有义，有情是对所爱的人，有义还包括对爱人的家人**。

家庭是爱情和生活的实体，琐碎的生活事务与爱情是相辅相成的关系，夫妻既是配偶式的伴侣，也是生活的互利协作伙伴。从“物种生命”的结构关系上讲，夫妻结合构成繁衍性质的生命体，这是最直观的物种生命结构，夫妻分别各属于这种生命结构的一半，由此衍生生活协作关系、经济关系、心理依赖关系、精神慰藉关系等，因此，夫妻关系不能由父母、子女、同胞等关系所替代。所以，**夫妻的互爱可以视为一种自爱，爱他（她）就是爱自己。当然，这种道理需要夫妻双方都明白才行，这样才会相互理解、相互默契、彼此互动、越爱越深**。

但是，由于夫妻关系可以解体，这种现象妨碍了人们对夫妻关系的正确认识，模糊了夫妻关系在生活中的重要地位，因而常常轻易伤害这种关系。比如偏重于其他关系而轻视夫妻关系，没有用心维护和经营婚姻，彼此缺乏应有的包容，以至于夫妻反目留下遗憾。可见，正确认识夫妻关系在生活中的地位，这十分重要。

承担家庭经济和家务上的协作与帮助，这是家庭经营的实质内容。共同担负家庭经济、合理理财、共同照顾子女、日常家务上的主动性和分工协作，这不仅是情爱的表现，而且是家庭责任心的反映。不能共同担负家庭经济和合理理财，就难以应对突发事件，生活就会缺乏经济安全感。如果不能共同照顾子女、不懂得在家务上彼此相互照顾，这就是不懂得经营家庭。这些表现不仅难以提高家庭生活质量，还可能积累生活矛盾，形成情感隔膜，严重的会影响到家庭稳定。

在家庭经营中，家庭的融洽并非不拘礼节，家庭的和睦并非不需要相互的尊重，相反，必要的礼节和尊重是构成融洽和睦的重要条件，所以注意必要的礼节和相互尊重都属于经营家庭的内容。

一直以来，家庭暴力对于家庭稳定都是严重的威胁，所以应该彻底予以摒弃。限制家庭暴力除了社会管理要加以规范以外，夫妻之间要从提倡文明、加强文化修养、注意控制争议升级、回避情绪激化等方面给予预防。家庭生活难免有争议，但争议要掌握分寸，不要咄咄逼人、得理不饶人。

夫妻双方都应该懂得和学会回避锋芒，避让锋芒既是重要的生活策略也是一种生活艺术，针锋相对互不相让，语言暴力、语言刺激、语言强势，这往往是争议升级以及导致肢体冲突的诱因，适时避让，使冲动的情绪降温，往往会化解、避免肢体冲突。

关于代沟矛盾的协调，这是晚辈和长辈都应该注意的问题，如果不能相互理解、相互包容、相互多为对方考虑，就难以形成真正愉快的家庭生活氛围。作为晚辈而言，宽慰长辈是不应该违背的原则，只有遵守这一原则才可能做到善待老人。**所谓对长辈的尊敬、关爱、孝道、耐心等，最终都要体现为宽慰长辈。**晚辈不能站在自私的角度干预长辈再婚，这会使老人的生活寂寞，身心受损。

婚姻会形成不同的生活方式，对于成家后的子女，作为长辈而言(特别是婆媳间)，处置问题要注意适度，不挑剔，多肯定，少否定，不要损害晚辈的婚姻关系和正常的生活秩序，这是要遵守的原则。要注意给予晚辈必要的自由度，少干涉年轻人的生活方式，少指责，少不满，少怀疑，多自理，多帮助，多宽容，以心平气和的交流代替容忍，以建议替代要求。归根到底，就是不要以凌驾的姿态干预晚辈生活，要尊重子女的婚姻，不要损害晚辈的婚姻关系。要知道，对于能够履行照顾长辈职责的晚辈，经常过分的挑剔、不满，让晚辈无所适从，这往往是会对晚辈造成严重心理压力的一种“冷虐待”，是需要注意避免的现象，作为老人要知道并非什么都是自己有理。

多肯定、少否定，这是与任何人的相处中都要注意的策略。这并不是说不讲原则，强调这个策略是因为注意缺点忽视优点、容易挑剔和指责别人，这是多数人不好的一种习惯。谁都不愿意被否定，所以经常否定别人就一定会被人反感，被人抵触，就不会有良好的人际关系，在家庭成员中同样如此。

此外，晚辈和长辈之间都要注意多沟通，亲情在沟通中显现，孤独在沟通中排遣，隔膜在沟通中消除，矛盾在沟通中化解，理解在沟通中建立，愉快在沟通中形成。当然，作为老人除了在沟通中排遣孤独以外，寻求一些消遣的活动，做一点力所能及的事情，这都是能够消除空虚、排遣孤独和保持健康心态的好方法。

（三）婚外遇因素

婚外遇一经发现，当属引发夫妻情感危机、导致婚姻和家庭破裂的重要原因，所以这一因素值得探讨。

从生存延续的角度讲，提高“**繁殖率**”和“**成活率**”是物种繁衍扩张的保障，任何一个物种都是如此，文明物种也不会例外。在自然界提高繁殖率的策略，主要是增加繁殖数量。以哺乳动物为例，增加繁殖数量除了一胎多子的方式以外，就是增多配偶增加生育。因此，**“多偶”体现了“提高繁殖率”的繁衍策略，以便在严酷的生存竞争中通过“广种薄收”来保障物种延续**。维系“多偶”繁殖形式的哺乳动物，多是母亲养育子女的“单亲式家庭”。即使在一夫多妻的大家庭结构中，养育子女一般也主要由母亲承担。

自然界中多偶是一种普遍现象。采取多偶的哺乳动物，雄性争夺交配权的激烈打斗，这既是对基因择优的筛选，也是为了赢得更多配偶，并通过增多配偶使自己的基因获得广泛遗传。在这种争斗中，雄性彼此都将对方作为异类来看待，都在捍卫自身的繁衍权，将自己作为充当延续自身物种的代表，这种排他的争斗，表现得你死我活，极其残酷。我们曾经分析过这种现象，这是以暴力手段分配配偶的、水平很低、很不公平的一种利益分配模式，会损害“物种生命”的利益。

除了提高繁殖率以外，提高成活率也是物种繁衍扩张的保障。许多哺乳动物进化形成了“单偶”式的家庭结构，即一夫一妻的“完整家庭”结构。在一夫一妻的家庭结构中，由父母双亲共同承担对子女的养育，这种养育能力显然要高于由母亲单独抚养，因而能够大大提高成活率。可见，**采取一夫一妻式的家庭结构来提高后**

代的成活率，这也是物种繁衍扩张的一种重要策略。一夫一妻的结构不仅是繁殖和养育方式的进步，而且是配偶分配方式的进步，既避免了争夺配偶的打斗伤害，又保障了基因的多样化传承。

很明显，单偶式家庭如果配偶发生外遇，就会影响到对家庭责任的履行，家庭的功能就会因此受到削弱。所以“单偶”的婚配形式会竭力排斥第三者。可见，**尽管“多偶”和“单偶”都属于繁衍策略的体现，都是为了维护物种的生存发展，但是在这两种繁衍策略之间，却存在难以兼容的尖锐矛盾**。所以在自然界中，每个物种一般来讲只有一种配偶形式，要么“多偶”要么“单偶”，不会“多偶”和“单偶”并存（个别特例除外）。

人类的婚姻状态虽然涉及了自然界中几乎所有的配偶形式，但在实践中经过历史变革，逐渐形成了以一夫一妻为主流的婚姻形式。一夫一妻的“单偶”制不仅是生产力提高和经济发展的结果，而且是配偶分配制度的进步。

然而，由于地球环境中的灵长类除了长臂猿是一夫一妻的自然单偶制，夫妻忠贞相伴终生以外，其他的则普遍采用“多偶”形式。这预示人类也潜在着多偶倾向的自然属性，因此，人类一夫一妻婚姻制所凸显的，是由文明进步形成的社会属性。推行和遵从一夫一妻制是社会属性的表现，但这似乎不能完全磨灭人类具有多数灵长类多偶倾向的自然属性，客观存在的婚外遇现象，反映了人类的这种自然属性。

一夫一妻的婚姻形式虽然多数以爱情作为婚姻与家庭的基础，但由于“多偶”的自然属性与“单偶”的社会属性纠结并存，这就使得人类的配偶状况表现得并不单纯。在“多偶”自然属性和“单偶”社会属性的纠结中，婚外遇时有发生。

婚外遇一经发现，由于配偶的专属状况发生动摇，情感基础受到质疑，自尊和颜面受到挑战，所以会出现各种偏激表现，会出现一系列的排斥现象和情感纠葛，激烈的矛盾冲突常常导致婚姻破裂家庭解体。在婚姻破裂中，其实遭到最大破坏的是家庭的功能，受伤害最大的是子女。家庭功能遭到破坏，生活质量就会下降，有些矛盾还会转化成为社会问题。

如果将婚外遇与家庭的功能进行分析比较，这二者谁对生活的作用更大？谁对物种的繁衍扩张更重要？很明显，家庭的作用更大更重要。所以在人类的现实生活中，无论是社会设置、社会规范、社会道德标准或是个人的意识，也都是把家庭的地位和子女的成长看得更高。因而大多数婚外遇当事者的动机，是由自然属性驱使的性爱、好奇和占有心态居多，初衷未必是要分裂自己的婚姻和家庭，并不是想影响和伤害与配偶的感情。所以，性爱不是完整的爱情，性爱不是生活的全部，更不是家庭生活的完整反映，也不能代替家庭生活。

“婚外遇”冲击着道德规范，会成为夫妻反目和家庭破裂的重要原因，因此应该提倡克制而不可纵容，然而由于“自然属性”的作祟，“婚外遇”现象却杜而不绝。

事实上在人的潜意识中，特别是男性，多偶的倾向与维护家庭的愿望这二者往往并存，只是多偶的自然属性在大多数时候会处于客观条件和主观意志的限制之中，一旦这些限制削弱，自然属性便会占上风。所以，婚外遇并非就是夫妻的情感基础发生了动摇，因此，对于婚外遇要理性分析对待，不要断然形成各种偏激的质疑，在处理上则应该权衡利弊，将家庭和子女的利益放在首位，不要意气用事，要给予纠正的机会。要知道，解除婚姻并非解决问题的最好办法，也未必有利于未来的生活。另外，在夫妻关系中要尽量避免性拒绝、性冷战，明事理的夫妻不会这样做，因为这种会造成情绪压抑的做法非常影响夫妻关系，也是促成婚外遇的重要因素。

生活中客观存在着“暗事件”。**所谓“暗事件”，是指那些尽管具有潜在的利益关系，但是当事人如果不知内情，则对当事人不会产生精神打击的这类事件**。例如，职场中职务安排的酝酿情况往往属于“暗事件”。“婚外遇”也属于“暗事件”，属于个人隐私。“暗事件”、隐私都不宜公开。“婚外遇”不是光明正大的事情，知情只会对配偶造成“知情而伤”的精神打击。

在人类的生活实践中，只有类似中国摩梭人的走婚，算是能够将配偶的多元化与家庭的利益及功能这两种同是有利于物种的繁衍但却又相悖的表现，能够加以协调的一种婚姻形式。走婚作为一种婚姻体制，既体现了对多元化配偶的社会认可，又维护了家庭的利益及功能。走婚制证明，多元化的配偶并非不可被接受。走婚不仅消除了寻求配偶的暴力争斗，还消除了单偶的专属状况所会导致的情感纠葛。

但是刚才讲过，走婚制的形成有一定条件，所以它并不能成为一种主流性质的婚姻形制。走婚制与一夫多妻（或一妻多夫）的婚姻制有区别，区别是一夫多妻（或一妻多夫）制存在性别歧视，所以一夫多妻（或一妻多夫）制不属于合理的婚姻形式。有没有办法能够解决配偶的多元化与家庭利益和功能相冲突的矛盾，这是有待研究的问题。

以上是影响完整式家庭稳定的三类主要因素及应对办法，除此之外，在再婚重组的家庭中，影响家庭稳定的还有血亲排他因素。

（四）血亲排他因素

所谓血亲排他表现，是在非血亲关系的长辈与晚辈、晚辈与晚辈之间所出现的家庭成员间的排斥现象。究其自然根源，这是由血缘认同引起的排斥反应，即只认同具有直系血亲关系的同类为一家。例如流浪雄狮在争夺到某一狮群的统领权以后，会将先前狮王生育的幼狮全部杀死。雄狮的这种行为从表象上看，似乎是只有杀死幼狮母狮才可以发情，但究其深层的原因却是对非血缘关系的排斥，因而不仅没有将前狮王的后代视为一家人，甚至没有视其为同类。新的狮王为了确保自身的基因传承，所以要杀死前狮王的后代。

很明显，这种由血缘认同引起的排斥存在着自然属性的局限，这种局限虽然有损自身物种的整体利益，但是在自然的生态中却几乎不可能被克服。只有文明物种通过认识真正的爱情中蕴含情爱，并注重发扬情爱具有的奉献精神，才可能克服这种自然局限。重组家庭中的夫妻关系要懂得爱屋及乌的道理，爱屋及乌并非是要求再婚夫妻将对方子女视同己出，而是要强调讲“义”。**“义”即讲道义、讲道理，“义”字当头，责任难辞。即从道义和责任上，要像对待亲生子女一样对待继子女，在道义和责任的基础上培养和建立亲情**。如果排斥对方的子女，便一定会构成对夫妻感情的伤害。

在父母离异中，受伤害最大的是孩子，然而孩子却是无辜的，所以作为继父母从道义上有责任让孩子恢复健康的心理状态。因此，在对爱情的呵护中，包含给予对方子女在情爱上的奉献。虽然血缘关系无法改变，但通过家庭生活中的关爱则可以建立起亲情关系。讲道义、讲责任，应该是解决血亲排他现象的最佳做法，也是稳定再婚重组家庭的关键。

这一篇章的内容较为贴近生活，归纳了爱的三种类型，强调情爱蕴含奉献、家庭讲究经营、对继子女要在讲道义和责任的基础上培养和建立亲情等，这对于认识人与人之间的情感，对于认识爱情，对于珍惜家庭和如何经营家庭都有实际意义。对于家庭的关爱与珍惜，许多人往往是朦胧的、感性的。由于朦胧和缺乏理性，所以往往对于家庭的经营存在许多欠缺，对家人的关爱也有不少缺憾。

在本篇章结尾之际忽然想起，看了这一篇章的内容或者说看了本书内容，也许有人会提出：以上关于完整家庭的看法突显生物学家庭的色彩，而且“利益运动”和“物种生命”也都突显生物学的色彩，以这样的观念探讨人类社会发展和概括人类生活，这是否显得庸俗？

对这种质疑的回答是：文明生命也是动物，文明物种也是生物，所以，探讨和研究生命现象怎么能够离开生物这一基础呢？对“利益运动”和对“物种生命”的认识都要以生物现象为基础，如果觉得以生物现象为依据来认识和论证人类的社会现象，是庸俗或是对人类的贬低，这种眼光只能代表幼稚和浅薄。如果没有繁衍要素这一生物学的家庭色彩，人类能够正常生存延续吗？所以，这里不认为生物学的色彩有什么庸俗。

参考文献

1. 吴方桐主编：《社会学教程》，华中师范大学出版社 1989 年 7 月版。

2. 雷洪、范洪编著：《社会学简论》，华中工学院出版社 1986 年 3 月版。

3. 邹化政：《人类理解论研究》，人民出版社 1987 年 11 月版。

4. 宋兆麟：《共夫制与共妻制》，上海三联书店 1990 年 7 月版。

5. 《辞海》（缩印本），上海辞书出版社 1989 年版。

6. [英] 达尔文：《物种起源》，商务印书馆 1995 年 6 月版。

7. 上海人民出版社：《天体、地球、生命和人类的起源》，上海人民出版社 1972 年 4 月版。

8. 韩树英主编：《通俗哲学》，中国青年出版社 1982 年 1 月版。

9. 罗国杰主编：《伦理学》，人民出版社 1989 年 1 月版。

10. [美]R•T•诺兰等著：《伦理学与现实生活》，姚新中等译，华夏出版社1988年4月版。

11. 王惠岩主编：《政治学原理》，高等教育出版社 1991 年 6 月版。

12. [东德] 凯特琳•勒德雷尔主编：《人的需要》，辽宁大学出版社 1988 年 7 月版。

13. [美] 代尔 • 卡耐基：《人性的弱点》，中国民间文艺出版社 1986 年 10 月版。

14. [美] 艾布拉姆森：《弗洛伊德的爱欲论：自由及其限度》，辽宁大学出版社 1987 年 6 月版。

15. 叔本华：《爱与生的苦恼——生命哲学的启蒙者》，陈晓南译，中国和平出版社 1986 年 12 月版。

16. [美]E•O• 威尔逊：《论人的天性》，林和生、吴福临、王作虹、谢显宁、钱进译，贵州人民出版社 1987 年 8 月版。

17. [德] 康德：《实用人类学》，邓晓芒译，重庆出版社 1987 年 5 月版。

18. 王时杰主编：《政治经济学自学辅导》，湖北科学技术出版社 1991 年 9 月版。

19. 崔建华：《政治经济学原理》，经济科学出版社 2005 年 8 月版。

20. 黄颂杰、吴晓民、安延明：《萨特其人及其“人学”》，复旦大学出版社 1986 年版。

21. 王若水、洪禹等编写：《哲学常识初稿》，北京学习杂志社 1957 年 2 月版。

22. 欧阳中石主编：《逻辑》，北京大学出版社 1985 年 4 月版。

23. [美]杰克•D•道格拉斯、弗兰西斯•C•瓦克斯勒：《越轨社会学概论》，张宁、朱欣民译，河北人民出版社1987年3月版。

24. 吕大古：《宗教学通论》，中国社会科学出版社 1989 年版。

25. 许友梅、张元奎、罗勋才、施潮主编：《管理知识手册》，知识出版社 1983 年 9 月版。

影视参考资料：

1. 新浪“历史新视界频道”：纪录片《火山冬季》。

2. （美国）科教纪录片“撤离地球”。

3. CCTV9：《纪录片 • 宇宙系列》《纪录片 • 考古系列》《寰宇视野 • 生命的奇迹系列》。

4. CCTV10：《自然传奇》栏目；《探索发现》栏目。

特别致谢

中国出版集团世界图书出版广东有限公司武汉学术出版中心，扎根学术沃土，服务学术出版，具有发行推广的独特优势，优秀学术著作将有机会被推荐到国内外知名大学图书馆以及其他著名机构收藏，因此是学界人士的良友，深得学界好评。

本著则是公益于社会、需要形成社会效益的书，必须仰仗大力的发行推广来传导书中的信息，来帮助人们关心社会的发展和人类的前途。所以，本书能够在中国出版集团世界图书出版广东有限公司出版发行，是一件荣幸和值得庆幸的事情。二者的携手，一定会相得益彰。

然而，如果没有武汉学术出版中心编辑孔令钢老师的积极策划，将不会实现这种有幸的结缘。而且本书能够以精良的质量和焕然的面貌问世，更是得益于孔令钢老师在编辑上的亲力亲为、严格把关、细心审校、精益求精。

故而，对中国出版集团世界图书出版广东有限公司，对武汉中图图书出版有限公司以及编辑孔令钢老师，在此表示特别的敬意和致谢！

孙维鑫　孙　路

2016 年 11 月 6 日